宋亚平 主编

湖北农业农村改革开放40年丛书
1978-2018

改革开放40年

湖北农村公共服务

GAIGE KAIFANG 40 NIAN:
HUBEI NONGCUN GONGGONG FUWU

毛铖 ○ 著

中国社会科学出版社

图书在版编目（CIP）数据

改革开放40年：湖北农村公共服务／毛铖著 . —北京：中国社会科学
出版社，2018.12

（湖北农业农村改革开放40年（1978－2018）丛书／宋亚平主编）

ISBN 978－7－5203－3137－1

Ⅰ.①改⋯　Ⅱ.①毛⋯　Ⅲ.①农村—社会服务—研究—湖北　Ⅳ.①D669.3

中国版本图书馆 CIP 数据核字（2018）第 209636 号

出 版 人	赵剑英	
责任编辑	赵　丽	
责任校对	杨　林	
责任印制	王　超	

出　　版	中国社会科学出版社	
社　　址	北京鼓楼西大街甲 158 号	
邮　　编	100720	
网　　址	http://www.csspw.cn	
发 行 部	010－84083685	
门 市 部	010－84029450	
经　　销	新华书店及其他书店	

印　　刷	北京明恒达印务有限公司
装　　订	廊坊市广阳区广增装订厂
版　　次	2018 年 12 月第 1 版
印　　次	2018 年 12 月第 1 次印刷

开　　本	710×1000　1/16
印　　张	21
插　　页	2
字　　数	326 千字
定　　价	89.00 元

湖北农业农村改革开放 40 年
（1978—2018）丛书

编 委 会（按姓氏笔画为序）

孔祥智　杨述明　肖伏清　宋洪远　邹进泰

张忠家　张晓山　陈池波　郑风田　项继权

赵凌云　贺雪峰　袁北星　党国英　钱远坤

徐　勇　徐祥临　覃道明　潘　维　魏后凯

主　编　宋亚平

学术秘书　王金华

序

2018 年是中国改革开放 40 周年。40 年前，党的十一届三中全会作出了把全党工作的重点转移到社会主义现代化建设上来，实行改革开放的伟大决策。40 年来，我国农村一直昂首阔步地站在改革前列，承载着重大的历史使命。农业农村持续 40 年的变革和实践，激发了亿万农民群众的创新活力，带来了我国农村翻天覆地的巨大变化，为我国改革开放和社会主义现代化建设作出了重大贡献。

湖北是全国重要的农业大省，资源丰富，自古就有"湖广熟、天下足"之美誉。改革开放 40 年来，在党中央、国务院的正确领导下，历届湖北省委、省政府高度重视"三农"工作，始终把"三农"工作放在重中之重的位置，坚定不移深化农村改革，坚定不移加快农村发展，坚定不移维护农村和谐稳定，带领全省人民发扬改革创新精神，不断开拓进取、大胆实践、求真务实、砥砺奋进，围绕"推进农业强省建设，加快推进农业农村现代化"，作出了不懈探索与实践，取得了令人瞩目的成就。特别是党的十八大以来，农业农村发展更是取得了历史性的成就。

2017 年，湖北粮食再获丰收，属历史第三高产年，粮食总产连续五年稳定在 500 亿斤以上，为保障国家粮食安全作出了积极贡献。农村常住居民人均可支配收入达到 13812 元，高于全国平均水平。城乡居民收入差距比 2.31∶1，明显低于全国的 2.71∶1。全省村村通电话、有线电视、宽带比例分别达到 100%、90%、95.5%。全省农村公路总里程达到 23.6 万公里。从无到有、从有到好，公办幼儿园实现乡镇全覆盖，义务教育"两免一补"政策实现城乡全覆盖，社会保障制度实现了由主要面向城市、面向职工，扩大到城乡、覆盖到全民。2012—2017 年，全省 541.7 万人摘掉贫困帽子。

　　知史以明鉴，查古以知今。回顾过去 40 年湖北农业农村发展之所以能取得如此巨大的成就，最根本的是始终坚持了一面旗帜、一条道路，不断解放思想、实事求是、与时俱进，把中央各项大政方针和湖北的具体实际紧密结合起来，创造性开展各项"三农"工作的结果。改革开放 40 周年之际，《湖北农业农村改革开放 40 年（1978—2018）》这套丛书的编写出版，所形成的研究成果是对改革开放 40 年来湖北农业农村工作的全面展示。其从理论与实践相结合的高度，全景式展示了湖北农业农村发展所取得的辉煌成就与宝贵经验，真实客观记述了湖北农业农村改革开放 40 年走过的波澜壮阔的历程，深入分析了改革开放实践中出现的新问题、新情况，而且在一定的理论高度上进行了科学的概括和提炼，对今后湖北农业农村的改革和发展进行了前瞻性、战略性展望，并提出一些有益思路和政策建议，这对深入贯彻党的十八大、十九大精神，进一步深化农业农村改革，在新的起点开创农业农村发展新局面，谱写乡村振兴新篇章，朝着"建成支点、走在前列"的奋斗目标不断迈进，更加奋发有为地推进湖北省改革开放和社会主义现代化建设，都有着积极的作用。

　　作为长期关注农业农村问题，从事社会科学研究的学者，我认为这套丛书的编写出版很有意义，是一件值得庆贺的事。寄望这套丛书的编写出版能为湖北省各级决策者科学决策、精准施策，指导农业农村工作提供有益帮助，为广大理论与实践工作者共商荆楚"三农"发展大计，推动湖北农业全面升级、农村全面进步、农民全面发展提供借鉴。

李志军

2018.9.12

湖北农业农村改革开放 40 年
（1978—2018）丛书简介

2016 年 8 月，经由当时分管农业的湖北省人民政府副省长任振鹤同志建议，湖北省委、省政府主要领导给湖北省社会科学院下达了组织湖北省"三农"学界力量，系统回顾和深入研究"湖北农业农村改革开放 40 年（1978—2018）"的重大任务，以向湖北省改革开放 40 年献上一份厚礼。

根据任务要求，湖北省社会科学院组织由张晓山、徐勇等全国"三农"著名专家组成的编委会，经过精心构思，确定了包括总论（光辉历程）、农业发展、农村社会治理、农民群体、城乡一体、公共服务、集体经济、土地制度、财税金融、扶贫攻坚、小康评估在内的 11 个专题，共同构成本丛书的主要内容。丛书作者分别来自湖北省社会科学院、武汉大学、华中科技大学、华中师范大学、华中农业大学、中南财经政法大学、湖北经济学院等高等院校。

本丛书立足现实、回望历史、展望未来，系统地回顾和总结了改革开放以来湖北省农业农村改革、创新与发展的历程，取得的成就、经验以及存在的不足，并从理论和实践相结合的高度，提出一系列切合湖北实际，具有前瞻性、指导性和可操作性的对策建议。所形成的研究成果兼具文献珍藏价值、学术价值和应用价值，是一幅全景展示湖北省农业农村改革 40 年光辉历程、伟大成就、宝贵经验的珍贵历史画卷。

目　录

第 一 章

导　论

第一节　缘起与意义

一　选题缘起

本书的选题缘起，既来自理想，也来自现实，既是一个年轻的"三农"学者最本真、最原初的学术信仰与追求，也是一个年轻的"三农"学者在时代发展背景下，学术追求的兴趣与担当。

涉足并下定决心倾情于"三农"问题研究，缘起于身上浓浓的"三农"情怀。作为一个农民的儿子，肉体和心灵早已同时烙下了重重的乡愁，即使是穷尽一生，即便是天涯海角，也永远挥之不去，割舍不掉。决定研究农村公共服务体系这一实证问题，则是缘起于对学术最朴实的信仰和追求。

回望当民工作为"盲流"被围追堵截；农民与基层政府因税费负担而尖锐对立；大片良田被年年亏本的农户所抛荒的那个时代，我们的学界中的大多数有谁去注意过社会底层的农民？！而面对如今"三农"问题研究"纸上三农""三农秀""三农明星"等日益浮躁的现象①，对于学术研究良知的呼唤，显得是那样急迫。

阿尔伯特·爱因斯坦曾说："提出一个问题往往比解决一个问题更重要，因为这不仅仅是教学上或实验上的技能，更重要的是从新的角度看旧问题、提出新问题，这需要富有想象力、创造力，而这往往标志着真

---

① "纸上三农""三农秀""三农明星"皆是描述当前学术界对"三农"问题研究不实事求是，不联系实际的浮躁现象。参见陈文胜《中国三农学界的明星现象及研究方向》，2006年2月（http://theory.people.com.cn/BIG5/41038/4103978.html）。

正的科学进步。"① 对农村公共服务体系的研究,即是出自对中国改革开放四十年,"三农"问题为何还是未能跳出"亡,百姓苦;兴,百姓苦"的怪圈,还是"农民真苦、农村真穷、农业真危险",以及破解中国"三农"问题的根本是什么;勤劳的中国农民所最直接、最紧迫、最现实的需要到底是什么的疑问与不断追问,也是对中国"三农"问题研究的不断思考与憧憬。

今年是改革开放四十周年,这无疑是新中国历史上的一个重要时间节点,对于每一个中华儿女来说意义重大。从旧中国百废待兴到新中国的矗立而起,从第一个"五年计划"开启全社会各领域的探索与发展,到"文化大革命"十年的动荡浩劫,改革开放前夜,中国所拥有的只不过是一个自然资源极为有限、工农业基础十分薄弱、城乡面貌相当破旧、国内形势与环境异常复杂、国际地位与影响弱而无声的窘困绝境,几乎到了生死存亡的关键时期。倘若不改革求生存、不开放求发展,内忧外患的中国必将再次面临巨大危机。在生死存亡的巨大考验下,中国共产党的领导,中华儿女迎着"朝阳",高举改革开放的大旗,奋发图强、勠力前行,用勤劳的双手建设着伟大的祖国和自己的幸福家园。回望改革开放四十年来的艰辛历程,荆棘密布却也成就斐然,四十年的改革与发展道路极不平坦,而四十年的改革与发展成就也极不平凡。四十年风风雨雨一路走来,"中国奇迹"来之太过艰难,不得不让世界惊叹。从一个落后的农业大国赶超成为强大的世界第二大经济体,贫困落后的城乡面貌发生了翻天覆地的变化,中国的国际地位逐步提高,影响日益增强,中国之声正在五湖四海传扬。四十年改革开放所取得的成就不仅仅是一串串变化的数字和一幅幅美丽的图景,也难以用简短和枯燥的数据去阐释;难以用单一和压缩的图景去彰显。但毋庸置疑的是,四十年来的改革与发展,让几乎每一个中华儿女都沐浴到了改革开放的阳光雨露,改革开放的红利也极大地并将一如既往地滋润着中华儿女的幸福生活。

---

① 英文原文出自阿尔伯特·爱因斯坦《物理学的进化》第二章"机械观的衰落"中对伽利略的评价。原文为:The mere formulation of a problem is far more essential than its solution, which may be merely a matter of mathematical or experimental skills. To raise new questions, new possibilities, to regard old problems from a new angle requires creative imagination and marks real advances in science. A. Einstein, L. Infeld, The Evolution of Physics, London: Cambridge University Press, 1938。

改革开放的四十年也是"三农"兴衰并存的四十年。总结改革开放四十年来的发展与成就,"三农"一隅不可或缺,应当浓墨重彩。中国自古以来就是一个农业大国,数千年悠久的历史即是一部浩瀚的农业发展史卷。历史的任何一个时期,"三农"的历史地位都不可动摇。倘若离开农业、农村与农民这一根本问题而谈历史,都将有避重就轻之嫌;倘若离开农业、农村与农民这一根本问题而谈改革开放四十年的发展历程,都将是"隔靴搔痒""空谈误国"。毛泽东同志曾指出:"谁赢得了农民,谁就会赢得了中国。"① 邓小平同志曾指出:"中国有 80% 的人口住在农村,中国稳定不稳定首先要看这 80% 稳定不稳定。"② "四个现代化,比较起来,更加费劲的是农业现代化。如果农业搞不好,很可能拉了我们国家建设的后腿。"③ "新时期中国的改革是从农村开始的。没有农民的小康,就没有全国的小康。"④ 习近平同志指出:"全面建成小康社会,最艰巨最繁重的任务在农村,特别是在贫困地区。没有农村的小康,特别是没有贫困地区的小康,就没有全面建成小康社会。"⑤

四十年来的改革开放发展历程,"三农"到底经历了什么?正在经历什么?又即将经历什么?1978 年 11 月,一份来自安徽凤阳县小岗村十八位村民的"生死文书"拉开了中国农村"家庭联产承包经营"改革的大幕,谁都未曾预料到这场改革竟然敲开了中国改革开放的大门。而短短两三年内,以"家庭联产承包经营"这种小规模化个体生产为核心的经济体制迅速席卷全国所有乡村,一直延续至今。然而四十年弹指一挥间,尽管以"家庭联产承包经营"为基础,统分结合的双层经营体制并没有发生大的改变,但 2016 年 11 月,浙江缙云县十八位村干部却联名向全国农村干部群众发起了一份公开的倡议书,呼吁"强化土地集体所有权,走集体经济的道路"。这不得不让人深切反思,到底是"天下分久必合,

① 〔美〕洛易斯·惠勒·斯诺:《斯诺眼中的中国》,王恩光等译,中国学术出版社 1982 年版,第 47 页。
② 《邓小平文选》第 3 卷,人民出版社 1993 年版,第 117—213 页。
③ 《邓小平思想年谱》,中央文献出版社 1998 年版,第 17 页。
④ 《邓小平文选》第 3 卷,人民出版社 1993 年版,第 70—100 页。
⑤ 习近平:《把群众安危冷暖时刻放在心上 把党和政府温暖送到千家万户》,《人民日报》2012 年 12 月 31 日第 1 版。

合久必分",还是"三十年河东,三十年河西"? 曾经备受推崇,让农民欢欣鼓舞的改革创举,为何在三十年后却又遭遇到这般礼遇?

四十年来,中国广大农村地区 7 亿多农村贫困人口摆脱了贫困,解决了温饱问题,农村贫困人口比例由 1990 年的 73.5% 下降到 2016 年的 4% 以下,中国对全球减贫的贡献率超过 70%, "三农"的发展成就斐然①。四十年来,农民从合作化时期、集体经济时代的消极怠工到"家庭承包经营"初期的欢欣鼓舞、热火朝天,再到如今的弃种抛荒、幸福感过低,似乎"亡,百姓苦;兴,百姓苦"的怪圈并没有打破,而"三农"的困境似乎并没有得到彻底解决,破解"三农"问题的根本似乎还并没有抓住。时下,农村"土地确权""土地规模化经营""农业供给侧结构性改革""农业一二三产业融合发展""发展壮大农村集体经济"等一系列完善农村经营体制,推动"三农"发展的举措正火热地在全国展开,然而,"三农"未来到底该怎么走、走向何方却成了一个隐晦的话题,没有人愿意回答,也几乎没有人能够回答。

自古以来,但凡研究"三农"问题的学者都有一个类似的共识,那即是"三农"问题极其复杂,尤其是经历了历史的发展与变迁之后,这种复杂性只在日渐增强而未曾降低。对改革开放四十年来的"三农"问题,今时今日的人很难用单纯现实性的眼光或者评判标准去看待历史性的事件,也很难用单纯历史性的眼光或者评判标准去看待当时的事件,即使是亲历者。因为人、事、物和环境在不断发展变化,这种变化一去不返,也不以人的意志为转移。无论是谁,都很难给予四十年前的农村"分田到户"改革以客观、准确的定性评价,作为一个年轻的学者更是如此。因此,本书关切的并非历史发展对与错的问题,而是这其中真正值得去深入思考和研究的学术问题和实践问题。

正如邓小平同志所言, "农村搞家庭联产承包,这个发明权是农民的"。② 农村"家庭联产承包经营"改革是全国大多数农民所选择的道路,以"家庭联产承包经营"为基础,统分结合的双层经济体制也是全国大多数农民所选择的农村经营体制与制度。从农民的主动选择、积极

---

① 张铁:《分享摆脱贫困的"中国经验"》,《人民日报》2015 年 10 月 25 日第 5 版。

② 《邓小平文选》第 3 卷,人民出版社 1993 年版,第 382 页。

支持，到四十年后部分农民的"反复"，这其中到底是哪些因素在发挥着关键性的作用，在影响着整个体制与制度的前进与发展，这应当就是当前"三农"问题所必须关注和抓住的重点。

　　"三农"问题症结在哪？根源在哪？破解"三农"问题的诀窍是什么？曾有来自国际和国内"三农"学界的著名学者们尝试过相关问题的探讨。有学者认为土地所有制的关键性地位不可忽视①；有学者认为，农业的现代化是中国"三农"问题的根本出路②；有学者认为，城镇化才是解决"三农"问题的根本途径③；有学者认为，农民的文化与教育问题是根本④；有学者认为，农民的民主自治问题是破解"三农"问题的关键环节⑤；还有学者主张，农民的权利问题，包括人身权利和财产权利、农民的公民权问题是"三农"问题的症结、根源或者破解的诀窍⑥。细细看

---

　　① 张五常、党国英、温铁军、贺雪峰、华生曾就相关问题作过探讨和商榷。张五常：《佃农理论》，中信出版社 2010 年版。党国英：《农村土地改革攻坚》，水利水电出版社 2005 年版，第 230 页。温铁军：《中国新农村建设报告》，福建人民出版社 2010 年版，第 199 页。贺雪峰：《地权的逻辑——中国土地制度向何处去》，中国政法大学出版社 2011 年版，第 2—304 页。华生：《城市化转型与土地陷阱》，东方出版社 2013 年版，第 79 页。

　　② 西奥多·W. 舒尔茨曾主张这一判断，但温铁军等学者似乎并不赞同这一判断，并给出了不同的解释。［美］西奥多·W. 舒尔茨：《改造传统农业》，梁小民译，商务印书馆 1987 年版。温铁军：《中国新农村建设报告》，福建人民出版社 2010 年版，第 55 页。

　　③ 李成贵是这一观点的主要代表者，然而李培林却有着别样的感叹。李成贵：《城镇化是解决三农问题的根本途径》，2009 年 12 月（http://finance. qq. com/a/20091208/000500htm）。李培林：《村落的终结》，商务印书馆 2004 年版，第 5 页。

　　④ 以晏阳初为代表的平民教育理论与以梁漱溟为代表的乡村建设运动皆以此问题为基础，晏阳初主张以文艺、生计、卫生、公民四大教育医治农民身上存在的"愚、穷、弱、私"四个基本问题。以文艺教育治"愚"，以生计教育治"穷"，以卫生教育治"弱"，以公民教育治"私"。梁漱溟认为"欧洲近代民主政治之路"和"俄国共产党发明之路"皆为不通，中国农民的唯一出路在于复兴中华文明。张英洪：《农民公民权与国家——1949—2009 年的湘西农村》，中央编译出版社 2013 年版，第 28 页。《梁漱溟全集》第 5 卷，山东人民出版社 1990 年版，第 11—261 页。

　　⑤ 徐勇等学者认为村民自治是"三农"问题破解的关键环节，主张村民自治下沉。徐勇：《培育自治：居民自治有效实现形式探索》，《东南学术》2014 年第 5 期。

　　⑥ 秦晖认为"三农"问题实际上都是农民问题，主要是农民的人身和财产权问题的不同表现。尽管改革开放四十年来在解决这一问题上取得较大进展，但该做未做的事还不少。张英洪认为农民的公民权问题是解决"三农"问题的核心问题。秦晖：《"乡村衰败"到底是什么造成的？》，2017 年 7 月（http://www. chinareform. net/index）。张英洪：《农民公民权与国家——1949—2009 年的湘西农村》，中央编译出版社 2013 年版，第 28 页。

来，这些学者的观点似乎都毋庸置疑，都有其道理。然而，又似乎让我们变得更加糊涂，更加难分真伪。

既然难分真假，难有定论，不妨在争议之中求得共识。"在一个错综复杂的矛盾系统中，一定存在一种主要的、起支配作用的矛盾，这个主要矛盾的存在和变化，决定和制约整个事物的发展变化。"① 人的问题是最根本的问题。农村是一个特定的场域，农业是一种职业，农民是农业的主体。"三农"问题是否就是农民这一主体在农村这个特定场域内，从事农业生产生活的根本问题？农民最直接、最紧迫的需求这一最现实的问题，是否就是"三农"问题这一复杂的矛盾体系中的主要矛盾？农民是最朴实的，"交够了外部的索要之后还剩下多少？够不够维持自己的基本需要"，这就是农民最基本的生存伦理②。在众说纷纭的"三农"问题研究与探讨中，是否更应该关注农村公共服务体系，这一与农民最直接、最紧迫、最现实的需求所最直接相关的问题呢？这或许是个要简单很多的问题，但这绝不是一个细枝末节、可有可无的问题！

在改革开放四十年的发展历程中，农村公共服务体系经历了怎样的历史变迁，其在历史的变迁过程中怎样受影响并影响着农村治理的变迁、农村经营体制的变革、农业经济的发展，为何在四十年的发展变化，这一农民最直接、最紧迫的现实需求始终未能够得到根本解决，未能够得到农民的认可？这重重疑问、追问与反问，反衬出当前继续进行农村公共服务体系研究的重要意义与价值。但在相关研究已经长久开展的前提下进行深入的再研究，必须突破"思维定式的框框"，必须在长久存在的"研究惯式"上另辟蹊径，需要勇气、需要创造，也需要大胆的理论预想与实践探索。事实上，农村公共服务体系是一个历史性的问题，也是一个现实性的问题，更是一个持续向前发展的问题。认识农村公共服务体系，深入了解农村公共服务体系，进而找寻问题，寻求破解之道，需要用历史的眼光去寻绎农村公共服务体系发展的起源，需要用现实的视角去探寻农村公共服务体系的发展困境与根源，更需要用发展的思维去探

① 参见《毛泽东选集》第 1 卷，人民出版社 1991 年版，第 322 页。
② 参见［美］詹姆斯·C. 斯科特《农民的道义经济学——东南亚的生存与反叛》，程立显等译，译林出版社 2013 年版。

讨破解农村公共服务体系困境，促进其持续、良性发展的对策与建议。

尽管受自身禀赋的制约，改革开放以来的湖北省在全国的农业发展地位略显不利，但这并不影响湖北省这一农村改革与创新强省的地位。湖北省有关农村公共服务体系改革、农村行政管理体制改革的实践与探索早已经成为全国改革与创新的蓝本。而湖北省改革开放四十年来的农村公共服务体系变迁史无疑是中国改革开放四十年来农村公共服务体系变迁史的缩影。当然，在这四十年的变迁史中湖北省也彰显出了其独有的特性。以湖北省为主要调查研究的对象，将研究的场域限定在湖北省的范围内、一个省的层次上，既是基于一个典型的农业大省具有的一个农业大国的普遍性缩影，也是基于中国地区差异巨大，各省皆有各省实际，在量力而行的研究中，必须注重差异化研究的考虑。与此同时，这既是在开展相关研究过程中，对宏观与中微观结合的考虑，也是对理论研究与实践指导的双重关照。

恰逢改革开放四十周年，恰遇"改革开放四十年：湖北省'三农'重大课题项目"。笔者带着最本真、最原初的学术信仰与追求，满怀着学术的憧憬与向往，以为湖北省乃至中国改革开放四十周年献礼之名，遂即开展湖北省农村公共服务体系建设研究。

二 研究意义

尽管理想与现实之间总会有或大或小的差距，相比而言理想总是显得很"丰满"，而现实总是被映衬得很"骨感"。但学术研究终究需要理想与抱负，这是枯燥之路能够继往开来、一往无前的信心源泉与力量源泉。任何一项研究，如若认真对待、刻苦钻研，就有意义，就有价值，而立意高远、愿景高瞻必不可少。我殷切地希望，本书既是对"改革开放四十年"的一个献礼，更是对改革开放四十年来湖北省农村公共服务体系建设的一个全面、系统的总结。基于此，希望本书不仅仅成为一个具有纪念意义的历史文献，更能够成为相关问题研究参考、借鉴的重要史料。

一是研究方法意义。"三农"问题绝不仅仅是某一个诸如政治学、经济学、管理学或者社会学的单一学科所能够囊括的，而应当是一个多学科交叉、多领域融合，兼具复杂性与系统性的问题，基于一个单一学科的视角、运用某一学科所惯用的研究方法始终难以将"三农"问题说清道明，即使只是其中的某一个方面也同样如此。农村公共服务体系是当前"三农"问题的重要组成部分，是有关"三农"问题研究所不可忽略的一个重要领域，同样具有较强的复杂性与系统性。倘若还是依照以往的研究惯式，基于单学科视角，运用单学科的研究方法去探寻相关问题，难免遭遇瓶颈，难有新发现。基于多学科融合视角，结合多学科研究方法，努力突破学科间的隔阂，实现交叉融合研究，以期在这个过程中有新的发现并有所获，是本书的研究方法价值所在。本书将努力运用政治学、经济学、管理学、社会学等多学科融合视角，充分借鉴经济学、管理学与社会学的文献综述、理论分析、数据量化分析与质性分析等研究方法来探讨湖北省农村公共服务体系建设的系统性问题，同时力求在该方面实现一定程度的创新。本书也将充分发扬"华中乡土学派"长期形成的实证研究优良学术传统，充分运用田野实证调查的研究方法来分析和探讨相关问题。

二是理论意义。本书立意初衷即是兼具理论性与实践性，不仅仅关注其理论指导性，也关注其实践操作性，因而学术理论关怀是本书的一个特点。本书立足于湖北省农村公共服务体系的历史发展与变迁这一基本脉络，勾勒出湖北省农村公共服务体系由传统社会，历经多个变革、发展时期，最终发展至今的完整脉络，并阐述其发展与变迁的内在规律与特点，这一点将从某种程度上丰富这一相关学术理论研究。

在历史发展与变迁逻辑寻绎过程中，本书将试图引入农村治理变迁与农村治理现代化变革这一理论，探讨农村公共服务体系与农村治理变迁和农村治理现代化变革之间的逻辑关联，从而提出二者之间由"一元单向性形塑"迈向"二元双向性互构"的内在关系，并进一步阐述这种关系的发生机理以及发展变化趋向。最终，本书提出农村公共服务体系将最终过渡到农村社会化服务体系，而农村社会化服务体系将会成为农村治理现代化变革的向度与依托，这将有可能为农村公共服务体系研究和农村治理现代化变革研究打开一扇新窗。

本书将基于国家、市场、公民社会话语、政府与市场、国家与社会理论分析框架，提出适用于本书的理论分析框架，即政府、市场与社会理论分析框架，这既是理论意义上的创新尝试，也将会为本书的理论研究提供重要支撑。

本书将 2012 年以来的精准扶贫引入相关的理论问题研究当中，探讨非常规性治理对于农村公共服务体系建设带来的机遇与挑战，进而反思农村公共服务体系建设的可持续性发展动力所在。

三是实践意义。理论源于实践，而理论的真正价值在于指导实践，并在实践中寻找新的理论增长点，否则就失去了价值和意义。理论最终需要归宿到实践①。突出实践性，以期能够为省级层面的政策咨询与决策和基层实践者们的改革创新实践提供一定的理论指导和经验借鉴，是本书所要追求的重要研究价值。本书所追求的最终目标是：这不仅仅是一本理论性较强的专著，更是一个具有较强实践性的政策参考文本。因而在研究过程中，本书不仅仅关注理论，注重理论分析、阐述与创造，更重要的是本书将不遗余力地去探讨具体的实践经验与建议。本书将以第三者的身份去客观分析湖北省农村公共服务体系的具体实践情况，去深入浅出地剖析湖北省农村公共服务体系建设的基本现状、当前所面临的供需矛盾问题、所遭遇的体制与机制双重困境，以及这背后所潜藏的深层次根源，进而富有针对性地提出能够有效解决这些问题，破除这些困境的对策与建议。与此同时，本书还将有针对性地借鉴美国和中国台湾地区的有益经验，来进一步充实对策与建议。最终，本书坚持"理论源于实践并最终回到实践"原则所提出的农村公共服务体系重构、农村治理现代化变革解决路径与实践对策，具有较强的针对性与可操作性，可以充分用于实践借鉴。

第二节　学术关怀与评述

对于学术理论研究而言，梳理、分析和客观评述已有文献资料是必需且必要的，其对于学术理论研究本身具有重要意义。规范的学术理论

---

① 课题编撰组：《"中共中央关于构建社会主义和谐社会若干重大问题的决定"辅导读本》，人民出版社 2006 年版。王圣诵：《中国乡村自治问题研究》，人民出版社 2009 年版。谢龙等：《马克思主义哲学与当代现实》，人民出版社 1991 年版。

研究都要求有文献综述的必要环节，通过文献综述，对当前国内外已有研究成果进行全面了解，对当前有关前沿问题准确把握，进而在此基础上对相关研究问题的发展历程、演变轨迹、时代特征以及当前相关研究所存在的问题、不足与缺失进行探讨与评述，是做好学术理论研究的前提、基础，相当于一个亮锃锃的"起跑"，而能否拥有一个好的"起跑"——顺利的开局，将在很大程度上决定着后续研究工作的顺利与否，这既是学术理论研究信心的来源，也是学术理论研究创新的源泉。本书所探讨的农村公共服务体系建设研究绝对算不上一个新颖的学术研究领域，无论是国内还是国外，相关问题几乎都算是一个老生常谈的科目，因而近些年对相关问题的研究呈现出一种"欲说还休"的景象。然而，仔细查阅近些年的文献，似乎又能发现景中景——"欲说还休"的背后往往伴随着"欲罢不能"。尽管老生常谈，却仍然是国内外公共管理学、公共行政学、公共经济学、财政学、福利经济学等学科所不敢忽略的一条研究基线，总是源源不断地有相关成果问世。

一　国外研究现状

国外有关农村公共服务体系的研究起步较早，尤其是美欧发达国家要明显早于中国，已有文献最早可以追溯到 19 世纪末 20 世纪初甚至更早。基于外文数据库 EBSCO ASP（Academic Source Premier）、CALIS、Springer、Cambridge University Press Journals、SAGE、EBSCO BSP Business Source Premier、Science Citation Index（SCI）中的文献资料，可以查询到 3 万多篇相关文献，横跨一个多世纪，涉及数十个国家，数以万计的不同国籍学者，相关的研究内容也几乎涵盖农村公共服务体系的任何一个微观领域。如此庞大的文献资料，使得对其文献的梳理基本不可能穷尽。但通过对近些年一定数量文献的阅读与梳理，似乎可以窥见国外研究的一种可能性趋势与发展脉络。

首先，就研究的旨趣而言，有关农村公共服务体系的必要性与重要性、农村公共服务体系有效供给的影响因素等问题一直以来是国外学者关注的重点。López Ramón、Samuelson、Batchis 对农村公共服务政府供给的必然、重要性进行了深入探讨。López Ramón 基于从拉丁美洲 15 个农村部门收集到的 1985—2001 年数据资料分析，认为减少对私人物品的补贴，同时增加农村公共服务的供给份额，将有利于农村人均收入的提高、减少外部环境的负面影响，从而减少农村贫困[1]。Paul W. Barkley、López Ramón 等对农村公共服务供给影响因素进行了分析。Barkley Paul W. 基于经济学视角，分析了农村公共服务的政策管控、人口分布与农村公共服务分配不均衡的关系[2]。López Ramón 认为，农村公共支出存在偏向私人物品的倾向（主要是补贴富人），这种回报率通常较低，甚至为负值。这其中的主要原因在于政治经济力量和政治游说的高度不平等，导致政府政策有利于经济精英，从而不利于农村可持续发展[3]。Robert J. Johnston、Stephen K. Swallow 基于农村土地使用视角，阐述了"空间因素"对于农村公共服务供给边际价值的影响。认为"空间属性"会影响农村公共服务的价值评估[4]。David H. Duncan、Kyle Garreth、Rizov Marian 对市场主体，社会非政府组织参与农村公共服务供给的可能性、可行性和重要性进行了论证。David H. Duncan、Kyle Garreth 认为投资"挤出效应"理论在农村公共服务供给上并不适用[5]。

其次，就农村公共服务体系研究的具体内容而言，农村的教育、医疗和卫生等核心的公共服务是西方各国相关学者研究的重点问题，近些年已然如此。第一，就农村教育服务而言，农村教育的基础设施、教职员发展、农村职业教育等相关问题较受重视。Carly Lassig、Catherine Ann Doherty、Keith Moore 研究指出农村和偏远学校的人员配备是公共利益的

---

[1]　López Ramón，"Should Governments Stop Subsidies to Private Goods? Evidence From Rural Latin America"，*Journal of Public Economics*，Jun. 2007，Vol. 91. Issue 5/6，pp. 1071 – 1094.

[2]　Paul W. Barkley，"Public Goods in Rural Areas：Problems，Policies，and Population"，*American Journal of Agricultural Economics*，Dec. 74，Vol. 56 Issue5，p. 1135.

[3]　López Ramón，"Under Investing in Public Goods：Evidence，Causes，and Consequences for Agricultural Development，Equity，and the Environment"，*Agricultural Economics*，May. 2005 Supplement 1，Vol. 32，pp. 211 – 224.

[4]　Robert J. Johnston and Stephen K. Swallow，"Spatial Factors and Stated Preference Values For Public Goods：Considerations for Rural Land Use"，*Land Economics*，Nov. 2002，Vol. 78 Issue4，p. 481.

[5]　David H. Duncan and Kyle Garreth，"Public Investment Does Not Crowd Out Private Supply of Environmental Goods on Private Land"，*Journal of Environmental Management*，Apr. 2014，Vol. 136，pp. 94 – 102.

一个重要政策问题[①]。Kristin S. Stair 对农业职业教育的变化、发展与现实需求进行了研究[②]。Jane M. Williams、Suzanne M. Martin 重点分析了农村地区的服务人员情况和服务交付问题，认为提高服务人员招聘策略，扩大高等教育机构在农村设置包括远程教育、现场专业咨询等服务的意义重大[③]。第二，就农村医疗服务而言，医疗服务的满意度、公共医疗机构的认可度、信任度等问题逐渐受到关注。Brian L. Risavi、Christopher J. Heile 利用 1999 年 5 月 28 日到 2008 年 9 月 26 日的数据评估了受众对农村急救医疗服务提供者院前急救的投诉情况[④]。Collins Ogutu Miruka 通过对肯尼亚地区的实证研究，分析了农村卫生机构缺乏公共信任，指出种族，包括其他偏见，是实现优质医疗保健服务的主要障碍[⑤]。第三，就农村卫生服务而言，各层级服务问题、各农村群体的卫生服务享受情况以及卫生服务与农村贫困之间的关系问题受到学者们的广泛关注。Heflinger Craig 利用夏威夷公共心理健康系统对儿童和青年的卫生保健情况作了系统分析，重点比较了农村和非农村儿童在心理健康服务利用方面的差异，特别是住宅服务的使用情况[⑥]。Berkowitz Bobbie 描述了农村公共卫生的结构和实践的变化以及农村社区如何迎接当前公共卫生实践的挑战[⑦]。Peter Warr、Jayant Menon 以初级、中等教育和初级保健中心为研究对象，主要研究了公共教育、公共卫生服务与贫困的关系，认为穷人福利的程

---

① Carly Lassig and Catherine Ann Doherty and Keith Moore, "The Private Problem with Public Service: Rural Teachers in Educational Markets", *Journal of Educational Administration and History*, 2015, Vol. 47 Issue2, p. 117.

② Kristin S. Stair, "Identifying Concerns of Preservice and In-Service Teachers in Agricultural Education", *Journal of Agricultural Education*, Vol. 53 Issue2, pp. 153 – 164.

③ Jane M. Williams and Suzanne M. Martin, "Rural Special Education Quarterly", *Winter*, 2010, Vol. 29, Issue4, pp. 31 – 39.

④ Brian L. Risavi and Christopher J. Heile, "Analysis of Complaints in a Rural Emergency Medical Service System", *Prehosp Disaster*, Med. 2013, Vol. 28 Issue2, pp. 1 – 3.

⑤ Peter Warr and Jayant Menon, "Building Trust in Kenyan Rural Public Health Facilities", *Journal of Personal Finance and Economics*, 2010, Vol. 3 Issue6, pp. 1 – 3.

⑥ Heflinger Craig, "Patterns of Child Mental Health Service Delivery in a Public System: Rural Children and the Role of Rural Residence", *Journal of Behavioral Health Services & Research*, Jul. 2015, Vol. 42 Issue3, pp. 292 – 309.

⑦ Berkowitz Bobbie, "Rural Public Health Service Delivery: Promising New Directions", *American Journal of Public Health*, Oct. 2004, Vol. 94 Issue10, p. 1678.

度随着供应水平的增加而增加①。此外，一些学者开始从交叉与融合的视角来系统性地关注农村公共服务体系问题。Bobbie Berkowitz、Janet Ivory、Tom Morris 基于卫生保健系统、医学和技术的变化以及农村社区的特点，分析了影响农村公共卫生系统对新健康威胁的问题。认为这些问题是系统性的，主要涉及公共卫生基础设施建设、农村公共卫生管理人口健康的能力、利用信息技术的能力、公共卫生服务能力和领导能力等方面②。Daniel L. Friesner、Donald R. Miller 将公共卫生与教育结合起来进行了研究，基于北达科他州的公共卫生和教育提供状况，分析了药剂师和药剂师教育工作者在这些活动中目前和未来发挥的重要作用③。

　　当然，除了教育、医疗和卫生这些农村公共服务研究的重点内容外，农村公共服务的其他内容也是受到了国外学者们不同程度的关注。来自不同国家的学者们基于不同国家的实证分析，分别对相关问题作了系统研究。Parashar Koirala 以尼泊尔的农村为研究对象，重点分析了尼泊尔在教育、电力、电话、公路和拥有无线电等农村公共服务项目上的发展情况以及与贫困之间的关联性④。Rekha Jain 专门对一种名为 E-Gram 的公共服务系统进行了研究，分析了这种公共服务系统在政府向农村居民提供服务的效率和效力上发挥的作用⑤。Emery N. Castle 以美国农村农业地区制定的公共政策为主要关注点，分析了美国农村地区的特点、需要解决的政策、影响城乡关系的趋势和发展等问题⑥。Nicole D. Alemanne、Lauren H. Mandel 分析了农村公共图书馆在社区纽带服务之间的关键性领

---

① Peter Warr and Jayant Menon, "Public Services and the Poor in Laos", *World Development Volume*, Feb. 2015, pp. 371 – 382.

② Bobbie Berkowitz, Janet Ivory and Tom Morris, "Rural Public Health: Policy and Research Opportunities", *The Journal of Rural Health*, 2002, Vol. 18 Issue5, p. 186.

③ Daniel L. Friesner and Donald R. Miller, "Rural Public Health Education as a Pharmacistled Team Endeavor", *JAPhA*, 2010, Vol. 50 Issue2, p. 207.

④ Parashar Koirala, "Public Service Delivery Mechanism and Rural Poverty in Nepal", *NRB Economic Review*, 2005, Vol. 17, pp. 1 – 15.

⑤ Rekha Jain, "e-Gram Public Service Delivery in Rural Context", *Information Technology in Developing Countries*, 2006, Vol. 16 Issue2.

⑥ Emery N. Castle, "WANTED: A Rural Public Policy", *Choices: The Magazine of Food, Farm & Resource Issues*, 2001 1st Quarter, Vol. 16 Issue1, p. 26.

导作用，并进一步探索农村公共图书馆如何利用教育和培训发挥领导作用[1]。Flavio Corradini、Alberto Polzonetti 等的研究认为，农村当局在提供适当的在线服务方面存在严重障碍。基于此提出构建一个在线共享服务体系，以支持农村当局提供数字公共服务。该系统包括适当的信息和通信技术（ICT）设施以及专门技术，还包括一个协同体系结构[2]。D. C. Johnston 通过对印度尼西亚的统计数据分析得出，农村家庭拥有汽车的比例很低，但自 20 世纪 70 年代末以来，农村的公共汽车服务业出现了大幅增长；然而，农村人口的覆盖率还不完全。农村公共客运服务获得的空间相对较少，原因主要表现在道路的供给或社会经济影响方面[3]。

　　无论是理论学习还是实践借鉴，都必须因时因地制宜。由于具体的国情差异，加上受研究方式、方法差异的影响，国内外对农村公共服务体系的研究呈现出明显的差异，突出表现在关注的研究重点，相关研究的演进脉络等多个方面，这种差异在不同时期表现突出，在相同的时期表现依然突出。对于中国而言，欧美发达国家的农村公共服务体系发展经验与理论研究成果由其与之相适应的国情决定，对于中国农村公共服务体系发展的理论借鉴和实践借鉴作用十分有限。即使是与中国有着较大相似性的韩国和日本，其健全的农村公共服务体系也有着特殊的现实环境与历史发展优势，可供借鉴，但不可照搬。因而中国的农村公共服务体系理论研究和具体实践必须结合当前中国"三农"发展的实际，探索适合中国现有基本国情的理论指导体系和实践经验。

---

① Nicole D. Alemanne and Lauren H. Mandel, "The Rural Public Library as Leader in Community Broadband Services", *Library Technology Reports*, Aug. 2011, Vol. 47 Issue6, pp. 19 - 28.

② Flavio Corradini and Alberto Polzonetti, "Shared Services for Supporting Online Public Service Delivery in Rural Areas", *International Journal of Electronic Democracy*, 2008, Vol. 1 Issue2, pp. 19 - 28.

③ D. C. Johnston, "These Roads Were Made for Walking? The Nature and Use of Rural Public Transport Services in Garut Regency, West Java, Indonesia", *Singapore Journal of Tropical Geography*, Jul. 2007, Vol. 28 Issue2, pp. 171 - 187.

二 国内相关研究回顾与评述

国内有关农村公共服务体系的研究也是一个长期备受关注的问题。有关研究文献十分丰富,最早有关农村公共服务的专门研究文献可以追溯到 20 世纪 90 年代初,而有关农村公共服务体系的专门研究最早可以追溯到 21 世纪初。纵观农村公共服务体系研究的发展历程,可以窥见相关问题的研究内容之广、参与人员之众,显然已超过了公共管理学、公共行政学、公共经济学、财政学、福利经济学等众多学科中的其他研究领域。与此同时,理论研究与实践探索皆取得了丰硕成果,各级各部门政府官员和高等院校、社会研究团体学者都为之做出了很多贡献。但值得一提的是,在梳理相关文献,寻绎农村公共服务体系研究的发展轨迹中,仍然能够发现很多有趣的现象,以及这些现象背后所隐藏的问题与不足,值得玩味。毋庸置疑,随着"三农"内外部环境的不断变化与发展,有关这一问题的研究仍然存在诸多亟待突破的理论与现实问题,而有关这一问题的研究仍将继续。

论文以中国知网为主要文献搜索媒介,进行了相关文献搜索。从研究文献的体量上看,以主题为"农村公共服务"进行搜索,相关文献有 10200 多篇,而以主题为"农村公共服务体系"进行搜索,相关文献有 10100 多篇;以篇名为"农村公共服务"进行搜索,相关文献有 3800 多篇,而以篇名为"农村公共服务体系"进行搜索,相关文献有 1000 多篇①。从研究文献的时间分布走向上看(如图 1—1 所示),国内关于农村公共服务体系的研究滥觞于 20 世纪 90 年代。从研究初至今,总体上相关的研究呈显著上升趋势,尤其是在 2004 年以后,2004 年至 2009 年掀起了一波研究高潮。近些年尽管有所下降,但总体上仍然处于上升阶段,仍然是学术研究者和实践者们所关注的重点问题。

---

① 论文中的相关文献数据来源于中国知网,由于技术条件和人力、物力有限,本书只统计完整、可查阅的学术文章,相关新闻报道、会议资料等文献未作统计。基于精准性,本书将主要以篇名为"农村公共服务"和"农村公共服务体系"的搜索结果为参考系数进行文献分析。

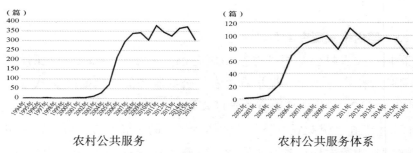

农村公共服务　　　　　　　　　农村公共服务体系

图 1—1　农村公共服务与农村公共服务体系研究分布与走向

从研究文献的学科分布来看，如图 1—2 所示，经济学学科，尤其农业经济占有绝对比例，政治学与行政管理学、工学、农学相关学科的研究成果较少。农村公共服务体系是一个极为复杂的系统性研究，显然不仅仅是一个经济学的问题，也无法单单依靠经济学来解决，需要包括政治学、管理学、工学、农学、法学等各学科的交叉与融合研究，而相关重点难点问题的破解，也亟待基于不同学科，从不同角度来予以探讨，进而寻找出合适的路径，探讨出有效的应对之策。

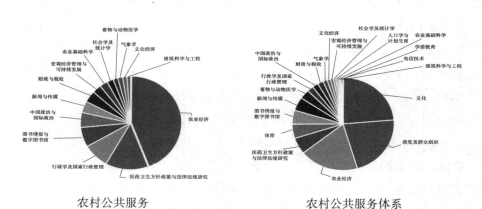

农村公共服务　　　　　　　　　农村公共服务体系

图 1—2　农村公共服务与农村公共服务体系研究文献学科分布

从研究文献的研究分类上看，如图 1—3 所示，相关研究皆以基础性的政策指导文献为主，学术理论研究所占比率较低。已有相关文献中政府政报、公报、政策性研究、行业指导性研究成果占有绝对比例，超过60%；而学术性理论研究所占比例明显较低。从研究机构分布来看，包括市委、市政府、社科院、农科院、供销合作社、党校等在内的政府职能部门、企事业单位所占比率较高，而高校和学术研究机构所占比率较低，且多以农业院校为主，可见农村社会化服务体系的研究多以政策指导性研究为主，理论研究尚显不足。

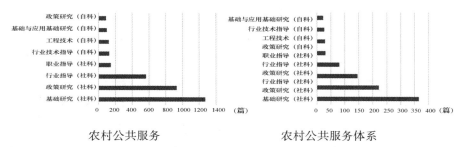

图1—3 农村公共服务与农村公共服务体系研究文献的研究类型分布

本书立足于湖北省的农村公共服务体系研究，那么从对各省相关问题的专门研究情况来看，学者们对甘肃、宁夏、青海、海南、黑龙江、江苏、山东、陕西、内蒙古、安徽、浙江、福建、贵州、河南、重庆、江西、四川、云南、西藏、辽宁、河北、新疆、吉林和台湾皆有相关问题的专门研究，其中对黑龙江、吉林、安徽等省份的相关问题研究较为系统，且较其他省份要更加丰富、全面。而对上海、湖南、山西、广西等省市区的相关问题研究缺乏关注。湖北省尽管是一个传统的农业大省、教育大省，但在对相关问题的专门研究上并没有受到学者们的过多关注。目前有关湖北省农村公共服务的研究只有张鹏飞、张凌云、罗芳、谭芳等极少数学者作过基本的探讨，而有关湖北省农村公共服务体系的专门研究、系统性研究目前还没有相关文献可查①。

寻绎20世纪90年代至今近40年的研究发展轨迹，综观有关农村公共服务体系研究的已有文献，不可否认，无论是学术界的"三农"专家

---

① 张鹏飞、张凌云：《湖北省农村公共服务信息化的实践与思考》，《江西科学》2016年第1期。罗芳等：《湖北省农村公共服务效率评估及其影响因素分析研究》，《三峡大学学报》（人文社会科学版）2015年第2期。谭芳：《湖北省农村公共服务体系现状及对策研究》，《吉林农业》2014年第8期。

还是基层改革的实践者，对相关问题的理论研究与实践探索贡献了超群的智慧，付出了艰辛的努力，也取得了丰硕的成果。但就如农村公共服务体系本身一样，它是一个极其复杂，涉及面极宽，波及范围极广的系统性问题。尽管对相关问题的探索已近 40 年，但这其中仍然存在诸多亟待破解的理论与现实问题，已有的相关研究成果仍然存在诸多的不足。

第一，呈现"碎片化"景象，缺乏系统研究。目前有关农村公共服务体系的研究尽管已有丰富的研究成果，但现有的成果多以农村经济学科为主，也多以基础性的政策指导文献为主，常见于政府政报、公报、政策性研究报告等，少见于系统性的理论学术成果。单一学科研究，注重政策性指导，而忽略了学术关怀与理论支撑，缺乏理论体系支撑，使得相关研究"碎片化"问题突出，这显然与农村公共服务体系体系化、系统化的本质特征相背离。基于中国地大物博、东中西差异巨大、各省之间相似性微差异性巨的现实国情，基于中国"中央、省、市、县、乡"的行政体系架构，对以政府为主导的农村公共服务体系的研究突出以省为主场域的系统化、体系化研究，有其必要性与可行性，这将有利于增强其研究的合理性、准确性与适用性。

第二，理论与实践脱节，"两张皮"的研究现象突出。理论源于实践，最终将回归实践，指导于实践，这是学术理论研究的核心价值所在。从现有文献来看，与农村公共服务体系有关的学术理论性研究成果和实践探索的总结性成果皆有一定数量。然而，当前相关的研究呈现出国内学术研究所普遍存在的问题，即是理论研究与实践探索严重脱节，"二元化"现象较为显著。学术理论研究过于关注理论而缺乏对实践应用的关怀，导致学术理论研究缺乏实践经验，难以适用于实践、指导于实践。实践界过于关注实践运用而缺乏理论的思考与升华，导致实践缺乏理论指导，乱而无序。

第三，出现"新瓶装旧酒"现象，缺乏创新性的理论分析框架与研究视角。近年来，有关农村公共服务体系的研究出现"新瓶装旧酒"现象，这一方面是正常的学术理论研究规律所致，同样问题的研究多了便容易进入到研究瓶颈期，自然也就难以再有新突破。另一方面，这也反映出相关问题的研究缺乏创新性的思维、理念与创造，例如运用新的理论分析框架，采用新的研究视角等。

第四，研究方法过于陈旧，乏善可陈。目前相关问题研究并没有随着各学科研究方法的变化而发展，大多还停留在一般性的宏观描述与分析，研究相对比较浅显，中、微观的把握能力明显不够。个案与群案的实证研究、对比研究较少，尤其是对某一特定地区的微观实证分析极为少见。问卷抽样调查、实地访谈等田野调查研究方法运用较少，缺乏数据量化分析与"个案剖析"方法支撑。博弈论、组织结构论、整体性治理理论、"服务三角"模型等理论分析工具的运用也极少。

第五，研究的广度与深度亟待进一步拓展。当前农村公共服务体系的相关研究仍然存在一些亟待破解的理论与现实问题。例如农村公共服务体系的历史演进轨迹与变迁进程已然出现了新的动向，这已经超出了以往相关问题研究的预设。而一些新的理论假设背后所潜在的理论问题也亟待新的理论去释疑和解答。后税费时代，随着经济社会的快速发展，农村公共服务体系正在加速市场化与社会化，农村公共服务体系的内涵与属性正在这一过程中悄然发生着变革，农村公共服务体系的供给主体正在由单一的政府主体向政府、市场与社会协同主体转变，农村公共服务体系向农村社会化服务体系过渡的进程正在加快。如何运用适用的理论去解释这一现象，如何建构新的理论分析框架去分析现象背后的潜在逻辑显得紧迫且意义重大。

第三节 分析框架与叙述结构

本书沿着理论认识与论证—理论探讨与假设—数据调查与分析—实践概括与思辨—理论总结与提升的研究路径开展相关问题研究。本书将基于并行齐驱的两条逻辑线路同步展开：暗线——政府、市场与社会的理论分析进路；明线——农村公共服务体系的历史变迁逻辑脉络。全书共计八章。（如图1—4所示）。第一章、第二章为基础性的铺垫章节，第三章至第七章为核心章节，第八章为全书的总结。

第一章为导论。包括研究缘起与意义、学术关怀与评述、分析框架与叙述结构和研究方法、素材与样本四个部分。主要阐述本书的写作由来、写作背景和可能性的研究价值；对全书的研究框架、行文结构和全书所关注的内容作一个细线条式的勾勒与基本的介绍；对全书所将要用到的研究方法、所采纳的实证研究素材、所涉及的实证案例样本作一个前导性的介绍。

第二章为内涵、框架与逻辑：农村公共服务体系阐释。这一章为基础性的章节，着重就全书所涉及的基本概念与内涵——主要围绕农村公共服务体系，所运用到的政府、市场与社会理论分析框架以及贯穿全书的研究逻辑脉络——湖北省农村公共服务体系的历史变迁逻辑作详细的介绍和阐述。既是对本书研究的具体领域和边界的清晰限定，从而保障研究的合理性，同时也是对本书理论旨趣的清晰表达，从而体现出研究所注重的学术性与理论关切。

第三章为改革开放前的湖北省农村公共服务体系。这一章主要探讨湖北省农村公共服务体系在改革开放前，即 1978 年以前的基本情况，大体上将从三个阶段进行阐述，分别为传统社会时期、合作化时期、"人民公社"时期。旨在为改革开放以来的湖北省农村公共服务体系研究作前期的历史铺垫，重点描述改革开放以来湖北省农村公共服务体系变迁的历史缘起和由来。

第四章为改革开放后（税费时代）的湖北省农村公共服务体系。顾名思义，这一章主要探讨 1978 年至 2003 年前后整个税费时代，湖北省农村公共服务体系的发展变迁情况。重点描述改革过渡时期，湖北省农村公共服务体系建设所面临的严峻形势，所遭遇的种种困境，以及这其中的历史发生逻辑。

第五章为后税费时代的湖北省农村公共服务体系。这一章重点探讨 2002 年至 2005 年，即农村税费改革时代，以湖北省咸宁市咸安区为典型的"以钱养事"改革创新和率先在湖北推行的"乡镇综合配套改革"所掀起的农村公共服务体系改革热潮。详细阐述改革热潮的历史由来，所取得的巨大成就和影响，以及所奠定的湖北省农村公共服务体系建设基础。与此同时，瞄准 2005 年至 2012 年前后这一时期，详细阐述改革热潮之后湖北省农村公共服务体系所面临的新形势、新问题，重点探讨新形势、新问题背后所潜藏的深层次根源。

第六章为新时代精准扶贫主导下的湖北省农村公共服务体系。这一章以 2012 年至今的精准扶贫为时代背景，详细阐述在新时代精准扶贫过程中，湖北省农村公共服务体系所发生的巨大变化。重点探讨这种巨大变化背后的历史发生逻辑以及非常规性治理所存在的可持续性发展问题。

第七章为治理引领下的湖北省农村公共服务体系未来。这一章是对全书理论研究的一个升华，也是全书理论关切的结晶部分。以现在为时间起点，探讨多元化变革时代，湖北省农村公共服务体系到底能走向何方，将走向何方。重点探讨农村公共服务体系在历史的变迁过程中与农村治理变革的关联，以及如何从"一元单向性形塑"迈向"二元双向性互构"，进而探讨在治理现代化变革的时代背景下，二者之间的关系又将会进一步发生怎样的"化学反应"。

　　第八章为总结。这一章顾名思义即是对全书的一个系统性的总结。同时对相关的研究作一个愿景展望，从而为未来的研究埋下伏笔。

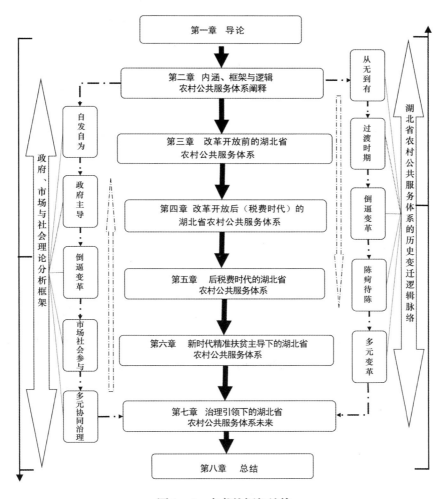

图1—4　本书的框架结构

第四节　方法、素材与样本

一　研究方法

　　人文社会科学研究尤其注重研究方法的运用。在人文社会科学研究领域，一套适宜的研究方法不单单会成为研究所需资料收集、分析的技术与工具，同时它还将决定本书所必须遵循的研究程序与步骤，这就是人文社会科学研究领域通常所称的研究路径[①]。研究方法的运用很难界定其科学性与合理性，因而"适合的就是最好的"。但在实际的运用过程中必须遵循两条共识性原则，即必须以点为主，以面为辅，点面结合；必须将理论分析与田野实证有效结合。注重田野实证调查的"三农"问题研究尤其应当如此。正如曹锦清和法国著名社会学家皮埃尔·布迪厄所言："有点无面，失在狭窄；有面无点，失在空泛。""没有理论研究的具体研究是盲目的，没有具体研究的理论研究是空洞的。"[②] 本书正是基于这两条基本的共识性原则，拟采用文献分析、宏观理论分析、田野实证调查、比较分析、数据量化分析与质性分析等研究方法。坚持理论与实践相结合、普性分析与个性分析相结合、定量分析与定性分析相结合，努力实现政治学、经济学、管理学和社会学各学科的交叉与融合。

　　一是文献分析与理论分析法。文献分析是人文社会科学研究最基本、最基础的研究方法，但同时也是最必不可少的研究方法。文献分析即是对已有期刊论文、专著、学位论文、国家和地方政策法规文件、县志、年鉴等各类文献的梳理、归纳和总结，从而全面、系统、准确地掌握当前相关问题研究到什么程度，有哪些不足，进而在其中找寻到前人还未曾关注到的问题，或者针对现有研究的不足而有效地开展自己的针对性研究。理论分析法也是人文社会科学所擅长的研究方法，但这一研究方

---

　　① 　J. B. Johnsonnad and R. A. Joslyn, *Poiltical Science Research Methods*, Washington, DC: Congressional Quarterly press, 1986.

　　② 　曹锦清:《黄河边的中国:一个学者对乡村社会的观察与思考》,上海文艺出版社 2003 年版,第 6 页。[法] 皮埃尔·布迪厄等:《实践与反思——反思社会学导引》,李孟等译,中央编译出版社 1998 年版,第 6 页。

法通常对使用者的理论素养有一定的要求，它要求使用者能够熟知相关领域和相近学科中的各种理论，从而能够在研究中找寻到适合的理论分析工具，且前人尚未在相关问题研究中运用过。本书即试图在政治学、公共管理学、经济学和社会学中找寻到可以有效解释和分析农村公共服务体系这一相关问题的理论分析工具。

二是田野实证调查法。田野实证调查法是"三农"问题研究所最为重视的一种研究方法。这种研究方法强调深入到所研究问题的现实实践中去"蹲点"观察，去探寻问题的本源，去发掘问题最真实的图景，在避免"口口相传"或者文献记载过程中，传话人与作者个人观点、情感的过多摄入的基础上，基于自身对现实与问题的第一观察、第一认识，收集第一手的研究素材，展开本源性的论述与分析。这种研究方法突出的特点即是强调从实际出发，强调最一手、最鲜活的资料与素材。我所在的"华中乡土学派"——以华中地区从事政治学、"三农"问题研究为主的一批学者[1]即擅长运用这种研究方法。常见的田野实证调查法包括个性调查、普性调查，前者突出个案，后者关注群案，其主要技术与工具包括：观察、访谈、座谈、问卷等。本书将实现个性调查与普性调查的结合，综合运用个案调查和群案调查。

三是比较分析研究法。美国著名学者戴维·科利尔认为，"在政治学研究领域，比较研究方法是分析工具中的最基本选项"。[2] 曹霁霖曾用一句十分精妙的话评价比较研究方法对于政治学研究，尤其是"三农"问

---

[1]　华中乡土学派最早由韦恩州立大学历史系教授 Alexander Day 正式提出。Alexander Day，"The Central China School of Rural Studies"，*Chinese Sociology and Anthropology In autumn*，Vol. 2005. Alexander Day，"The Central China School of Rural Studies"，*Chinese Sociology and Anthropology 2008*，Vol. 2008. 华中乡土学派以华中师范大学张厚安、徐勇、项继权，武汉大学贺雪峰、华中科技大学吴毅等为代表人物。张厚安等：《中国农村村级治理：22 个村的调查与比较》，华中师范大学出版社 2000 年版。徐勇：《中国农村村民自治》，华中师范大学出版社 1997 年版。项继权：《集体经济背景下的乡村治理：南街、向高和方家泉村村治实证研究》，华中师范大学出版社 2002 年版。贺雪峰：《新乡土中国》，广西师范大学出版社 2003 年版。吴毅：《村治变革中的权威与秩序——20 世纪川东双村的表达》，中国社会科学出版社 2002 年版。

[2]　Ada W. Finifter，*Political Science：State of the Discipline*，Washington，D C：American Political Science Association，1993，p. 943.

题研究的重要意义,即"比较擦亮制度的眼睛"①。比较研究方法包罗广泛,如历时对比、共时对比、纵向比较、横向比较等。本书将先后采取历时对比研究方法——对研究对象在不同发展时段的特点、规律进行对比,从而探寻研究对象的历史演变发展轨迹②;共时比较研究方法——对研究对象在同一发展时段的不同领域、不同地区或者场景下的特点、规律进行对比,从而探讨研究对象在多元化的现实环境中所呈现出的多元化景象。

四是数据量化分析与质性分析法。数据量化分析与质性分析都是在有目的地收集数据、分析数据的基础上,把淹没在一大批看起来杂乱无章的数据中的信息集中、萃取和提炼出来,从而探寻所研究对象的内在规律。量化分析与质性分析并不相同,二者所突出重点不同,前者注重定量,对于数据的量有较高要求,后者注重定性,对于数据所呈现出的规律的明确性有着较高的要求。本书首先将基于前期所收集的大量数据资料,包括农村统计年鉴、第一次和第二次农业普查等数据,同时有选择性地运用田野实证调查所掌握的数据,开展数据量化分析。进而,本书将充分运用经济学中所擅长的数学模型分析工具来有针对性地开展定性分析。最终本书力求突破以往单一学科研究方法的局限,实现数据量化分析与质性分析的有效结合。

二 研究素材与样本

湖北省地处中国中部,位于洞庭湖以北,北、东、西依靠秦巴山脉、幕阜山脉、大别山脉和武陵山脉,中间地平,长江、汉江从中横穿,东、南、西、北分别与安徽、江西、湖南、重庆、陕西和河南接壤。面积约18.59 万平方公里,其中山地占比约 55.5%,丘陵占比约 24.5%,平原占比约 20%,水面面积占比约 10%。全省人口约计 5900 万人,其中城镇人口约计 3400 万人。湖北地处亚热带季风性湿润气候带,其中长江以南

---

① 王艳成:《城镇化进程中乡镇政府职能研究》,人民出版社 2012 年版,第 19 页。

② 马克思主义方法论要求,从特定的历史条件和环境出发进行分析和考察。列宁曾评价马克思主义的方法首先是考虑具体时间、具体环境里的历史过程和客观内容。[俄] 列宁:《列宁全集》第 21 卷,中共中央马克思恩格斯列宁斯大林著作编译局编译,人民出版社 1992 年版,第121—123 页。

属于中亚热带，长江以北属于北亚热带，南北气候差异较为明显。拥有丰富的淡水资源。年平均降水量在800—1600毫米，其中鄂西南、鄂东南两个多雨区的年均降水量达1300—1600毫米。自古以来被誉为"千湖之省"，全省拥有包括长江和汉江在内的大小河流共计5400多条，省内各级河流河长5公里以上的有4200多条，另有中小河流1100多条，河流总长5.92万公里，其中河长在100公里以上的河流41条。全省大小湖泊、渠堰面积超过2900万平方公里，其中百亩以上湖泊800余个。另外湖北省享有充足的光热资源，全年平均日照时数在1200—2200小时之间，日照率达25%—50%。全年无霜期在200—300天之间。

湖北省所拥有的自然环境以及所处的区位优势，十分有利于农业发展。自古以来湖北省就是中国主要的农业生产区域，一度成为最主要的农业强省。在传统社会以及近现代社会的多个历史时期里，湖北省的农业生产及农产品产量比重、农业人口比重在全国皆具有极为突出的地位。早在宋元明清时期，湖北省就已经逐渐形成了六大农业区域，分别为江汉平原、鄂东丘陵、鄂西山区、鄂中及鄂北岗地，享有"湖广熟天下足"的美誉。

然而，近现代时期以来，湖北省在全国的农业地位逐渐被其他省份所超越，农业大省地位犹存，但显然已经不具备农业强省的实力，而这与湖北省的自然环境又密不可分。湖北省自古以来就是一个自然灾害频发、干旱与洪涝并存的省份。一方面，受南北气候带以及长江、汉江和众多湖泊水量的变化与影响，旱灾和洪涝往往同期发生，长江以北往往多旱灾，长江以南往往多水患，有时候长江南北两岸的旱灾与水患会交替出现。另一方面，湖北省平原面积占比较少，优质耕地面积占比也较少，除江汉平原外，全省各地皆适宜以家庭为单位的小农生产，却极不适宜规模化、机械化大生产，因而在近现代以来的农业现代化发展中处于不利地位。

"惟楚有才"。聪明而勤劳的湖北人民既不缺乏创新的智慧，也永不缺乏火热的创新激情。尽管受自身禀赋的制约，改革开放以来湖北省在全国的农业发展地位略显不利，但湖北省却逐渐成为中国农村改革与创新的强省。曾经发源于湖北省的中国农村综合配套改革至今仍在深深而又积极地影响着中国"三农"发展的进程。而湖北省有关农村公共服务体系改革、农村行政管理体制改革的实践与探索早已成为全国的改革与创新蓝本。湖北省有关农村公共服务体系的改革与创新历程是中国农村公共服务体系发展与变迁的一个典型缩影，也将成为中国农村公共服务体系研究的一个最有力佐证。

本书的研究素材与样本主要来自三个方面：一是来自从湖北省统计局、档案馆等部门获取到的各类面板数据，包含湖北省 1949 年至 2017 年来的农村统计年鉴、全省第一次和第二次农业普查报告、湖北省第一次水利普查公报、湖北省基本公共服务体系"十二五"规划报告等。二是来自笔者所在的研究中心于 2014 年针对中国农村公共服务体系总体水平开展的专项调查的部分数据，该抽样调查涉及中国东部、中部、西部 15 个省，共计 109 个市、县、区的 120 个村。三是来自笔者近几年在全省各市、县调研所获取的样本资料。近几年，由于学术研究的需要，笔者曾随不同的课题组先后对全省 30 多个县市区开展过调查研究，先后获得大量一手资料。

这里重点要介绍的是咸约安区和咸安"以钱养事"改革样本。该样本是本书的主要研究样本之一。咸安区位于湖北省东南部，现为湖北省地级市咸宁最为重要的一个区，位处"1 + 8"武汉城市圈和长株潭城市群"两型社会"综改试验区中间节点，京广铁路、京珠高速、107 国道纵贯全境，宁樟高速、阿深高速公路傍境而过，交通便利，工农业发达。咸安区属湖北省 I 类县域经济县（市、区），其 2016 年在全省的县域经济工作考核排名中位列 I 类县（市、区）的第 16 位，2016 年全区生产总值达到 259. 11 亿元，人均生产总值达到 49204 元。全区目前辖 9 镇 1 乡 3 个街道办事处和 1 个奶牛场，138 个建制村，29 个城市社区，12 个集镇社区。①

1999 年，咸安区广大干部群众，围绕着新型农村社会化服务体系的构建，率先在全国开始了乡镇"七站八所"转制、组建农村公益服务中心、建立"以钱养事"农村社会化服务机制为主要内容的乡镇综合改革，使这个当时被列于湖北省 38 个贫困县之一的落后地区一跃成为轰动全

---

① 咸宁市统计局：《咸宁统计年鉴》（2016），中国统计出版社 2017 年版。

国、备受关注的明星县区①，也使咸安区成为湖北省乃至全国的乡镇综合改革典范，而"以钱养事"改革也成为中国农村社会化服务体系改革创新的先驱与典范②。2013 年咸安区被列为湖北省 6 个农业生产全程社会化服务试点县（市、区）之一，再次成为中央农业生产全程社会化服务的改革试点先行区。

本书所涉及的田野实证调查主要是该地的 G 镇、S 镇、T 镇，皆为咸安区的重点乡镇，农业大镇，也是咸安区"以钱养事"、农村社会化服务体系构建系列改革的先驱与重点乡镇，在咸安区有着重要的改革地位。

笔者 2014 年曾挂职于咸安区。挂职期间，利用工作之余，先后赴农业局、畜牧局、水产局、农机局、水利局、林业局、供销社等政府各职能部门，G 镇、S 镇、T 镇等乡镇开展专项调查，通过对调研所在地不同主体、客体的实地观察、走访和座谈，目前共计收集到包括政策法规文件、工作总结、统计年鉴、年报、项目规划、财政资金报表、县志、镇志、照片、图像、图板等在内的各种文献资料数十种，共计数百万字。

---

① 2003 年有关咸安政改的媒体报道引起了全国轰动，以农村综合改革为主要目标，包括"五保合一""机构精简""三办一所""以钱养事"等涉及政治、行政、经济、社会等多个领域多项重大改革在内的咸安改革被冠之以"咸安模式"的美誉。《人民日报》《经济日报》《中国青年报》《中国改革报》，央视《实话实说》《面对面》《新闻调查》等全国重要媒体进行了"铺天盖地"的报道。中央政策研究室、国家发改委、财政部、人事部、中编办、农业部、计生委等中直单位和 27 个省、市、自治区纷纷前往咸安区考察"咸安改革"，咸安区一时间成为全国农村综合改革的"风景线"和"名胜区"。宋亚平：《咸安政改——那场轰动全国备受争议的改革自述》，湖北人民出版社 2009 年版。

② "以钱养事"改革被誉为中国最早将农村公共服务体系变革、构建农村社会化服务体系真正付诸实践，并取得成效的典范。宋亚平：《咸安政改——那场轰动全国备受争议的改革自述》，湖北人民出版社 2009 年版。

第 二 章

内涵、框架与逻辑：
农村公共服务体系阐释

在正式开展有关问题的研究之前，有必要对本书所涉及的基本概念与内涵，所运用到的理论分析框架以及贯穿全书的研究逻辑脉络进行厘清、界定和阐述。尽管农村公共服务体系的概念与内涵是一个基本且初级的学术研究问题，相关的研究已有诸多学者付诸实践。但人文社会科学研究的乐趣兴许就在此，几乎没有哪一个学术概念是恒定的、放之四海而皆准的，也几乎没有哪一个学术概念是学界所公认而无争议的。基于自己的学术研究旨趣，给予某一个学术概念以新的定义，更加具有指向性的解释；赋予某一个学术概念新的内涵，更加全面、精准的界定，是人文社会科学领域所惯用的研究路径，也是许多人文社会科学学者所普遍喜好的研究兴趣。因为，对于同一个学术问题，我们总是能够看到不一样的定义，找到不同学者对其内涵所进行的差异化界定，这关乎的并非对与错、片面与全面的问题，而是对学术问题更加丰富、深刻的理解与认知。

本书基于新的研究立意，嵌入新的研究理论，构建新的理论分析框架，去重新阐释农村公共服务体系的概念，界定农村公共服务体系的内涵，既具有重要性也具有必要性。不仅仅是研究的乐趣与兴趣，也不仅仅是源于研究的惯用路径，更重要的原因在于这是本书后续研究顺利展开的基础需要。这一基础性工作，将会对本书研究的具体领域和研究的有效边界作一个清晰的划分和限定，这既是笔者对本书研究合理性的有力论证，也是对本书理论旨趣的清晰表达。同时，本书研究所注重的学术性与理论关切即在此。

第一节 农村公共服务体系

对农村公共服务体系的理解需从三个方面着手,农村公共服务体系的必要性与重要性表达、农村公共服务体系的概念与农村公共服务体系的内涵,三者是理解农村公共服务体系的三个基本面向。就相互间的关系而言,三者间有着相辅相成的学术关照,有着递进和延展性的学术关联。对农村公共服务体系必要性与重要性的认识,是进一步厘清农村公共服务体系概念、界定农村公共服务体系内涵的前提与铺垫。对农村公共服务体系概念的厘清是在必要性与重要性认识基础之上的准确把握,将为农村公共服务体系内涵的界定提供一个合理的框架与清晰的边界,从而有助于界定的精准。反过来,对农村公共服务体系内涵的精准界定将是对农村公共服务体系概念厘清的递进与延展,将有利于进一步深入理解农村公共服务体系的概念。而对农村公共服务体系内涵的精准界定、概念的厘清都将有利于加强对农村服务体系必要性与重要性的认知。

一 比较性分析:农村公共服务体系的必要性与重要性

农村公共服务体系的必要性与重要性阐述,当从"三农"发展的时代之"问"展开。对比性的分析与论证,将凸显出农村公共服务体系的必要性与重要性,也将会拨开有关问题研究的"迷雾",捅破阻隔相关研究的"窗户纸"。

改革开放踏过铿锵有力的四十年,迈入新的历史发展时期。在转型发展的十字路口,直面依旧严峻复杂的"三农"形势,直面紧迫的"三农"现实问题,对四十年来所一直坚持的,以"家庭联产承包经营"为基础,统分结合的双层经营制度的考问与反思不断深入。中国农村的土地制度到底是应该坚持现有的集体所有制,还是应该学西效古,走私有化道路;以"家庭联产承包经营"为基础,统分结合的双层经营制度是否应该突破"家庭"这一界限,走更加集约化、规模化的农业大生产道路，成为当前中国有关"三农"问题争论的最大焦点，被誉为当今的"三农"时代之问。仿佛所有的问题最终都源于以"家庭联产承包经营"为基础，统分结合的双层经营这一根本性的制度；所有的破解之道最终都聚于农业规模化经营这一根本性的出路。与此同时，学术理论界似乎一夜之间变得异常清醒，原来在改革开放四十年后的今天，才陡然发现，坚持了四十年的路其实走错了，改革开放之前被人民所放弃的集体化道路好像才是对的，于是有学者不禁感叹所谓"三十年河东，三十年又河西"。事实当真如此吗？

土地制度与农业经营制度问题对"三农"发展的影响毋庸置疑，土地制度是否科学、合理，是否能够符合一国实情、适应一国的发展需求；农业经营制度是否能适应一国的农村发展实际，是否能够有效应对"人地矛盾"，保障农民的根本利益，将在很大程度上关系到一国"三农"的生死存亡。但倘若对土地制度与农业经营制度没有清醒的认识，盲目地推行某项土地制度改革，违背发展规律而大力推进所谓的农业规模化经营，并将其视之为破解"三农"问题的根本出路，显然掩过饰非，得不偿失。当前，这种盲目的现象似乎正在上演，关于农村土地确权与以土地流转为主导的农业规模化经营，似乎受到了社会各界的溺爱。湖北省作为这场运动的全国试点省份之一，截至 2016 年 12 月，已经完成对882.3 万农户、6623.2 万亩集体耕地的调查测绘，完成比例分别占全省总数的 95.1% 和 87.5%，土地确权登记颁证工作基本完成，进度位居全国前列[①]。而就土地流转而言，湖北省 2015 年和 2016 年先后完成 1632.97万亩和 1780.28 万亩。其中，2016 年共计有 282.44 万户农民，流转出1780.28 万亩土地，转包、转入、出租、股份合作、互换分别为 779.40万亩、100.10 万亩、626.56 万亩、75.41 万亩、115.67 万亩；流转入农户、合作社和企业的土地面积分别为 900.95 万亩、426.28 万亩、229.90万亩[②]（如表 2—1 所示）。

---

① 湖北省农村经济经营管理局 2017 年调研总结材料。
② 湖北省农村经济经营管理局 2015 年、2016 年农村土地流转统计报表。

表2—1　　　　　湖北省农村土地2015年和2016年流转情况

单位：万亩、万份、万户

流转类型	2016年	2015年	比上年	流转去向	2016年	2015年	比上年
a. 转包	779.40	745.51	4.5%	a. 入农户	900.95	866.96	3.9%
b. 转入	100.10	94.57	5.8%	b. 入合作社	426.28	350.13	21.7%
c. 出租	626.56	549.95	13.9%	c. 入企业	229.90	209.48	9.7%
d. 股份合作	75.41	62.89	19.9%	d. 其他	223.17	206.39	8.1%
e. 互换	115.67	86.80	33.3%	签订流转合同份数	230.22	207.69	10.8%
f. 其他	83.14	93.25	-10.9%	签订流转合同的面积	1282.37	1102.14	16.4%
总计	1780.28	1632.97	——	流转出耕地农户数	282.44	257.97	9.5%

注：表中数据是在原数据基础上四舍五入（保留小数点后两位）所得。

资料来源：湖北省农村经济经营管理局农村经营管理情况年终报表。

截至2016年12月底，湖北省农业规模化经营面积已经达到973.85万亩，如表2—2所示。其中经营面积为30—100亩的共计460.13万亩，占农业规模经营面积总量的47.3%；经营面积为100—1000亩的共计305.23万亩，占农业规模经营面积总量的31.3%；经营面积为1000亩以上的共计208.49万亩，占农业规模经营面积总量的21.4%[①]。

表2—2　　　　　湖北省2015年和2016年农业规模化经营情况　单位：万亩、%

经营规模情况	2016年	2015年	占总比	比上年
30—100亩	460.13	436.20	47.3	5.2
100—1000亩	305.23	271.35	31.3	11.1

---

① 湖北省农村经济经营管理局2015年、2016年农业规模化经营统计年报。

续表

经营规模情况	2016 年	2015 年	占总比	比上年
1000 亩以上	208.49	195.77	21.4	6.1
总 计	973.85	903.32	—	7.2

注:表中数据是在原数据基础上四舍五入(保留小数点后两位)所得。

资料来源:湖北省农村经济经营管理局农村经营管理情况年终报表。

　　毋庸置疑,无论是土地确权还是农业规模化经营的数据还在继续攀升。随着 2018 年全国土地确权目标完成时限的临近,湖北省土地确权工作必将大步向前、快速推进,直至完成基本目标。而只要国家鼓励农业规模化经营的基调不改变,湖北省的农业规模化经营面积还将会继续扩大,农业规模化经营的占比也将会继续大幅提高。

　　综合社会各界的意见,土地确权和农业规模化经营之所以受到热捧,这与二者所"被赋予"的历史性作用、当代性使命不无关系。当前,有一种观点认同广泛,认为"三农"问题的根源仍然在"三农"本身,其核心即是土地的确权和农业的规模化经营。土地唯有确权方能让农民吃上"定心丸",促进农民流转土地,也才能够有效推进农业的规模化经营,进而实现中国的农业现代化。中国的农业规模化经营之所以发展不足,其根源也在于,长期以来土地制度不明导致农民所拥有的土地权属不清,土地的市场价值难以得到公平的体现,也难以正常地参与市场交易,因而农民对手中的土地是舍不得交易、交易不了、交易不值当。农业的发展必须依赖于规模化经营,实现规模经营效益,这不仅仅会破解农业效益比较低的难题,稳定农业经济的基础性地位,也将有利于农村剩余劳动力的城镇化转移,推进城镇化的进一步发展,进而有效弥补四化同步的短板,快速推进中国的"四个现代化"建设。因而,随着农业规模化经营发展到一定程度,中国的"三农"问题自然迎刃而解。

　　从问题本身而言,基于不同的角度,土地确权的确具有多重意义,例如对农民利益的保障,对农业现代化的促进等,这也是国家将其上升为大政方针政策，作为促进"三农"发展重要战略举措的主要原因所在。因而从土地确权本身而言，有其存在的意义与价值。但倘若将土地确权视为实现农业规模化经营的重要基础与前提，寄希望于通过土地确权来快速推进土地流转，实现农业的规模化经营，必将是隔靴搔痒。而寄希望于大规模的土地流转来实现农业的规模化经营，从而达到农业现代化的目标，最终给予"三农"时代之问一个满意的答卷，无疑更是缘木求鱼。

倘若中国不面临地少人多、人均耕地与水资源极为有限的现实国情，在现有的"三农"现实条件不改变的情况下，真正能够顺利地走上美欧等发达国家的规模化农业生产道路，而没有任何后顾之忧，那么规模化经营的道路一定是中国农业发展的唯一选择、最佳选择，这一点毫无争议。然而，中国"三农"的艰难恰恰正是因为中国面临着地少人多、人均耕地与淡水等自然资源极为有限的现实国情，且在较为长久的一段时期内，这种国情都不会发生显著改变。也恰恰是因为这一长久无法改变的现实国情，决定了中国在长久的一段时期内，都不具有美欧等发达国家所走的农业规模化经营道路的必备条件。正如中国著名"三农"专家宋亚平所言，对于当今的中国而言，且不说目前农业生产规模化之路的条件不具备，就算放眼将来一个相当长的时期内，也都将是不可能成功攀越的"珠峰"[1]。

中国人口和就业统计年鉴数据显示，截至 2016 年底，中国的大陆总人口数约 13.83 亿人，其中城市常住人口约为 7.93 亿人；农村常住人口约为 5.90 亿人，而城市常住人口中有近 2.92 亿农民工"被城市化"，这就意味着若按照户籍人口计算，中国现有城市人口实为 5.01 亿人，而农村人口实为 8.82 亿人，农村人口占全国人口的比率仍然高达 63.77%[2]。就耕地情况而言，国土资源部统计资料显示，1996 年至 2007 年的 10 年

---

[1]　宋亚平：《规模经营是农业现代化的必由之路吗?》，《江汉论坛》2013 年第 4 期。

[2]　参见 2016 年国家统计局人口统计公报。佚名：《2016 年年末中国大陆总人口 138271 万人，增加 809 万人》，2017 年 1 月（http：//news.xinhuanet）。

间，中国耕地减少了 1.25 亿亩①。尽管 2007 年后国家加强了耕地的保护力度，耕地减少速度明显趋缓。到 2016 年底，中国耕地约为 20.24 亿亩，比原来掌握的耕地数据多出 2 亿多亩②，但人均耕地相对量仍在下降，目前只有约 1.46 亩，较 1996 年的 1.59 亩减少了 0.13 亩，占世界平均水平的比例不到 45%。若单单以 2016 年的农村常住人口为基本参数计算，中国的农村常住人口所占人均耕地也只有约 3.43 亩。若以人均 30 亩的最小规模经营面积计算，全国现有耕地只能供约 0.67 亿农村常住人口从事农业规模经营，剩余 5.23 亿农村常住人口需转出或者交出土地，最终沦为失地农民。

失地农民的生存出路只能是摆脱农村生活与农业生产，依托于城镇化向市民转移，然而这又必将会面临另外一个无法回避，也无法在有限的时间内得到彻底解决的现实国情，那即是中国现有的城镇化水平，尚难以支撑数以亿计的农民快速向城市转移。国家统计局公布的数据显示，截至 2016 年末，中国常住人口城镇化率为 57.34%③。尽管近些年来中国每年的城镇化水平在稳步增长，但这与大力发展农业规模经营迫切需要快速实现农民向城市转移的巨大需求相比，显然是捉襟见肘。2012 年至 2016 年的五年间，中国的城镇化水平增长不到 5%④。倘若以每年 1% 的增长比例计算，中国要完成 5.23 亿农村人口的城镇化转移，约计需要 40 年时间。而事实上，以中国现有的发展水平，即使 40 年后，也很难承载约计 95.16% 的城镇化率，这显然有违经济、社会发展规律。即使是被誉为世界上城镇化水平最高的美国，其城镇化率也只在 80% 左右，且不说这其中伴随着一定规模的城

---

① 陈锡文:《中国农村制度变迁 60 年》，人民出版社 2009 年版，第 43 页。
② 其中还包括了需退耕还林、还草和休养生息的约 1.49 亿亩，受不同程度污染不宜耕种的约 0.5 亿亩，以及一定数量无法正常耕种的"漏斗地"。参见《中国耕地增加 2 亿亩　人均反而减少 0.07 亩》，《春城晚报》2013 年 12 月 31 日第 16 版。参见《2016 中国国土资源公报》。佚名:《截至 2016 年末全国耕地面积》，2017 年 5 月（http://www.tianshui.gov.cn）。
③ 参见《2016 年国家统计局人口统计公报》。佚名:《2016 年年末中国大陆总人口 138271 万人，增加 809 万人》，2017 年 9 月（http://news.xinhuanet）。
④ 同上。

市贫民窟①。

不仅如此,正如前文所言,在中国现有的城镇化率中,包括了近 2.92 亿农民工在内,事实上农民工并不应当纳入城镇化率中。也即是说,倘若以户籍人口计算,剔除近 2.92 亿的农民工,中国的城镇化率就只有 36.23%。从户籍身份来看,农民工仍然是农民,与城市市民有着显著的区别,而这部分生活在城市当中的农民中的绝大多数,依靠其自身的能力根本无法实现市民化转变,最终都将落叶归根、回归乡野。城镇化需要工业化与现代化水平来承载,从而让转移到城市的农民能够安居乐业,过上城市居民的生活,而不用担心失业,被迫重回农村。但目前中国的工业化与现代化水平显然与官方统计数字显示的城镇化水平还不相适应,尚且难以有效承载现有的城镇化水平。现有的高城镇化率仅仅是"数字城镇化率",且这种城镇化率中的较大部分是房地产泡沫吹出的空洞比率。

城镇化与农业规模化经营的相互促进作用也即在此。城镇化能够吸纳农民转移进城,转移成为市民,在城市安居乐业,从而将农村所有的土地转移给剩余的农民从事农业规模化生产。反过来,农业规模化经营发展过程中,将土地流转出来的农民在没有城镇化阻力的前提下,可以快速、顺利地实现向城市的完全转移,向市民的完全转变,将会极大促进中国的城镇化。然而,城镇化水平以及与之相同步的工业化、现代化水平有限,难以有效吸纳农民的转移。缺乏工业化、现代化的同步发展,也就缺乏产业支撑,形成的往往是空城,是理论上的城镇化,进城的农民工仅仅是游离在城市之间,而缺乏归属感,这就难以让这部分有希望实现城镇化转移的农民腾出自己的土地,也就难以让那些愿意在农村从事农业生产的剩余农民,通过土地流转来发展农业规模化经营。

农业规模化经营必须借助于机械化大生产,而这对于土地禀赋有着根本要求。能够流转到一定规模的土地,并不意味着就能够实现农业的机械化生产,土地的连片性、集中性与平整性很大程度上决定了机械化

---

① 李军国:《美国城镇化发展的经验与启示》,《党政视野》2016 年第 2 期。

生产的可能性,也决定了机械化的程度与机械化成本的高低。换句话而言,即使实现了土地的规模化,也不见得就能实现生产的机械化,而无法实现机械化生产的农业规模化经营是"伪规模化经营"。机械化农业生产适宜较为连片、集中和平整的平原土地,山区、丘陵并不具备这种生产条件。然而,中国平原面积只占耕地总面积的 12%,除去东北平原、华北平原、长江中下游平原(包含太湖平原、鄱阳湖平原、洞庭湖平原、江汉平原、江淮平原、成都平原、松嫩平原、三江平原、珠江三角洲平原)地区土地平整,适宜大型农业机械化生产外,全国大部分地区都是以高原、丘陵、山地和盆地为主,根本不适宜大型农业机械化生产。这部分国土面积分别占总面积的 26%、10%、33%、19%。因而,以此类推,中国真正适宜农业机械化大生产的耕地不足总量的 12%,而其他 88% 左右的耕地并不适宜农业规模化大生产,倘若盲目发展农业规模化经营,很大部分也只能是一种"伪规模化经营"。一些人所向往的那种"一台机械耕千亩良田"的美欧景象,仅仅只是一种美好的幻影。现实与幻影之间往往是天壤之别。

无法实现机械化大生产的"伪规模化经营"无疑将演变为农业生产的"鸡肋",食之无味,弃之可惜。"伪规模化经营"的比较效益并不比以家庭为单位的小农生产高,其生产成本往往比以家庭为单位的小农生产还要高出很多,这其中高昂的人工成本和生产资料成本是主因。以湖北中部地区某县一位种粮大户为例。如表 2—3 所示,2014 年,该大户流转水田 170 亩,主要种植早、晚两季水稻。由于地处丘陵,且流转土地并不集中,难以顺利实施机械化生产,看似在规模化经营,实为"伪规模化经营"。该大户水稻种植的种子、肥料成本并没有因为需求量稍大而降低了采购成本,因为这种需求量与以家庭为单位的小农生产的需求量之间并没有显著区别,因而不足以影响到种植、肥料等生产资料的市场定价。与此同时,在水稻种植过程中,由于无法实现全程机械化生产,而必须依赖大量的人工,导致种植的人工成本居高不下。据统计,2016 年该大户的种植成本支出共计 21.1 万元,其中人工成本支出 4 万元,而收入只有 20.57 万元,一年下来,倒亏 0.53 万元。

表 2—3 湖北中部地区某县一位种粮大户 2016 年的粮食种植毛收支情况

名称	核算	总计
产出	粮食产出: 早稻谷 + 晚稻谷 = 17 万斤 按市场收购价计算: 1.21 元/斤 × 17 万斤	20.57 (万元)
成本 支出	1. 土地租金: 按照当地土地流转行情: 流转前以种粮为主的土地是 300 元/亩·年; 流转前以种蔬菜为主的土地是 400 元/亩·年。 　共计支出土地租金 5 万元 2. 种子成本: 170 亩 × 250 元/亩 = 4.2 万元 3. 肥料支出: 170 亩 × 240 元/亩 = 4.0 万元 4. 机耕机收成本: 170 亩 × 200 元/亩 (机械费) + 170 亩 × 32 元/亩 (油费) = 3.9 万元 雇工成本: 4 万元	21.1 (万元)
收入	20.57 万元 - 21.1 万元	-0.53 (万元)

资料来源: 实地调研统计结果, 数据按照访谈对象约算的结果整理得出。

　　规模效益并未实现, 收入不增反减。事实上 300—400 元/亩·年的土地租金已经是目前中部地区农村所能流转到的土地的最低标准了, 广大东部和中部地区普遍的"流转行情"要远高于这个标准, 且呈逐年上升趋势。同时, 许多地区的雇工成本也远比该大户所支出的要高, 且不仅标准在上涨, 花钱雇不到人的现象也大量存在。该大户只不过是中国千千万万家庭农场、种植大户的其中一个缩影, 大量鲜活的案例随处可见①。因而, 如果加上土地流转费和人工成本的因素影响, "伪规模化经营"的成本还会有大幅上升的可能。

---

　　① 在宋亚平的研究成果中, 列举了两个鲜活的案例。湖北省禾丰粮油集团在政府的支持下流转了安陆市棠棣镇 12 个村的 2.5 万亩地种水稻。扣除地租与各种生产成本后, 净亏损 800 万元。孝感春晖集团早在 2011 年就制定出涉及孝南区、云梦县、孝昌县、大悟县、应城市等总面积达 10 万亩的农村土地流转规划, 但实际操作却迟迟不能铺开, 原因就在于规模越大越亏损。以 2011 年粮食生产为例, 每亩毛收入为 1000 元, 扣除给合作社社员 385.2 元的流转地租和 426.2 元的"盈余分红"(按协议, 无论盈亏, 公司都必须"分红"), 再加上种子、农药、化肥、全程机械操作等必需的物化成本和田间管理等各个生产环节的人工投入, 经济效益已无法算账了。参见宋亚平《规模经营是农业现代化的必由之路吗?》,《江汉论坛》2013 年第 4 期。

　　中国真正走上规模化经营的农业发展道路十分艰难，受制于一些难以逾越的现实国情影响。而即使是走上了所谓的规模化经营道路，中国的"三农"问题就迎刃而解了吗？当前美欧发达国家正在兴起的一股逆农业规模化经营浪潮似乎正在警告中国，农业规模化经营狂热者们所极力追求的美欧模式并不是农业的真正未来，只不过是农业发展史上一个被误识的"乌托邦"。"三农"问题终究无法在农业规模化经营上得以终结。规模化生产过程中的农药、化肥、机械化滥用，已经给土壤、水分、生物多样性带来了严重的威胁。农业规模化经营所带来的高昂社会成本以及对人类健康所造成的不可逆危害正在日益凸显，而越来越多的美欧人士开始逐渐意识到这一点，并逐渐站到了农业规模化经营的对立面。

　　仅以美国为例，尽管农业的规模化经营大大降低了农业的比较成本，增加了农业的比较效益，但同时也使得食品的过程成本和生态环境成本日益剧增。如果说前者的代价尚且可以弥补，后者的代价将无可弥补。一些反农业规模化经营的研究者提出了"食物里程"（food miles）的概念，顾名思义，一样食物从原材料产地到消费者餐桌上所必须要耗费的里程。据有关研究统计，美国食物的平均里程是 2080 公里至 3200 公里。而较高的"食物里程"背后所隐藏着的机械化种植、采摘与运输过程中的大量石化能源消耗，这是生态环境的主要杀手。据有关研究统计，美国每生产 1 卡路里食物，平均需要大约 10 卡路里的石化能源。与此同时，随着大量转基因种子、有毒农药和化肥的滥用，规模化生产出来的农产品对人类健康的危害也越来越明显。因而，近年来，以家庭为单位的小规模化、多样性的生态农业，正在成为一股新的农业生产热在美国兴起。美国农业经济学家彼得·罗塞特通过数据分析得出，小型多样化生态农业的单位面积产出已经是大型规模化农场的 2 倍至 10 倍，且其对生态环境和人类健康的积极影响是农业规模化经营所不可比拟的[①]。

　　我们在不惜代价地极力追求我们认为是不二选择的目标，殊不知我们所拥有的已经成为别人在悄然效仿的目标，这是多么值得嘲讽的现实。我们在"三农"发展的道路上总是乐此不疲地极力效仿美欧，在道路的

---

　　① 薛颖：《美式规模工业化农业已走上绝路，艾米这种生态小农场正在崛起》，2017 年 5 月（http://www.sohu.com/a/143828630_720180）。

是非抉择上总是显得盲目而又无所顾忌,却不知美欧正在汲取着我们的经验,努力向我们靠拢。历史与现实、国际与国内的实践经验证明,中国根本无法效仿所谓的农业规模化道路,而必须探索符合中国国情,又能够有效破解"三农"问题的道路,从而达到农业规模化所能够带来的同等效应。

影响农业生产,决定农业生产效益有两大核心动能,一是农业科技,正如邓小平同志所言,科技是第一生产力①。二是生产关系,正如马克思主义经典理论所言,生产力决定生产关系,生产关系同时又反作用于生产力,它们的交互作用是人类社会向前发展的根本动力②。生产关系必须适应生产力的发展。宋亚平等学者认为,归根结底,当前"三农"问题的根源性矛盾仍然是生产力与生产关系这一马克思政治经济学的基本矛盾问题,而当前生产关系不适应生产力的发展是主要矛盾③。邓小平曾指出:"农业本身的问题现在看来主要还得从生产关系上解决,就是要调动农民的积极性,在生产关系上不能完全采取一种固定不变的形式,看用哪种形式能够调动群众的积极性就采用哪种形式。"④ 时至今日,这一著名论断仍然适用。

根据马克思主义观点,生产关系是再生产过程中结成的相互关系,包括生产、分配、交换和消费,生产关系将随着物质生产资料、生产力的变化和发展而变化和发展⑤。曹景清将与农民相关的生产关系归为四重,即与土地自然的物质交换关系;利用血缘与情感相维系的非市场人情交换关系;与市场的交换关系;家与国(政府)的"交换"关系,即农民用赋税换取的国家(政府)"替民做主"⑥。在今天看来,这四重关系仍然存在,只不过利用血缘与情感相维系的非市场人情交换关系更多地被农民与社会的关系所取代,而农业税费的取消,家与国(政府)

① 《邓小平文选》第 3 卷,人民出版社 1993 年版。
② 《马克思恩格斯选集》第 1 卷,人民出版社 2009 年版,第 532—533 页。
③ 宋亚平与其他"三农"学者就相关问题进行过探讨,本人参与其中,文中观点是本人根据宋亚平等学者所提出的观点整理所得。
④ 《邓小平文选》第 1 卷,人民出版社 1994 年版,第 323 页。
⑤ 《马克思恩格斯选集》第 1 卷,人民出版社 1995 年版,第 363 页。
⑥ 曹锦清:《黄河边的中国:一个学者对乡村社会的观察与思考》,上海文艺出版社 2003 年版,第 31 页。

的"交换"关系，即赋税换取"替民做主"转变为：国家（政府）为农民提供服务从而赢得农民的拥护。基于此，从根本上讲，"三农"问题最根源性的矛盾问题即是与农民密切相关的四重生产关系不能适应现有农村生产力的发展。"农村公共服务"体系的必要性与重要性即在此。

农村公共服务体系的必要性与重要性突出体现在农村公共服务体系是被忽视的"三农"之"辖"，决定并制约"三农之轮"的"寸辖"。尽管不能以偏概全地认为其将成为破解"三农"问题的根本之策，但其在促进"三农"问题破解中所发挥出的重要且关键性的作用不容小觑。"寸辖制轮"作用的发挥首先突出体现在对农业生产关系的调整作用上，包括四重与农民密切相关的关系，即为农民与自然的物质交换关系；农民与社会的交换关系；农民与市场的交换关系；农民与国家（政府）的交换关系。同时，也突出体现在对农民组织化合作参与实现的促进作用上，这有赖于内生型组织化与外生型组织化的有效结合。恰亚洛夫和俞可平认为，边际主义的劳动—消费均衡论、生物学规律的家庭周期说决定了，并非大生产消灭家庭农场，而是以家庭为基本生产单位，通过合作—服务的一体化把无数小农联系起来，并使之成为社会化经济的有机细胞①。这是个系统且复杂的问题，需要专门而详细的论述，笔者在博士学位论文中就相关问题作了专门研究，这里不再赘述，本书仅就农村公共服务体系在"寸辖"作用发挥中的作用机理进行分析②。

首先是农民与自然的关系。农民与自然关系协调与调整的重点在于提高农民在农业生产过程中，应对自然的能力和维持农业生产与自然和谐的能力。通过农民的组织化合作、健全的农业生产、生活服务、农用机械设备等生产工具的革新、通信遥感技术、测土配方技术等现代科技的运用、农业生产服务需求的有效表达与及时回应等路径和方法，突破以家庭为基本单位的细碎化小生产制约，提高农民抵御自然的能力、应

---

① A. V. Chayanov, *On Theory of Peasan Economy*, Homewood American Economic Association, 1966. 俞可平：《农业农民问题与新农村建设》，社会科学文献出版社 2006 年版，第 204 页。

② 毛铖：《变迁与互构：农村社会化服务体系重构与农村治理现代化变革研究——政府、市场与社会分析视角》，博士学位论文，华中师范大学，2016 年，第 40—50 页。

对市场变化的生产规划与调整能力。

其次是农民与政府的关系。农民与政府关系的协调与调整重点在于政府通过健全的公共服务，以及发挥监督与约束各参与主体的主要作用。通过高效和健全的公共服务体系构建、农民组织化表达的机制与平台构建、公共服务需求表达与回应的机制和平台构建、对市场的规范，以及对政府、市场与社会各参与主体的有效监督与约束等路径和方法，使农民的差异化服务需求得到有效满足，农民的切身合法权益得到有效维护，农业得到长足发展，农村维持长足稳定。

最后是农民与市场的关系。农民与市场关系协调与调整的重点在于提高农民参与市场交易的能力。通过农民组织化行动，农民合作经济组织与市场经济组织的联合合作，农业产前、产中、产后的一体化，有效的市场监督与约束，以及农业生产需求的有效表达与及时回应等路径和方法，提高农民参与市场交易的谈判能力与地位，降低农民市场交易风险，保障农民市场交易权益，约束市场参与主体行为，维护市场秩序与稳定，降低市场交易成本，提高市场交易效率。

同时，"寸辖制轮"作用也体现在对农业科技进步的直接促进作用上。农村公共服务体系以农业科技为重要内容，通过健全的农业科技推广体系，持续性的农业科技投入，将有力地支撑农业科技的发展，满足农业的科技需求，这将从根本上推动农业科技的进步。

此外，农村公共服务体系还将在促进经济与社会发展上显现出巨大的辐射带动作用，这将直接促进"三农"多个方面的发展。首先，农村公共服务体系将成为农村现代化建设的前提基础。农村公共服务体系致力于农村公共基础设施的建设与完善，从而逐渐缩小城乡差异，而这是农村现代化的基础性要求。其次，农村公共服务体系是农民最直接、最紧迫、最现实的生存与发展需求。影响农民生产与发展的最直接、最紧迫、最现实的需求，即对教育、医疗、卫生和社会保障的需求，而这是农村公共服务体系的主要内容所在。再次，农村公共服务体系将成为农业比较效益的重要保障。提高农业比较效益无外乎两种方式，一是降低生产成本，提高相对生产效益；二是提高农产品收益，从而提高绝对生产效益。农村公共服务体系的作用即体现在第一种方式上。通过健全的农村公共服务体系，满足农业生产的各种需求，将直接降低农业生产成本。最后，农村公共服务体系能够有效激发农民的消费欲求，将成为扩大内需的重要手段。农民并非没有生活追求，其改善生活的愿望十分强烈，而这造就了扩大内需的巨大空间。农民对生存的需求，本身能够造就一定的内需，而随着农民消费需求由较低层次的生存性服务向较高层次的发展性服务提升，农民的需求所造就的内需将显著扩大。但农民消费需求的增长越来越取决于人的基本生存发展保障。长期以来公共服务的缺失很大程度上抑制了农民的消费欲求①。农村公共服务体系激发农民消费欲求，从而扩大内需的激发作用，并不仅仅在于对农村公共服务体系本身的消费，因为农村公共服务体系本身多为普惠性的无偿性服务，激发作用的发挥关键在于农村公共服务体系的基本保障和兜底作用，让农民在有兜底保障的前提下释放进一步消费的欲求。同时，通过农村公共服务体系的保障，牵引农民服务需求由较低层次的生存性服务向高层次的发展性服务需求转变，引导农民接受、享受更多的农村社会化服务这一发展性服务。这其中的消费经济规模与内需经济规模不容小觑（后文将基于马斯洛需求层次理论进一步阐述）。

二　对比性视角：农村公共服务体系的概念界定

看起来越简单的概念越难以界定，更不用说精确。农村公共服务体系早已成为政治与公共管理学科所熟知的概念，被称为政治与公共管理学科基础性概念，然而学界对农村公共服务体系概念的认知似乎没有看起来的那么清楚，对农村公共服务体系概念的界定也远没有想象中的那么准确。究其原因在于农村公共服务体系本身具有显著的外延特性与交叉特性，且隐含着一定的暗语与定语。不可就概念而论概念，而必须将之放置于概念所得以产生的现实背景中、限定条件下，基于其本身所具有的特性、暗语与定语进行精确界定，否则就会深陷"旧范式"而难以跳出认知的误区。对概念的界定需依赖于有效的研究方法，本书基于对比性视角来对农村公共服务体系的概念进行准确界定是一个新的尝试，这将清晰地展现出农村公共服务体系概念本身具有却不易显现的语

---

① 韩小威：《中国农村基本公共服务供给的制度模式探析》，中国社会科学出版社 2012 年版，第 30—35 页。

义，同时将对农村公共服务体系概念的理解打开新的视野。

对农村公共服务体系概念的界定必须立足于现实的中国语境之中，这一点应该首先被强调。农村公共服务体系本身就具有很强的中国话语色彩，这一概念本身即是中国本土化的概念。在中国本土的话语体系中，农村公共服务体系与公共服务体系、农村服务体系、农村社会化服务体系有着密切的关联，且呈现出多重性的被包含或者交叉关系，如图2—1所示。在蝶体——农村公共服务体系"内—外"关系模型中，农村公共服务体系首先与城市公共服务体系并列构成公共服务体系。在中国本土的话语体系中，经典的公共服务理论认为，公共服务体系包含城市公共服务体系与农村公共服务体系，二者并列存在，既存在联系，也具有显著区别。然而，抽离中国语境，从本质上讲，城市公共服务体系与农村公共服务体系不应当有所区别，应当等同、一体化，而之所以出现区别与对立，是在中国语境中被本土学者所人为赋予的。事实上，在当今的发达国家并没有城市公共服务体系与农村公共服务体系之分。国家的本职属性要求，一国公民地位平等、权利平等，并无城市人与农村人差别，无论是城市人还是农村人都应当享有同等的权利。而向全体公民提供无差别的公共服务是现代国家的基本使命①。

其次，农村公共服务体系与农村社会化服务体系并列构成农村服务体系。就三者之间的关系而言，农村公共服务体系应当被农村社会化服

---

① 中国本土话语体系中的农村公共服务所突出的农村，并不仅仅是一个地域与区域的范围限定，而更为重要的是其突出了农村的特殊性以及与城市公共服务体系的差异性。从世界范围来看，大部分发达国家将农村公共服务与城市公共服务统称为公共服务，并不单独称谓，即使有"农村公共服务"之称，其所指代的农村也仅仅只是地域或者区域的限定，没有内容的实质差异。这背后隐含着一个关键性的问题，那就是这些发达国家不仅拥有健全的公共服务来满足全体公民的需求，更重要的是，这种满足没有所谓的城乡之间的显著差异以及背后与之相配套的一系列差异化的公共服务政策、制度。事实上，公共服务理应如此，让全体公民平等地享有相同的权利——公共服务，是政府的基本职责，也是基本使命所在。然而，世界上许多发展中国家，也包括少数发达国家，有着明确的农村公共服务与城市公共服务之别，这种明确的称谓是建立在城乡差异的基础上，包括公共服务内容、质量、水平以及与之配套的政策、制度。尽管这种现象看起来不尽合理，但从历史发展的角度而言，这是在历史的发展过程中逐渐形成的，这种现象有其客观的历史原因与必然逻辑。中国本土话语体系所赋予农村公共服务体系的概念定义有其特殊的历史原因。主要是由于新中国历史发展所逐渐形成的"城乡二元分治"结构所致。后文将就这一历史发展变迁过程作专门的论述，一幅清晰的历史发展变迁画卷将会呈现，本章将不赘述。

务体系所包含,而农村社会化服务体系应当被农村服务体系所包含。需重点关注的是农村公共服务体系与农村社会化服务体系之间的包含与融合关系。在中国本土的话语体系中,经典的公共服务理论往往深陷"旧范式",认为农村公共服务体系与农村社会化服务体系之间有着清晰的界限,固执地认为农村公共服务体系就是政府这一主体的责任,所有应当属于农村公共服务体系范畴的内容都应当由政府这一主体通过行政化的手段来一一承担,农村公共服务体系范畴之外的内容才应当划归市场或者社会主体,交由市场行为负责。事实上,经典公共服务理论所提出的纯公共服务属性、准公共服务属性,以及服务内容的非竞争性与非排他性区分原则正在逐渐失去效用,迫切需要新的分析框架来支撑,需要确立新且更加符合时代特征的区分原则。无论是从主体而言,还是从服务的具体内容而言,农村公共服务体系与农村社会化服务体系的界限正日渐模糊,并且日渐走向融合,服务内容的划分也在时代的发展中自然而然地发生着变化。政府、市场与社会主体三者之间的责任边界变得日渐模糊,越来越难以区分,也越来越不可区分,政府、市场与社会主体逐渐由过去相对分离、互相隔阂走向协商与合作,三者之间的协同治理关系正在越发紧密,这即是治理变革时代的显著特征,也是这一时代的必然趋向。

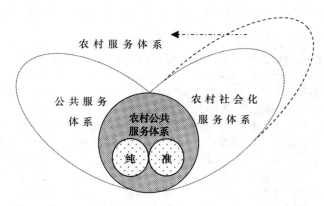

图 2—1　蝶体——农村公共服务体系"内—外"关系模型

本书尝试性地提出"三因素"区分论，进而构建起了一个"三因素"分析框架。所谓的"三因素"，是能够有效区分农村公共服务体系与公共服务体系、农村社会化服务体系，且三者皆视之为决定性因素的核心构成要素①。具体而言，"三因素"分别为服务主体（包括"责任"主体与"行为"主体）、服务客体与服务内容特性②（如表2—4所示）。在"三因素"中，服务主体与服务客体为两个基本要素，服务内容属性为中心要素。"三因素"共同决定了农村公共服务体系与公共服务体系、农村社会化服务体系间的区别。界定农村公共服务体系的概念必须首先厘清"三因素"。

表2—4　"三因素"分析框架——农村公共服务体系、公共服务体系、
农村社会化服务体系

名　称	服务主体		服务客体	服务内容特性	
	"责任"主体	"行为"主体			
公共服务体系	政府	政府、市场、社会	城市与农村居民	非竞争性与非排他性	生存性
农村公共服务体系	政府	政府、市场、社会	农村居民	非竞争性与非排他性	生存性
农村社会化服务体系	政府、市场、社会	政府、市场、社会	农村居民	竞争性与非竞争性、排他性与非排他性	生存性与发展性

公共服务体系的中心要素即服务客体，包括城市居民和农村居民；第一个基本要素即服务主体，包含"责任"主体——政府，"行为"主体——政府、市场、社会；第二个基本要素即服务内容特性，属于生存性需求，分别具有非竞争性与非排他性。农村公共服务体系的中心要素即服务客体，是农村居民，这里所指代的农村居民并不区分是在村居民

---

① 考虑到农村公共服务体系与农村服务体系之间的间接被包含关系，本书将不作详细区分。

② 将服务主体区分为"责任"主体和"行为"主体是本书的一个创新点所在，是基于本书所构建的二维结构关系模型提出的理论，参见下文。

或非在村居民，也不局限于户籍农民；第一个基本要素即服务主体，包含"责任"主体——政府，"行为"主体——政府、市场、社会；第二个基本要素即服务内容特性，同样属于生存性需求，分别具有非竞争性与非排他性。农村社会化服务体系的中心要素即服务客体，是农村居民，这里所指代的农村居民同样不区分是在村居民或非在村居民，也同样不局限于户籍农民；第一个基本要素即服务主体，包含"责任"主体——政府、市场、社会，"行为"主体——政府、市场、社会；第二个基本要素即服务内容特性，既有生存性需求，也有发展性需求，因而既包含竞争性与非竞争性，也包含排他性与非排他性。

在"三因素"中的服务内容特性，竞争性与非竞争性、排他性与非排他性主要基于经典公共服务理论的传统定义，而生存性需求与发展性需求则是从服务客体的服务需求角度出发，以服务客体的服务需求演变规律为依据，并且充分借鉴融合了美国心理学家亚伯拉罕·马斯洛的需求层次理论。亚伯拉罕·马斯洛认为人的需求具有高低不等的五个层次：Ⅰ. 生理需求、Ⅱ. 安全需求、Ⅲ. 社会需求、Ⅳ. 尊重需求和Ⅴ. 自我实现需求，从基本的生理需求到自我实现的需求，人的需求具有逐级递增特性。越初级的需求越具有必要性与紧迫性，越应当优先满足，且越初级的需求越具有一定的持续性与固定性，越高级的需求越具有一定的个性、差异性与变化性。基于亚伯拉罕·马斯洛的需求层次理论，可将人的需求划分为生存性需求与发展性需求两个大方面，生存性需求是基础，必须优先满足，发展性需求是生存性需求基础上的递升性需求。

需求是服务的原动力，最有效的服务在于对需求的最有效满足。以服务客体这一要素为中心，基于生存性需求而提供的服务内容具有显著的生存性特征，而基于发展性需求而提供的服务内容自然具有显著的发展性特性。基于生存性需求而提供的服务内容是较低层次的服务供给，但需求更为强烈，应当处在优先供给的地位，而基于发展性需求而提供的服务内容是较高层次的服务供给，需求相对不如生存性服务供给强烈，应当处在次优先供给的地位。基于生存性需求而提供的服务内容与基于发展性需求而提供的服务内容之间呈现规律性的递升关系，当前者得到满足，就会向后者逐渐递升。因而，在此基础上，生存性特性与发展性特性进一步区分了农村公共服务体系、公共服务体系与农村社会化服务体系，如图 2—2 所示。

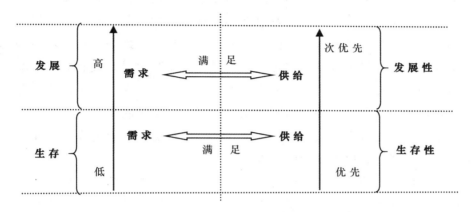

图 2—2　以农民的服务需求为中心的特性结构

关于农村公共服务体系的定义，既见之于官方文件，也见之于相关的学术研究文献。2008 年党的十七届三中全会报告决议提出，中国农村公共事业建设细分为八个重点领域，即繁荣发展农村文化、大力办好农村教育事业、促进农村医疗卫生事业发展、健全农村社会保障体系、加强农村基础设施和环境建设、推进农村扶贫开发、加强农村防灾减灾能力建设、强化农村社会管理①。党的重要文件翔实阐述了农村公共服务体系所涵盖的主要内容，但由于党的重要文件有特殊使命，有特定的立意与站位，所注重的是立于国家大政方针政策的角度，从宏观层面来进行顶层设计，并不涉及对农村公共服务体系的具体内容，如农村公共服务体系的服务主体、服务客体以及服务内容的属性、保障体系运行的体制机制等微观层面问题的细致阐述。相关的政府部门以及政治与公共管理学科的学者们基于党的重要文件，进一步细化完善了这一工作。

在充分借鉴党的重要文件内容基础上，方堃等学者对农村公共服

---

① 课题编写组:《党委中心组学习参考（2009）》，红旗出版社 2009 年版，第 16—20 页。

务体系的概念进行了概括，认为农村公共服务是指在农村地区为满足"三农"的需要，由政府及其他治理主体通过各种机制及方式，提供的物质形态或非物质形态的公共物品和服务。农村公共服务属于公共服务的概念范畴，是具有非竞争性和非排他性的产品和服务。农村公共服务必须有别于城市社区公共服务，它既是一种地处农村和农村经济社会各方面发展本身所需要的公共服务，又与农村私人服务存在本质不同。因而，农村公共服务体系可以概括为政府在促进城乡统筹发展与基本公共服务均等化的新理念统领下，以满足农民基本公共需求为出发点，充分发挥政府、市场和社会等各种资源的合力作用，通过公共政策优化、服务平台整合以及服务人员综合素质的提升，为包括农村居民和农业从业者在内的农民群体所提供的农村公共文化、公共教育、公共医疗卫生、社会保障、基础设施与环境保护、公共就业、灾害防治、公共安全等全方位、多层面的公共服务的总和①。方堃等学者所赋予农村公共服务体系的定义，充分遵循了党的十七届三中全会报告决议，也对农村公共服务体系的服务主体、服务客体以及服务内容的属性、保障体系运行的体制机制等微观层面问题进行了界定。这应当是当前学术界对农村公共服务体系所给予的最为全面和详细的界定，值得肯定。然而，这其中也有值得商榷的地方。从某种程度上而言，这种界定含糊了农村公共服务体系与农村社会化服务体系以及与公共服务体系之间的区别与关系，也忽略了对农村公共服务体系的服务内容属性的界定。同时对农村公共服务体系的服务主体、服务客体的界定较为含糊，缺乏细分。

基于对比性的视角，运用"三因素"分析框架，笔者认为，农村公共服务体系的概念应当界定为，在特定的历史发展时期内，以消除城乡服务供给差异，实现城乡一体化为目标；以全面满足所有农民的生存性服务需求为中心；以政府为"责任"主体，以政府、市场与社会主体共同构成"行为"主体，通过体系化与系统化的体制与机制，系统性地为农民无偿供给具有非竞争与非排他特性，包括物质与非物质类型的服务

---

① 方堃：《当代中国新型农村公共服务体系研究——基于"服务三角"模型的分析框架》，博士学位论文，华中师范大学，2010 年，第 1—150 页。

或公共物品。

　　所谓特定历史发展时期，指的是在城乡差距持续存在的一定时期内，城市公共服务体系与农村公共服务体系持续差异化供给的一定时期内。当这个特定的历史时期结束时，即城乡差距不断缩小，城市居民与农村居民的服务需求趋于同质化，城市公共服务供给与农村公共服务供给实现一体化后，农村公共服务体系将与城市公共服务体系相融为公共服务体系，农村公共服务体系所突出的农村将不再隐含差异化的暗语和定语，将回归为地域、区域的本义。换句话而言，农村公共服务体系是在特定的历史发展时期内的一种过渡性的、制度性的供给体系，是公共服务体系的重要组成部分，也是农村社会化服务体系的核心组成部分，将随着经济社会的发展而逐渐被融合。农村公共服务体系的概念也是特定历史时期的产物，也将随着发展的变化而被融合、被取代。所谓体系化与系统化的体制与机制，是指保障农村公共服务体系政策运行所必备的体系连接机制、协调机制、秩序井然的规章制度以及促进协调运行的各种基础性与物质性的条件①。

三　比照性厘清：农村公共服务体系的内涵阐释

　　长期以来，无论是政府部门还是一些学者们，都对农村公共服务体系的内容作了梳理，尽管归纳较为全面，但却缺乏区分。明显缺乏对生存性需求与发展性需求的区分，也缺乏对竞争性与非竞争性、排他性与非排他性的考量。基于"三因素"分析框架，笔者将政府部门与学者们所归纳的农村公共服务体系内容进行了进一步的精确区分、划分。基于农村公共服务体系与农村社会化服务体系二者之间的"三因素"区别，进一步明确了二者间的服务供给边界②。归纳梳理之后，笔者认为，农村公共服务体系主要包括如下内容（如表2—5所示）。

---

① 而所谓的生存性服务需求、"责任"主体与"行为"主体待后文详细阐述。
② 毛铖：《变迁与互构：农村社会化服务体系重构与农村治理现代化变革研究——政府、市场与社会分析视角》，博士学位论文，华中师范大学，2016年，第45—65页。

表2—5　　以农民生存性服务需求为中心的农村公共服务体系内容

主要类型	主要内容
农业生产、农民生活与农村建设所需要的农村基础设施	水利、道路交通与城乡客运体系;农村饮用水管网与厂房;农村电网、光纤线网厂房与设备;邮政、气象等服务设备与场所;动植物检疫、病虫害检测、监测等场所与设备;文化体系活动广场、义务教育学校、乡村卫生室、党员群众活动中心、福利院与养老院等场馆;农村改造基建与"三通"工程;与基础设施相对应的规划、审批与管理等
引导与支持:基础性的支持政策与法律法规	《土地流转承包法》《农资经销管理办法》《农产品检验检疫法》以及鼓励、规范市场与社会主体参与农村公共服务体系的一揽子法律、法规
农业生产、农民生活、农村治安环境的监督与管理	农机安全生产审查、生产资料市场监督、农产品质量检测、司法援助、公共治安维护、农村环境整治(污水、垃圾处理)
农业生产、农民生活与农村建设所需的直接性服务	路、水、电、气等基本生产生活服务;农业科技服务、病虫害测报、防疫、动植物检疫;公共教育(包括免费义务教育、中等职业教育、普通高中教育的助、奖、免、补等)、劳动就业创业(包含就业、创业服务、技能培训和技能鉴定、劳动关系协调、仲裁等);社会保险(城乡居民基本养老、基本医疗、生育、失业、工伤保险等);医疗卫生(包括预防接种,传染病及突发公共卫生事件报告和处理,老、弱、妇、幼健康管理,艾滋病防治,计划生育扶助、奖励,食品药品安全保障等);社会服务(包括最低生活保障、特困救助、医疗救助、临时救助、受灾人员救助、法律援助、困境儿童保障、留守儿童关爱保护、基本殡葬服务、优待抚恤、退役军人安置、危房改造等);公共文化体育(公共文化设施免费开放、戏曲、广播、电视、电影、书报、少数民族文化服务、文化遗产参观、公共体育场馆开放、全民健身服务等);基本公共服务(包括困难残疾人、重度残疾人生活保障、缴费资助、保险待遇、基本住房保障、托养服务、康复、教育、职业培训和就业服务等);邮政、气象预报等

资料来源:根据《"十三五"推进基本公共服务均等化规划》、笔者的相关研究以及其他相关文献整理所得。

在"三因素"的制约和影响下，农村公共服务体系必须坚持七大原则，这也是保障农村公共服务体系得以有效运行的重要前提。第一是基础性原则。农村公共服务体系是以农民的生存性需求为中心，重在满足农民维持基本生存的服务需求，不同于注重满足农民发展性需求的农村社会化服务体系，所提供的服务应当限定在生存性服务上，并非"大包大揽、无所不包"，不符合生存性需求的内容应当被合理地剔除，并依赖于有效的转接机制转接给农村社会化服务体系。第二是公平性原则。农村公共服务体系具有较强的非竞争性与非排他性，尽管部分服务具有一定的准公共色彩，但纯公共色彩显然更加突出。这种非竞争性与非排他性的特性，本质上要求所有服务客体都应当能公平地享有这种服务权利，而不存在地区间、群体间的不公平、不平等。第三是需求导向性原则。农村公共服务体系必须以尊重和满足农民的服务需求为出发点，坚持从农民的需求出发，而不能先入为主地以供给为导向，导致供需难以对接与平衡。这就要求农村公共服务体系必须拥有农民服务需求表达、反馈的配套体制与机制，保障农民的服务需求能够得以表达，及时得以反馈。第四是普惠性原则。具有生存性特性的农村公共服务体系应当面向所有农民，无论是农村的常住人口，还是常年外出务工的农民工，甚至于那些非户籍农民，但也常年从事农业生产的人群都应当拥有享受农村公共服务的权利。第五是无偿性原则。非竞争性与非排他性的特性以及纯公共色彩，从本质上决定了农村公共服务体系是农民所享有的基本权利，应当由政府承担，无偿地提供给农民，而不需要农民为之支付费用。第六是全面性原则。农村公共服务体系具有较强的生存性特性，农村公共服务体系所供给的服务都是农民维持基本生存必需的各种需求，因而服务的供给必须全面，不可偏废，否则将直接影响到农民的基本生存。第七是系统性原则。农村公共服务体系应当是由各个不同子系统组成的一个完整系统，农村公共服务体系的运行须依赖于这套完整的系统，注重系统化与体系化的运行，各系统之间必须实现有效的协调与配合。

各子系统对整个农村公共服务体系的影响地位皆不可忽视，其中服务供给子系统尤其值得关注。服务供给子系统能否高效运转主要受制于服务供给主体这一因素的影响。长期以来，政府被视为是农村公共服务体系的唯一有效供给主体，且供给的主要责任基本由地方政府，尤其县、乡两级基层政府承担。实践证明，这种认知和不合理的责任分工，极大地制约了服务供给子系统的高效运转，也极大地阻碍了农村公共服务体系的有效运行。究其原因，即是人们习惯于将农村公共服务体系的供给"责任"与供给"行为"看成一个不可分割的整体，因而作为农村公共服务体系的"责任"主体，政府理所应当地成为农村公共服务体系最合法、最有效的"行为"主体。市场与社会主体这对农村公共服务体系的非"责任"主体，被人为地阻隔在了农村公共服务体系之外，碍于缺乏合法的身份授权，而无法发挥出最佳"行为"主体的作用。与此同时，政府这一"责任"主体所指代的是中央政府，还是县、乡两级基层政府，也或者是中央、省、市、县、乡五级政府按照一定比例分担这一"责任"，至今也缺乏有效定夺，影响了农村公共服务体系的服务供给子系统运转。在中国特有的现实国情中，财权与事权并非是同等或者说对等的。就财权而言，从中央到基层，各级政府所承担的责任与所能够支配的财政税收不同，现如今县、乡两级基层政府的主要财政和税收除去省、市抽取部分外，其他基本都上缴中央，而县、乡两级基层政府的财政支出则主要由中央按照一定比例分别以一般性转移支付和专项转移支付的方式返还给基层政府。就事权而言，包括农村公共服务体系在内的事权大多数都由县、乡两级基层政府在承担。财权与事权的不对等，一方面导致县、乡两级基层政府因繁重的公共事务而苦不堪言；另一方面也造成县、乡两级基层政府巨大的财政支出赤字。"一重一缺"，使得县、乡两级基层政府对有效承担农村公共服务体系的责任往往"有心无力"。

即使是在经典公共服务理论中，关于公共服务的"责任"主体与"行为"主体是否不可分割也是一个值得商榷的问题。布坎南、马斯格雷夫严格区分了公共物品的供给"责任"和生产"责任"，指出财政问题首先要考虑的就是公共物品的提供。所谓公共物品的提供，是指一种政治程序，通过这种政治程序获得公共物品，并非指公共物品的公共生产。公共物品的提供需要公共支出和融资，但并没有认定实际的生产应该由政府进行①。文森特·奥斯特罗姆和查尔斯·蒂博特等人对此作了进一步的延伸和发挥②。他们明确指出，公共物品和服务的供给"责任"与生产"责任"需要区分开。供给是指通过集体选择机制保证消费者得到公共物品的过程，它要对下述事项做出决定：需要什么样的物品和服务、物品和服务的数量和质量标准、为物品和服务的供应进行融资、确定私人参与和被管制的程度、如何安排产品和服务的生产。生产是将投入变成产出的更加技术化的过程，制造一个产品，或者在许多情况下给予一项服务。公共物品的生产既可由私人来承担，也可由公共部门来承担。经典公共服务理论所探讨的供给"责任"与生产"责任"也即是对公共服务的"责任"主体与"行为"主体的探讨。

　　中国正处在后税费时代，这也是一个治理风潮席卷的变革时代，后税费时代的现实国情，治理现代化的变革需求，共同推动着公共服务内涵与属性的变革。邮政被快递取代，通信、网络完全市场化，银行、医疗、卫生与教育的部分市场化等，后税费时代与治理变革的时代推动着中国公共服务的市场化与社会化进程。随着市场化与社会化的快速发展，市场主体与社会主体逐渐进入公共服务供给的各个领域，即使是非竞争性与非排他性较强的部分领域，改变了公共服务供给主体的传统格局。而随着市场主体与社会主体的逐渐进入，随着市场与社会环境的变化，习惯于用"脚""手"投票的人们逐渐倾向于选择市场主体与社会主体供给的服务，接受并适应了市场化与社会化的发展趋势。在这一背景下，政府开始被动地从公共服务的部分领域退场，而将主要精力放在重点领域或者某些领域的重点方面。

　　时代的发展变化、现实的发展需求，为农村公共服务体系的"责任"主体与"行为"主体分离提供了可能，提出了必然的要求。基于这样的背景，笔者尝试性地构建了"主体责任与绩效——需求层次与优先序二

---

　　① ［美］詹姆斯·布坎南、理查德·阿贝尔·马斯格雷夫:《公共财政与公共选择》，类承曜译，中国财政经济出版社 2000 年版。

　　② ［美］查尔斯·M. 蒂布特:《一个关于地方支出的纯理论》，吴欣望译，《经济社会体制比较》2003 年第 6 期。［美］文森特·奥斯特罗姆等:《美国地方政府》，井敏等译，北京大学出版社 2004 年版。

维关系模型"①，提出农村公共服务体系的"责任—行为"二分原则。基于主体责任与绩效——需求层次与优先序二维关系模型，政府无疑是农村公共服务体系的"责任"主体，但"责任"主体并不必然等同于"行为"主体，政府并不是农村公共服务体系的唯一"行为"主体②，市场主体与社会主体将加入"行为"主体行列中。政府责任的履行完全可以通过市场化的"购买服务"方式，委托市场主体与社会主体，按照市场化与社会化的运行规则来代理农村公共服务体系的责任，履行政府的农村公共服务体系供给行为，政府只需要完成委托—代理关系中的监督与考核即可③。在西方，这种"购买服务"方式包括政府出售、政府间协议、合同承包、特许经营、政府补助、凭单制等多种形式④。

农村公共服务体系的"责任"主体必然是政府，但究竟应当是中央一级政府，还是县、乡两级基层政府，也或者是省、市两级政府，这取决于国家行政体制结构以及中央与地方的财权、事权分配结构。政府承担公共服务责任依赖于财政支出，而财政支出主要来源于财政税收，因而公共服务的事权必须随着财权走，财权随着税收走。应当属于农村公共服务体系事权部分的财政收入掌握在哪一级政府手中，农村公共服务体系这一事权就应该划归哪一级政府，而并非农村公共服务体系这一事权定在哪一级，财政支出就由哪一级负担。郁建兴认为，建立与基本公

---

① 基于农民服务需求呈现层次性与优先次序性，以农民服务需求为中心的农村服务分为生存性服务与发展性服务，前者主要指代农村公共服务体系，后者主要指代农村社会化服务体系，生存性服务供给的竞争性与排他性较弱，存在较强的持续性、稳定性、普适性、公共性特性，由生存性服务供给向发展性服务供给递升的过程中，普适性与公共性降低，竞争性与排他性增强。因而，发展性服务供给存在较强的差异性、发展性、经营性或公益性特性。参见毛铖《变迁与互构：农村社会化服务体系重构与农村治理现代化变革研究——政府、市场与社会分析视角》，博士学位论文，华中师范大学，2016 年，第 55—70 页。

② 吴理财赞同并论证了这一观点。吴理财：《改革与重建——中国乡镇制度研究》，高等教育出版社 2010 年版，第 108 页。Ostrom Vincent and M. Charles , "The Organnization of Government in Metropolitan Areas：A Theoretical Inquiry", *American Political Science Reciew*, 1961, 55 (4), pp. 831 – 842.

③ ［美］盖伊·彼得斯：《政府未来的治理模式》，吴爱明等译，中国人民大学出版社 2001 年版。Terry M. Moe , "The New Economics of Organization", *American Journal of Political Science*, 1984 (28) .

④ 王小林、苏允平：《西方公共服务制度安排对中国农村公共服务改革的启示》，《农业经济》2003 年第 8 期。

共服务均等化目标相适应的公共财政体制，需要重新划分中央与地方的事权与财权。如果不改变现行政府间的职责分工，就必须根据财权与事权相匹配的原则，重新确定地方政府的税收分享比例，扩大地方财政的税收资源。如果不改变现行分税制下中央与地方的财权划分，就必须从行政管理体制改革方面重新设计政府间职责分工，由中央政府担当公共服务支出的责任。大多数发达国家的基本公共服务都是由中央政府负责政策制定、资金筹集和集中管理，并承担大部分的支出责任，地方政府主要是中央政策执行的代理机构①。

因而，在后税费时代与治理变革时代同构的时空维度当中，笔者认为，必须遵循"责任—行为"二分原则，将农村公共服务体系的"责任"主体与"行为"主体相分离，明确政府为农村公共服务体系的"责任"主体，政府、市场与社会主体按照有序分工，共同构成农村公共服务体系的"行为"主体。而政府这一"责任"主体到底是哪一级政府，这取决于两条可供选择的路径。一是在现有分税财政体制不变的前提下，将农村公共服务体系的事权划归中央，由中央来统筹实施，地方政府，尤其是县、乡两级基层政府则以中央政策执行代理机构的身份来有效承接中央政府的事权，最终实现事权与财权的统一。身为中央政策执行代理机构的基层政府必须遵循"责任—行为"二分原则，通过有效的体制与机制让市场主体与社会主体有效承担农村公共服务体系的供给行为。二是改变现有的分税财政体制，重新划分中央与地方的财政税收分配比例，将由地方政府，尤其县、乡两级基层政府承担的事权所对应的财政税收部分，重新划归给县、乡两级基层政府，扩大县、乡两级基层政府的财政税收占比，弥补县、乡两级基层政府的财政税收赤字，实现地方政府事权与财权的匹配。由地方政府，尤其县、乡两级基层政府遵循"责任—行为"二分原则，实现政府、市场与社会主体合理分工，合力承担并保证农村公共服务体系的运行。

---

① 郁建兴：《中国的公共服务体系：发展历程、社会政策与体制机制》，《学术月刊》2011年第 3 期。

第二节 政府、市场与社会:理论分析框架

一 政府与市场、国家与社会分析框架

政府与市场分析框架的经典之作当推卡尔·波兰尼的《大转型:我们时代的政治与经济起源》。尽管这本经典之作写于 1940 年前后,但正如弗雷德·布洛克所言,卡尔·波兰尼的著作是挥之不去的,它的相关性与重要性在与日俱增。卡尔·波兰尼以前工业世界到工业化时代大转型过程中的观念、意识形态、社会和经济政策转换为时代背景,深入分析了第一次世界大战、经济大萧条、法西斯的兴起、美国新经济政策以及苏联第一个五年计划等标志性事件发生的深层原因。开宗明义地批判了市场自由主义。他认为,19 世纪社会的先天缺陷就在于它是一个"市场社会"。市场与有组织的社会生活基本要求之间的冲突,产生了最终摧毁那个社会的典型的紧张和压力。大萧条的经济崩溃是市场自由主义的直接后果,而第二次"大转变"——法西斯主义的兴起同样是市场自由主义的一个后果。究其原因在于自发调节的市场从来没有真正存在过,市场信息的不完备、不稳定的变动性而导致的市场失灵不可避免。它们的缺陷——不仅就它们的内在运转而言,也包括它们的后果(如对穷人造成的影响)——是如此重大①。

卡尔·波兰尼在对市场自由主义批判的基础上,提出了自己的观点:政府应当在转型之中扮演更加积极的角色。他认为,国家必须在调整货币和信用供给,提供必要的救济、教育、培训,以及促进新技术发展等方面发挥积极的干预作用,而不仅仅是某种类型的技术或行政功能。管理各种虚拟商品的角色使国家置身于最重要的市场之中,维持市场自由主义关于国家"外在于"经济的观点已经完全不可能。卡尔·波兰尼也注意到了他的观点在不同环境中的适用性。他指出,在东亚政府扮演了真正的中心角色,东亚的成功为政府在其中扮演活跃角色的经济对自发

---

① [英] 卡尔·波兰尼:《大转型:我们时代的政治与经济起源》,冯刚等译,浙江人民出版社 2007 年版,第 1—10 页。

调节的市场的优越性提供了强有力的证明①。

卡尔·波兰尼似乎注意到了社会与公民的作用。他把市场看作一个更为广阔的经济的一部分，并且把这个广阔的经济看作一个还要广阔的社会的一部分。他坚持认为，在19世纪之前，人类经济一直都是嵌入社会之中的，是从属于政治、宗教和社会关系的。在他看来，经济脱嵌于社会的努力不可避免地会遭遇"双重运动"，市场社会是由两种相互对立的运动组成的——力图扩展市场范围的自由放任运动，以及由此生发出来的、力图抵制经济脱嵌的保护性反向运动。这就好比拉伸一条巨大的橡皮筋，让市场得到更大程度自治的努力同时也增加了张力的程度。随着进一步的拉伸，或者橡皮筋绷断——意味着社会解体——或者经济回复到更嵌入的状态。卡尔·波兰尼认为，公民在"双重运动"中发挥着不可小觑的作用。它明确指出，社会中的所有群体都参与了这项事业。因而他在对未来的展望中预言，关键性步骤在于扭转社会生活应该从属于市场机制的理念，让公民权利得到认可，通过民主手段来保护个人和自然免于某些经济性的威胁②。

卡尔·波兰尼以政府与市场为分析框架，决定了他对社会的重视和关注必然有限，尽管这很大程度上碍于他所处的时代环境。基于当前社会客观现实而言，对政府、市场作用，尤其是政府作用的过多关注，对社会作用的忽视将是不可理解的问题。

乔尔·S. 米格代尔给予了社会应有的重视，他否定了当时极为盛行的"国家中心主义"，将社会置于同国家同等甚至更加重要的对立位置，建构起了国家与社会的分析框架，提出了"在社会中的国家"分析路径。乔尔·S. 米格代尔认为国家是复杂且一元的——整合的、有凝聚力的、自主的，并且在任何领域都能发挥作用，国家拥有广泛的社会控制力；国家也是脆弱的，它生长于社会之中，并非仅仅是凌驾于社会之上③，正如亨廷顿和维尔达夫斯基所言，"政府并不能统治"。"计划制定者以尝试

① ［英］卡尔·波兰尼:《大转型:我们时代的政治与经济起源》，冯刚等译，浙江人民出版社2007年版，第17—26页。
② 同上书，第8—303页。
③ ［美］乔尔·S. 米格代尔:《强社会与弱国家:第三世界的国家社会关系及国家能力》，张东长等译，江苏人民出版社2009年版，第2页。

改变环境始，以被环境同化终"①。

如同乔尔·S. 米格代尔在前言中所言:"本书并不试图开出提高国家能力的药方，我本人的偏爱并不趋向于无条件地支持加强国家能力。"他将注意力更多地集中在社会及其社会控制力的作用上。在他看来，社会本身是一个具有自我控制力的庞大组织，而非丹尼尔·勒纳、沃尔特·罗斯托和爱德华·希尔斯所认为的"传统—现代""增长阶段理论"和"中心—边缘模型"，社会控制可能分布于众多相当自主的群体中，并非大量集中于国家。也就是说，权威可能大量分布于社会中，国家仅仅是所要统治的边界内的组织混合物中的一个组织体。国家与社会之间既有为争夺社会生活该如何组织的结构性冲突，也有相互妥协。国家同血缘群体、种族群体以及其他群体相互争执、相互争夺，各自都力求在其领导人认定的势力范围之内建立普遍的社会控制，都提供了民众生存策略的必要手段。这些争夺的结果并不是显而易见的，而国家有可能取得成功，但成功并非必然，通常在不成功的情况下，国家和社会中其他强大组织之间的妥协便产生，这种妥协往往导致最微妙且最令人着迷的政治变迁或者政治惰性模式②。

乔尔·S. 米格代尔同时也指出，高度的社会控制力并不与国家必然对立或者冲突，相反，他直截了当地道明，只有社会控制力高度集中时，一个强而有力的国家才会出现。社会对国家的影响——也就是碎片化社会控制及其给统治者带来的困境对政治模式和国家分配资源的偏好的影响——十分深远。高度的社会控制力能够为国家提供动员民众，汲取社会剩余和对抗外敌的强大力量，也能够为国家的对内有效统治提供稳定保障③。

乔尔·S. 米格代尔的国家与社会分析框架在赢得诸多赞许的同时，也遭到了评判，彼得·埃文斯就是其中代表之一，他指出乔尔·S. 米格代尔过于强调国家与社会之间对立冲突的一面（零和博弈），又过于强调

① Samuel P. Huntington, *Political Order in Changing Socities*, Yale University Press, 1968. Aron Wildavsky, "If Planning is Everything, Maybe It's Nothing", *Policy Sciences*, 1973.

② ［美］乔尔·S. 米格代尔:《强社会与弱国家:第三世界的国家社会关系及国家能力》，张东长等译，江苏人民出版社 2009 年版，第 9—33 页。

③ 同上书，第 189—270 页。

社会及其社会控制力的作用，而忽略了双赢局面的存在，用帕特南的话说，即可以形成"强国家、强社会、强经济"①。与此同时，在笔者看来，乔尔·S. 米格代尔弥补了卡尔·波兰尼在政府与市场分析框架中对社会的忽略，但缺失市场，正如洪明星在其博士学位论文中所言，乔尔·S. 米格代尔的国家与社会分析框架受到马克斯·韦伯的国家概念的影响很大，他的国家概念很大程度上来自马克斯·韦伯，但乔尔·S. 米格代尔无疑忽略了一个重点——市场——马克斯·韦伯所经常论及的基本概念。在马克斯·韦伯看来，市场无疑是现代国家与现代社会的基础推动力量，这一观点常见于他的经典著作之中②。黄宗智认为，将国家与社会简单对立的二分法，是从那些并不适合于中国的近现代西方经验里抽象出来的一种理想构造，我们需要转向采用一种三分的观念③，尽管黄宗智将市场部分地纳入到他所称为的"第三领域"，而并未突出市场的地位，但他的研究证明市场无疑是真实存在的。另一位著名的中国问题研究专家施坚雅则以市场与社会为基本分析框架，给予了市场应有的证明，在他看来，在中国的广大农村，从传统到现代，市场结构既是空间体系的也是经济体系的，更是社会体系的，它不仅具有重要的"经济范围"，而且有重要的"社会范围"，市场结构具有被称为"农民"社会或"传统的农耕"社会的全部文明的特征，市场的发展与变化，包括市场分布、交易行为方式等标志着一个传统农耕社会向现代工业社会的转变，也是衡量现代化进程的一个综合性指标④。因而，乔尔·S. 米格代尔的理论分析工具弥补了卡尔·波兰尼的缺憾，却不可避免地留下了自己的缺憾。

---

① Peter B. Evans, *Embedded Autonomy States and Industrial Transformation*, Princeton：Princeton University Press, 1995. Robert D. Putnam, *Making Democracy Work：Civic Traditions in Modern Italy*, Princeton：Princeton University Press, 1993.

② 洪明星:《当代中国文化体制改革逻辑研究——以国家、市场、社会关系为视角》，博士学位论文，华中师范大学，2015 年。

③ ［美］黄宗智:《中国研究的范式问题探讨》，社会科学文献出版社 2003 年版，第 260—270 页。

④ ［美］施坚雅:《中国农村的市场和社会结构》，史建云、徐秀丽译，中国社会科学出版社 1998 年版，第 2—42 页。

二 政府、市场与社会的理论分析框架

本书研究的主要问题是农村公共服务体系，这既是一个带有跨政治与经济学科特征的理论问题，也是一个具有一定现实意义的新话题。如何建构一个逻辑适合的理论分析框架，是论文能够达到预期研究目标的关键，也是论文的理论创新所在之一。吉姆·麦圭根、卡尔·波兰尼以及乔尔·S. 米格代尔给了笔者莫大的启示，然而无论是国家、市场、公民社会话语，或是政府与市场、国家与社会分析框架都无法直接适用于论文的研究。首先，国家话语超出了论文的研究范畴，国家话语面向的应当是更加宏大的一般性研究，从某种程度上而言，它超越了地域与某一具体领域的限制。其次，国家与社会分析框架是以结构为出发点，致力于更加宏观的理论分析，并不适用于论文所涉及的农村公共服务体系这一专门的领域。论文以乡村为研究场域，研究的领域更加特殊，更加具体化，重在突出政府尤其是地方政府在农村公共服务体系重构中的角色与作用，而基于乔尔·S. 米格代尔的国家概念来说，政府仅仅是国家及其国家能力的某一个方面，因而无法套用国家与社会这样一个宏大的普遍性理论分析工具。与此同时，国家与社会简单对立的二分法存在缺陷，即是忽略了市场的地位和作用，这无论是对农村治理现代化而言，还是农村公共服务体系而言，都将是"遗憾"。

最后，公民社会话语虽与本书所关注的社会参与力量有共通之处，但在突出的重点和所要研究的旨趣方面仍然有着较大的差异。吉姆·麦圭根所指的公民社会话语重在突出公民通过公共空间行动来改变他们互动中的社会和政治结构，从而影响国家政策，是对公民权利的极大认同，也是对公民直接参与并影响国家政策作用的倡导。本书所希望引入和加强的社会主体与参与力量显然不具有公民直接作用于国家的突出特征。尽管这个过程中存在对公民社会参与的倡导，但参与更多的是基于农民自我服务供给能力的组织化合作。

因而，本书吸取了吉姆·麦圭根的国家、市场、公民社会话语养分，借鉴并融合了卡尔·波兰尼的政府与市场，乔尔·S. 米格代尔的国家与社会分析框架，倾向于用政府代替国家，用社会代替公民社会，遵循政府、市场与社会三分原则，客观重视市场应有的地位和作用，进而建构

出了符合本书研究旨趣，并能一脉贯穿的理论分析框架：政府、市场与社会分析框架。政府、市场与社会分析框架，重在三者之间的关系，突出政府、市场与社会参与主体在农村公共服务体系变迁与变革中的角色定位，权责厘清以及相互之间良性的关系与作用。就理论分析框架本身而言，政府、市场与社会分析框架有其特殊性。尽管政府、市场与社会分析框架可能适用于一般性的研究，也可能适用于其他具有后发性、权威性特征的发展中国家的实际，但在本书中，它更多的是针对中国独特的国情与现实，是基于中国特定领域的预设，因而其适用性与有效性的检验需与具体的客观环境、研究领域、研究旨趣、研究重点相结合。

第三节 农村公共服务体系的治理运行逻辑

对政府、市场与社会分析框架的适用性与有效性的考证，引出了本书中一个潜在的理论脉络——政府、市场与社会——农村治理变革与农村公共服务体系变迁的共通命题。笔者将其称为本书两条逻辑线中的暗线，另一条明线，即农村治理变革与农村公共服务体系之间的互动关系[①]。

一 共同的命题：政府、市场与社会关系变迁

尽管目前还没有权威性的论断证明，治理的变革必然经历从统治到管理再到治理的逻辑演变轨迹，从时间演进来说，治理不见得比管理滞后；从统治、管理与治理三者之间的界限来看，边界并非那么清晰可分，在管理与治理中不见得没有统治的色彩，而在治理中管理的色彩也不见得不浓厚。但倘若我们基于统治、管理和治理的理论发展与演变以及三者之间潜在的逻辑变迁关联来分析，一条同政府、市场与社会关系变迁有关的逻辑演变轨迹是潜在且能够被证明的（如图2—3所示）。

---

① 笔者曾就有关问题作过专门的探讨，详细阐述了传统社会以来的发展与变革，后文章节也将以湖北省为例逐步探讨相关问题，在此只为抛砖引玉，不再赘述。参见毛铖《变迁与互构：农村社会化服务体系重构与农村治理现代化变革研究——政府、市场与社会分析视角》，博士学位论文，华中师范大学，2016年，第60—80页。

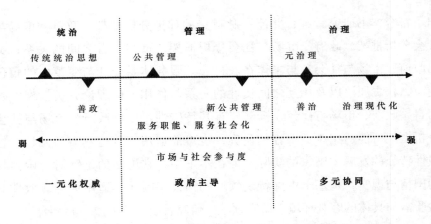

图 2—3 统治到治理变革中的政府、市场与社会关系模型

从统治到管理再到治理,政府、市场与社会的角色和作用在不断发生变化,政府、市场与社会三者之间的关系也在不断演变中。从统治到管理再到治理,大致经历了三个演变阶段:统治阶级的一元化权威阶段、政府主导阶段、多元协同阶段。在这三个阶段的演变过程中,政府的强制性、主导性在减弱,市场与社会的参与度在不断增加。与之相伴随的是政府的社会管控、干涉在不断降低,公共服务职能在不断强化,服务的市场化与社会化属性也在日益增强。

从新中国成立后的税费时代到后税费时代,农村公共服务体系正在经历向农村社会化服务体系过渡的历史变迁。在这个历史变迁过程中,政府、市场与社会大致经历了两个变迁阶段:政府一元化供给阶段;政府主导下的多元化供给阶段,与此同时,在可预见的将来还将经历第三个阶段:平等协商下的多元协同供给阶段。在三个阶段的变迁过程中,政府、市场与社会关系变迁的逻辑清晰可见。政府的主导地位在改变,市场与社会的参与度在不断提高,话语权在不断增强,以政府为中心的格局正在向以政府、市场与社会平等、协商、合作、共赢的良性关系格局转变。与之相伴随的是服务的综合效益,包括服务质量、服务水平、服务的覆盖率等也在不断提高(如图 2—4 所示)。

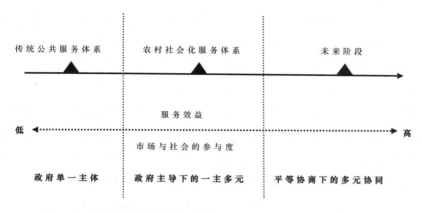

图2—4　农村社会化服务体系变革中的政府、市场与社会关系模型

　　如何在治理与治理现代化的前沿理论支撑下来探讨变化中的政府、市场与社会,进而探寻符合这种变化趋势的体制与机制,以求实现农村公共服务体系的良性运转,以及农村公共服务体系与农村治理现代化之间的相互关系、相互作用的可能性,既是时代的命题,也是现实的迫切需求。

二　农村治理转型与变革的农村公共服务体系向度

　　农村治理与农村公共服务体系之间有着密切的内在逻辑关联,农村治理变革之路即是农村公共服务体系变迁之路。

　　从合作化时期及以前到后税费时代,农村治理发生了巨大变革,这个过程中,既有农村治理主题与目标的变迁,主题从控制、管理最终走向服务,目标从资源汲取与乡村稳定最终走向满足农民日益增长的差异化服务需求;也有政府、市场与社会在治理过程中的变革,从政府一元化权威,到政府主导,市场与社会参与,再到政府、市场与社会的平等协同参与。而农村治理主题与目标的变迁,政府、市场与社会关系在治理过程中的变革,最终决定着农村公共服务体系的变迁。与此同时,农村公共服务体系的变迁也在不断反作用于农村治理,影响着农村治理的变革过程。

　　两种能力决定了后发国家能否实现治理与现代化双重目标。一种出现在治理与现代化的初始阶段,即强有力的资源汲取和社会动员能力;

另一种突出表现在治理与现代化的过程中，即保持社会稳定的能力。陈潭认为，较强的汲取资源和进行整合的能力是中国这样的后发国家，治理与现代化初期，即前农业税费时期，能否顺利推进农村现代化和农村治理现代化的关键①。这种能力必须借助于有效的途径与方法，而依赖行政强制和政治控制，通过对乡村社会、经济与文化的全面管理和征收"皇粮国税"即是最有效的途径与方法。这一时期的农村治理，可以称之为汲取型治理，通过行政手段向乡村汲取资源是其首要特征。这一时期的所谓农村治理，强调的是农村治理的管理与控制功能，政府与农民之间呈现出的是紧密型的权威依附关系，农村公共服务很大程度上并不属于农村治理的功能范畴，仅仅只是作为有效实现管理与控制的手段而存在。

而在后税费时代与治理变革时代同构的时空维度当中，农村现代化和农村治理现代化中的资源汲取功能必然要退出历史舞台，社会整合功能在一定时期还将存在，但必然要逐步地被保持社会稳定的功能所取代，这意味着保持社会稳定所依赖的途径与方式也必然要从强制、控制、税费征收向供给服务转变。从治理与现代化的角度出发，这既是农村治理现代化的转型，标志着汲取型治理走向服务，也标志着治理服务功能的回归。正如于建嵘、吴理财等所言，现代治理理论和实践都要求农村治理主体必须尽可能有效率地生产更多的公共物品，而且要求治理主体有责任提供公共物品，并按照公平正义的价值原则设计运作规则。农村治理必须由管制向服务转变②。

当然，农村治理现代化的转型，由汲取型走向服务所指的服务绝对不仅是农村公共服务体系，而是包含农村公共服务体系在内的农村社会化服务体系，这既是治理现代化、服务型政府建设的必然趋势，也是公共服务社会化回归的必然趋势。而这将有可能成为农村治理现代化变革的必然向度，将为农村治理现代化变革提供有效的支撑。

---

① 陈潭:《治理的秩序——乡土中国的政治生态与实践逻辑》，人民出版社 2012 年版，第 9—20 页。

② 于建嵘:《社会变迁进程中乡村社会治理的转变》，《人民论坛》2015 年第 14 期。吴理财:《从"管治"到"服务"——关于乡镇政府职能转变的问卷调查》，《中国农村观察》2008 年第 4 期。

第四节　本章小结

农村公共服务体系算得上是政治学与公共服务学科的一个基础性的概念、入门性的概念。然而越是简单的概念,就越难以界定,越是简单的概念就越难以有统一的认识,越是简单的概念也就越容易出现理解偏差。

对农村公共服务体系的必要性与重要性的认识是准确理解、精准界定农村公共服务体系的基础与前提。透过比较性的分析,处在改革开放转型发展的十字路口,迈入新的历史发展时期,仿佛间一种"当局者迷"的假象正遮蔽着许多人的眼睛。曾几何时的人们似乎一夜之间幡然醒悟,原来四十年悬而未决的"三农"时代之问,都源于以"家庭联产承包经营"为基础统分结合的双层经营这一根本性的制度;所有的破解之道最终都聚于农业规模化经营这一根本性的出路。但当盲目与冲动的内心渐渐冷静下来的时候,拨开迷雾、捅破窗户纸,就会发现,将土地确权视为实现农业规模化经营的重要基础与前提,寄希望于通过土地确权来快速推进土地流转,实现农业的规模化经营,必将是一厢情愿。而寄希望于大规模的土地流转来实现农业的规模化经营,从而达到农业现代化的目标,最终给予"三农"时代之问一个满意的答卷,无疑更是缘木求鱼。我们在不惜代价地极力追求我们认为是不二选择的目标,殊不知我们所拥有的已经成了别人在悄然效仿的目标。我们在"三农"发展的道路上总是乐此不疲地极力效仿美欧,在道路的是非抉择上总是显得盲目而又无所顾忌,却不知美欧正在汲取着我们的经验,努力向我们靠拢。历史与现实、国际与国内的实践经验证明,中国根本无法效仿所谓的农业规模化道路,而必须探索符合中国国情,又能够有效破解"三农"问题的道路,从而达到农业规模化所能够带来的同等效应。

邓小平等老一辈国家领导人,超脱了"当局者迷"的假象,切中要害地指出了阻碍"三农"发展的要害,一曰农业科技,二曰生产关系。而这恰恰切中了农村公共服务体系之于"三农"问题破解的必要性与重要性。在笔者看来,农村公共服务体系是"三农"之"辖",乃决定并制约"三农之轮"的"寸辖"。这是许多人至今也极易忽视的。

对农村公共服务体系概念的界定迫切需要找到新的分析方法,从而冲破旧有理论的范式,摆脱经典公共服务理论的思维局限。基于"三因素"区分论与"三因素"分析框架,通过对比性的视角,在有效区分农村公共服务体系、公共服务体系与农村社会化服务体系的基础上,应当将农村公共服务体系的概念界定为:在特定的历史发展时期内,以消除城乡服务供给差异,实现城乡一体化为目标;以全面满足所有农民的生存性服务需求为中心;以政府为"责任"主体,以政府、市场与社会主体共同构成"行为"主体,通过体系化与系统化的体制与机制,系统性地为农民无偿供给具有非竞争与非排他特性,包括物质与非物质类型的服务或公共物品。通过"三因素"分析框架,可将农村公共服务体系的服务内容划分为农业生产、农民生活与农村建设所需要的农村基础设施、基础性的支持政策与法律法规、农业生产、农民生活、农村治安环境的监督与管理、农业生产、农民生活与农村建设所需的直接性服务四大部分。农村公共服务体系必须坚持七大原则,这是保障农村公共服务体系得以有效运行的重要前提,即基础性原则、公平性原则、需求导向性原则、普惠性原则、无偿性原则、全面性原则、系统性原则。

各子系统对于整个农村公共服务体系的影响地位皆不可忽视,其中服务供给子系统尤其值得关注。服务供给子系统能否高效运转主要受制于服务供给主体这一因素的影响。基于"主体责任与绩效——需求层次与优先序二维关系模型",应当坚持农村公共服务体系的"责任—行为"二分原则,合理界定农村公共服务体系的"责任"主体与"行为"主体,前者是政府,后者是政府、市场与社会主体共同构成的多元主体。在"责任"主体的确定上,究竟应当确定为中央政府,还是县、乡两级基层政府,这取决于两条可供选择的路径,一是改革现有的行政管理体制;二是改革现有的分税财政体制。

建构一个有效的理论分析框架,是本书最为重要的理论支撑,然而现有的理论分析框架都难以有效支撑本书的研究。因而基于吉姆·麦圭根的国家、市场、公民社会话语;卡尔·波兰尼的政府与市场,乔尔·S. 米格代尔的国家与社会理论分析框架,本书尝试性地用政府代替国家,用社会代替公民社会,遵循政府、市场与社会三分原则,客观重视市场应有的地位和作用,建构出了符合本书研究旨趣,并能一脉贯穿的理论分析框架:政府、市场与社会分析框架。政府、市场与社会分析框架,重在三者之间的关系,突出政府、市场与社会参与主体在农村公共服务体系变迁与变革中的角色定位,权责厘清以及相互之间良性的关系与作用。

两条研究脉络,暗线——潜在的理论脉络——政府、市场与社会,明线——凸显的实践脉络——农村治理变革与农村公共服务体系之间的互动关系,是本书的创新旨趣所在。在农村治理变革与农村公共服务体系变迁的历史发展过程中,政府、市场与社会关系的发展与变迁,农村治理变革与农村公共服务体系关系的演变,是两条研究脉络得以呈现的具体体现。二者皆有其内在的发生机理和发展、演变的必然规律。从统治到管理再到治理,政府、市场与社会的角色和作用在不断发生变化,政府、市场与社会三者之间的关系也在不断演变中。从合作化时期及以前到后税费时代,农村治理主题与目标的变革,决定着农村公共服务体系的变迁。而农村公共服务体系的变迁也在不断反作用于农村治理,影响着农村治理的变革过程。最终,包含农村公共服务体系在内的农村社会化服务体系,将有可能成为农村治理现代化变革的必然向度,将为农村治理现代化变革提供有效的支撑。

把握住了政府、市场与社会关系的发展与变迁机理,把握住了农村治理逐渐迈向农村服务体系的发展、演变规律,也就探明了农村公共服务体系的治理运行逻辑奥秘。

第 三 章

改革开放前的湖北省
农村公共服务体系

五千年悠悠的中国历史有太多离奇与蜿蜒传说，也有太多的"破茧与重生"的故事，是人类研究所穷之不尽的学术宝藏。在中国这片古老而又充满生机的土地上，已经发生的、正在发生的和将要发生的任何一个足以改写人类发展进程的事件，都有其历史发生的偶然，但也定有其历史演进的必然。历史照亮现实。历史总在警示人们，也总在启迪人们。历史不容预演，也无法假设，但历史的先见之明与惨痛教训却足以警示于人、启迪于人，从而赋予后人以进取的动力与智慧，辅以后人避免重蹈历史覆辙。古往今来，人文社会之大家无不是晓古通今的历史大师。对历史的精通，善于用历史的眼光与视角，驾轻就熟地运用历史的回溯与比较研究方法来研究现实的问题，是一个人文社会学科领域的大家所必备的技能，也是做好一门人文社会学科研究的牢固基石。

农村公共服务体系是新中国成立之后的新事物，其发生与发展、演变与变革的故事大多发生在改革开放之后，因而很多相关问题的研究多起于 20 世纪 70 年代末或 80 年代初，而对于改革开放以前的研究并不多见。这不仅仅是相关问题研究的缺憾，更是相关问题研究所不可回避的短板。农村公共服务体系有其历史发生的偶然，但也定然有其历史演进的必然。改革开放之后的农村公共服务体系孕育于改革开放之前数千年的历史长河之中，现如今农村公共服务体系发展所遭遇到的困境都能够在历史中找到其根源，而现如今农村公共服务体系得以重构和发展的策略与路径也往往能够在历史中找到启发。因而，对农村公共服务体系的研究还必然得从对传统社会的历史溯源开始，运用历史的眼光与视角，借助于历史的回溯与比较研究方法，去找寻其发生与发展的历史规律，去寻绎其演变与变革的历史脉络。进而去指导实践，规避易重踏的历史"回头路"与"冤枉路"，辅助实践在历史的警示与启迪之中向前迈进。

诚然，历史研究谈何容易。碍于历史资料的缺乏，历史数据的稀缺，任何有关改革开放以前历史问题的学术研究皆困难重重、挑战跌宕。农村公共服务体系的研究自然也不例外，对改革开放以前的农村公共服务体系的研究需要鲜活的历史事例来证明，也需要翔实的数据来支撑，这无疑让包括笔者在内的许多学者感觉到有"巧妇难为无米之炊"的窘迫。然而，在苦苦的寻觅之中，仿佛感受到了一种值得欣慰与释然的情怀，这恰恰是许多青年学者所容易忽视的。那即是，每一个学术研究者在数千年悠悠的历史面前都是渺小的、单薄的和微不足道的，即使是天赋超群，且穷尽一生也不过如此。然而，不用悲切、无须介怀，在百花齐放、百家争鸣的今天，学术研究并不孤独，我们也并非"一个人在战斗"。事实上，这恰恰是我们应当欣慰与释然的原因，这也是学术研究之幸。学术研究不可闭门造车，也不可故步自封，而应当通力合作、并肩前行。对包括农村公共服务体系在内的历史问题研究，只要我们能够竭尽所能地去付诸实践，去贡献出我们自己所能够达到的贡献，已经足矣。那些我们竭尽所能也仍然不能够穷尽的方面，还有那些与我们"并肩而战"的学者们在为之努力；那些我们碍于能力和条件所不能够涉猎的问题，还有后来者在接力进行。

笔者对改革开放以前湖北省农村公共服务体系历史的研究，重在探讨其发生与发展、演变与变革的历史逻辑与脉络，进而从中找寻到有利于解释和破解当今现实问题的启发、思路与经验教训，而并不一味追求历史事例与数据的翔实性。本章将在有限的历史文献资料与数据资料的支撑下，采取历时性与共时性兼具的历史视角，运用历史比较的研究方法，致力于在历时的回溯检视中，探讨传统社会以降到改革开放前夕这段历史时期内，农村公共服务体系是如何从传统社会的自发自为到新中国成立之后的破茧与重生，又是如何从合作化时期的空窗过渡期旋即进入到"人民公社"这一长达 20 年之久的特殊时期，以及这其中农村治理变革发挥着怎样的作用,政府、市场与社会主体在农村治理变革与农村公共服务体系变迁中又经历了怎样的角色、作用与关系演变。值得一提的是,本章所重点探讨的既是改革开放前湖北省的农村公共服务体系变迁,更是改革开放前中国的农村公共服务体系变迁,笔者将关注的重点更多地放在了中国的农村公共服务体系在改革开放前发生变迁的普遍性上,更多的是将改革开放前的湖北省农村公共服务体系变迁视之为改革开放前中国的农村公共服务体系变迁的一个缩影在探讨。

第一节　传统社会时期的湖北省农村公共服务体系

1949 年新中国成立之前,从遥远的秦汉时代到近代的民国时期,传统社会中的农村治理与农村服务伦理早已有之,虽横跨多个世纪,历经无数朝代之沧桑,延续数千年而无大的变故。数千年来农村治理的形——组织形态、层级结构等,随着朝代的更替而千变万化,然而农村治理的神——本质、目标等,数千年一以贯之。农村服务伦理更是存续数千年而一以贯之,几无差异。这既是传统社会时期农村治理与农村服务伦理的真实写照,也是回望历史所带来的奇特之感。历史总是在不断变化与发展,但历史却又总是惊人地相似。

一　传统中国政治话语中的农村社会治理与服务

起源于遥远的秦汉时代,历经无数朝代而一直延续到近代的民国时期,传统社会早已有农村社会治理之说,这要比西方这一词语的出现早了数千年之久。然而,传统社会以降的农村社会治理所指代的治理一词,与当今学界乃至世界各国所极力宣扬的治理一词,有着大相径庭的不同内涵与指代。现如今这一概念时常被国内的学者们所滥用,即是忽略了这一点。治理背后其实有两套话语体系在支撑,一套是传统社会以降的中国本土话语体系;另一套是由中国学者从欧美等国借鉴传播而来的西方话语体系。两套话语体系的支撑与同时空作用,使得治理的指代广泛,意蕴广泛,既是一个词,也可以是一个概念;既是一个理论,也可以是一种理念;既属于社会学范畴,也属于政治学范畴，还可以被囊括进管理学以及其他学科范畴。无论治理是以一个词的形态还是以一个概念的形态，也或者是以一个理论的形态而存在，都具有一定的复杂性。对传统社会时期农村治理的认知与理解，必须建立在对中国本土话语体系和西方话语体系的正确区分上，必须首先准确界定中国本土话语体系中的治理概念，厘清中国本土话语体系中的治理内涵。

在中国本土话语体系中，更准确地说是基于传统中国政治话语，中国传统社会的农村治理形态最早可追溯到遥远的黄帝时代，这一时期已经有史料明确记载的村治组织结构。据有关历史资料证明，黄帝时代至隋朝以前，村治模式的特点为乡官制度，朝廷在县以下设立乡官，行使皇权，履行村治之责。据《文献通考》记载，黄帝推井田制。"八家为井，开四道分八宅；井一为邻，朋为邻三，里为朋三，里五成邑，邑十设都……"① 周朝时期，井田制发展为乡遂制，王城之外郊甸之地即为乡遂之域，王邑有六乡：乡、州、党、族、闾、比；有六遂：遂、鄙、酂、里、邻、家。② 春秋战国县以下设乡、连（率）、里（邑）、轨，主行乡里制。③ 秦汉时期，乡里制被乡亭制（三长制）所替代，并实行什伍连坐制。④ 魏晋南北朝时期则袭汉制，主行乡亭里制（三长制、两长制），乡下设有党（族）、里（闾）、邻。⑤

隋唐以降，村治模式由乡官制度向职役制度变革，隋唐初期村治模式仍以乡官制度为主，到中唐以后，村治模式开始由乡官制逐渐向职役制度变革，到宋代基本完成变革。具有职役制度特点的乡里制有别于春秋战国时期的乡里制与秦汉时期的乡亭里制，乡里士绅不再视为朝廷的一级官员，而是带有职役性质的委派役使，隋唐主行乡里制，县下总体上以乡、里、村三级组织结构为主。⑥ 五代十国时期，沿袭隋唐之制，行

---

① 马端临：《文献通考》第 12 卷，浙江古籍出版社 1988 年版。
② 柳诒徵：《中国文化史》，中国大百科全书出版社 1988 年版，第 11 页。
③ 司马迁：《史记·商君列传》，中华书局 2007 年版，第 207 页。
④ 吴理财：《改革与重建——中国乡镇制度研究》，高等教育出版社 2010 年版，第 10 页。
⑤ 同上。
⑥ 赵秀玲：《中国乡里制度》，社会科学文献出版社 1998 年版，第 20—30 页。

乡里制,县下设乡、团(里)、村。① 进入宋代,乡里制沿袭至北宋中后期,直至王安石变法,被保甲制所替代。元代基本沿袭保甲制,不同在于改乡为都,改里为图,保甲制改成了都图制。② 到了明代,参照宋元之制,以都图制为主,但存在南北都图制与里甲制并存,直至明代后期,保甲制逐渐盛行,并最终取代都图制与里甲制。③ 清朝则主要沿袭宋明之制,行保甲制,但清朝前期与晚清所行保甲制,名相同,质有异,这一时期的村治模式呈现由职役制度向委派——"赢利型经纪体制"过渡的特点。

民国时期,随着清王朝的灭亡,近代中国发生巨大变革,尽管这一时期政局动荡,战乱纷纷,历经军阀混治、南京国民政府统治,但村治组织结构仍然主行保甲制。有别于清末之前的保甲制,民国时期县以下设区(乡镇)公所,为一级科层组织,区(乡镇)以下实行保甲制,由县长或乡镇长委派、任命农村士绅担任保长,承担农村之治。这一时期的保甲制具有明显的"赢利型经纪"特点,杜赞奇认为正是这种特点最终导致中国村治的"内卷化"④(如表3—1所示)。

表3—1　　　　　传统社会乡村之治模式、特点与村治组织结构

朝代	主要模式	主要特点	村治组织结构
黄帝	井田制		都、邑、里、朋、邻
周代	乡遂制		党(鄙)、族(鄹)、里、邻
春秋战国	乡里制		乡、连(率)、里(邑)、轨
秦汉	乡亭制(三长制)	乡官制度	乡、亭、里、什、伍
魏	乡亭里制		党、里(闾)、邻
晋	乡亭里制		党、里、邻
北齐	三长制(两长制)		党(族)、里(闾)、邻
北周	三长制(两长制)		党、族、里、邻

---

① 唐鸣等:《中国古代农村治理的基本模式及其历史变迁》,《江汉论坛》2011年第3期。

② 赵秀玲:《村民自治通论》,中国社会科学出版社2004年版,第4—10页。

③ 唐鸣等:《中国古代农村治理的基本模式及其历史变迁》,《江汉论坛》2011年第3期。

④ [美]杜赞奇:《文化、权力与国家——1900—1942年的华北农村》,王福明译,江苏人民出版社1994年版,第66—68页。

续表

朝代	主要模式	主要特点	村治组织结构
隋	乡里制	乡官制度逐步 向职役制度过渡	族、闾（里）、保
唐	乡里制		乡、里（坊、村）、保、邻
五代十国	乡里制		乡、团（里）、村
宋	保甲制		乡（都保）、里（保）、甲
元	都图制	职役制度逐步 向委派制过渡	都（乡）、图（里）、保
明	保甲制 （里甲制、都图制）		乡、都、图（里、保）、甲
清	保甲制（里甲制、 乡镇制）		乡（镇）、都、里（图、保）、甲
民国	保甲制	委派制度、 经纪人体制	区（乡、镇）、村、里（闾）、邻

注：表中所列朝代为史料明确记载的主要朝代；由于历朝历代村治组织结构存在变动，且相同名称所辖范围大小存在差异，因而难以依照朝代更替进行详细列举，也难以严格按照层级进行划分，表格只能基于历朝历代村治组织结构所辖范围的大小，按照相近或相似原则进行归类处理。

资料来源：赵秀玲：《中国乡里制度》，社会科学文献出版社 1998 年版。项继权：《中国农村治理的层级及其变迁》，《开放时代》2008 年第 3 期。

就传统社会以降的农村治理之形而言，农村治理的组织形态、层级结构，从黄帝时代至民国时期，总在不断发展变革中，组织形态与层级结构的变化可谓纷繁复杂。然而透过组织形态与层级结构之形，而探寻农村治理之神，即本质与目标，不难发现，传统社会时期的农村社会治理虽经历朝历代，横跨数千年，但并未发生实质性的变革。农村社会治理的本质性功能与目标始终不变。从传统社会农村治理的功能与目标而言，无论是哪朝哪代，皆无外乎控制与汲取，这也即是中国本土话语体系中对治理的核心定义。所谓控制，即是维护农村的基本稳定，从而确保皇权统治的稳定，吴理财等学者将这种控制功能称为"整合"①。有学者认为，传统社会农村治理存在依托士绅阶层而实现的农民自治空间，

---

① 吴理财：《改革与重建——中国乡镇制度研究》，高等教育出版社 2010 年版，第 10 页。

而且在朝代更替与农村之治模式、村治组织结构变革中，这种自治的范围与权限存在变化，并且有由强到被弱化的趋势。[①] 但正如 K. C. 肖和项继权所言，皇权对农村社会组织与管理有深度的干预和较强的控制能力。自治之所以能被容忍，或者是为了便于控制，或者是不必进行干预。[②] 在费孝通看来，传统社会里，天下得之于征服，政权是以力致的，是征服者和被征服者的关系，[③] 农村治理的本质性功能只在于控制与汲取，一定限度的农村自治只是为保障控制和汲取功能的从属性策略，农村自治必须从属于或者说屈从于皇权对乡村的控制，一旦超出了控制的范围，这种自治将会被视为反动，而遭到强制干预。

所谓汲取，即是基于皇权与国家统治的需求，而面向农村和广大的农民抽取资源，最直接的表现形式即是皇粮国税的征缴与兵役、劳役的摊派。传统社会以农立国，皇权统治维护的经济基础在于农业，皇权统治的生存与发展依赖于皇粮国税。《汉书》"赋共车马兵甲士徒之役，充实府库赐予之用，税给郊社宗庙百神之祀，天子奉养百官禄食庶事之费"；《明史》"《记》曰'取材于地……富国之本，在于农桑'"皆阐明了这一伦理。正如马克思所言，"赋税是官僚、军队、教士和宫廷的生活源泉，它是行政权力机构的生活源泉。强有力的政府和繁重赋税是同一个概念"。[④] 传统社会无论是"重农抑商"，还是"编户齐民"，本质并不在于维护农民的权益，而在于控制和汲取的保障与便利。

在控制与汲取过程中，村治组织结构的宗法性和对乡绅与宗族的依托集中反映了中国传统社会农村之治的同质性特征。寻找并维护皇权统治与农村社会之间的"平衡"是皇权统治的不二法则，一是皇权统治与乡村社会自治的平衡；二是皇权统治成本与乡村社会稳定支出的平衡。而基于皇权统治阶级的角度，这两种平衡实为两种考量：一是降低控制

---

① 马克斯·韦伯、费正清等学者主张这种观点。Max Weber, *The Religion of China: Confucianism and Taoism*, Glence Illinois: The Free Press, 1951, pp. 86–87. [美] 费正清:《费正清论中国》，正中书局 1995 年版。

② [美] 吉尔伯特·罗兹曼:《中国的现代化》，比较现代化课题组译，上海人民出版社1989 年版，第 78 页。项继权:《中国农村治理的层级及其变迁》，《开放时代》2008 年第 3 期。

③ 费孝通:《费孝通文集》第 5 卷，群言出版社 1999 年版。

④ 《马克思恩格斯选集》第 1—4 卷，人民出版社 1972 年版。

与汲取功能实现的成本；二是转移农村公共事务负担，减轻国库支出压力。皇权统治阶级迫切需要乡村社会的稳定，从而保证江山得以永固。然而，一方面传统农村社会根深蒂固的宗法习俗使得皇权对农村社会的直接性干预往往事倍功半、困难重重；另一方面传统社会国力支撑下的经济与科技水平也不足以保障这种直接性干预下的行政体制与官僚体系，因而传统社会历朝历代的皇权都未形成对乡村社会的直接性干预。"皇权不下县，县下以自治"，既是一种选择的体现，更是一种无奈的表达。这种无奈是皇权统治阶级希望将其统治权威直抵乡野，却又无奈力所不能至的表达。如何在欲望与能力之间、理论与现实之间找到平衡是考量历朝历代繁盛与稳定的标尺。对乡绅与宗法的依托似乎成了历朝历代圣明之君的明智之选。借助于乡绅与宗族组织，赋予其维护农村社会稳定的权力，许以功名利禄，笼络其维护乡村社会的身心，成为皇权统治阶级降低控制与汲取乡村社会的成本，实现其皇权浩泽乡野愿景的最佳手段。之所以依靠于乡绅与宗法而找到并实现了这种平衡，是因为这种平衡恰恰又迎合了传统社会以降，延续数千年的农村社会本质特性。传统社会，是一个自然经济下，以人的个性不成熟即人的依附性为特征的宗法共同体，[①] 村落乃蜂窝状结构的相对封闭场域，[②] 农民以家庭和宗族为中心，向外扩展而形成"差序格局"，人们的人生观以族规伦纲为核心，对社会伦理规范的遵从也必须建立在对族规伦纲遵从的前提下。统治权力若想进入村落场域，延伸至宗法共同体，进而有效控制农村、汲取资源，除暴力征服之外，必须借助于乡绅与宗族。

　　皇权统治能否稳定的另一个关键在于是否能够体恤农民疾苦，保农民之安居乐业，从而维持农村社会的基本稳定。而为农村社会提供诸如防洪堤坝、灌溉与航运河渠等农业生产、生活所必需的便利，从而保障农民免遭自然灾害与环境风险的侵害，能够有效开展农业生产是最主要的体现。这就关系到另外一个考量与另外一种平衡，既要能够满足农民的基本需求，防治因民不聊生而导致的"揭竿而起"，又必须尽可能地减

---

　　① 秦晖、金雁：《田园诗与狂想曲——关中模式与前近代社会的再认识》，语言出版社2010 年版，第 184 页。

　　② ［德］恩格斯：《论封建制度的瓦解和民族国家的产生》，人民出版社 1965 年版，第 453 页。

少国库支出的压力。繁盛的朝代与圣明之君在这一方面的努力与贡献总是要优于其他朝代与君主,而大多数国库并不殷实,造福于民之贤达思想并不突出的朝代与君主却将其视之为国家最为沉重的负担。对于皇权统治阶级而言,贫困的农民并不足为惧,只要实行有效的控制,使其不具备"揭竿而起"的能力与条件即可,而富裕的地主、乡绅与宗族德高望重之人才是农村社会的最不稳定因素,因为其富有的条件与一呼百应的能力往往是对皇权能否浩泽乡野最大的威胁。[①] 因而,借助于乡绅与宗法,赋予其皇权权威,许其功名利禄,让其主导农村社会的公共事务,既是对这些不稳定因素的安抚与笼络,从某种程度上而言,也是一种适当的削弱与控制,并且极大地减轻了皇权统治阶级在农村公共事务上的支出,而这恰恰又实现了皇权统治阶级所迫切需要的另一种平衡。清末与民国时期,农业税收仍然是国家最主要的财政来源,但这一时期,农业支出占政府总支出的比例相比不高。1913—1924 年的 12 年里,湖北省农业总支出约计 57. 45 万元,占政府总支出的比例仅为 48%。[②]

二 公共服务之限与农村的自我供给

马克思与恩格斯认为,公共服务与早期国家权力的形成有着密切的关系,早期的亚洲国家以农为主,人工灌溉与排水是最重要的公共工程;对于文化程度较低,幅员广阔的国度而言,公共工程必须依赖于中央政府的集权与干预。[③] 因而公共水利事业作为国家的基本职能之一是东方社会的一个显著特征。恩格斯以波斯和印度为例指出,提高诸如农业灌溉这样的公共服务是这些国家获取统治权力合法性的基础所在。[④] 马克思、恩格斯的观点无疑适用于中国,传统社会时期,中国历朝历代对大型水利工程、道路桥梁修建以及大型灾害的救济抚恤等公共事务——今天我

---

① 乡绅与宗族长老往往拥有一定的经济实力或较高的文化,且在农村的社会地位较高,宗族也皆有族产,在皇权统治阶级看来,他们是决定着农村稳定,控制与汲取功能实现的决定性力量,必须使其成为皇权的拥护者,否则他们有可能会成为农村反动运动的决定性力量。

② 姚顺东:《政府行为与农业发展 (1927—1937)》,社会科学文献出版社 2013 年版,第 110 页。

③ 《马克思恩格斯选集》第 2 卷,人民出版社 1972 年版,第 60—70 页。

④ 《马克思恩格斯选集》第 3 卷,人民出版社 1972 年版,第 200—220 页。

们将之视为公共服务——较为重视。都江堰、郑国渠、秦渠、五尺道、灵渠、江南运河、关中大型水利灌溉网络、六辅渠、白渠、龙首渠、夷道、大运河等就是很好的例证。① 灾荒之年，开官仓济百姓，举国力赈灾情在历朝历代的文献中也多有记载。然而，纵观中国历史，传统社会时期，历朝历代的公共服务极其有限，服务能力极其弱小，公共服务的限度主要停留在具有全国性质的大型公共服务事务，即上文所说的大型水利工程、全国性灾害防治与救济上，且极其有限，也极少延伸至农村社会。

湖北自古以来就是自然灾害频发的地区，尤其是干旱、洪涝与蝗灾。如表3—2所示，据有关研究记载，东汉时期在湖北境内发生的较大影响的洪涝平均八年到九年一次，旱灾平均十一年到十二年一次；唐朝时期在湖北境内发生的较大影响的洪涝平均七年到八年一次，旱灾平均十一年到十二年一次；到明朝时期在湖北境内发生的较大影响的洪涝平均一年到两年一次，旱灾平均一年到两年一次，而到晚清、民国时期在湖北境内发生的较大影响的洪涝已经是平均一年一次有余，旱灾也已经是平均一年到两年一次。②

表3—2　　　　传统社会时期湖北省的水患与旱灾暴发频率　　　　单位：年

时间	东汉	唐朝	南宋	明朝
洪涝频率	8—9	7—8	4—5	1—2
时间	魏晋南北朝	北宋	元朝	清朝与民国
洪涝频率	8—9	5—6	1—2	0.5—1
时间	东汉	唐朝	南宋	明朝
旱灾频率	11—12	11—12	3—4	1—2
时间	魏晋南北朝	北宋	元朝	清朝与民国
旱灾频率	19—20	7—8	2—3	1—2

资料来源：根据刘成武等人的研究成果归纳总结，本书对数据进行了四舍五入处理。③

---

① 陈定洋：《中国农村公共品供给制度研究》，博士学位论文，西北农林科技大学，2009年，第30—33页。佚名：《古代水利工程》，2015年8月（http://baike.baidu.com/link）。

② 刘成武：《湖北省历史时期洪、旱灾害统计特征分析》，《自然灾害学报》2004年第3期。

③ 同上。

具体而言,鄂中地区地处长江沿线、汉江沿线,多有洪涝灾害,而鄂东、鄂北、鄂西北地处武陵山、大别山、幕阜山、秦巴山脉,多有旱灾。中国社会科学院经济研究所藏《清代长江流域六省历年灾荒表》中的资料统计显示,1911 年前 65 年中,湖北发生的较大水旱灾害就有 45 次。① 而据 1957 年《湖北省自然灾害历史资料》统计,1912—1927 年,湖北几乎每年都有水灾,蝗灾灾害和地震灾害也是频繁发生。1927—1937 年,有记载的湖北水灾共计 20 次,其中特大水灾 4 次、大水灾 3 次、一般水灾 13 次。② 在唐宋直至民国的其他时期,传统社会有历史记载的湖北大规模旱灾超过 510 次,其中有 129 次伴随着蝗虫灾害。③

表 3—3　　　各个世纪有地方志记载的华中地区水利项目建设情况　　单位:个

地区 时间	10 世纪前	10—12 世纪	13 世纪	14 世纪	15 世纪	合计
华中地区	50	62	21	52	91	
时间 地区	16 世纪	17 世纪	18 世纪	19 世纪		669
华中地区	61	85	116	131		

资料来源:根据德·希·珀金斯的研究成果整理。〔美〕德·希·珀金斯:《中国农业的发展(1368—1968)》,宋海文等译,上海译文出版社 1984 年版。

频繁的自然灾害使得湖北这一历史悠久的农业大省自古以来就对水利建设渴求不已。然而在皇权统治阶级的考量与平衡作用下,在控制与汲取为核心的传统农村社会治理体制之中,历朝历代对湖北辖区内的水利建设极为有限,远远不能满足农业生产与农民生活的需求。如表 3—3 所示,10 世纪以前,有地方志记载的华中地区水利项目建设仅 50 个,

① 资料来源:《湖北省自然灾害历史资料(1957)》。
② 湖北省地方志编纂委员会:《湖北省志(民政)》,湖北人民出版社 1994 年版,第103 页。
③ 刘成武:《湖北省历史时期洪、旱灾害统计特征分析》,《自然灾害学报》2004 年第3 期。

除 18 世纪和 19 世纪各在百年内建设了 100 有余的水利项目外，从 10 世纪到 17 世纪的 8 个世纪里，每个世纪的水利项目建设均不足 100 个，而且这其中的项目不单单坐落在湖北境内，而且包含了湖北周边的多个省份。

据美国学者德·希·珀金斯研究，如表 3—4 所示，在 1400 年，华中地区有水利工程记录的水利建设不足 19%；1700 年，华中地区有水利工程记录的水利建设不足 56%；1900 年，这一数据进一步下降到不足 25%。

表 3—4　　　　　　传统社会各个时期华中地区水利建设百分比　　　　单位：%

地区	有水利工程记录百分比		
	1400 年	1700 年	1900 年
华中	19	56	25

资料来源：根据德·希·珀金斯的研究成果整理。［美］德·希·珀金斯：《中国农业的发展（1368—1968）》，宋海文等译，上海译文出版社 1984 年版。

有限的水利建设不仅难以抵御频发的自然灾害，也难以有效支撑农业的生产与发展。水利建设最直接的作用除了抵御洪涝灾害与抵抗旱灾之外，即满足于农业灌溉。有限的水利建设严重制约了湖北省的农田灌溉。如表 3—5 所示，据统计，1082 年，湖北的耕地面积约计为 2.427 万亩，1472 年为 13.55 万亩，1766 年约计 56.04 万亩。[①] 而湖北省 1904—1909 年的灌溉面积占总耕地面积比只有 64%，1914—1919 年的灌溉面积占总耕地面积比只有 65%，1924—1929 年的灌溉面积占总耕地面积比只有 64%，1930—1935 年的灌溉面积占总耕地面积比只有 63%，1914—1935 年总体上的灌溉面积占比不仅没有上升反而呈现下降趋势。湖北与同时期的江西、广东相比，均存在不小差异。

---

① 按照明代 1 亩约等于 0.91 市亩换算。　［美］德·希·珀金斯：《中国农业的发展（1368—1968）》，宋海文等译，上海译文出版社 1984 年版，第 307—310 页。

表3—5 　　　　　　　湖北、江西、广东近代各年代的灌溉面积
占耕地面积的百分比　　　　　　　单位:%

年代　　　省份	1904—1909 年	1914—1919 年	1924—1929 年	1930—1935 年
湖北	64	65	64	63
江西	75	75	75	75
广东	72	70	69	68

资料来源：根据卜凯、德·希·珀金斯的研究成果整理。［美］德·希·珀金斯：《中国农业的发展（1368—1968）》，宋海文等译，上海译文出版社 1984 年版。

　　传统社会，历朝历代都试图建立起不同程度的公共医疗、教育体系，但有着明显的皇臣与平民之别，政府主办的公共医疗、教育基本只供皇权、贵族及其附属所用，平民百姓基本无权享受。以医疗体系为例，唐代设太医署、尚药局，但只供皇帝嫔妃、诸王、官吏、宦官宫女等权贵享有；宋代设太医局，也仅供京师官吏、三学（太学、律学、武学）、驻京官兵等权贵享有。[1] 以教育为例，夏商周受教育阶层主要是统治阶级；汉朝宫邸学只针对宫人；西晋国子学只接纳官品第五以上的子弟；隋唐国子学只收贵族高官子弟；宋朝官学即国子学、太学、辟雍、小学，均设置入学身份门槛；元朝将国人分为蒙人、色目人、汉人和南人四等，四等人在科举考试中存在明显歧视；明清时期的国子监、宗学都对入学资格进行了严格限制。[2] 而诸如现代意义上的农业信贷等服务则完全没有这般概念，基本无从谈起。1927 年前，湖北省内没有专门的农业银行，因钱庄、银行大都集中于都市、城镇，农村中资金融通极为困难，贫困农民有时即使出高利也无法借到现款，幸运之人也只能借助于宗法共同体内部的左钱、请会等方式来缓解燃眉之急[3]。

　　皇权统治阶级无心顾及乡村田野，城乡公共事务有着巨大的差距，

---

　　① 乡村医疗真正出现，已是明朝之后的事了，例如清朝的草泽铃医，民国的赤脚医生，但作用也极其有限。徐三春：《清以来的乡村医疗制度》，博士学位论文，南开大学，2012 年，第 1—10 页。

　　② 高任连、朱胜基：《中国古代教育的特征》，《当代教育理论与实践》2014 年第 8 期。

　　③ 陈钧：《湖北农业开发史》，中国文史出版社 1992 年版，第 229 页。姚顺东：《政府行为与农业发展（1927—1937）》，社会科学文献出版社 2013 年版，第 240 页。

基本无所谓农村公共服务供给。[①] 因而孙中山坦言，政府只要人民交纳皇粮国税，便不去理会他们别的事，任凭人民自生自灭。[②] 正如前文所说，传统社会农村之治重在控制与汲取，依托于乡绅与宗法共同体来维持农村社会的稳定，向乡绅与宗族转移农村公共事务负担，减轻公共事务支出压力是皇权统治的必然选择。农村公共服务极为欠缺，"不求政府，但求于己，听天任命"是农民的基本生存法则，农民依靠个体力量所无法获取的服务需求最终也只能寄希望于乡绅和宗法共同体来实现最低层次的满足。乡绅依靠自身的经济能力和社会威信一方面向政府寻求公共事务支出的有限财政资助；另一方面必须承担起筹资以及组织动员农民共同实施公共工程、治安救灾等公共事务，从而极为有限地满足农民的部分服务需求。而农民更多的服务需求则是依托于宗族组织来完成生产生活的自我供给、自我满足。宗族组织通过族系血缘将农民联结成宗法共同体，农民视宗族组织为生产生活的中心与归属。土地作为最关键的生产资料，被赋予了宗族公共事务保障的功能，冠之以"族田"或"公田"之名，一个宗族组织往往按照宗族的基本公共事务类别将部分宗族组织所共有的"族田"或"公田"划定为"学田""庙田"等。宗族组织确定"族田"或"公田"的部分或全部固定收益用于宗族公共事务，包括宗族祭祀、安全防卫、宗族子弟基本教育、生产生活小型基础设施建设、疾病救治、孤寡赡养等。宗族所有的宗祠、族塾等族产则直接用于宗族公共事务场所之需。农民所能够争取到的教育、医疗、卫生以及资金借贷、生产帮扶等服务则只能求助于宗法共同体，寄托于"族田"或"公田"。

三　市场与社会服务供给的自发自为

市场力量的存在是以往对传统社会时期的农村治理与农村服务研究所容易忽视的领域。施坚雅意识到了这一点，他认为，在中国的传统社会时期，尽管朝代更替、动乱纷争，使市场的发展进程屡遭阻隔，但历史中的市场仍在自我萌发、自我生长，市场的力量已然存在。尤其是在

---

① 徐勇：《国家整合与社会主义新农村建设》，《社会主义研究》2006 年第 1 期。
② 孙中山：《三民主义》，岳麓书社 2000 年版，第 89 页。

传统社会后期，市场在中国大地上数量激增并分布广泛，以至于实际上每个农村家庭至少可以进入一个市场。[①] 如表3—6所示，在有据可查的史料中，1227年的南宋，以宁波为中心的半岛上的4个县中有26个农村市场，到清光绪年间，已经增长到170多个。[②] 四川金堂县在康熙初年的1662年有4个农村市场，到1875年增加到13个，1921年又增加到32个。[③] 河北盐山县1868年有农村市场23个，到1916年增加到37个。[④] 17世纪中叶，张献忠大屠杀之后，成都的农村市场结构已初见雏形。[⑤] 1900年至1948年，中国各主要农业生产区域各类农村市场总数达49200个，其中农村市场47000个，城郊以为农服务为主的市场2200个。

表3—6   1900—1948年中国各主要农业生产区域各类农村市场总数 单位：个

名　称	总数
农村	47000
城郊	2200
合计	49200

注：由于可查史料有限，以上数据结果为笔者根据施坚雅的研究数据整理、估算而来。

资料来源：［美］施坚雅：《中国农村的市场和社会结构》，史建云、徐秀丽译，中国社会科学出版社1998年版，第70—90页。

19世纪90年代，广东省各地区的农村市场已发展到一定规模，尽管从该省农村市场的分布来看，存在一定的差异，分布呈不均衡态势，但这并不影响农村市场的总体发展水平。如表3—7所示，该时期，广东省各地区的农村人口密度约计为182人/平方公里，而这一时期，广东省各

---

① 施坚雅所指的传统社会中的市场与今天我们一般意义上所言的市场不同，在他看来，基层集镇，村落经济交汇点，如传统时期四川村落存在的"幺店"这些具有今天市场的基本交换功能的场域即是最初的市场形态，也即是他所指代的传统社会里的市场。［美］施坚雅：《中国农村的市场和社会结构》，史建云、徐秀丽译，中国社会科学出版社1998年版，第1—10页。

② 参见《宝庆四明志》第13、15、17、19卷、《鄞县志》第2卷、《镇海县志》第4卷、《慈溪县志》第3卷、《奉化县志》第3卷。

③ 参见《金堂县志》第1卷。

④ 参见《盐山县志》。

⑤ ［美］施坚雅：《中国农村的市场和社会结构》，史建云、徐秀丽译，中国社会科学出版社1998年版，第70—90页。

地区的村庄与市场平均比值约计为 20.2。也即是说 19 世纪 90 年代，农村的市场已经有了一定的发展，且这种发展与当时的农村社会经济发展水平是相适应的。尽管湖北省的农村市场发展在这一时期的水平相较于广东略有些差距，村庄与市场平均比值总体上不到 19.0，但毋庸置疑的是也有了一定程度的发展。

表 3—7　　　　　19 世纪 90 年代广东省各地区的农村市场发展情况

单位：人/平方公里

地　区	农村人口密度	村庄/市场
海南地区	63	13.6
北部地区	92.3	17.7
西部地区	116	17.5
东部地区	261	31.2
中部地区	200	23.3
中心区域	356	17.9

注：海南因特殊地理位置，单独列出；计算人口密度所用的各地区人口数字以一些较近期的县的人口调查为依据；村庄与市场的比例是每个农村市场所属村庄的数字，是依据各种城市所在县的地方志提供的数据估算而来，所有地区的市场总数中都排除了城市。

资料来源：根据施坚雅的研究数据整理、估算而得。[美] 施坚雅：《中国农村的市场和社会结构》，史建云、徐秀丽译，中国社会科学出版社 1998 年版，第 70—90 页。

对市场发展水平考量的另外一个关键因素即是农村商品率水平。据有关研究数据显示，如表 3—8 所示，1920—1930 年前后，湖北省的农村商品率有了一定程度的发展，但发展仍然十分有限，且极不均衡。在米、小麦、面粉、玉米、小米、高粱、大麦、杂粮等基本农产品中，除了米、面粉、玉米和杂粮的商品率超过十位数，其他诸如小麦、高粱、大麦等均在个位数中。这一时期参与市场购粮的农民占比为 34.8%。商品率最高的是日用品和部分农用肥料与机械，其中轧花机、煤油、酒、洋袜、肥皂、油饼、洋布的商品率最高，皆超过 40%，而肥田粉、戽水机、碾米机等的商品率则较低，皆在个位数。商品率很大程度上受制于工业发展水平的影响，而 1920—1930 年的工业发展水平已经达到一定程度，倘若往前追溯，明清以前的工业发展水平显然无法与之相提并论，因而明清以前的农村商品率自然要低于民国时期的水平，至于是否有部分农产品的商品率需要作为特殊情况来对待，则是另外一个需要进一步考证的问题了。

表 3—8　　　　　　　　　1920—1930 年前后湖北省的市场商品率　　　　　单位:%

农产品	商品率	农用肥料与机械	商品率	日用品	商品率
米	26.6	油饼	46.1	煤油	73.8
小麦	8.2	肥田粉	2.5	肥皂	53.1
面粉	24.8	戽水机	2.1	洋布	42.8
玉米	18.6	碾米机	8.3	纱	8.9
小米	6.2	轧花机	77.1	洋袜	72.2
高粱	2.7	其他	12.5	人造纺织品	13.9
大麦	2.8	—	—	纺织面布农户	35.4
杂粮	10	—	—	酒	62.4
购粮食农户	34.8	—	—	香烟	22.2

资料来源:《湖北省经济概况（1920—1930 年）》、《湖北省农情报告》。参见姚顺东《政府行为与农业发展（1927—1937）》，社会科学文献出版社 2013 年版，第 250 页。

在极为有限的生存与发展之中，传统社会时期的市场主体已然在参与农村服务的供给，尽管这种服务供给作用极为有限，又多表现出较强的自发性、偶发性与被动性。农民在有限而可及的市场中，可以获得部分在村社中所得不到满足的生产、生活资料，甚至于还能获取到具有初级文化属性的服务，如庙会、灯会等；具有经营性质的娱乐性服务，如说书、戏曲等，从而在精神层面得到一定程度的满足。同时，市场还提供了家庭自产不自用物品与需用不自产物品的基本交换，成为有限商品经济体系中，农产品和手工业品向上流动进入市场体系的起点和农民生产、生活所需消费品向下流动的终点。[①]

相较于市场参与，传统社会时期农村服务供给的社会参与要更加活

_____

① ［美］施坚雅:《中国农村的市场和社会结构》，史建云、徐秀丽译，中国社会科学出版社 1998 年版，第 1—10 页。

跃，突出表现在宗教系统尤其是佛教寺院、道教道观，还有"社邑"、行会、商会以及其他民间公益组织。社会参与发挥的作用要远大于市场，但仍然无法与乡绅、宗法共同体相比，且同样具有自发自为性。相较于市场的偶发性与被动性，传统社会时期农村服务供给的社会参与具有较强的主动性。隋唐以后，佛教、道教在中国极为盛行，香火旺盛，而佛教倡导普度众生、济世救人救世理念；道教推崇扶危济困、扶助弱小的慈善理念，因而寺院、道观常兴公益之举，稍有规模的寺院、道观基本都设有悲田院、养病坊、居养院、漏泽园、安济坊、慈幼局等，① 直接为贫苦农民提供救济。宗教系统和其他"社邑"、行会、商会等民间公益组织也经常参与公共服务建设，如桥梁、津渡、道路、堤防等，尽管多带有"官方督办"色彩，② 但仍然发挥了重要作用。据《惠州府志》记载，如表3—9所示，在19世纪广东惠州有记录的桥梁和津渡修建情况中，民修桥梁为66座，占比高达60%；民修津渡为76座，占比高达97.4%。而这里所说的民修大多实为宗教系统或者其他民间公益组织所募建，农民自身或者宗法共同体所主办的较少。③

　　另据德·希·珀金斯的研究显示，如表3—10所示，在传统社会时期的广东省与云南省，由社会主体所主导的水利建设项目曾一度远超官方所主导的水利建设项目数倍，如14世纪的广东、19世纪的云南。且在其他时期，社会主体所主导的水利建设与官方所主导的水利建设在数量上差异并不大，往往不相上下，如16—17世纪的广东，这也充分反映出了社会主体在农村水利建设上所发挥出的重要作用。

---

　　① 秦晖：《传统十论——本土社会的制度文化与其变革》，复旦大学出版社2003年版，第120—150页。

　　② 秦晖认为，中国宗教系统的地位不能与西方的教会相提并论，中国教权历来依附于皇权，宗教势力也颇受皇权的管控，宗教系统兴公益之举，往往是在"官方督办"的前提下进行。不少由宗教系统负责的公共工程大多是在皇权命令下进行，借机削弱宗教系统的势力是其中的目的之一。但笔者认为秦晖所指公共工程大多为较大型的工程。事实上，宗教系统在民间也承担了诸多小型的公共工程，而这些工程大多属于宗教系统的自发行为。秦晖：《传统十论——本土社会的制度文化与其变革》，复旦大学出版社2003年版，第121—169页。

　　③ 之所以说农民或宗法共同体所主办的较少，原因在于，一来农民无实力；二来桥梁、津渡工程多超出单个宗法共同体范畴，宗法共同体之间往往因组织利益或者难以有效协调组织间的关系而无法兴办。

表 3—9   广东《惠州府志》记录的桥梁和津渡的修建情况   单位：座,%

名 称	桥 梁		津 渡	
官绅修建	44	40	2	2.5
民 修①	66	60	76	97.4

资料来源：张仲礼：《中国绅士：关于其在 19 世纪中国社会中的作用的研究》，上海社会科学院出版社 1991 年版。张健：《中国社会历史变迁中的农村治理研究》，博士学位论文，西北农林科技大学，2008 年。

表 3—10   传统社会不同时期有记载的官方和私人水利建设项目对比   单位：个

时期	广东（东南）		云南（西南）	
	官方	私人	官方	私人
不明	7	44	2	24
唐代及以前	0	1	0	0
9—12 世纪	15	8	0	0
13 世纪	9	5	1	0
14 世纪	20	40	4	2
15 世纪	23	12	12	3
16 世纪	13	12	14	5
17 世纪	6	4	20	7
18 世纪	9	4	38	16
19 世纪	30	0	6	16
合计	132	130	97	73

资料来源：根据德·希·珀金斯的研究成果整理。［美］德·希·珀金斯：《中国农业的发展（1368—1968）》，宋海文等译，上海译文出版社 1984 年版。

---

① 其中主体不明桥梁 48 座，津渡 72 座，但按照当时的情况推断，这些主体不明的桥梁、津渡也基本为民修，官修或者绅修一般会有记载。张仲礼：《中国绅士：关于其在 19 世纪中国社会中的作用的研究》，上海社会科学院出版社 1991 年版。参见张健《中国社会历史变迁中的农村治理研究》，博士学位论文，西北农林科技大学，2008 年。

而据《古今图书集成》中所说，根据宋代各地区地方志中记载的桥梁修建情况可知，宋代宗教系统募建的桥梁占有较高的比例，其中宗教兴盛的福建占比高达 54%，而江西、江苏达 27%，浙江、广东等地的占比也达到 15%（如表 3—11 所示）。

表 3—11　《古今图书集成》中涉及宋代各地方志记载的桥梁修建情况　单位：%

省份	宗教系统募建占比
福建	54
江西	27
江苏	27
浙江	15
广东	15

资料来源：张志义：《宋代东南地区佛教寺院与地方慈善公益事业研究》，学位论文库，香港中文大学，1990 年。秦晖：《传统十论——本土社会的制度文化与其变革》，复旦大学出版社 2003 年版，第 120—170 页。陈定洋：《中国农村公共产品供给制度研究》，博士学位论文，西北农林科技大学，2009 年，第 33 页。

此外，宗教系统和"社邑"、行会、商会等民间公益组织还自发自为地主动为农民提供教育、医疗抚恤等服务。如我们所熟知的范仲淹、李若谷、王安石等古代名士都曾寄于寺院、道观中苦读，即使是在宋代书院教育盛行之时，寺院、道观仍占教育一席之地。[1] 而"社邑"、行会、商会以及其他民间公益组织则通过募集为农民提供丧葬、宗教仪式、水利建设与维护以及民间信贷等服务，如唐大中年间的儒风坊西巷社、后周显德六年女人社、清代的善堂善会等。[2]

在以控制和汲取为主，依托乡绅与宗法的农村社会治理逻辑下，传统社会的农村服务伦理即是重落叶归根、安土重迁的农民常年生活在相对封闭的农村里，依靠个体力量所无法获取的服务需求，也只能在皇权统治阶级那里求助到普惠特性浓厚且极为有限的农村服务，如全国性或

---

[1]　秦晖：《传统十论——本土社会的制度文化与其变革》，复旦大学出版社 2003 年版，第 120—170 页。

[2]　同上。

者区域性的大型水利建设、赈灾救济等。更多的需求诸如教育、医疗、卫生、婚丧嫁娶等只能寄希望于乡绅和宗法共同体来实现。与现代社会相比，传统社会时期农民最终所享受到的农村服务层次较低，水平较低，无论是服务的广度还是深度都严重不足，这客观上影响了农村的生产生活水平。

首先是农业发展水平受到极大制约，农业产值低下，且数千年都没有得到较大幅度提升。尽管学界对湖北省的粮食生产水平考证不一，但误差并不大。据德·希·珀金斯的研究证明，960—1279 年湖北水稻亩产平均数为每市亩 255 市斤，1500—1599 年约为每市亩 250 市斤，1700—1799 年约为每市亩 267 市斤，1800—1899 年约为每市亩 599 市斤。[①] 1902年，张之洞曾委托日本农学教习美代清彦对湖北的水稻、棉花、烟草、大豆等主要农作物的生产水平做过调查。如表 3—12 所示，1907 年前湖北农作物平均亩产量，稻米为 1.2 石（合今制 326 斤）；烟草为 150 斤；大豆为 0.8 石（合今制 108 市斤）；芝麻为 0.6 石（合今制 81 市斤）。[②] 1922 年，湖北境内美棉亩产量最多不过 100 斤籽花，少则只有 50 斤左右，较之河北正定每亩 150 斤中棉、100 斤美棉分别少了 1/3、1/2。且质量较为低劣。[③] 1937 年，湖北省的耕地垦殖指数为 17.84，低于全国平均指数 22.34。[④]

表 3—12　1934 年前后湖北重要农作物每亩产量及全国平均产量情况　单位：斤

品　名	湖北产量	全国平均产量
米	161	101
麦	117	79

---

① ［美］德·希·珀金斯：《中国农业的发展（1368—1968）》，宋海文等译，上海译文出版社 1984 年版。

② 湖北省地方志编纂委员会：《湖北省志·农业》（上），湖北人民出版社 1994 年版，第16 页。

③ 杨显东：《改良湖北全省棉产八年计划》，《汉口商业月刊》1934 年第 3 期。

④ 姚顺东：《政府行为与农业发展（1927—1937）》，社会科学文献出版社 2013 年版，第202 页。

续表

品 名	湖北产量	全国平均产量
豆	122	75
棉	94	61

资料来源：根据穆严、姚顺东等人的研究成果换算，由于原始计量单位为石，不同农作物每石换算成斤的重量不同，因而换算会有一定的误差。本书参照民国计量标准：1 石 = 100 斤、1 斤 = 16 两来计算。［美］徐中约：《中国近代史》，朱庆葆、计秋枫等译，世界图书出版公司2008 年版。姚顺东：《政府行为与农业发展（1927—1937）》，社会科学文献出版社 2013 年版，第 202 页。

其次，低下的农业产值直接影响到农民的收入水平，进而影响到农民的日常生活水平。据当时 11 县 113547 户农民的调查数据显示，湖北民国二十年代，年度收支有余者不足全省的 1/3，入不敷出者超过 1/3。另据宜昌的村级调查资料显示，年度收支有余户数不足 1/10，入不敷出者多达 6/10。湖北大冶等地区的负债农户占到全县的 2/3。① 尽管不同朝代的水平不同，但传统社会各个时期的人口寿命往往都较低，而死亡率却一直维持在较高水平。如表3—13 所示，传统社会时期，全国的出生率一般在 35‰—40‰，而死亡率高达 25‰—30‰，② 各个时期人的平均寿命都较低。夏商周时期人的平均寿命只有 18 岁，西周至汉代只有 20—22岁，到清代，人的平均寿命也只有 35 岁。

而直至民国以后到新中国成立初期，死亡率也仍然处在较高水平。据《中国人口论》记载，尽管民国时期中国人口的死亡率计算不精确，但可推算在 30‰—40‰，据当时的内务部统计，民国五年（1916 年），山西的人口死亡率为 40.05‰。③ 民国后期同样如此，如表3—14 所示，民国后期的广东潮州、河北盐山县、定县的人口死亡率分别为 34.0‰、37.1‰、33.7‰，河南、山西、安徽、江苏的人口死亡率也高达 27.9‰。南京国民政府时期，全国粗死亡率在 28.2‰，婴儿死亡率高达 163.8‰；

① 资料来源：民国二十年代中国大陆土地问题资料。
② 袁祖亮：《中国古代人口史专题研究》，中州古籍出版社 1994 年版。
③ 陈长蘅：《中国人口论》，上海书店 1926 年版，第 39—89 页。

1949 年新中国成立之初，中国的人口死亡率仍然高达 20.0‰。[①]

表 3—13 　　　　　　　　中国古代各朝代人的平均寿命 　　　　　　单位：岁

历史时期	平均寿命
夏商周时期	18
西周至汉	20—22
唐	27
宋	30
元	32
明	33
清	35

　　注：笔者所见古代人口寿命为估计数字（仅是部分资料），且学者依据资料不同，估算条件与方法不相同，因而结果差异较大，表格所列数据是笔者根据现有研究成果总结而来，仅供参考。

　　资料来源：倪江林：《中国人口平均期望寿命的过去、现在和未来》，《统计研究》1986 年第 2 期。袁祖亮：《中国古代人口史专题研究》，中州古籍出版社 1994 年版。焦培民：《先秦人口研究》，博士学位论文，郑州大学，2007 年，第 184—200 页。尚新丽：《西汉人口研究》，博士学位论文，郑州大学，2003 年，第 80—90 页。张婷婷：《南朝刘宋时期若干人口问题研究》，博士学位论文，郑州大学，2013 年，第 51—63 页。

表 3—14 　　　　　　　民国后期的中国部分地区人口死亡率 　　　　　　单位:‰

地　区	人口死亡率
广东潮州	34.0
河北盐山县	37.1
河北定县	33.7
河南、山西、安徽、江苏	27.9

　　资料来源：佚名：《中国人口死亡率的变动》，2012 年 5 月（http：//wenku.baidu.com）。

　　文化水平低、文盲率高也是传统社会各个时期农村所普遍存在的不争事实。历朝历代具体有多高现在难以查证，有学者找到相关记载称，

---

　　① 佚名：《新中国成立以来中国人口出生率和死亡率的变化表》，2009 年 12 月（http：//gzdl.cooco.net.cn/testdetail/88679/）。

19 世纪 60 年代，外国传教士曾在湖南一带进行过调查，结果是文盲率为 60% 左右。① 然而另有学者指出，民国时期的报刊记载，传统社会文盲率基本在 90% 以上，至民国二十八年（1939 年）的文盲率仍然高达 95.1%。② 有研究证明，1949 年新中国成立之初，中国的文盲率达 80% 以上。③ 中共湖北省农村工作委员会 1952 年对湖北省黄冈、大冶、荆州、孝感等地区 20 个典型村的调查资料显示，如表 3—15 所示，新中国成立前，20 个村共计 48166 人，受教育人数总计 633 人，中小学教员 27 人，占比为 0.06%；学生 606 人，占比为 1.26%，未受教育人数占比高达 98.67%。在受教育人口中，中学教员 2 人，占比仅为 0.004%，中学学生 35 人，占比仅为 0.073%；初小教员 8 人，占比仅为 0.017%，初小学生 103 人，占比仅为 0.21%；私塾教员 17 人，占比仅为 0.04%，私塾学生 468 人，占比仅为 0.97%。④

表 3—15　　　　　新中国成立前湖北省 20 个农村的文化教育情况　　单位：人、%

成分	中学		初小		私塾		合计	
	教员	学生	教员	学生	教员	学生	教员	学生
地主	2	23	4	19	7	141	13	183
农民	0	12	0	84	3	267	3	363
其他	0	0	4	0	7	60	11	60
合计	2	35	8	103	17	468	27	606
占总人数比	0.004	0.073	0.017	0.21	0.04	0.97	0.06	1.26

资料来源：湖北省档案馆馆藏资料——中共湖北省农村工作委员会 1952 年对湖北省黄冈、大冶、荆州、孝感等地区 20 个典型村的调查。

① 徐建顺：《我所理解的中国古代教育》，2012 年 12 月（http://blog.ci123.com/gaomeng-zhen/entry/1395143）。

② 佚名：《民国时期的文盲率》，2013 年 8 月（http://club.china.com/data/thread/1011/2762/15/89/5_1.html）。

③ 佚名：《历史上的今天：中国开展"扫盲运动"》，2013 年 5 月（http://history.voc.com.cn/article/201305/201305241010306152.html）。

④ 资料来源：湖北省档案馆馆藏资料——中共湖北省农村工作委员会 1952 年对湖北省黄冈、大冶、荆州、孝感等地区 20 个典型村的调查。

第二节　合作化时期的湖北省农村
公共服务体系

　　1949 年，新民主主义革命取得胜利，开辟了中国历史的新纪元，中国随即进入一个崭新的时代。新中国成立不久，中国共产党领导的新中国进入新民主主义国家向社会主义国家过渡的时期。从 1949 年新中国的成立到 1958 年"人民公社"体制的形成，合作化时期经历了约计 8 年时间。而合作化时期的 8 年时间既是中国共产党领导的新中国彻底推翻帝国主义、封建主义和官僚资本主义统治，建立自由与平等新国度的斗争过程，也是中国共产党领导的新中国努力挣破存续数千年的传统社会体制与封建文化之茧的束缚，而寻求重生的变革过程。传统社会以乡绅和宗法为依托的农村之治结构彻底被瓦解，以国家权力下渗，重新整合为特征的现代农村治理结构开始形塑，伴随着农村治理的变革，传统社会以乡绅、宗法共同体为中心的农民自我服务供给体系也被彻底消解，以控制和汲取为目的的国家公共服务体系正在准备进入。然而，合作化时期并没有实现新旧变革的平稳对接与及时同步，一方面，旧有农村社会治理体制的瓦解迅速而彻底，而以国家权力下渗，重新整合为特征的现代农村治理结构却因摸索而迟缓；另一方面，旧有农民自我服务供给体系的瓦解迅速而彻底，而以控制和汲取为目的的国家公共服务体系的建构却同样因摸索而迟缓。因而，无论是合作化时期的农村治理还是农村服务都带有强烈的摸索性质、过渡性质。在摸索与过渡中，农村服务经历了一段时间和一定程度的"空窗期"。直到 1958 年，"人民公社"体制形成，农村治理的第一次变革最终实现，高度一体化的农村公共服务体系最终建构完成，中国进入了一个高度社会政治化或者说国家化的特殊时代。

一　新旧交替之中的农村治理形态演变

　　合作化时期的农村治理变革属于过渡性产物。正如克里斯托弗·胡德所言，改革往往形成于反对令人不满意的社会现状中，而非"从零起点开始设计"①。农村治理变革并非"白纸绘图，从零起"，而是建基在农村社会既有格局基础上，这即是所谓制度变迁的路径依赖。② 因而农村治理变革是一个渐进性、非均衡性与反思性的过程。

新民主主义革命的胜利起于广大的农村，得益于农民的极力拥护，最终实现了"农村包围城市"。以农村工作为重点，重视农村、农业与农民，集中精力改造农村社会结构，改变贫穷落后的农村面貌，是新中国成立初期中国共产党执政的重心，也是新民主主义革命的经验延续，更是新中国成立初期最实际的国情。新中国成立初期，中国以农而立，所有的生产与发展皆围绕农业进行，基本没有所谓的工业。以湖北省为例，如表 3—16 所示，1949 年，湖北省农业人口占总人口比高达 87.39%，而到 1962 年，全省农业人口占总人口比仍然高达 88.73%。

表3—16　　　　　1949 年和 1962 年湖北全省人口、农业人口
及占总人口比重　　　　　　　　　单位：万人、%

年份	全省总人口	农业人口	占总人口比
1949	2580.94	2255.39	87.39
1962	3170.81	2813.36	88.73

资料来源：湖北编辑委员会：《湖北农村经济（1949—1989）》，中国统计出版社 1990 年版。

为此，国家紧锣密鼓地开展了土地改革（1950—1952 年）、镇压反革命（1951 年春）、"三反""五反"（1951—1952 年）、合作化运动（1953年始）等农村运动，其最终目的即在于通过国家权力的下渗，国家行政治理结构的嵌入，③ 彻底瓦解并有效替代束缚中国农村社会长达数千年的农村社会治理体制，粉碎盘踞农村社会数千年的乡绅与宗法共同体网络，进而引导农民脱离传统农村之治的文化结构，进入新政权的叙事结构中，

---

① ［英］克里斯托弗·胡德：《国家的艺术》，彭勃等译，上海人民出版社 2004 年版，第10—20 页。

② 陈潭：《治理的秩序——乡土中国的政治生态与实践逻辑》，人民出版社 2012 年版，第150—160 页。

③ 杜香芹、王先明：《乡绅与乡村权力结构的演变——20 世纪三、四十年代闽中乡村权力的重构》，《中国农史》2004 年第 3 期。

以便更好地控制农村社会稳定,迅速扭转农村社会形势。但旧有的农村社会治理体制的瓦解、乡绅与宗法共同体网络的粉碎与国家权力的下渗、行政治理结构的嵌入往往无法实现同步对接——前者往往要早于后者,旧破与新立的空隙便会出现。有学者将这一过程界定为国家权力与农村之间的分离状态因制度变迁的路径依赖而存在延续。① 从具体时间而言,旧有的农村社会治理体制的瓦解、乡绅与宗法共同体网络的粉碎,在新中国成立后的前三年内便已基本完成,而国家权力的下渗、行政治理结构的嵌入,直到 1958 年"人民公社"制度确立才得以完成。这一时期,农村治理才真正进入乡镇权威治理时代。②

中国共产党领导的新政权对农村社会的领导与治理形态显然迥异于数千年一以贯之的皇权统治阶级,但有些学者认为,在新中国成立后的很长一段时期内,其动机、本质与目标仍然具有一定的相似性是不可否认的。首先是控制农村社会的稳定,只不过需要用更好、更有利、更便于农民接受的方式来实现;其次是从农村社会获取政治与经济建设所需的资源,③ 只不过获得的方式更加合理,获得的程度并非无度而是有所限定。事实上,这也是历史发展的必然选择。长久的战乱,导致乡村社会长期处于失序状态,人心涣散,百姓苦不堪言。夺取革命胜利,取得政权的党和国家迫切需要扫清农村的旧社会残余,控制农村的稳定,赢得农民的拥护,进而重建农村秩序,巩固新生政权。与此同时,已是千疮百孔的新中国亟待重建,经济恢复与发展乃是当务之急,集中和汲取农村资源,满足工业化道路的原始积累几乎是新中国成立之初党和国家的唯一选择。

基于以上的时代背景,中国共产党首先领导了轰轰烈烈的土地改革,打破了数千年存续的农村社会贫富不均和分配不均格局。大批工作队进驻乡村,以农民为主的农会也纷纷组织起来,翻身土改。1950 年,中央

---

① 张静:《历史:地方权威授权来源的变化》,《开放时代》1999 年第 3 期。
② 陈潭:《治理的秩序——乡土中国的政治生态与实践逻辑》,人民出版社 2012 年版,第 150—160 页。
③ [美] 孔飞力:《剑桥中华民国史》第 2 部,上海人民出版社 1992 年版,第 360 页。

专门颁布土地改革法指导这项工作。① 土地改革无疑是迅速而富有成效
的。如表3—17所示，农村所有的土地几乎都得以均衡分配，从土地拥有
量而言，地主几乎被消灭干净，贫富中雇农之间也不再存在所谓的差异。

表3—17　　　　土地改革前后中南和西南地区农村土地拥有情况　　　单位:%

名　称	土改之前		土改之后	
	中南	西南	中南	西南
地主				
人口占比	4.2	7.4	4.3	4.6
拥有土地占比	41.4	38.4	4.4	3.4
指数	9.8	5.2	0.9	0.8
富农				
人口占比	5.0	7.3	4.8	6.9
拥有土地占比	12.1	14.3	7.0	8.1
指数	2.4	1.9	1.5	1.2
中农				
人口占比	26.3	44.3	22.9	30.9
拥有土地占比	24.8	30.8	26.1	31.8
指数	0.9	0.7	1.0	1.0
贫农				
人口占比	55.6	38.5	55.0	50.6
拥有土地占比	14.0	8.6	52.4	48.1
指数	0.3	0.2	0.9	0.9
雇农				
人口占比	0.9	0.6	5.2	5.8
拥有土地占比	0.0	0.1	4.8	5.8
指数	—	—	0.9	0.9

注：指数指的是人均土地持有量与农村总人均土地持有量比值；由于数据取自几项调查的平均数，因此总和不等于百分之百。

资料来源：Edwin E. Moise, *Land Reform in China and North Vietnam*, Chapel Hill：University of North Carolina Press, 1983, pp. 28 - 139. ［美］李侃如：《治理中国——从革命到改革》，胡国成等译，中国社会科学出版社2014年版，第100—105页。

————————

① 戴玉琴：《新中国成立以来农村治理模式变迁的路径、影响和走向》，《毛泽东邓小平理论研究》2009年第4期。

　　湖北省的土地改革于 1950 年冬天正式在全省铺开，到 1952 年冬，全省有 97.4% 的乡和 97% 的农村人口完成了这一历史任务。据统计，共有 10389 个乡，约计 1005.7 万人分得共计 1183 万亩土地，以及粮食、牲畜、农具、房屋等生产、生活资料。① 以咸宁县为例（现咸安区），土改前共有可耕土地面积 452700 亩，其中水田 349700 亩，旱地 103000 亩，总人口 176632 人，人均耕地 2.562 亩。然而占全县人口 3.9% 的地主，占有土地 101490 亩，占全县土地总面积的 22.5%，人均 14.8 亩。有的地主一家占地数千亩，如 T 镇佘姓一家仅四口，却占有土地 4100 亩，而占农民人口 55.5% 的贫雇农，占有土地面积仅占总面积的 28.7%，人均不足 0.7 亩。1950 年，在全县铺开的土地改革迅速改变了这一延续了许多年的不均衡格局，到 1952 年土改工作复查时，全县依法没收、征收土地 159096 亩，没收耕牛 4021 头，房屋 17013 间，农具 14780 件，粮食 3150.4 万公斤，并最终均衡地分给了无地少地贫苦农民。②

　　昔日处于垂死边缘的贫、雇农，一夜之间有了自己的土地，成为农村的主人；昔日威风无比的地主、富农却一夜之间落得鸡飞蛋打，甚至身首异处。③ 贫、雇农与地主、富农前后巨大的变化与反差，使党和国家迅速得到了农民的极大拥护，国家权力的农村权威基础得以筑成。正如戴玉琴所言，绝大部分中国农民在这场运动中被成功地组织到了由新政治所倡导的"叙事框架"中。行政压力、公式化的号召、高度强制逐步结合在一起成为主要推力，代表国家权力的党政力量和党领导下的群众性组织，借助这个推力已开始嵌入到农村基层社会的各个方面。④ 1950 年到 1954 年，农会干部领导的各级农会很快被改建为农村基层政权组织，⑤ 与此同时，县、乡（行政村）由两级制到县、区、乡（行政村）三级制，

　　① 湖北编辑委员会：《湖北省农村经济（1949—1989）》，中国统计出版社 1990 年版，第 1 页。

　　② 参见政协咸安区文史和资料委员会编撰的咸安文史资料。

　　③ 陈吉元等：《中国农村社会经济变迁（1949—1989）》，山西经济出版社 1993 年版。

　　④ 戴玉琴：《新中国成立以来农村治理模式变迁的路径、影响和走向》，《毛泽东邓小平理论研究》2009 年第 4 期。

　　⑤ 侯万锋：《新中国成立以来中国农村治理模式的历史回顾、现实难题与治理机制优化》，《河南师范大学学报》（哲学社会科学版）2009 年第 5 期。

县、乡基层政权结构与农村治理结构基本建立起来。[①]

　　紧随轰轰烈烈的土地改革运动，合作化运动也旋即展开。均衡分配下的土地改革终结了封建土地所有关系，但土地改革并没有消灭小农经济，反而在某种程度上强化了小农经济，正如毛泽东在七届二中全会上所言，在今后一个相当长的时期内，我们的农业和手工业，就其基本形态来说，还将是分散的和个体的。[②] 同时，更为严峻的形势是，土地不均不仅出现蔓延的趋势，均分的土地并不能保证一家一户的农民生计，贫苦农民迫于生计买卖土地的现象与日俱增。据当时的典型调查，湖南、湖北、江西 1953 年出卖土地的农户占总数的 1.29%，出卖土地的亩数占总土地面积的 0.22%，比 1952 年多出了五倍多。[③] 另据当时山西忻县（今忻州市）地委对静乐县的调查，19 个村 5758 户农民中有 880 户卖房卖地，有 638 户农民因卖地而重新成为贫农，占农村总户数的 11.08%。[④] 农村的两极化再次显现，封建土地关系大有复辟之势，给正在巩固的农村治理变革成果带来巨大挑战，威胁到新生的农村社会秩序和新生政权的合法性。中央很快意识到这种不良势头，毛泽东曾在 1955 年中共中央召集的省委、市委、自治区党委书记会议上专门指出这一问题，农村资本主义自发势力一天一天地在发展，许多贫农仍然处于贫困地位，有些欠了债，有些出卖土地，或者出租土地，这种情况如果发展下去，农村两极分化的现象必然一天一天地严重起来……在这种情况下，工人和农民的同盟还能继续巩固下去吗？显然是不能的。[⑤] 与此同时，中国于 1953 年开启发展国民经济的第一个五年计划，正式确立了国家工业化发展战

---

　　①　1950 年政务院颁布《乡（行政村）人民代表会议组织通则》和《乡（行政村）人民政府组织通则》，1951 年又发布《关于人民民主政权建设工作的指示》，乡（行政村）政权组织逐步在农村建立。1951 年还先后对区、乡（行政村）的行政区域做了调整，在县、乡（行政村）之间分设若干个区，实行区乡（行政村）体制。1954 年颁布新中国第一部宪法与《地方各级人民代表大会和各级人民委员会组织法》，基本确立了县、乡基层政权架构。农村基层政权从县、乡（行政村）两级制改为县、区、乡（行政村）三级制。吴理财：《中国农村治理 60 年：国家的视角》，《探索与争鸣》2009 年第 10 期。

　　②　《毛泽东选集》第 4 卷，人民出版社 1991 年版，第 1431 页。

　　③　苏星：《中国农业的社会主义道路》，人民出版社 1976 年版，第 28 页。

　　④　罗平汉：《农业合作化运动史》，福建人民出版社 2004 年版，第 24 页。

　　⑤　《毛泽东选集》第 4 卷，人民出版社 1991 年版，第 187 页。

略,亟须加强从农村汲取支撑资源,然而土地改革,使 4 亿多农民成为土地的主人,农村纳税交粮主体由原来农村人口的 10% 分化细分到 90%,不仅纳税交粮成本大大增长,且难度也大幅提高。正是在这样的背景下,基于马克思主义理论与苏联实践经验,中国正式开启了农村合作化运动。①

倘若说 1951 年党和国家所鼓励的农村互助组具有一定的自愿和自发性质,那么之后开始的初级农业生产合作社到 1956 年的高级农业生产合作社则更多地具有党和国家的权威性动员色彩。1952 年 11 月中央要求在省委以上党委建立农村工作部,明确以组织和领导广大农民的互助合作运动为中心任务,并要求各省制定发展指标,加快合作化的推进。② 在中共中央的要求下,各省分别制定了合作化发展指标,极力加快推进工作,河北、福建、陕西等地当年的预期目标就高达 80% 左右。③ 到 1955 年,毛泽东提出"全面规划,加强领导"的合作社指导方针。④ 不少地区的合作化运动已经出现扭曲,利用非正常手段强迫农民入社的现象不在少数。一时间粮食统购统销——反映国家强化农村控制,从而加强从农村汲取资源的最有力证明,也成为人人谈、户户谈的第一关切话题。⑤ 从当时建社入社的速度与规模来看,权威性动员色彩可见一斑。咸宁县(今咸安区)1951 年出现了第一个农业互助组——鲁细生(女)互助组,在各级政府组织的积极动员与强制性引导下,到 1954 年全县共建成常年互助组

---

① 〔美〕李侃如:《治理中国——从革命到改革》,胡国成等译,中国社会科学出版社 2014 年版,第 100—105 页。

② 中国社会科学院:《中华人民共和国经济档案资料选编》(1949—1952)(农村经济体制卷),社会科学文献出版社 1992 年版。叶阳兵:《中国农业合作化运动研究》,知识产权出版社 2006 年版,第 180—252 页。

③ 参见《中国农业合化作》(江苏卷)、《陕西省农业合作重要文献选编》(上)。中共福建省委党史研究室编:《福建农业合作化》,中共党史出版社 1999 年版,第 300—350 页。叶阳兵:《中国农业合作化运动研究》,知识产权出版社 2006 年版,第 180—252 页。

④ 1955 年 7 月毛泽东在《关于农业合作化问题》中提出"全面规划,加强领导"的八字方针。叶阳兵:《中国农业合作化运动研究》,知识产权出版社 2006 年版,第 400—422 页。

⑤ 例如当时安徽凤阳、陕西渭南等地皆出现干部威胁、引诱、歧视、惩罚单干农民,强迫其入社的现象。而粮食统购统销则是对国家加强从农村汲取资源的最有力证明。参见渭南地区农业合作史料《乡村三十年——凤阳农村社会经济发展实录》(1949—1983 年)。叶阳兵:《中国农业合作化运动研究》,知识产权出版社 2006 年版,第 300—348 页。

2755 个，季节性互助组 2404 个，参加互助组农户 33377 户，占全县农户的 63.12%。到 1955 年，全县建成初级农业生产合作社 1237 个，入社农户 44148 户，占全县总农户的 80.53%。而到当年 10 月，1237 个初级农业生产合作社被分批、分期扩并为 327 个高级社，入社农户达到 54724 户，占全县总农户的 99.2%。① 从当时全国呈几何倍数增长情况来看，权威性动员色彩更加突出（如表 3—18 所示）。

表3—18   合作化时期农业生产合作社发展情况（入社农户百分比）   单位:%

年 度	初级社	高级社
1952 年底	0.1	—
1953 年底	0.2	—
1954 年底	2	—
1955 年底	59	4
1956 年底	8.5	87.8
1957 年底	1.3	96.2

注：根据 Mark Selden、李侃如、安贞元等学者的研究数据整理，并作了适当删减。

资料来源：Mark Selden, *The Plolitical Economy of Chinese Socialism*, Armonk, N. Y. : M. E. Shrpe, 1988, p. 1. ［美］李侃如：《治理中国——从革命到改革》，胡国成等译，中国社会科学出版社 2014 年版，第 100—105 页。安贞元：《人民公社化运动》，中央文献出版社 2003 年版，第 170—180 页。

湖北省的互助组兴起于 1950—1952 年，在与土地改革的交错进行中迅猛发展。1952 年，全省建立各类互助组 24.57 万个，组织农户 16130 万户，约计农民 700 万人，占全省农户总数的 26.49%。到 1954 年，发展态势进一步膨胀，互助组达到 51.62 万个，较 1950 年增加了 47 万多个，参加的农户也增加到 370.78 万户，占全省农户总数的 63.4%。② 初级农业生产合作社兴起也较早，1952 年就已经在湖北省出现。当时是基于试办考虑，办了 2 个。1953 年增加到 7 个，而到 1954 年发展即迅猛起

———————

① 参见政协咸安区文史和资料委员会编撰的咸安文史资料。

② 湖北编辑委员会：《湖北省农村经济（1949—1989）》，中国统计出版社 1990 年版，第 1 页。

来，达到 9831 个，这一年，参加初级社的农户占全省农户总数的
3.96%。1955 年全国掀起农业合作化运动高潮，湖北省的初级农业生产
合作社猛增到 14.60 万个，入社农民的比重增加到 74.12%，基本实现了
初级形式的农业合作化。初级社平均每社有农户 30 多个，实行土地统一
经营、统一使用劳动力、统一合理使用肥料……高级社则兴起于 1955 年。
到 1955 年底，全省共有高级社 167 个。而 1956 年 2 月，全省高级社达到
1.6 万个，参加高级社的农户占全省农户总数的 42%。到 1956 年 4 月，
全省高级社达到 3.05 万个，入社农民比例达到 67.42%，到 1956 年底达
到 3.01 万个，入高级社的农户占全省农户总数的 97.2%。①

　　农村治理变革的过渡，使传统社会之治结构彻底解体。土地改革与
合作化运动瓦解了保甲制，也加速了宗法共同体的分化与瓦解。② 土地
改革与合作化运动彻底消灭了地主、豪绅，瓦解了保甲制的经济与主体
基础。与此同时，国家权力主导下的县、乡基层政权结构与农村治理结
构的嵌入，瓦解了保甲制的组织基础。而在这个过程中，宗法共同体的
经济与主体地位也遭受动摇，"公田""公产"被没收，③ 农民生产生活
的宗族组织化被均衡细分的土地改革所消解，小农经济特性被放大。农
村治理结构的重建，将绝大部分中国农民组织进了由新政治所倡导的
"叙事框架"中，农民不再依附宗法共同体，而是对代表着新生政权，由
国家权力下渗而来的农村治理权威产生强力的依赖。随着合作化的深入，
乡政权威的进一步调整与加强，乡绅与宗法共同体主导下的农村之治话

---

　　① 编辑委员会:《湖北省农村经济（1949—1989）》，中国统计出版社 1990 年版，第 1 页。
　　② 乡绅与宗法共同体的瓦解始于清末，但真正终结是合作化时期。1905 年晚清废除科举
制，乡绅发展路径被阻断，乡绅制度逐渐变异，走向"劣绅型"或者说"赢利经纪型"保甲制。
进入民国时期，为强化农村之治的控制与汲取功能，国家政权加大了深入农村的力度，政权的不
断下沉导致对农村的剥夺加剧，宗法共同体不断分化，并逐步趋于瓦解。而土地革命与合作化运
动，则彻底消灭了乡绅，瓦解了宗法共同体，并用国家权力主导下的行政组织来重新组织农民。
[美] 杜赞奇:《文化、权力与国家——1900—1942 年的华北农村》，王福明译，江苏人民出版社
1994 年版，第 66—68 页。郑起东:《转型期的华北农村社会》，上海书店 2004 年版。
　　③ 土地改革时期，土地重新分配不仅意味着没收地主、富农的多余土地与财产，宗族组织
的公地、公产同样是没收对象，例如 1950 年咸宁县（今咸安区）在城关余佐村的土地改革中，
没收了土地 1019.5 亩，其中地主土地 722.8 亩，公田和富农的土地 296.7 亩。此外，没收的粮
食、衣物、房屋、家具、牲畜、柴山等财产中，宗族组织皆占有一定比例。

语权与权威地位最终被国家权力主导下的农村治理话语与权威所取代。①

然而，对于农村治理变革而言，国家权力的下渗与乡绅、宗法共同体的被取代既是现实造就，也是时代所需。但对于处于这一时期的农村服务供给而言，却是一种无可奈何的尴尬局面。

二 涅槃待生的农村公共服务与过渡性替代

满目疮痍的新中国，百废待兴。中国共产党领导的新政权对农村工作的重视自不多言；对彻底瓦解并有效替代束缚中国农村社会长达数千年的农村社会治理体制，粉碎盘踞农村社会数千年的乡绅与宗法共同体网络的急迫心情也无须多说；对尽快建构起与新的农村社会治理体制相适应的农村公共服务体系的欲求更是显得急不可待。然而，面临从无到有、百废待兴的局面，在没有任何可资借鉴，只能摸索的情况下，国家权力的下渗，国家行政治理结构的嵌入无法及时完成，处在再建构过程中的农村治理变革未能及时开启并完成农村公共服务体系的建构也实属无奈。因而，一方面将重心放在对农民的再组织与教化上；另一方面农村公共服务体系出现空窗过渡期自是情理之中的事。

处于变革与过渡中的农民还无法依靠尚处在建构中的公共服务体系，也失去了传统社会延续而来的以乡绅为中心的公共服务供给和以宗法共同体为中心的自我服务供给保障，农民只能在被动的合作化运动中，寄希望于互助性的合作，来弥补服务供给不足的部分缺失。

值得肯定的是，合作化对恢复农业生产，提高农业生产水平带来了积极影响，特别是在合作化运动后期，即 1955—1958 年的四年间。1949 年湖北省的农田有效灌溉面积仅为 800 万亩，到 1952 年增长到约 1248 万亩，1957 年进一步增长到约 2109.00 万亩。② 1949—1962 年，湖北省的

---

① 1954 年，为适应农业合作化和集体化的需要，政务院内务部发布了《关于健全乡政权组织的指示》，对乡政权作了新的调整与加强，规定乡人民政府一般应按生产合作、文教卫生、治安保卫、人民武装、民政、财粮、调解等方面的工作，分设各种经常的工作委员会。侯万锋：《新中国成立以来中国农村治理模式的历史回顾、现实难题与治理机制优化》，《河南师范大学学报》（哲学社会科学版）2009 年第 5 期。

② 湖北编辑委员会：《湖北农村经济（1949—1989）》，中国统计出版社 1990 年版，第 353 页。

水利建设取得一定程度的发展,如表 3—19 所示,先后建设、修整水库 3582 座,辐射有效灌溉面积 1809.8 万亩,其中大型水库 20 座,辐射有效灌溉面积 855.50 万亩;中型水库 96 座,辐射有效灌溉面积 569.37 万亩;小型水库 3466 座,辐射有效灌溉面积 384.93 万亩。

表 3—19　　　　　　　　1949—1962 年湖北省的水利建设、修整情况

单位:座、万亩

年份	水库	有效灌溉面积	大型水库		中型水库		小型水库	
			数量	有效灌溉面积	数量	有效灌溉面积	数量	有效灌溉面积
1949—1962	3582	1809.8	20	855.50	96	569.37	3466	384.93

资料来源:参见湖北编辑委员会《湖北农村经济(1949—1989)》,中国统计出版社 1990 年版。

1949 年、1950 年新中国成立之初,湖北省基本没有所谓农业机械拥有量,1953 年农业机械才开始有了一定的发展。如表 3—20 所示,农业机械总动力实现了逐年增长,尤其是 1957 年、1958 年实现了成倍增长,大中型拖拉机、大中型机引农具、大中型拖车和农用汽车也都出现了较快且较大幅度的增长,但值得一提的是,小型拖拉机、机耕(滚)船等农业机械尚未有所发展。

表 3—20　　　　　　1949—1958 年湖北省的主要农业机械拥有量情况

年份	农业机械总动力(万千瓦)	大中型拖拉机(混合台)	小型拖拉机(混合台)	大中型机引农具(部)	大中型拖车(台)	机耕(滚)船(台)	农用汽车(辆)
1949	—	—	—	—	—	—	—
1950	—	—	—	—	—	—	—
1951	—	—	—	—	—	—	—
1952	—	—	—	—	—	—	—
1953	0.82	144	—	—	—	—	16
1954	1.16	187	—	18	4	—	19
1955	1.26	190	—	77	9	—	27
1956	1.79	242	—	162	18	—	39

续表

年份	农业机械总动力（万千瓦）	大中型拖拉机（混合台）	小型拖拉机（混合台）	大中型机引农具（部）	大中型拖车（台）	机耕（滚）船（台）	农用汽车（辆）
1957	3.00	420	—	583	71	—	47
1958	7.56	1127	—	1474	211	—	94

资料来源：湖北编辑委员会：《湖北农村经济（1949—1989）》，中国统计出版社 1990 年版。

在合作化运动的推进中，农业机械化和农田灌溉都有了一定的发展。如表 3—21 所示，1953—1958 年湖北省的机耕面积和有效灌溉面积实现了逐年同步增长，尤其是 1957 年和 1958 年，出现成倍的增幅。但合作化时期的机播、机插、机收、机灌、电灌均没有得到发展。

表 3—21　　　　1949—1958 年湖北省的农业机械化和农田灌溉情况

单位：万亩、眼

年份	机耕面积	机播面积	机插面积	机收面积	有效灌溉面积	机灌面积	电灌面积	机电井数
1949	—	—	—	—	800.00	—	—	—
1950	—	—	—	—	1146.00	—	—	—
1951	—	—	—	—	1609.00	—	—	—
1952	—	—	—	—	1865.00	—	—	—
1953	11.91	—	—	—	2139.00	—	—	—
1954	17.77	—	—	—	2283.00	—	—	—
1955	30.90	—	—	—	2495.00	—	—	—
1956	41.42	—	—	—	2738.00	—	—	—
1957	79.13	—	—	—	2109.00	—	—	—
1958	150.00	—	—	—	2237.00	—	—	—

资料来源：湖北编辑委员会：《湖北农村经济（1949—1989）》，中国统计出版社 1990 年版。

合作化运动时期，农业生产所必备的肥料工业还未建立，农业生产用肥主要以牛粪、灰粪、油饼、石灰、火土等传统农用肥料为主。建始县七矿乡合作化初期的调查证明，合作化初期，火土作为农业生产肥料的用量占比达到 60%，灰粪、油饼和石灰的混合用量占比达到 20%。尽管如此，但这一时期肥料的使用量却有了较大幅度的增长。① 据《湖北农村经济（1949—1989）》记载，1952—1958 年，湖北省的农业化肥使用量分别为 575 吨、1960 吨、5220 吨、13310 吨、54255 吨、74800 吨、178455 吨，② 增幅极为显著。

合作化运动初期，中国的水利、电力开始发展。1949—1955 年湖北基本没有农村水力发电站，1956 年湖北省开始新建首批农村小型水力发电站，共计七处，分别为通山县先锋水电站、荆门城关水电站、钟祥夏家湾水电站、崇阳香山水电站、宜都谢家洞水电站、英山梅家岩水电站、红安依河墩水电站，总装机容量为 209 千瓦。1957 年底，又增加来凤县城关水电站、郧西城关镇水电站、荆门城关水电站、通城鲤港乡水电站以及麻城大坳水电站五座水电站，总装机容量为 948 千瓦。1958 年底，湖北省拥有乡办水电站 63 座，发电总量为 2438 千瓦。③

此外，气象等其他与农业生产息息相关的公共事务有了发展。仅以气象为例。1949 年，新中国成立之初，湖北省气象台站和观测所仅有 6 个，观测方法极不科学、极不规范，也极少直接为农业生产服务。1949—1952 年，湖北省新建 7 个观测站，到 1957 年，全省共计建成 47 个观测站。1956 年 7 月，气象站开始为农业生产提供天气预报服务，主要播报 3 天以内的短期天气。

水利、农业机械化的发展，灌溉条件的改善，灌溉面积的增长，以及其他有利于农业生产的公共事务的开展促进了农业生产水平的提升。如表 3—22 所示，以建始县七矿乡合作化初期的农业生产水平为例。1953 年的水稻、玉米、小麦、油菜的生产水平较 1952 年分别提高了 5.61%、

---

① 资料来源：湖北省档案馆馆藏资料《建始七矿乡经济调查情况综合报告》（1954 年）。
② 湖北编辑委员会：《湖北农村经济（1949—1989）》，中国统计出版社 1990 年版，第 343 页。
③ 小型水力发电站的建设主要依靠农民自筹和出工完成。例如，钟祥夏家湾水电站装机容量为 28 千瓦，县财政共计投资 2.43 万元，群众自筹器材和建筑材料共计 0.52 万元，农民出工 1.4 万个。资料来源：湖北省档案馆馆藏资料《湖北省农村小型水力发电站去冬今春工作总结》（1956—1957）。

14.63%、25.55%、29.73%，较1949年分别提高了5.61%、50.64%、43.33%、2.58%。但值得一提的是，杂粮的生产水平却呈现了一定程度的下降，具体原因尚待考证。

表3—22　　　　　建始县七矿乡合作化初期的农业生产水平　　　　单位：斤

作物名称	1949年	1952年	1953年	1953年比1952年	1953年比1949年
水稻	446	446	471	5.61% ↑	5.61% ↑
玉米	156	205	235	14.63% ↑	50.64% ↑
小麦	120	137	172	25.55% ↑	43.33% ↑
油菜	85	74	96	29.73% ↑	2.58% ↑
杂粮	156	149	138	7.38% ↓	13.04% ↓

资料来源：湖北省档案馆馆藏资料《建始七矿乡经济调查情况综合报告》（1954年）。

然而，合作化运动对于农村教育、医疗、卫生等其他农民所迫切需要的服务所做的贡献则要明显差于农业生产。尽管这一时期部分农村地区以合作化运动为契机，运用合作公积金，在农业生产合作社的基础上成立了具有临时性质的卫生委员会，建立了澡堂、理发馆等，[①] 开展医疗卫生防治工作，但远远无法满足农民对教育、医疗、卫生等与生活息息相关的服务需求。

三　市场与社会服务的再生发

市场有其自我发展的内在规律。需求诱导交换，交换产生市场。只要客观环境稍有适合或者说人为干扰的较弱与消失，市场就会遵循其内在的规律而发展，因而减少对市场的过多干预，遵循市场的内在发展规律是促进市场发展的首要法则。传统社会时期市场即已萌发，市场的力量也已存在并在不断发展，而清末、民国到新中国成立之前的这段时期，长久的战乱与纷争，严重阻碍了市场的生存与发展，但即便如此，按照

---

① 例如，1952年山西省太行山老区东四义村，于1952年10月率先在村里成立了卫生委员会，利用合作公积金建立村澡堂、卫生夜校和理发馆，成了当时的典型。马社香：《中国农业合作化运动口述史》，中央文献出版社2012年版，第100—170页。

施坚雅的说法,在前共产党时代的中国大部分地区,农村具有定期性质的基层市场体系也一直存在。新中国的成立,战争的结束,阻碍市场发展的外部环境很快得到改变,市场也以它顽强的恢复与发展能力向人们展示出了它内生发展规律的不可违背性。以 1949 年华北 81 县 187 个村为例,如表 3—23 所示,内战即将结束,市场即已基本恢复,市场力量为农民提供基本的交易,满足农民基本生产生活物质资料需求与基本农产品销售需求的服务功能即已复苏。农民在肥料、农具、修理等农业生产方面,在工食、工资等日常生活方面的市场化水平已经恢复并发展到较高水平。

表 3—23　　　　1949 年华北 81 县 187 个村农户生产的市场化水平　　　　单位:%

名称	自足	市场购买
种子	95.8	4.2
肥料	30.61	69.36
农具	35.99	64.01
修理	49.3	50.7
工食	76.44	23.56
工资	63.42	36.58
饲料	83.49	16.51
牧草	91.05	8.95

注:根据丁长清、慈鸿飞、邓大才的研究数据整理而来,并作了适当删减。

资料来源:丁长清、慈鸿飞:《中国农业现代化之路》,商务印书馆 2000 年版。邓大才:《小农政治:社会化小农与农村治理》,中国社会科学出版社 2013 年版。

而农民的农产品市场销售也复苏到一定水平,农民所生产的小麦、谷子、莜麦、薯类、蔬菜、花生、油料等农产品拿到市场销售的量占农产品总量的比率已然较高(如表 3—24 所示)。从这一时期的市场化水平来看,已经明显高于传统社会时期,也间接证明了市场化的需求已经发展到一定水平。

表 3—24　　　1949 年华北 81 县 187 个村农户农产品销售市场化水平　　　单位:%

作物	自用量 百分比	市场出售量 百分比
小麦	53.8	46.2
谷子	83.45	16.55
高粱	96.85	3.15
莜麦	75.43	24.07
薯类	81.63	18.37
蔬菜	89.96	10.04
花生	0.84	99.16
油料	10	90

注:根据丁长清、慈鸿飞、邓大才的研究数据整理而来,并作了适当删减。

资料来源:丁长清、慈鸿飞:《中国农业现代化之路》,商务印书馆 2000 年版。邓大才:《小农政治:社会化小农与农村治理》,中国社会科学出版社 2013 年版。

　　然而,尽管市场化的需求已经发展到一定水平,但经历了短暂的复苏之后,市场发展的客观环境即被农村治理变革的波及所破坏,市场的内生发展规律也被国家权力下渗的人为干预所阻断,而后随着合作化运动的深入以及"人民公社"运动的来临,市场的自我发展能力旋即被高度的政治化、国家化所淹没。早在土地改革完成前,国家即有通过国营贸易和供销合作社两种国家政权机构植入的方式将农村市场社会主义化的倾向。[1] 到 1955 年,国营贸易公司和供销合作社已经掌握了农村市场零售商业的半数,[2] 1955—1956 年,供销合作社的干部开展了一场针对农村市场 250 万—300 万个个体商贩中的大多数的"社会主义改造"道路的运动。随着合作化运动的深入,到 1956 年,农村市场上95% 的零售业务已经国家化。[3] 到 1958 年,"人民公社"运动开始时,7/8 以上的农村市场在集体化的浪潮中,在供销合作社的行政化重组中

---

[1] [美]施坚雅:《中国农村的市场和社会结构》,史建云、徐秀丽译,中国社会科学出版社 1998 年版,第 100—130 页。

[2] 佚名:《又见伟大的十年》,《天津大公报》1955 年 12 月 28 日第 40 版。

[3] [美]施坚雅:《中国农村的市场和社会结构》,史建云、徐秀丽译,中国社会科学出版社 1998 年版,第 120—140 页。

被关闭，农村市场以及已经重新发挥服务供给功能的市场力量再次陷入长久的停顿之中。[①]

相较于市场的短暂复苏，农村服务供给的社会参与则始终未在停摆中被重新激活。清中晚期以后宗教系统的衰落以及民国以后数十年的战乱与纷争，不仅瓦解了传统社会宗教系统所构建的社会公益服务体系，也基本上瓦解了行会、商会以及其他具有民间公益性质的社会组织所构建的社会公益服务体系。而新中国的成立并未立即带来这些社会参与力量的复苏，相反，具有反封建、反官僚资本主义性质的土地改革与合作化运动客观上阻碍了传统社会那些具有民间公益性质，但也带有较强封建或者官僚资本主义性质的社会力量的复苏。事实上，农村服务供给的社会参与也无法向市场那样遵循自身内在的发展规律而自我复苏，其对于外部环境的要求要远高于市场，农村治理变革的过渡时期显然无法满足这种优越的外部环境。

新民主主义革命的胜利，中国共产党领导的新政权迅速开启了农村社会治理的变革进程。迫于迅速地控制农村社会的稳定，有效地从农村社会汲取必备资源的渴求，国家一方面坚决而彻底地破除了传统社会以降，延续数千年的旧有农村社会治理体制，打倒了地主、豪绅，消灭了保甲制，强制分化了宗法共同体，粉碎了依附于宗法共同体的农民自我服务供给体系；另一方面也开始了对农村社会的国家权力下渗以及以重新整合为特征的现代农村治理结构的形塑。然而，破除与粉碎的进程要明显快于下渗与形塑的步伐，用以替代依附于宗法共同体的农民自我服务供给体系，重新建构的农村公共服务体系并没有同步完成，而产生了新旧体系对接的空隙，农村公共服务出现了一段时间和一定程度的"空窗过渡期"。

农民无法依靠尚处在建构中的公共服务保障体系，也失去了传统社会所残存的服务保障，只能在被动的合作化运动中，通过寄希望于互助性的合作，来弥补服务供给不足的部分缺失。市场力量经历短暂复苏，尚未有效发挥其为农民提供服务的功能的时候，即在农村治理

---

① ［美］施坚雅：《中国农村的市场和社会结构》，史建云、徐秀丽译，中国社会科学出版社 1998 年版，第 120—140 页。

变革的波及中、国家权力下渗的人为干预中，再次陷入停摆，而社会力量则干脆在继续的停摆中直接进入另一个特殊的时代——"人民公社"时代。

合作化运动一定程度上改善了农业生产条件，突出表现在水利、农业机械化、灌溉等几个方面，最终刺激了农业生产水平的提高，但这一时期的农村教育、医疗、卫生等公共服务水平却维持在较低水平，远远不能满足农民的切实需求。就医疗和卫生水平而言，这一时期医疗和卫生资源较为匮乏、医疗和卫生水平较低是全国的普遍现象。1950 年湖北省孝感市试验卫生院对城关区卫生状况的调查结果显示，1950 年孝感城关最大的试验医院共计有医护人员 66 人，其中中医 30 人、西医 18 人、牙医 2 人、眼医 1 人、护士 5 人、助产士 3 人、药剂员 7 人。而其中医术为祖传和师传的共计 40 人、正规学校毕业的有 24 人、学校肄业的有 2 人。[1] 在这一时期出生的 1962 名新生儿中，有 254 名因没有打疫苗而感染天花病。而前后五年内有约计 13449 人未打疫苗，占总人数比超过 58.92%。[2] 1949 年 7 月至 1950 年 7 月，该区共计有 852 名新生儿，但大多数新生儿的出生无法求助于医院。据统计，通过医院和医生接生的新生儿共计 31 人，占比仅为 3.64%；通过助产士接生的共计 55 人，占比仅为 6.46%；而通过接生婆和家人自行接生的分别为 249 人、501 人，占比分别高达 29.23%、58.80%，此外自生自接的有 11 人，占比为 1.29%。

医疗和卫生资源较为匮乏、医疗和卫生水平较低直接导致农民的高疾病率、高死亡率。如表 3—25 所示，1950 年湖北省孝感市试验卫生学校学生卫生与部分疾病检查结果显示，学生中有疥疮、头癣的人数占比分别高达 63.95% 和 18.81%，有肠寄生虫的人数占比为 2.07%，而营养不良的人数占比高达 33.66%。

---

① 湖北省档案馆馆藏资料《湖北省孝感试验卫生院 1950 年城关区卫生状况调查报告》（1954 年）。

② 同上。

表 3—25 　　　　1950 年湖北孝感试验卫生学校学生卫生

与部分疾病检查结果　　　　　　单位：人、%

名称	有疥疮	有头癣	有肠寄生虫	营养不良
人数	1788	526	58	941
占比	63.95	18.81	2.07	33.66

　　资料来源：湖北省档案馆馆藏资料《湖北省孝感试验卫生院 1950 年城关区卫生状况调查报告》（1954 年）。

　　同样，这一相关调查结果显示，该时期，该地区的婴儿死亡人数为 41 人，占比为 4.81%，其中，因营养不良导致腹泻而死亡的人数有 14 人，占比为 34.15%，其他 27 人也均因脐风、瘟疾等病而死亡。[①] 该时期，该地区的人口普通死亡率为 15.4‰。调查共计核实的患病死亡人数为 351 人。这 351 人在生病期间或多或少请过中医和西医的人数为 279 人，占比为 79.49%，而其余 72 人则因为各种原因而从未就过医，主要通过请神、仙方等封建迷信来祈求自愈。[②]

　　就教育、文化水平而言，合作化运动初期相较于新中国成立前并没有多大程度上的改观，直到合作化运动后期才有了一定程度的提升。1950 年湖北省孝感市试验卫生院对城关区 19438 人的调查结果显示，当时该地区不识字的人数共计 12859 人，占总人数的 64.15%，拥有大学文化程度的人共计 53 人，占总人数比仅为 0.27%；拥有中学文化程度的有 995 人，占总人数比仅为 5.12%；拥有小学文化程度的有 2540 人，占总人数比仅为 13.07%；拥有小学私塾文化程度的有 3131 人，占总人数比也只达到 16.11%。[③]

第三节 "人民公社"时期的湖北省
农村公共服务体系

　　1958 年，在多重原因的错综交织之中，在多重力量的冲突与博弈之

---

　　① 　湖北省档案馆馆藏资料《湖北省孝感试验卫生院 1950 年城关区卫生状况调查报告》（1954 年）。

　　② 　同上。

　　③ 　同上。

中，成立不久的新中国旋即进入一个长达 20 年之久的特殊时期，[①] 人们习惯将其称为"人民公社"时期。这一特殊时期来得十分迅猛，也过于激烈。从 1949 年新中国成立到 1958 年"人民公社"体制的最终确立，短短不到 8 年时间。8 年里，中国共产党领导的新政权百般努力、几经挣扎，极力想在有限的时间内冲破已经束缚数千年的传统社会体制与封建文化之茧，从而带领人民走上民主与富强的现代化国家之路。然而，前途尽显光明，道路却不免曲折。特殊的时期、特殊的手段，形塑出了一个特殊的农村社会治理形态，而一个特殊的农村社会治理形态又催生出了特殊的农村公共服务体系，其积极性的作用不容否认，其深刻的负面影响也不可小觑。

一　农村治理的特殊演变：乡村社会的国家化整合

关于"人民公社"这个特殊时期产物的形成原因，林毅夫、蔡昉、李周、温铁军、徐勇等学者基于不同的出发点和侧重点，给出了不同的解释。历史是对一个时代或者时期的综合写照，它所表达的不仅仅是一个时代或者时期的某一个方面，而是交织着政治、经济、文化、社会诸方面的普性规律。任何一种带有历史烙印的客观事实的发生，也绝不仅仅是现实中某种单一的诱因所能决定的。在那个特殊时期，政治、经济、文化、社会等多种力量交织于农村场域，形成了错综复杂的客观现实环境，从合作化运动过渡到"人民公社"，并非哪种单一力量或者说某种单一的原因最终所决定的，而应当是由一个多种力量与多重原因交织的矛盾结合体的催化反应所引发的。

国家权力的强力下渗，高度统合的农村治理结构的强制性植入，高度计划性的生产与分配体制的全面贯彻与严格执行，以及对农业生产与农民生活方方面面的全能型管控，其原因与目的皆在于彻底瓦解与粉碎以乡绅和宗法为依托的农村社会治理结构与形态，控制农村社会的稳定，实现对农村社会的有效整合、对农村资源的有效汲取。只

[①]　从 1958 年到 1985 年最后一批解体，"人民公社"经历了 27 年左右的发展历史。毛铖：《利益缔结与统分结合：立体式复合型现代农业经营体系构建——统分两极化向统分结合的理性与回归性演变》，《湖北社会科学》2015 年第 6 期。

不过这种强而有力的行动，在瓦解与粉碎旧有农村社会治理结构与形态的同时，却形塑出了另一个缺乏生机的农村社会治理结构与形态。维维尼·舒（Vivienne Shue）将这种特殊时期的乡村社会视为"蜂窝结构"的形态，[1] 孙立平认为这种农村社会治理结构与形态是高度一体化，整个社会被国家机器所高度统合的"总体性社会"的充分体现。[2] 总体性社会以及所包含的农村社会治理结构与形态不仅意味着国家对资源的全面垄断和对乡村社会的全面控制，[3] 而且还标志着高度意识形态化的政治和高度政治化的经济与社会生活，以及一个"国家覆盖社会"或政治一体化的体系。[4] 最生动的描述即为"社会生活军事化、经济生活行政化、精神生活一统化"[5]。基于道格拉斯·C. 诺斯和兰斯·戴维斯的制度变迁理论，一种治理结构与形态必然有其相适应的"制度环境"，即使是特殊时期的特殊存在也同样如此。与治理结构与形态相适应的"制度环境"决定着集体选择条件的基本规则，决定着确立生产、交换和分配基础的一整套政治、社会和法律的基本规则，并最终决定着这些基本规则的选择集合。[6] "人民公社"时期农村社会治理结构与形态所特定的"制度环境"——"政社合一、一大二公、一元化领导"，决定着其他一切相关制度的产生与变迁，而由这一制度环境所决定的各种制度最终交织成一个同质性的制度集合，既包括"工、农、商、学、兵"一体化的组织制度、高度集体化的财产制度、按劳分配制度、统购统销的计划性流动制度、限制流动的"二元"城乡户籍制度与劳动主体管理制度，也包括绝对平均

---

① 许远旺、陆继锋：《现代国家建构与中国农村治理结构变迁》，《中国农村观察》2006 年第 5 期。

② 孙立平：《中国社会结构转型的中近期趋势与隐患》，《战略与管理》1998 年第 5 期。

③ 孙立平：《转型与断裂——改革以来中国社会结构的变迁》，清华大学出版社 2004 年版。

④ 吴理财：《中国农村治理 60 年：国家的视角》，《探索与争鸣》2009 年第 10 期。

⑤ 刘华清：《人民公社化运动纪实》，东方出版社 2014 年版，第 65—70 页。

⑥ ［美］道格拉斯·C. 诺斯：《经济史中的结构和变迁》，陈郁、罗华平译，上海三联书店 1991 年版。［美］道格拉斯·C. 诺斯：《制度、制度变迁与经济绩效》，刘守英译，上海三联书店 1994 年版。林万龙：《中国农村社区公共产品供给制度变迁研究》，中国财政经济出版社 2003 年版，第 20—60 页。

主义的公共服务保障制度。[①]

二　权力强整合与行政强指令下的农村公共服务体系

在这个特殊的时期，具有特殊性的农村社会治理结构与形态催生了由政府一元化主导的农村公共服务体系，在国家权力的强力主导下，以实现国家对乡村社会的有效整合为前提，以满足农村治理需求，实现农村治理目标为根本出发点，政府所主导的农村公共服务体系迅速地将触角伸展到农村社会的每一个角落，形成一张相对封闭的内聚性网络。被植入"计划性芯片"的市场与被植入"动员性芯片"的社会虽未消亡，但却被强有力的国家权力所同构。

在党和政府对乡村社会一切资源的垄断和对社会生活全面控制的现实背景下，政府及"人民公社"这一代理机构扮演着一个全能型的服务供给主体角色，通过自上而下的权力植入路径，实现对政社合一、一元化领导的服务供给组织和体系的建构，而后依托这种组织与体系，通过自上而下、由内而外的单一输出路径与行政性指令，来主导那些涵盖农民生产、生活方方面面的各种服务。不可否认的是，在"人民公社"时期，政府一元化主导的农村公共服务体系就像一张大而密的网络铺盖在农民生产、生活的各个角落，在这一特殊的时期确也发挥出了特殊的作用。直到今天，很多学者也仍然在为其作用和贡献被否定和误解而鸣不平。在很多学者看来，那一特殊时期为政府一元化主导的农村公共服务体系所创造的相当部分的机构与体系，在后"人民公社"时代的相当长时期内仍然存在并发挥着作用，而那一特殊时期政府一元化主导的农村公共服务体系所创造的积极影响至今也仍然在发挥着不小的作用，例如那一时期所大兴的水利建设。

通过细致的梳理便能够发现，"人民公社"时期政府一元化主导的农村公共服务体系包括农业生产服务机构与体系、农民生活服务机构与体

[①]　相关内容已有学者研究，鉴于本书所要讨论的内容与范围，不再赘述。可参见林万龙《中国农村社区公共产品供给制度变迁研究》，中国财政经济出版社 2003 年版，第 20—60 页。张健：《中国社会历史变迁中的农村治理研究》，博士学位论文，西北农林科技大学，2008 年，第 70—100 页。陈定洋：《中国农村公共产品供给制度变迁研究》，博士学位论文，西北农林科技大学，2009 年。

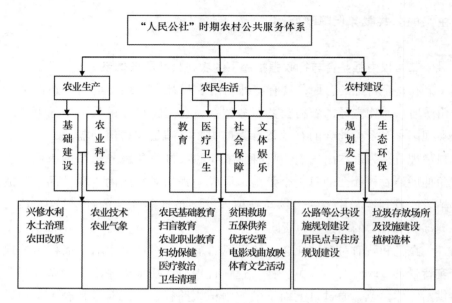

图 3—1   "人民公社"时期农村公共服务体系的基本结构

系、农村建设服务机构与体系三大部分,如图 3—1 所示。构建起了水利部、农业部、饲养部等为农业生产服务的组织结构;[①] 服务部、商业部、文卫部、托儿所、敬老院、医务室、俱乐部、学校等为农民生活服务的组织结构;包括植保站、土肥站、畜牧站、配种站、农机站等在内的农技推广组织结构;工业部等兼管农村建设的组织结构。在政府的一元化主导下,"人民公社"时期先后以农田水利、农业机械化、"种子革命"、农业学大寨、教育、扫盲、爱国卫生等各种运动为抓手,[②] 从水利建设、水土流失治理到盐碱地治理、排涝减渍治理,推动了农业基础建设以及农业机械化的快速发展;从"七包""十包"到"十六包",使得教育、医疗、卫生与社会保障体系基本得以健全,农民的生产与生活相较于新中国成立之前有了显著改善。总体上,"人民公社"时期,政府一元化主导下的农村公共服务体系具有多重印有特殊时期烙印的显著特征。主要

---

①   安贞元:《人民公社化运动研究》,中央文献出版社 2003 年版,第 251 页。
②   "农业八字宪法"是毛泽东在 1958 年提出的,所谓"八字宪法"即水(水利)、肥(肥料)、土(深耕、改良土壤)、种(改良种子)、密(密植)、保(植物保护、防治病虫害)、工(改良工具)、管(田间管理)。

体现在计划性、集体动员性、单向性、强制性、同质性、平均性和全面性七个方面。①

　　从 1958 年到 1978 年改革开放前夕，"人民公社"时期依托"科层制"的农村公共服务组织体系和国家强有力的政治动员运动，中国的水利建设、灌溉等农业基础建设取得了快速发展，农业机械拥有量、农业机械化水平、农村电力、良种普及与杂交示范等直接影响农业生产水平的各环节皆有了一定程度的发展。对这一时期农村公共服务所取得的成就，林万龙、曲延春、何建春、陈定洋、易新涛等学者都进行了相关研究。② 笔者在此仅就几项能最直观反映这一时期农村公共服务绩效的指标进行阐述，其他内容不再赘述。

表 3—26　　　　　　　　全国水库建设情况（1976 年）　　　　　单位：座、%

名　称	共　计	前"人民公社"时期		"人民公社"时期	
		数量	占比	数量	占比
大型水库	308	25	8.1	283	91.9
中型水库	2127	77	3.6	2050	96.4
小型水库	83200	2200	2.6	81000	97.4
总　计	85635	2302	2.7	83333	97.3.

　　注：表中的数据为 1976 年的统计数据；大型水库指库容在 1 亿立方米以上的水库；中型水库指库容在 1000 万立方米至 1 亿立方米之间的水库；小型水库指库容小于 1000 万立方米的水库。

　　资料来源：佚名：《新中国农田水利建设成就（1976 年及以前）》，2007 年 5 月（http：//www.wyzxwk.com/Article/lishi/2009/09/15939.html）。

_____

　　①　笔者曾在博士学位论文和其他相关的研究中专门研究与论述过，不再赘述。毛铖：《变迁与互构：农村社会化服务体系重构与农村治理现代化变革研究——政府、市场与社会分析视角》，博士学位论文，华中师范大学，2016 年。毛铖：《中国农村治理变革与农村服务体系变迁》，《求实》2017 年第 8 期。

　　②　相关研究内容参见林万龙、曲延春、何建春、陈定洋、易新涛的研究成果。林万龙：《中国农村社会公共产品供给制度变迁研究》，中国财政经济出版社 2003 年版。参见曲延春《变迁与重构：中国农村公共产品供给体制研究》，人民出版社 2012 年版。参见何建春《中国农村公共产品供给制度变迁研究》，博士学位论文，江西财经大学，2010 年。参见陈定洋《中国农村公共产品供给制度变迁研究》，博士学位论文，西北农林科技大学，2009 年。参见易新涛《人民公社时期农村基本公共服务研究》，博士学位论文，武汉大学，2009 年。

据统计，如表 3—26 所示，1976 年中国共计 85635 座水库，其中大型水库 308 座、中型水库 2127 座、小型水库 83200 座。属于"人民公社"时期所修建的水库有 83333 座，占总量的 97.3%，其中大型水库 283 座，占总量的 91.9%；中型水库 2050 座，占总量的 96.4%；小型水库 81000 座，占总量的 97.4%。可以说，自古以来的几千年里，中国所拥有的水库基本都是在"人民公社"时期所修建的。

1949—1962 年，湖北省水库拥有量为 3582 座，如表 3—27 所示。其中大型水库 20 座、中型水库 96 座、小型水库 3466 座。到 1978 年，湖北省水库拥有量达到 6098 座，其中大型水库 47 座、中型水库 220 座、小型水库 5838 座，分别增长了 135.00%、129.17%、68.44%。所辐射到的总有效灌溉面积也从 1965 年的 155.00 万亩增长到 1978 年的 464.07 万亩，增幅达 199.4%。

表 3—27　　　　　　　　1949—1978 年湖北省的水利建设情况　　　　单位：座、万亩

年份	水库	有效灌溉面积	大型水库		中型水库		小型水库	
			数量	有效灌溉面积	数量	有效灌溉面积	数量	有效灌溉面积
1949—1962	3582	1809.8	20	855.50	96	569.37	3466	384.93
1965	3628	155.00	30	842.50	98	565.30	3500	395.84
1972	5267	219.00	43	782.43	160	340.18	5064	369.44
1973	5267	219.00	43	924.00	168	350.00	5064	410.47
1974	5763	222.00	43	941.91	187	416.60	5552	440.16
1975	5440	446.88	45	973.07	196	414.70	5208	431.35
1976	5527	452.49	45	1245.96	200	485.02	5286	458.46
1977	5873	455.97	46	1041.03	213	436.59	5627	421.77
1978	6098	464.07	47	1066.90	220	448.37	5838	415.02

资料来源：湖北编辑委员会：《湖北农村经济（1949—1989）》，中国统计出版社 1990 年版。

客观而言，"人民公社"时期农田水利建设所取得的成效是我们今天乃至今后相当长的时期内都无法企及的。今天家庭联产承包经营所无法

克服的困境之一就在于难以像"人民公社"时期一样，有效组织和动员农民开展农田水利建设，甚至于基本的水利设施修复和维护都难以有效进行，而不得不依靠并继续依靠"人民公社"时期所沿用下来的许多已经破败的农田水利设施。以咸安区为例，如表3—28所示，咸安区现有大中小型水库共计81座，其中大中型水库2座、小（一）型水库7座、小（二）型水库72座。全区的基本农业生产与农民生活用水皆出自这81座水库。而据笔者统计，在这81座水库中，属于"人民公社"时期修建的水库共计77座，占总量的95%。大多是1965年至1977年之间修建竣工的。其中2座大中型水库和7座小（一）型水库皆是"人民公社"时期修建的；而小（二）型水库有68座是"人民公社"时期修建的，占总量比率高达94.6%。

表3—28　　　　　　　　咸安区现有水库的各个时期建设情况　　　　单位：座、%

名　称	共　计	前"人民公社"时期		"人民公社"时期		后"人民公社"时期	
		数量	占比	数量	占比	数量	占比
大中型水库	2	0	0	2	100	0	0
小（一）型水库	7	0	0	7	100	0	0
小（二）型水库	72	2	2.7	68	94.6	2	2.7
总计	81	2	2.5	77	95	2	2.5

注：大中型水库指库容在1000万立方米以上的水库；小（一）型水库指库容大于或等于100万立方米而小于1000万立方米的水库；小（二）型水库指库容大于或等于10万立方米而小于100万立方米。

资料来源：根据咸安区水利局编制的咸安区重点水利建设项目库数据统计分析得来。

农田改质、水土保持等基础性建设也取得了显著成效。如表3—29所示，"人民公社"时期，我国的农田灌溉面积达7.2亿亩，较1949年增加4.8亿亩，增幅达66.7%；机电排灌工程达7876万马力，较1949年增加7866.3万马力，增幅达99.9%。此外，除涝面积达2.83亿亩、水土流失治理面积达42.4万平方公里。

表 3—29   "人民公社"时期中国农田水利及水土保持主要成效

名称	总计	成绩
灌溉面积	7.2 亿亩	↑ 4.8 亿亩（较 1949 年）
机电排灌工程	7876 万马力	↑7866.3 万马力（较 1949 年）
除涝面积	2.83 亿亩	—
水土流失治理	42.4 万平方公里	—

注：表中数据统计时间截至 1983 年。

资料来源：水利电力部计划司：《建国三十五年来中国水利建设的主要成就》，《水利水电技术》1984 年第 9 期。

1959—1978 年，湖北省的主要机械拥有量增幅显著。如表 3—30 所示，相较于 1959 年 12.61 万千瓦的农业机械总动力，1978 年湖北省的农业机械总动力增长了 603.46 万千瓦，增幅近 48 倍。1978 年湖北省的大中型拖拉机、小型拖拉机较 1959 年的 1426 台、3 台，分别增加了 26729 台、77488 台，增幅分别近 19 倍、26 倍；1978 年湖北省的大中型机引农具、大中型拖车较 1959 年的 2303 台、297 台，分别增加了 44286 台、22564 台，增幅分别近 20 倍、76 倍；1978 年湖北省的农用汽车也较 1959 年的 110 台，增加了 3630 台，增幅近 33 倍。

表 3—30   1959—1978 年湖北省的主要农业机械拥有量情况

年份	农业机械总动力（万千瓦）	大中型拖拉机（混合台）	小型拖拉机（混合台）	大中型机引农具（部）	大中型拖车（台）	机耕（滚）船（台）	农用汽车（辆）
1959	12.61	1426	3	2303	297	—	110
1960	18.27	1751	9	2437	367		133
1961	26.67	1933	25	3400	440		157
1962	36.93	2018	47	3442	505		207
1963	51.81	2340	52	5058	605	—	214

续表

年份	农业机械总动力（万千瓦）	大中型拖拉机（混合台）	小型拖拉机（混合台）	大中型机引农具（部）	大中型拖车（台）	机耕（滚）船（台）	农用汽车（辆）
1964	64.82	2932	85	7392	1124	—	279
1965	75.58	3310	331	8444	1496	—	344
1966	91.38	3904	1500	9768	1981	—	336
1967	101.09	4194	2350	10399	1969	—	340
1968	108.05	4546	2898	10432	2348	—	335
1969	123.19	4885	3706	10733	3159	—	355
1970	139.79	5672	7274	12849	4197	—	433
1971	168.62	7258	11654	18225	5569	6235	728
1972	208.17	9587	18199	22235	8995	12844	874
1973	261.06	12258	26862	29827	13027	11651	930
1974	317.06	14765	33201	37541	28455	14519	1119
1975	382.49	17793	43759	51350	18359	20726	1424
1976	451.86	20449	52630	58320	20664	27280	2291
1977	527.69	24025	63841	66705	23169	35429	3042
1978	616.07	28155	77491	46589	22861	38986	3740

资料来源：1959—1970 年间的机耕（滚）船数量缺失。湖北编辑委员会：《湖北农村经济（1949—1989）》，中国统计出版社 1990 年版。

1959 年，湖北省的农业机耕面积为 247.00 万亩，如表 3—31 所示。机播、机插、机收、机灌、电灌都尚未发展起来。到"人民公社"末期的 1978 年，湖北省的机耕面积已经达到 1800.39 万亩，较 1959 年增加了 1553.39 万亩，增幅达 628.90%。1978 年湖北省的机播、机插、机收、机灌、电灌面积分别达到 325.27 万亩、87.94 万亩、124.84 万亩、1481.92 万亩、480.67 万亩。机电井数也从 1959 年的 0 眼发展到 1978 年的 5745 眼。

表 3—31　　　1959—1978 年湖北省的农业机械化和农田灌溉情况

单位：万亩、眼

年份	机耕面积	机播面积	机插面积	机收面积	有效灌溉面积	机灌面积	电灌面积	机电井数
1959	247.00	—	—	—	2237.00	—	—	—
1960	312.00	—	—	—	2303.00	—	—	—
1961	402.00	—	—	—	2358.00	—	—	—
1962	341.01	—	—	—	2561.00	—	—	—
1963	444.42	—	—	—	2761.00	—	—	—
1964	463.30	—	—	—	2966.00	—	—	—
1965	475.33	—	—	—	3214.00	—	—	—
1966	492.00	—	—	—	3381.00	—	—	—
1967	542.00	—	—	—	2831.81	—	—	—
1968	579.00	—	—	—	3225.30	—	—	—
1969	515.00	—	—	—	2996.54	—	—	—
1970	604.00	—	—	—	2997.66	—	—	—
1971	800.74	—	—	—	3185.25	1295.44	383.22	647
1972	870.69	—	—	—	3339.17	1481.94	405.96	1730
1973	1110.15	168.01	12.50	34.02	3377.98	1068.68	394.67	2732
1974	1320.17	218.66	28.08	50.13	3482.76	1129.95	460.99	3503
1975	1446.05	236.82	44.21	48.62	3488.97	1180.48	482.06	3893
1976	1646.31	322.50	105.73	87.50	3532.39	1223.01	506.79	4275
1977	1761.99	362.07	126.36	100.06	3530.00	1233.05	511.88	4968
1978	1800.39	325.27	87.94	124.84	3517.49	1481.92	480.67	5745

　　资料来源：部分年份的相关数据缺失。湖北编辑委员会：《湖北农村经济（1949—1989）》，中国统计出版社 1990 年版。

　　合作化时期，中国尚没有所谓的化肥工业，而"人民公社"时期，中国的化肥工业取得了快速发展。最先取得发展的是磷肥业，据有关数据显示，如表 3—32 所示，湖北省 1973 年的磷肥使用量已达到 356775吨，到 1978 年进一步增加到 605770 吨，增幅达 69.79%。1978 年，湖北省的氮肥和钾肥使用量也分别达到 928970 吨和 48725 吨。

表 3—32　　　　　**1973—1978 年湖北省的化肥实物使用情况**　　　　单位：吨

年份	氮肥	磷肥	钾肥
1973	—	356775	—
1974	—	472475	—
1975	—	524870	—
1976	—	525672	—
1977	—	538165	—
1978	928970	605770	48725

注：部分年份的氮肥和钾肥数据缺失。

资料来源：湖北编辑委员会：《湖北农村经济（1949—1989）》，中国统计出版社 1990 年版。

"人民公社"时期，也是农村水电快速发展的重要时期。集中在 20 世纪 70 年代，尤其是"人民公社"末期。有关数据显示，如表 3—33 所示，1960 年湖北省的农村水电站只有 150 座，而到 1975 年，湖北省的乡办水电站已经有 263 座，总发电能力达到 11936 千瓦。1978 年，湖北省的乡办水电站已经有 618 座，总发电能力达到 58606 千瓦，发电能力较 1975 年增加 46670 千瓦，增幅近 4 倍。村及村以下办的水电站达到 1776 座，总发电能力达到 43562 千瓦，较 1975 年分别增加 836 座、24841 千瓦，增幅达 88.94%、132.69%。

表 3—33　　　　　**1971—1978 年湖北省的农村电力情况**　　　单位：座、千瓦

年　份	乡办水电站	发电能力	村及村以下办水电站	发电能力
1971	218	12733	539	8842
1972	276	8653	594	8667
1973	294	10629	672	11202
1974	310	10047	839	14192
1975	263	11936	940	18721
1976	311	18156	1213	24866
1977	458	31664	1386	29214
1978	618	58606	1776	43562

资料来源：湖北编辑委员会：《湖北农村经济（1949—1989）》，中国统计出版社 1990 年版。

在由植保站、土肥站、畜牧站、配种站、农机站组成的农业科技推

广体系引导下，在"种子革命"等与农业科技推广有关的动员运动推动下，"人民公社"时期农业技术推广取得了一定的成就。湖北省的农业科技推广发展也起于这一时期。1976—1978 年，湖北省的耕作制度改革、良种、杂交技术推广发展十分迅速。如表 3—34 所示，1976 年水稻、小麦、棉花良种播种面积分别为 3182.55 万亩、1169.89 万亩、698.71 万亩，而 1978 年分别增长 25.9%、23.7%、21.2%。

表 3—34　　1976—1978 年湖北省的水稻、小麦、棉花良种播种面积

单位：万亩

年份 种类	1976	1977	1978
水稻	3182.55	3703.63	4005.48
小麦	1169.89	1159.08	1447.05
棉花	698.71	731.71	846.73

资料来源：湖北编辑委员会：《湖北农村经济（1949—1989）》，中国统计出版社 1990 年版。

如表 3—35 所示，1977 年，湖北省的玉米、棉花、油菜籽杂交种子种植示范面积分别为 264.28 万亩、0.14 万亩、0.36 万亩，而 1978 年湖北省的玉米、棉花、油菜籽杂交种子种植示范面积已经分别达到 333.32 万亩、1.60 万亩、1.75 万亩，分别增长了 26.12%、1042.86%、386.11%。另据有关数据显示，水稻杂交示范面积，也已经从 1977 年的 156.43 万亩，增长到 1978 年的 397.37 万亩，增长了近 154.02%。

表 3—35　　　1977—1978 年湖北省的玉米、棉花、油菜籽
杂交示范种植面积

单位：万亩

年份 种类	1977	1978	1978 年比 1977 年增长
玉米	264.28	333.32	26.12
棉花	0.14	1.60	1042.86
油菜籽	0.36	1.75	386.11

资料来源：湖北编辑委员会：《湖北农村经济（1949—1989）》，中国统计出版社 1990 年版。

与此同时，以"专有台、县有站、社有哨、队有组"为发展口号的农业气象服务、农村广播服务建设也在全国范围内广泛开展，湖北省在这一时期的发展较为迅速。1958 年，湖北省、地、县三级农业气象台站均开始了天气预报服务。20 世纪 60 年代，全省气象部门加强了对春播期的冷暖趋势预报、适播期预报和低温连阴雨的中短期预报的研究和服务。据 1974 年的档案资料记载，夏收期间的连续播报，为全省抢收了近 4 亿元的小麦。[1] 如表 3—36 所示，1969 年，湖北省农村有线广播建设共计投入 490 万元，投入铁丝 2100 吨、钢材 1600 吨、水泥 4000 吨、喇叭 21 万只。[2] 全省各地区的农村有线广播建设均有发展，投入也相对均衡。

表3—36　　　1969 年湖北全省各市县农村有线广播建设投入情况

单位：万元、吨、万只

地区	投资	铁丝	钢材	水泥	喇叭
武汉市	—	10	—	—	0.1
黄石市	6	35	40	90	0.35
黄冈地区	53	270	280	720	2.70
孝感地区	52	230	450	1120	2.30
荆州地区	50	300	500	1250	3.00
襄阳地区	65	240	200	500	2.40
宜昌地区	60	230	30	70	2.30
咸宁地区	59	225	100	250	2.25
郧阳地区	75	270	—	—	2.70
恩施地区	70	290	—	—	2.90

资料来源：湖北省档案馆馆藏资料《湖北省革命委员会关于 1969 年全省农村有线广播网建设计划的通知》。

"人民公社"时期，在教育、扫盲、爱国卫生等动员运动的推动下，中国的教育、医疗、卫生与社会保障服务体系基本得以健全，且发展较为迅速，农民的生产与生活有了显著改善。教育水平的提升主要体现在基础教育上。如表 3—37 所示，"人民公社"时期，中国农村的小学净入

[1] 湖北省档案馆馆藏资料《70 年代湖北省的农业气象发展情况》。

[2] 湖北省档案馆馆藏资料《湖北省革命委员会关于 1969 年全省农村有线广播网建设计划的通知》。

学率达到 95%，超出了当时的工业化国家 1 个百分点。而当时的其他低收入国家的小学净入学率只有 56%，中等收入国家也只有 75%。这种成就无疑是有目共睹的。

表3—37　　　　　"人民公社"时期中国基础教育与国际水平
比较（20 世纪 70 年代）　　　　　单位:%

名　称	小学净入学率
中国	95
低收入国家	56
中等收入国家	75
所有发展中国家	62
工业化国家	94

注：表中中国的数据取自 1975 年，国际水平数据取自 1975 年或 1977 年。小学净入学率是指小学学龄儿童入学人数比率。

资料来源：吕云涛：《新中国农村治理模式变迁 60 年的回顾与展望》，《延边党校学报》2010年第 1 期；曲延春：《变迁与重构：中国农村公共产品供给制度研究》，人民出版社 2012 年版。

"人民公社"时期"生产大队卫生站＋公社卫生院＋县人民医院＋赤脚医生"的卫生保健模式几乎覆盖了包含湖北省在内的全国所有省份的所有乡村，并依靠整齐划一的行政体制保持着高效和高度一致的运行，基本做到"小病不出村、大病不出乡"的目标。这一时期中国的血吸虫病、疟疾、结核病、黑死病、霍乱等的发病率大为降低，麻疹的死亡率由 1950 年的6.5% 降为 1979 年的 0.66%。[①] 1972 年湖北省革命委员会颁布了农村"人民公社"合作医疗试行办法。明确深入开展以除害灭病为中心的爱国运动，大除"四害"（蚊子、苍蝇、老鼠、蝗虫），大搞"好五"（水井、烟囱灶、猪圈、牛栏、厕所）。合作医疗明确以公社为单位举办，由公社统一核算，统一管理。合作医疗基金标准实行一年一定，以个人交纳为主，集体补助为辅，交钱发证，凭证就医。烈军属、五保户由集体公益金适当照顾。当时对收费标准、医药费都做了明确规定，挂号费五分钱、注射费五分钱、

---

　　① 世界银行：《中国：社会主义经济的发展（主报告）》，中国财政经济出版社 1982 年版，第 76—79 页。

出诊费一毛钱、住院费每天一毛至两毛……长期慢性病人和转出公社治疗的病人，医药费自付 50%。当时，一个公社卫生所基本配备 7—13 名医务人员，而大队卫生室配备 2 名至 3 名"赤脚医生"①。

1962 年，湖北省已经开始加强农村救济工作。据统计，1962 年，湖北全省农村老、弱、病、残、孤寡共计 97 万户，350 余万人，占农业总人口的 12.5%。其中，五保户 23 万多户，32 万多人，占农业总人口的 1.2%；困难户 74 万户，318 万多人，占农业总人口的 11.7%。1962 年全省先后投入 600 多万元，对 90% 以上的五保户、60% 以上的困难户进行了救助。先后建立 3000 多个敬老院，入院五保老人超过 4 万多人②。

三　市场与社会的国家化整合

"总体性社会"使得整个乡村社会的政治、经济、文化意识形态相互叠加形成一个同质性中心，而国家权力则强有力地控制着这个中心③。政府、市场与社会围绕着这一中心，并没有所谓的界限，皆遵从于政治使命，服从于国家权力的安排。在这一现实背景下，市场与社会的发展可谓举步维艰。商品经济禁止流动，国家通过计划性的统购统销安排来控制市场的流动；城乡社会之间严格限制流动，国家通过严格的户籍制度、劳动管理制度与分配制度来管控社会个体。市场与社会并不自主存在，市场与社会自主参与农村的服务供给更是无从谈起，必须被纳入国家的公共服务供给路径中，成为政府公共服务供给的协助者，严格遵从着政府的公共服务供给安排。

"人民公社"时期市场有所发展，但这种发展并非"看不见的手"在发挥着主导作用，而是国家权力的强制性干预与计划性指令，即政府"看得见的手"在主导。市场主体也没有所谓的自主发展，以供销社零售店或代理店、国有企业为主的各类市场主体皆是官方背景，且在当时的体制中，国家基本通过供销社系统、国有企业，按照一类、二类、三类

---

① 湖北省档案馆馆藏资料《湖北省革命委员会关于印发农村人民公社合作医疗试行办法》（1972 年）。

② 湖北省档案馆馆藏资料《湖北省 1962 年农村社会救济工作情况》。

③ 孙立平：《中国社会结构转型的中近期趋势与隐患》，《战略与管理》1998 年第 5 期。孙立平：《转型与断裂——改革以来中国社会结构的变迁》，清华大学出版社 2004 年版。

商品分类,垄断了农村地区的所有供应与销售。① 市场的销售严格按照计划执行,农村商品供给往往极为有限,难以与农民的市场购买力相适应。集体化的生活与平均主义分配,农民的生产、生活所需的各类商品基本靠公社、生产队的划拨与分发,农民很少有进入市场购买商品的需求与动机。在严格的生产、生活管理制度下,也禁止农民参与市场行为。因而,直到 1979 年,湖北省全省的商业零售网点也只有 41202 个,平均每千个农村居民拥有的零售网点仅为 1.06 个。②

社会参与也同样如此。严格管控的劳动主体管理制度、口粮制度、工分制度以及与口粮制度、工分制度相匹配的户籍管理制度,使整个社会形成一个固化的"二元"城乡结构,既限制了城市居民向乡村的流动,也阻碍了农民向城市的迁移。在乡村社会,公社独享一元化的统治权威,不允许任何一种有自主权的社会力量,包括家庭的建立和调节社会的传统力量的存在。在一大二公的集体化生产、生活中,农民个体无权独立从事活动,必须服从集体的统一安排,响应组织的动员与号召,差异化的个体行为被集体性的组织动员与安排同质化。因而,"人民公社"时期,无论是传统的农村社会力量还是新生的社会力量既无生存的土壤,也无伸展的空间,基本被国家权力的强制性整合所替代,而农村社会个体则被组织性权威整合所替代。

特殊的农村社会治理结构与形态造就了一个与之相伴而生的"制度环境",并衍生出一个同质性的制度集合,具有平均主义色彩,以全能型

---

① 一类商品——由国家垄断的基本商品,主要包括谷物、食用油、棉花、烟草及糖——一般由地方生产出来,汇集到国营公司设在乡村的采购站,然后运送到市镇与城市的仓库。二类商品——置于"计划收购"之下的近 300 种商品——在其主要产地也由"国营商业"独家经营。供地方消费的一类商品和二类商品由国有贸易公司独家输入既定的贸易系统,并通过市镇货栈或者供销社的批发站来发送这些商品至乡村。而烟卷、茶叶、盐、铁钉则属于受控的商品,主要由供销社的商店经营。第三类商品则是那些不受控的商品,但这类商品的纵向销售主要是通过国营商业之下的各类货栈来实现的,也有部分是通过现在称之为"物资交易会"的销售机构来实现,但从参与者来看,基本为基层供销社人员或者生产队代表。毛铖:《变迁与互构:农村社会化服务体系重构与农村治理现代化变革研究——政府、市场与社会分析视角》,博士学位论文,华中师范大学,2016 年。毛铖:《中国农村治理变革与农村服务体系变迁》,《求实》2017 年第 8 期。

② 湖北编辑委员会:《湖北省农村经济(1949—1989)》,中国统计出版社 1990 年版,第 7 页。

管控为内核的农村公共服务体系就是这个制度集合中的重要组成部分。农村公共服务体系依托自上而下的权力植入路径和强制性的行政指令手段在不断建立健全的同时，也极大程度地统合、公约了市场与社会主体，进而消解了政府、市场与社会的边界。市场流动与社会流动被强制阻断，市场的自发行为最终被国家的计划性统购统销安排所替代；社会参与的自主行为被国家的动员性再组织所替代，市场与社会的自由被禁锢，根本无法为农民提供服务，而只能被纳入国家的公共服务供给路径中，成为政府公共服务供给的协助者，严格遵从着政府的公共服务供给安排。

这种农村社会治理结构与形态以及与之相伴而生的"制度环境"饱受今天的学者诟病。然而，冷静去看待这个特殊时期以及特殊时期的体制与制度产物，还是有一些积极因素值得肯定的。至少具有平均主义色彩，以全能型管控为内核的农村公共服务体系在特殊的时期也发挥出了特殊的作用，短期内便使农村的公共服务水平上升到一定的水平，很大程度上满足了当时的农业生产、农民生活与乡村建设需求。以与农民医疗卫生水平密切相关的人口情况四项指标为例，"人民公社"时期，中国的人口出生率为25.3‰，较1954年下降了12.7‰；人口死亡率为7.2‰，较1954年下降了6.0‰；人口自然增长率为18.1‰，较1954年下降了6.7‰。而人类平均寿命相较于1954年则平均增长了2.75岁，平均达到68.25岁（如表3—38所示）。

表3—38　　　　　　"人民公社"时期中国的人口情况
四项指标（1970—1978年）　　　　　单位:‰、岁

名　称	平均值	较1954年
出生率	25.3	↓12.7
死亡率	7.2	↓6.0
自然增长率	18.1	↓6.7
人口平均寿命	68.25	↑2.75

注：出生率、死亡率为1970年至1978年间的平均值；人口平均寿命为1978年的男女平均寿命。

资料来源：佚名：《1949—2013年中国人口出生率、人口死亡率及人口自然增长率》，2014年5月（http://sina.com.cn）。佚名：《亚洲人的寿命》，2014年9月（http://zhidao.baidu.com）。

　　当然，在肯定积极因素的同时，我们也必须清醒地认识到，"人民公社"时期所取得的成就，很大程度上是建基于新中国成立初期，百废待兴的历史背景上。许多成就的取得皆是从无到有的历史跨越过程，因而在历时比较过程中，这种快速、显著的提升显得异常之快、异常之显著，同时也掩盖了一些突出的矛盾与问题。农村社会的国家化、政治化，集体化的生产、生活与集体动员性的群众运动，很大程度上将"人民公社"时期农村公共服务的巨额成本隐形化，也极大程度上掩盖了相对平均主义和统一性背后所存在的等级不平等、城乡不平等以及地区差距。与此同时，相较于今天而言，"人民公社"时期政府一元化主导的农村公共服务供给的服务水平和层次都较为低下，且禁锢了市场和社会——今天被视为农村社会化服务最主要的参与主体与力量——的发展，从而制约了农村社会化服务体系的变迁进程。

　　就教育而言，尽管这一时期的基础教育有了明显的发展，文盲率大幅降低，但当时所谓的基础教育仅仅是小学教育，不包含中学教育，而当时所定义的文盲标准也极其低。1962 年湖北省黄冈市浠水县里店公社的调查显示，该公社 1961 年应届高小毕业生 117 人，考取初中的只有 14 人，仅占毕业生的 12%，占投考人数的 20%。1962 年应届高小毕业生 95 人，最终能升初中的只有 20 人左右，初中升学率仅为 21.05%。就学生的年龄与能力情况而言，在未升初中的高小学生中，只有 3 人超过 16 岁，可以成为劳动力，其余均为 15 岁以下，也即 90% 左右的小学毕业未升初中学生尚不能成为劳动力，属于应当继续升学的学龄孩子。而究其原因主要还是办学能力不足，教学资源不够，只有少部分是学生和家长不愿意或者因为家庭条件限制而主动放弃升学。据统计，在所有未升初中的学生家庭中，只有 32% 的家庭因为家庭劳动力不足或者经济条件不够而不支持升学，其余 68% 的家庭皆支持孩子升学。①

　　就医疗、卫生水平而言，这一时期的医疗、卫生资源仍然十分稀缺，医疗、卫生条件亟待改善。当时的调查资料显示，1972 年，湖北全省有公社卫生院不足 2000 个，而在所有公社卫生院中，配备齐全无影灯、腹

---

① 湖北省档案馆馆藏资料《关于农村民办中学的调查》（1962 年）。

部刀包、显微镜、恒温箱、三折病床、综合手术床、X 光机等手术、抢救必备医疗装备与器械的公社卫生院不足 60%，到 1973 年也仍然不足 70%，且 1974 年又下降到 60% 以下。如表 3—39 所示，1975 年全省农村区、公社卫生院、所氧气吸入器、X 光机、普通病床、医用水温箱、五官检查器、心电图机等医疗器械装备欠缺量很大。由于没有这些必备设备，导致很多公社卫生院连一般性的小手术都无法开展。另据统计，1975 年，全省医疗装备预算费用需要 480 万元，而全省可使用医疗装备经费却只有 350 万元。[①]

表 3—39　　　　　　　　1975 年全省农村区、公社卫生院、所部分
医疗器械装备欠缺情况　　　　　　单位：台、个

名　称	欠缺量
氧气吸入器	1200
X 光机	744
普通病床	7000
医用水温箱	460
五官检查器	400
心电图机	102

资料来源：根据湖北省档案馆馆藏资料《关于我省农村区、公社卫生院、所医疗器械装备情况和 1976 年的装备建议》整理。

如表 3—40 所示，1965 年湖北省武汉市和黄石市的医疗、卫生事业机构分别只有 716 个、164 个，床位数也分别只有 14035 个与 1668 个，而当时整个武汉市和黄石市的医生，包括中西医、药剂师、检验师在内共计只有 5037 人与 902 人，这一水平显然无法与今天相提并论，而即使在当时也必然是明显不足的。

---

① 湖北省档案馆馆藏资料《关于我省农村区、公社卫生院、所医疗器械装备情况和 1976 年的装备建议》（1975 年）。

表 3—40   1965 年湖北省武汉市和黄石市医疗、卫生事业基本情况

单位：个、名

名称	机构	床位数	医生（中西医、药剂师、检验师）	护士（助产士、药剂士、检验士、保健员等）	行政管理人员
武汉	716	14035	5037	10568	2450
黄石	164	1668	902	1488	332

资料来源：根据湖北省档案馆馆藏资料《湖北省武汉市、黄石市卫生事业机构、床位、人员数情况统计报表》（1965 年）整理。

第四节   本章小结

对农村公共服务体系的研究多起于 20 世纪 70 年代末或 80 年代初，而对改革开放以前的研究较少有人关切。原因在于许多人将其视为当代新生的事物，将其发生与发展、演变与变革的故事限定于改革开放之后。这不仅仅是相关问题研究的缺憾，更是不可回避的短板。中国的农村公共服务体系孕育于改革开放之前数千年的历史长河之中，现如今农村公共服务体系所展现出的变迁脉络与轨迹、所遭遇到的困境，都理应在历史的回溯与反思之中寻找根源，而现如今农村公共服务体系得以重构与发展的策略与路径，也应当在发展与变迁的历史中寻找启发。

运用历史的眼光与视角，借助于历史的回溯与比较研究方法，改革开放前的湖北省农村公共服务体系变迁经历了"自发自为—空窗过渡期—全能型管控"三个阶段。从传统社会时期的自发自为，到合作化运动时期具有过渡性质的短暂"空窗期"，再到"人民公社"时期政府一元化主导的基本体系建立，农村公共服务体系的形塑轨迹清晰展现，且在三个不同阶段展现出了不同的存在形态，呈现出了不同的发展与变迁规律。而这其中农村治理变革的牵引作用不容忽视。历史的发生与演变经验证明，农村公共服务体系均孕育、形塑、发展于农村治理变革之中。政府、市场与社会三者之间的关系演变也在这一孕育、形塑、发展的过程之中。

首先是自发自为阶段。如前文所述，传统社会时期，农村治理的组织形态、层级结构总在不断发展与变革，可谓纷繁复杂。然而，农村社会治理的本质与目标虽经历朝历代，横跨数千年，却并未发生实质性的变革。无论哪朝哪代，皆无外乎控制与汲取，这也即是中国本土话语体系中对治理的核心定义。所谓控制，即是维护农村社会的基本稳定，从而确保皇权统治的稳定，这即是吴理财等学者所称之为的"整合"；所谓汲取，即是基于皇权与国家统治的需求，而面向农村和广大的农民抽取资源，最直接的表现形式即是皇粮国税的征缴与兵役、劳役的摊派。

在控制与汲取的乡村社会治理逻辑牵引下，历朝历代的公共服务都极其有限，服务能力极其弱小，也极少延伸至农村社会，仅仅局限于具有全国性质的大型公共事务，即上文所说的大型水利工程、全国性灾害防治与救济上。依托于乡绅与宗法共同体来维持农村社会的稳定，向乡绅与宗族转移农村公共事务负担，减轻公共事务支出压力，是皇权统治的必然选择。农村公共服务极为欠缺，"不求政府，但求于己，听天任命"是农民的基本生存法则，农民依靠个体力量所无法获取的教育、医疗、卫生以及资金借贷、生产帮扶等服务需求，只能寄希望于乡绅和宗法共同体来实现最低层次的满足。不仅服务的层次较低，水平较低，服务的广度与深度也都严重不足。

传统社会时期，市场与社会主体在一定程度上弥补了政府公共服务的不足，也对乡绅与宗法组织的为农服务给予了一定的补充。在极为有限的生存与发展之中，市场主体已然在参与农村服务的供给，为农民提供了初级文化属性的服务以及娱乐性服务，充当了家庭自产不自用物品与需用不自产物品的基本交换，成为有限商品经济体系中，农产品和手工业品向上流动进入市场体系的起点和农民生产、生活所需消费品向下流动的终点。相较于市场参与，传统社会时期农村服务供给的社会参与要更加活跃，突出表现在宗教系统以及其他民间公益组织在水利建设、教育以及社会保障上的贡献。不可否认的是，市场与社会主体的服务都极为有限，又多表现出较强的自发性、偶发性与被动性。

其次是"空窗过渡期"阶段。合作化时期，在中国共产党所代表的新生政权领导下，传统社会以乡绅和宗法为依托的农村之治结构彻底被瓦解，以国家权力下渗，重新整合为特征的现代农村治理结构开始形塑。伴随着农村治理的变革，传统社会以乡绅、宗法共同体为中心的农民自我服务供给体系被彻底消解,以控制和汲取为目的的国家公共服务体系正在准备进入。中国共产党领导的新中国挣破存续数千年的传统社会体制与封建文化之蛊的束缚。然而,合作化时期并没有实现新旧变革的平稳对接与及时同步,旧破与新立之间出现了过渡空隙。因而,无论是合作化时期的农村治理还是农村服务都带有摸索性质、过渡性质,农村服务更是经历了一段时间和一定程度的"空窗过渡期"。以互助与合作为核心的合作化运动除了在农业生产恢复与发展上发挥出了一定作用之外,无法为农民提供生产、生活所必需的基本服务,农民既失去了传统社会延续而来的以乡绅为中心的公共服务供给和以宗法共同体为中心的自我服务供给保障,也缺乏新的乡村社会治理"叙述框架"的有效依靠。

这一阶段市场与社会主体在夹缝中艰难生存,并未发挥出有效的服务供给作用。市场在经历了短暂的复苏之后,即被国家权力下渗的人为干预所阻断,被高度的政治化、国家化所淹没。而具有反封建、官僚资本主义性质的土地改革与合作化运动从客观上阻碍着传统社会那些具有民间公益性质,但也带有较强封建或者官僚资本主义性质的社会力量的复苏。

最后是全能型管控阶段。国家权力的强力下渗,高度统合的农村治理结构的强制性植入,高度计划性的生产与分配体制的全面贯彻与严格执行,以及对农业生产与农民生活方方面面的全能型管控,形塑出了一个"缺乏生机"的农村社会治理结构与形态,并催生了由政府一元化主导的农村公共服务体系。而被植入"计划性芯片"的市场与被植入"动员性芯片"的社会虽未消亡,但却被强有力的国家权力所同构。

在政府的一元化主导下,中国建立起了包含农业生产服务机构与体系、农民生活服务机构与体系、农村建设服务机构与体系在内的农村公共服务体系,像一张大而密的网络铺盖在农民生产、生活的各个角落,促进了水利建设、灌溉等农业基础建设的发展,也使得中国的教育、医疗、卫生与社会保障服务体系基本得以健全,相应地,农民的生产与生活有了改善。然而,特殊时代所造就的全能型管控也掩盖了一些突出的矛盾与问题。相对平均主义和统一性背后的等级不平等、城乡不平等以及地区差距严重。同时,相较于今天,"人民公社"时期的农村公共服务无论水平还是层次都较为低下,且禁锢了市场和社会——今天被视为最主要的参与主体与力量的发展，从而制约了农村公共服务体系的变迁进程。

一场摧枯拉朽般的暴风骤雨正在悄然来临，它同时带着极强的历史偶然与必然色彩，以迅雷不及掩耳之势席卷了整个中国大地，强势性地改变了与农村社会治理、农村公共服务体系有关的一切。

第四章

改革开放后（税费时代）的湖北省农村公共服务体系

1978 年，当改革开放的大旗冉冉升起之时，一股让世人措手不及的农村治理变革力量正在汇聚，不仅惊扰了所有人的"人民公社"睡梦，也在一夜之间将这个伟大的国家推向时代的风口。"大风起兮云飞扬。"这股农村治理变革的力量是神奇的，也是这个时代和这个时代的人们所始料未及的。这股力量和风潮不仅仅让长达 20 年之久的一个时代一夜之间土崩瓦解，也让这个伟大的国家迎来了数十年的黄金发展时期。安徽凤阳县梨园公社小岗村 18 位因饥寒交迫而无可奈何的农民，无论如何也想象不到，冲动的冒险不仅没有带来冲动的惩罚，还改变了自己的命运，更是敲开了一个新时代的大门。延续至今已经 40 年的家庭联产承包经营即是以这样一个富有传奇而又戏剧性的开场开创了一个新时代。高度组织化、国家化、政治化的农村社会形态失去了旋律，政社合一、一大二公、一元化领导的农村治理结构也正式成为历史。

无论是措手不及还是始料未及，传奇而又戏剧性是因为在这个新的时代里，这股强劲的力量和风潮所呈现出的是一种反转之势，所蕴含的是一种倒逼性的历史发展逻辑。它所彰显出的并非传统社会以降，自上而下、由内而外的强制性制度变迁路径，而是以一种逆向的趋势，呈现出自下而上、由外而内的诱致性制度变迁路径，并最终走向自上而下、由内而外与自下而上、由外而内结合的"二元互动"制度变迁路径①。

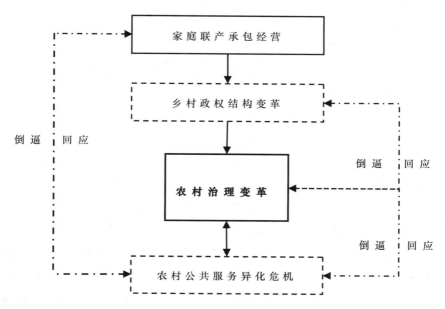

图 4—1　农村治理变革与农村公共服务体系"二元双向互动性"关系模型

　　农村治理变革影响着农村公共服务体系变迁，这是数千年历史发展的规律总结，然而农村公共服务体系的变迁在悄然地倒逼着农村治理的进一步变革却是这个时代所开启的新鲜创举。这是一种倒逼与回应并存的"二元双向互动性"关系（如图 4—1 所示）。农村治理的倒逼性变革，治理内涵与功能的变化，以及与治理变革相伴而生的财政体制、行政运行机制最终导致农村公共服务异化危机，产生了农村服务供给变革的倒逼性推力。农村公共服务体系的异化危机和应对给农村治理提出了新的变革要求，客观上又产生了一种反向的农村治理

---

　　①　制度变迁理论认为，制度变迁是新制度产生，旧制度被否定、扬弃的发展过程。在制度变迁理论大师道格拉斯·C. 诺思看来，制度变迁有两条主要途径：强制性制度变迁与诱致性制度变迁，也有人将其称为供给导向型制度变迁与需求导向型制度变迁。强制性制度变迁与诱致性制度变迁并非二元对立，而往往存在"二元互动"关系。强制性与诱致性往往相互影响，共同作用于制度变迁。［美］道格拉斯·C. 诺思：《经济史中的结构与变迁》，陈郁等译，上海人民出版社 1994 年版。［美］道格拉斯·C. 诺思：《制度、制度变迁与经济绩效》，杭行译，格林出版社 2008 年版。

变革倒逼推力，倒逼农村治理的进一步变革。在双向倒逼与回应作用下，农村治理与农村公共服务体系之间最终形成"二元双向互动性"关系结构。

第一节　农村治理变革的倒逼与回应

"中国的改革始于农村，家庭联产承包经营的发明权是农民的，农村改革的好多东西也都是基层农民所创造出来的。"① 邓小平无疑肯定了家庭联产承包经营的逆向倒逼作用，而事实上家庭联产承包经营的创造也源于倒逼的力量，它是"人民公社"给农民带来的艰难困苦以及农民基于对基本生存的渴望而逼出来的创造。回顾历史，全国最早实行包产到户的原海康县（今雷州市）北和公社潭葛大队党支书吴堂胜在回忆中说道："包产到户是因为穷，没有办法，才逼出来的"②；最早实行包产到组的原四川广汉县（今广汉市）西高公社五大队二小队队长莫诗富在回忆中也坦言："当年悄悄分田，并非是出于高觉悟，也非意识超前，最主要还是因缺粮食，吃不饱饭所逼的"③；而被誉为最先实行家庭联产承包经营制的安徽省凤阳县梨园公社小岗村和首创"包产到户"的永嘉县雄溪燎原社也同样是基于这样一种"被逼"的创造逻辑④。或许正是源于这样一种被逼出来的创造逻辑，最终才铸就了家庭联产承包经营对农村治理，乃至对整个中国政治经济体制改革自下而上的逆向倒逼。

家庭联产承包经营满足了农民的自我生产、生活需求，极大地调动了农民的生产、生活积极性。然而家庭联产承包经营的创造是基于

---

① 《邓小平文选》第 3 卷，人民出版社 1993 年版，第 382 页。

② 李满青：《中国试行包产到户改革的先行者——吴堂胜——记原海康县（今雷州市）北和公社潭葛大队的党支部书记》，2015 年 8 月（http://zjphoto.yinsha.com/file/200810/2008102911185833.htm）。

③ 李成刚：《包产到组：1976 年的广汉"破茧"》，《中国经济时报》2015 年 8 月 14 日。

④ 安徽省凤阳县梨园公社小岗村被誉为中国家庭联产承包经营第一村，因而在中国的改革历史上有着重要地位，以至于今天的人们普遍认为小岗村即是"家庭联产承包经营"的发祥地，而事实上"包产到户"是由浙江省永嘉县雄溪乡燎原社于 1956 年首创的，广东的海康县（今雷州市）、四川的广汉县（今广汉市）实行包产到户也都要早于小岗村。

对"人民公社"体制所存在的"大一统、绝对平均主义、政社不分"等制度性和体制性弊病的直面回击，这也就决定了家庭联产承包经营的实行必将改变"人民公社"时期的生产关系，重构"人民公社"时期所形成的国家与农民关系，进而对"人民公社"时期的乡村行政运行体制产生巨大的冲击。生产关系的调整，经营权、使用权的重新再分配，使得一大二公的集体化生产、生活基础不复存在。土地按照家庭人口平均承包给农户，农用具、粮食以及其他生产、生活资料均按照平均分配原则分给农民，"人民公社"的集体生产经营权、组织生活管控权最终被农民以家庭为单位的自我生产经营权和自由生活支配权所瓦解和替代，农民不再是依附于公社的组织一员，而成了有自我决定权的生产、生活独立个体。农民的生产、生活冲破了集体组织和统购统销计划经济体制的双重禁锢，日益社会化和市场化，货币的中介与价值公约作用日益被彰显，从而形成一股倒逼农村治理变革的强劲推力①。

由集体到分门独户，由"大一统"的组织单元到千家万户的原子化个体，家庭联产承包经营的实行极大地压缩了国家权力强制整合乡村的有效运行空间，式微了国家权力的乡村社会整合。农民一家一户的分散化生产、生活，挣脱了"人民公社"时期延伸到每家每户、每个农民的国家权力触角的束缚，极大地压缩了国家权力对乡村社会生产、生活的控制与干预、动员与命令的行使空间，肢解了"人民公社"所彰显的农村治理的控制权威，使"人民公社"所赖以生存的管理运行方

---

① 邓大才认为家庭联产承包经营的推行推动了农民生产、生活的社会化、市场化或者说加速了农民的社会化、市场化。正如邓大才所言，社会化就是货币支出的代名词，社会化需要货币媒介和货币支撑，徐勇对于社会化、市场化与货币化有着更加经典的概括，他认为小农的社会化就是"货币下乡"。因而，随着农民生产、生活的日益社会化、市场化，农村既不再是费孝通所说的传统社会时期的那种"熟人社会"，也不再是"人民公社"时期那种紧密相连、高度国家化、政治化的共同生活空间，货币以及围绕货币而生成的生产、生活交换关系充斥着乡村社会，货币的中介作用与价值化约作用日益被彰显。正如谭同学所言，货币最终成为化约乡村社会生活秩序一切因素的隐性权力。这种权力不仅仅中介了国家权力，也以财政的外在形态左右着乡村政治生态系统，从而形成一种强劲的倒逼农村治理变革的推力。邓大才：《小农政治：社会化小农与农村治理》，中国社会科学出版社 2013 年版，第 134—160 页。谭同学：《楚镇的站所——乡镇机构生长的政治生态分析》，中国社会科学出版社 2006 年版，第 50—100 页。贺雪峰：《新乡土中国：转型期乡村社会调查笔记》，广西师范大学出版社 2003 年版，第 30—40 页。

式失去效力。与此同时，农民生产、生活的社会化、市场化，促使货币中介、公约了农村治理的资源汲取功能，从而倒逼着农村治理功能的变革与重构。

"中国最底层的农民和最高层的政治家一起行动，翻开了历史的新篇章。"① 家庭联产承包经营的逆向倒逼固然重要，而国家权力自上而下的顺势回应也不容忽视。家庭联产承包经营的创造是迫于生存的被逼无奈，而这种被逼无奈的创造恰恰满足了农民的生产、生活需要，极大地调动了农民生产的积极性。因而人们普遍认为由家庭联产承包经营所带来的农村治理变革，乃至中国政治经济体制改革的关键在于乡村社会与广大农民对改革的呼唤和对国家权力的倒逼，也因此人们往往放大了家庭联产承包经营的倒逼作用，从而忽略了国家权力自上而下的顺势回应作用。事实上，倒逼与回应密不可分，家庭联产承包经营的倒逼作用的真正实现最终取决于农村治理变革自上而下的顺势回应。

就家庭联产承包经营而言，今天的人们普遍认为家庭联产承包制最先创立并实行于 1978 年的安徽省凤阳县梨园公社小岗村，但历史证明，以包产到户、包产到组为雏形的家庭联产承包制最早于 1956 年已经出现在浙江永嘉县。这一年，浙江永嘉县的燎原生产合作社第一个试行包产到户，提出了"三包到队，责任到户，定额到丘，统一经营"的理念，次年，该地区已有一千多个社、17 万户实行了包产到户②。经历了反右倾斗争阻挠后的 1958 年冬到 1959 年春，江苏、甘肃、湖北、陕西等地又再次创造出"包工到户，包产到田，个人负责，超产奖励"的包产到户制度③。到 1961 年，广汉县（今广汉市）搞包产到组的生产队有 15 个、包产到户的生产队有 110 个④。当年，湖北南部的 6 个县已经有 30% 左右的生产队自发地搞起了"包产到户"，并持续坚持到农村"四清"运动和大

---

① 佚名：《忆小平：1978.12 历史转折点上的巧合》，《四川日报》2004 年 8 月 12 日。

② 陆学艺：《家庭联产承包经营研究》，上海人民出版社 1986 年版，第 30—34 页。杜润生：《中国农村改革决策纪事》，中央文献出版社 1999 年版，第 35—40 页。

③ 中华人民共和国国家农业委员会办公厅：《农业集体化重要文件汇编》（下），中共中央党校出版社 1981 年版，第 249—270 页。

④ 李成刚：《包产到组：1976 年的广汉"破茧"》，《中国经济时报》2015 年 8 月 14 日。

规模阶级斗争才临时被废止①。进入 20 世纪 70 年代，广东的紫金县早在 1975 年已经"秘密"开始包产到户②；而 1976 年四川广汉县（今广汉市）和 1977 年海康县（今雷州市）先后实行的包产到组与包产到户都要早于安徽省凤阳县梨园公社小岗村③。

在今天看来，小岗村包干到户之前的历次有关家庭联产承包经营的改革尝试与小岗村的包干到户并无差别，所应当蕴含的倒逼性作用也并无二致，至少在当时的地区、市，乃至省级层面这种倒逼作用已经发酵，但最终却未能上升至国家层面，究其原因就在于，相较于小岗村包干到户时期，之前的历次改革与尝试不仅未获得党和国家领导人的顺势回应，相反却受农村"四清"运动和反右倾斗争的影响而"夭折"。而小岗村包干到户在面临巨大的争议和阻力之时，邓小平、万里等党和国家领导人审时度势，自上而下地给予了积极回应，最终成就了家庭联产承包经营对农村治理变革的倒逼④。因而，上层政权组织对家庭联产承包经营自下而上的积极回应是家庭联产承包经营倒逼作用得以实现的关

---

① 农村"四清"运动最早由毛泽东于 1963 年的中央会议上提出，当时的"四清"主要指清理账目、清理仓库、清理财务和清理工分，到 1965 年初的中央工作会议，毛泽东主持通过了《农村社会主义教育运动中目前提出的一些问题》，将"四清"定义为清政治、清经济、清组织和清思想。"四清"运动在打击农村的封建迷信、强迫命令、瞎指挥等不良作风方面发挥了一定作用，然而由于贯彻了"以阶级斗争为纲"的思想，导致"四清"运动扩大化。当时已经在各地兴起的农村包产到户最终被视为走资本主义道路而遭到严厉打击。中共咸宁市委党史研究室：《中共咸宁简史》，中央文献出版社 2001 年版，第 185—195 页。

② 据记载，1975 年广东紫金县上义公社光锋大队黄坑排生产队队长孙木林召集全队社员开会，表决通过了一份分田到户的"秘密协议"。自此率先开创了广东省分田到户之先河。胡新科：《广东"分田单干第一人"忆当年比安徽小岗村早 3 年包产到户》，《南方农村报》2014 年 12 月 16 日。

③ 李成刚：《包产到组：1976 年的广汉"破茧"》，《中国经济时报》2015 年 8 月 14 日。李满青：《中国试行包产到户改革的先行者——吴堂胜》，2008 年 10 月（http：//zjphoto.yinsha.com）。

④ 1977 年，在时任安徽省委书记万里的支持下，安徽全省工作会议上通过了《关于当前农村经济政策几个问题的规定》，允许生产队实行定任务、定质量、定工分的责任制，被誉为著名"安徽六条"。1980 年家庭联产承包经营面临巨大争议，并遭到华国锋等党和国家领导人的否定，而邓小平及时地给予了有力的支持，他同中央负责人就相关问题发表了自己的看法，充分肯定了家庭联产承包经营，而后在邓小平、万里、杜润生等党和国家领导人的支持下，1982 年中国第一个关于农村工作的一号文件正式出台，最终确立了家庭联产承包经营。《邓小平文选》第 3 卷，人民出版社 1993 年版。

键性因素，这也意味着家庭联产承包经营之后的农村治理变革有其客观的国家权力主导逻辑，从而使得"人民公社"的废除和乡政村治的建立顺理成章。

W. 理查德·斯格特认为，"权力结构并非自生之物，而是组织运作和环境反应的共同产物"。① 家庭联产承包经营自下而上的逆向倒逼不仅瓦解了"人民公社"时期国家社会化整合所依赖的集体生产、生活基础，使乡村社会环境发生巨大变化，也极大地压缩了国家权力对农村、农户的整合空间，斩断了国家权力伸展至农村的权力触角，解构了农村治理的管控权威，国家依赖强制性权力有效控制和汲取乡村社会资源的政治文化基础从根本上被动摇，"人民公社"所赖以生存的管理运行方式失去效力。庆幸的是，这种逆向倒逼并未重蹈国家权力"浇灭"与强制性再整合的覆辙，而是获得了自上而下的顺势回应——国家对乡村政权结构的重构——进而建构起乡政村治治理新格局。1982 年，党和国家在总结村民委员会自治经验的基础上，将农民自治纳入《八二宪法》，赋予其为农村基层群众性自治组织的地位，并于 1987 年颁布《中华人民共和国村民委员会组织法》。1983 年，撤社建乡工作展开，到 1985 年，"人民公社"已被全部废除②。乡政村治格局的形成，标志着乡镇政府取代公社成为农村治理的组织，村委会成为农村自治组织。村民自治与撤社建乡，标志着农民将在村庄内部的公共事务处理上实现自我管理，村组织、村干部与国家政权之间的行政隶属、命令—服从关系被指导与协助关系所取代③，也意味着农民的民主意识、权利意识和法律意识不断增强。最终国家权力实现双向"回抽"④，农村治理由管控、汲取逐步迈向管理与服务。

湖北省的改革开放进程略微晚于几个改革先锋省份，但大体上与全

---

① ［美］W. 理查德·斯格特:《组织理论:理性、自然和开发系统》，黄洋译，华夏出版社 2002 年版，第 133 页。

② 到 1985 年，全国的"人民公社"已经全部被 79306 个乡、3144 个民族乡和 9140 个镇取代。国家统计局:《中国统计年鉴 (1997)》，中国统计年鉴出版社 1998 年版，第 360—370 页。

③ 当然这种指导与协助关系到后税费时代发生了异化，再次重回到命令—服从关系上。

④ 国家权力的"回抽"这一概念最早由黄宗智提出，后来姚锐敏等学者发展了这一概念。［美］黄宗智:《长江三角洲小农家庭与乡村发展》，中华书局 2000 年版，第 320—350 页。姚锐敏:《"行政下乡"与依法行政研究》，博士学位论文，华中师范大学，2008 年，第 60—80 页。

国的总趋势相吻合。1982 年全省有 92% 的生产队和 87.7% 的农户实行了联产承包责任制。1983 年以后，全省实行以家庭承包经营为主的各种形式的联产承包责任制有 16.78 万个生产队，占生产队总数的 99.9%；联产承包的农户 814.53 万户，占总农户的 96.3%，其中，实行大包干的生产队 26.59 万户，占实行责任制总数的 99.3%[①]。湖北省的农村治理变革进程要略晚于全国的发展进程。1985 年底，湖北省有区公所 621 个，乡政府 3906 个，其中，县辖乡 185 个；镇政府 803 个，在镇政府中，区级镇 301 个；村委会 3.24 万个、村小组 25.85 万个。到 1987 年底，湖北全省农村（除鄂西州外）又进行了撤区并乡（镇）的体制改革。到 1989 年，湖北省共有乡政府 1127 个、镇政府 843 个、村民委员会 32727 个、村民小组 260577 个[②]，基本完成了乡政村治治理结构的建构。

第二节　湖北省农村公共服务体系的解体与再造

"人民公社"时期，在对乡村社会资源的统合和对社会生活全面管控的背景下，农村的服务供给以政府一元化主导下的农村公共服务体系为支撑，几无所谓的市场与社会供给。农村公共服务体系依托于内生型的组织结构，形成了农业生产服务机构与体系、农民生活服务机构与体系、农村建设服务机构与体系三大衍生组织结构与子系统。农村公共服务体系的有效运转依赖于强有力的政治与行政动员，借助于自上而下的权力植入路径，通过自上而下，由内而外的单一输出路径，来承担和管控农村的各项公共服务。在这一特殊时期与特殊的乡村社会治理网络中，通过特殊的手段与方式而建构起的农村公共服务体系组织结构与子系统紧密而有效，满足了农村社会治理的需要，也发挥出了一定的社会效用。相较于之前的任何时期，依附于"人民公

---

① 湖北编辑委员会：《湖北农村经济（1949—1989）》，中国统计出版社 1990 年版，第 3 页。

② 同上。

社"的农村公共服务体系给农民的生活带来了巨大的便利,也为这一时期农民的生产与发展贡献出了显著的力量(前文就有关问题有过详细的阐述,此处不再赘述,参见改革开放前的湖北省农村公共服务体系)。

随着家庭联产承包经营所代表的新时代的来临,在撤社建乡和乡镇行政管理体制改革的席卷之下,"人民公社"和与之相伴随,带有极强特殊性的乡村社会治理结构与形态旋即被消解。印有特殊时代烙印的农村公共服务体系失去了其生与长的土壤与空间,也失去了其存在的意义和价值,逐渐在改革的浪潮之中被解体。而在撤社建乡和乡镇行政管理体制改革的同步进程之中,原有农村公共服务体系的组织结构被重新整合进了新的乡政村治叙事框架中,人们给其冠以十分形象的称谓——"七站八所"。这种变迁与整合,并非只是组织名称的变换,也不仅仅是行政归属的调整,而是从使命到意义,从运行机制到权力构架的全新塑造。就组织结构本身的属性和运行机制而言,当时湖北省和全国其他各省的乡镇"七站八所"皆被划分为三类机构,如表4—1所示。三类机构之间既有共同点,也有一定的差异性。第一类机构直接构成乡镇直属事业部门,包括房管所、农机站、农技站、水利站、城建站、计生站、文化站、广播站、经管站等,这一机构由乡镇政府直接领导,人们形象地称之为"块"状组织结构与管理体制;第二类是上级职能部门与乡镇共同管理的部门,包括司法所、土管所、财政所、派出所、林业站、法庭、卫生院等,人们形象地称之为"条""块"结合的组织结构与管理体系;第三类则是由上级职能部门直接管理的部门,包括国税分局所、邮政电信所、供电所、工商所、信用社等,人们则形象地称之为"条"状组织结构与管理体制。

"人民公社"时期的农村公共服务体系所对应的农村基础建设、农业科技、教育、医疗、卫生、社会保障、文体娱乐、规划发展、生态环保等农民生产、生活所不可或缺的农村公共服务,相应地划转给"七站八所"各类部门,成为其组织存在的主要权责与义务。

表4—1　　　　　家庭联产承包经营（税费时代）湖北省乡镇

"七站八所"的组织结构与管理体制分类

机构属性	主要机构	管理体制①
乡镇直属事业部门	房管所、农机站、农技站、水利站、城建站、计生站、文化站、广播站、经管站	"块"状管理
上级职能部门与乡镇共同管理	司法所、土管所、财政所、派出所、林业站、法庭、卫生院	"条""块"共治
上级职能部门直管	国税分局所、邮政电信所、供电所、工商所、信用社	"条"状管理

资料来源：根据对湖北省咸安区以及其他县（市）的实地调查。

　　在撤社建乡和乡镇行政管理体制改革的初期，乡镇"七站八所"的组织架构和人员配备皆带有国家权力整合色彩，从一开始乡镇"七站八所"即被视为行政化的官僚组织，因而在改革初期，所有乡镇"七站八所"皆成了科层化的机关单位，站所人员基本也由"人民公社"时期的"亦工亦农"转变为列入国家编制的工作人员②，而站所的日常运转和服务职能的履行主要依靠财政拨款、农村集体组织筹资与农民上缴的税费。乡镇"七站八所"在行政化的命令与指导下，遵循着行政化的运行体制与机制，为广大的农民提供农村公共服务。在改革的初始时期，新生的组织发挥出了新生的力量。总体上而言，由乡镇"七站八所"所主导的农村公共服务体系很快地接续上了"人民公社"时期已然存在的农村公

---

　　①　人们形象地将乡镇政府对直属"七站八所"的管理称之为"块"状管理，将上级职能部门对直属的"七站八所"的自上而下的管理称之为"条"状管理。而所谓"条块"共治同样是一种形象的称谓，是指上级职能部门与乡镇政府按照站所所承担的职能的不同，遵循一定的人、财、物、事权分配原则对"七站八所"实行分别和共同管理。吴理财：《从管治到服务：乡镇政府职能转变研究》，中国社会科学出版社2009年版，第100—130页。袁方成：《使服务运转起来：基层治理转型中的农村公共服务》，博士学位论文，华中师范大学，2006年，第10—20页。

　　②　"人民公社"时期，公社各公共服务组织（站所）中的工作人员大多属于不脱离农业生产的农民，在工分与分配制度下，工作人员基本是从生产队带口粮到公社工作，而进入家庭承包经营（税费）时代，乡镇"七站八所"的工作人员大多实现了"非农化"转制，脱离农民身份，而成为列入国家编制的工作人员。

共服务，保障了农民的各项服务需求。这种接续实现了撤社建乡和乡镇行政管理体制改革的平稳过渡，保障了农村公共服务体系变迁的稳定性，并未造成大的脱节与对接不畅矛盾。至于改革初期之后的发展状态则是另外一番图景了（下文将专门阐述）。而从农村公共服务体系的各项具体服务而言，个中有升有降、有增有减，呈现出显著的差异性。

就与农业生产相关的各项公共服务而言，升降、增减现象较为明显。1949—1989 年，湖北省全省水利建设投入共计 35.09 亿元，占全省总投资的 9.75%。其中 1976—1980 年"五五"期间投资 7.53 亿元，占同期全省投资的 12.54%。"六五"期间，水利基建投入减少 3.35 亿元，投入比下降到全省投资的 5.08%，1979 年列入省级水利基本建设地方项目投入 12840 万元，其中地方统筹 9840 万元，省财政自筹 3000 万元；1980 年投入 9299 万元，其中地方统筹 7399 万元，比 1979 年减少 2441 万元，省财政自筹减少 2000 万元。1981 年在 1980 年的基础上进一步压缩投入，全省水利基建地方项目投入减少到 5439 万元，其中地方统筹 4439 万元，省财政自筹 1000 万元。直到 1984 年后地方项目投资又开始逐渐增加，到 1988 年才恢复到 1980 年的水平[1]。如表 4—2 所示，1978—1989 年的 12 年间，湖北省的大型水库基本维持在"人民公社"时期兴建的 47 座，但大型水库所能够有效覆盖的灌溉面积已经从 1978 年的 1066.90 万亩下降到 1989 年的 977.66 万亩，下降了 8.36%；中型水库由 1978 年的 213 座增加到了 1989 年的 230 座，增加了 17 座，中型水库所能够有效覆盖的灌溉面积由 1978 年的 448.37 万亩增加到 1989 年的 526.35 万亩，增加了 18.82%；小型水库由 1978 年的 5838 座下降到 1989 年的 5502 座，减少了 336 座，减幅达 5.76%，小型水库所能够有效覆盖的灌溉面积随着小型水库数量的减少而缩减。从水库总量上看，1978—1987 年，水库总量呈逐年增长趋势，而 1987 年开始又呈现出逐渐缩减趋势。总体上，湖北省 1989 年的水库数量较 1978 年的 6098 座减少到 5779 座，减少了 319 座，减幅达 5.23%。有效灌溉面积 1978—1985 年呈现逐渐降低趋势，到 1986—1989 年又呈现逐渐上涨趋势。湖北省 1989 年的水库总有效灌溉面

---

[1] 湖北编辑委员会：《湖北农村经济（1949—1989）》，中国统计出版社 1990 年版，第 88 页。

积较 1978 年的 1940.29 万亩增加到 2025.29 万亩，增加了 85 万亩，增幅为 4.38%。

表 4—2　　　　　**1978—1989 年湖北省的水利建设与修整情况**　单位：座、万亩

年份	水库	有效灌溉面积	大型水库		中型水库		小型水库	
			数量	有效灌溉面积	数量	有效灌溉面积	数量	有效灌溉面积
1978	6098	1940.29	47	1066.90	213	448.37	5838	425.02
1979	6200	2002.77	47	1077.37	220	498.19	5933	427.21
1980	6280	1959.78	47	1134.98	224	452.12	6009	372.68
1981	6215	1952.34	47	1094.76	220	469.52	5948	388.06
1982	6260	1935.66	47	1108.17	223	474.43	5990	353.06
1983	6287	1925.46	47	1107.91	224	468.73	6016	348.82
1984	6302	1893.58	47	1102.10	226	460.15	6029	331.33
1985	6326	1868.99	47	1018.16	228	581.54	6051	269.29
1986	6347	1996.44	47	1078.12	230	497.58	6070	420.74
1987	6352	1989.66	47	994.42	228	539.28	6078	455.96
1988	6209	1974.64	47	957.89	229	532.12	5933	484.63
1989	5779	2025.29	47	977.66	230	526.35	5502	521.28

　　资料来源：湖北编辑委员会：《湖北农村经济（1949—1989）》，中国统计出版社 1990 年版。

　　如表 4—3 所示，1978—1989 年的 12 年间，湖北省的农业机械化和农田灌溉情况也呈现出不规律的下降趋势。1978 年机耕面积为 1800.39 万亩，1979 年增加到 1934.93 万亩，增加了 134.54 万亩，增幅为 7.47%。但从 1980 年开始，到 1987 年，机耕面积呈现逐年显著下降趋势，1987 年较 1979 年减少了 1212 万亩，减幅达 62.64%。1988 年、1989 年又呈现出显著的上升趋势，但仍然没有恢复到“人民公社”末期的水平。最终，1989 年较 1978 年的机耕面积减少了 274.41 万亩。机播面积从 1978 年到 1989 年总体上出现显著的下降，尽管有个别年份出现一定的增长，1989 年的机播面积为 64.49 万亩，较 1978 年的 325.27 万亩减少了

260.78 万亩,减幅达 80.17%。机插也遭受到与机播相同的命运,机插面积从 1978 年的 87.94 万亩,减少到 1989 年的 3.09 万亩,减幅达96.49%。1978—1989 年的 12 年间,机收面积在经历了近十年的下降后,到 1989 年基本恢复到"人民公社"时期的水平。机灌与电灌则呈现出相反的境遇。机灌面积从 1978 年的 1481.92 万亩减少到 1989 年的 878.66万亩,减幅达 40.71%,电灌面积则从 1978 年的 480.67 万亩增加到 1989年的 1159.68 万亩,增幅达 141.26%。机电井数增幅十分明显,从 1978年的 5745 眼增加到 1989 年的 8157 眼,增幅高达 41.98%。

表 4—3   1978—1989 年湖北省的农业机械化和农田灌溉情况   单位:万亩、眼

年份	机耕面积	机播面积	机插面积	机收面积	机灌面积	电灌面积	机电井数
1978	1800.39	325.27	87.94	124.84	1481.92	480.67	5745
1979	1934.93	298.86	49.06	135.18	1427.22	593.76	6365
1980	1789.81	315.88	29.40	129.69	1391.53	604.18	6383
1981	1664.57	207.15	9.39	119.47	1433.92	671.81	6469
1982	1439.64	158.56	4.80	104.05	1397.74	758.37	6538
1983	1182.49	123.71	3.86	79.96	1249.46	860.65	6147
1984	1045.05	98.46	1.19	82.13	1134.57	934.59	5853
1985	868.64	74.36	0.33	72.04	1044.26	984.64	5657
1986	815.48	75.25	0.22	83.91	972.05	1098.54	5907
1987	722.93	60.82	0.17	81.91	859.50	1126.93	5936
1988	1329.59	51.48	4.97	78.65	879.58	1115.57	7054
1989	1525.98	64.49	3.09	121.74	878.66	1159.68	8157

资料来源:湖北编辑委员会:《湖北农村经济(1949—1989)》,中国统计出版社 1990 年版。

农业机械拥有量是衡量农业机械化水平的核心指标,也是影响农村公共服务水平的关键变量。从 1978—1989 年湖北省的主要农业机械拥有量情况来看,湖北省的农业机械化水平总体上呈现出显著的上升趋势,改革开放之后的水平要明显高于"人民公社"时期的水平。如表

4—4 所示，1978 年湖北省的农业机械总动力为 616.07 万千瓦，而 1989 年的农业机械总动力增长到 1118.77 万千瓦，增幅达 81.60%；1978 年湖北省的大中型拖拉机、小型拖拉机分别为 28155 台、77491 台，而 1989 年分别增长到 87383 台和 174923 台。1989 年湖北省的大中型拖车、机耕（滚）船、农用汽车分别为 90107 台、83120 台、15638 辆，较 1978 年分别增长了 40903 台、60259 台、11898 辆，增幅分别为 83.13%、263.59%、318.13%。值得一提的是，大中型机引农具出现了明显的下降，从 1978 年的 46589 部减少到 1989 年的 24949 部，减幅达 46.45%，这其中农业生产方式的变革，使得对大中型机引农具的使用率降低是主要原因。

表 4—4　　　　1978—1989 年湖北省的主要农业机械拥有量情况

年份	农业机械总动力（万千瓦）	大中型拖拉机（混合台）	小型拖拉机（混合台）	大中型机引农具（部）	大中型拖车（台）	机耕（滚）船（台）	农用汽车（辆）
1978	616.07	28155	77491	46589	49204	22861	3740
1979	717.15	33006	98271	50038	62508	26485	4472
1980	772.53	36412	108911	49902	71957	34546	5546
1981	797.36	36968	114370	47259	69281	28024	6108
1982	813.21	37153	117293	43098	63920	35252	5524
1983	829.58	41037	125509	37955	57312	38349	5950
1984	859.37	47912	140013	28880	46853	46266	8406
1985	910.94	57229	146168	23924	49477	52566	11610
1986	1001.51	63650	158576	21159	56917	61616	12814
1987	1064.89	75238	175358	21117	51984	78068	14129
1988	1153.72	86430	175835	23847	89067	85641	21970
1989	1118.77	87383	174923	24949	90107	83120	15638

资料来源：湖北编辑委员会：《湖北农村经济（1949—1989）》，中国统计出版社 1990 年版。

从化肥使用情况来看，如表 4—5 所示，1978—1992 年湖北省的使用总量呈现显著的上升趋势，很大程度上满足了农业生产的需求。氮、磷、钾和复合肥等主要化肥的实物使用量逐年增长，其中 1992 年的氮、磷、钾肥使用总量分别较 1978 年增长 4. 25 倍、2. 38 倍、3. 93 倍。

表 4—5　　　　　　　1978—1992 年湖北省的化肥实物使用情况　　　　单位:吨

年份	氮 肥	磷 肥	钾 肥	复合肥
1978	928970	605770	48725	—
1979	1375200	559200	67700	—
1980	1754570	586337	50782	39738
1981	1759122	568364	45721	71292
1982	2113822	746739	61189	96428
1983	2335263	870090	66045	116291
1984	2471945	998588	105717	142968
1985	2542433	1055101	114290	162147
1986	2958944	1250510	113458	164705
1987	3269967	1377742	125081	205957
1988	3553199	1522295	127748	253350
1989	3737940	1662382	151516	337553
1990	4041159	78899	174598	468154
1991	4116039	2029311	211757	527588
1992	4133474	2046127	240047	617313

注:表中 1990 年、1991 年、1992 年的数据是按照实物量统计,1992 年之后则是按照折纯量统计。其中,1978 年、1979 年的复合肥使用量数据缺失。

资料来源:湖北编辑委员会:《湖北农村经济 (1949—1989)》,中国统计出版社 1990 年版。湖北编辑委员会:《湖北农村统计年鉴 (1992—2002)》,中国统计出版社 2003 年版。

从农村电力情况来看,如表 4—6 所示,1978—1989 年,湖北省的乡办水电站发电能力呈现明显的上升趋势,20 世纪 80 年代末的水平较 70 年代末的水平要明显高出许多。1989 年,湖北省乡办水电站的发电量为199275 千瓦,较 1978 年的 58606 千瓦增长了 2.4 倍。村办水电站的发电能力则在增长与降低的往复中徘徊,但 1989 年的总体水平较 1978 年还是有所增长,增幅为 4.67%。

表4—6　　　　　　1978—1989 年湖北省的农村电力情况　　　　单位：座、千瓦

年份	乡办水电站	发电能力	村及村以下办水电站	发电能力
1978	618	58606	1776	43562
1979	708	96335	1844	50020
1980	710	106633	1782	52353
1981	711	124781	1661	51752
1982	740	142034	1493	53142
1983	730	152331	1425	51706
1984	702	153845	1268	53078
1985	725	163498	1270	50112
1986	735	174554	1146	50546
1987	661	167400	1099	43512
1988	666	207076	1069	51045
1989	692	199275	1025	45598

资料来源：湖北编辑委员会：《湖北农村经济（1949—1989）》，中国统计出版社 1990 年版。

从农业科技服务水平来看，这一时期的总体水平上升较快，增幅显著。如表4—7 所示，农业技术推广中的早稻保温育秧面积、地膜覆盖栽培面积（不含早稻）、使用微量元素肥面积、化学除草剂施用面积、高产高效益模式栽培面积、微机优化模式栽培面积、果茶桑低产园改造、油菜育苗移栽面积等指标上升明显。1989 年的早稻保温育秧面积、地膜覆盖栽培面积（不含早稻）、使用微量元素肥面积、化学除草剂施用面积、油菜育苗移栽面积分别较 1978 年增长 18.98 倍、67.17 倍、0.68 倍、3.89 倍、0.45 倍。

表4—7　　　　　1982—1989 年湖北省的部分农业技术推广情况　　　　单位：万亩

名称	1982	1983	1984	1985	1986	1987	1988	1989
早稻保温育秧面积	6.30	59.01	143.14	109.38	101.32	105.21	119.56	125.90
地膜覆盖栽培面积（不含早稻）	5.07	9.05	43.97	93.29	159.58	225.51	229.59	345.64
使用微量元素肥面积	648.50	669.89	868.33	797.79	857.66	843.31	965.04	1089.80

续表

名称	1982	1983	1984	1985	1986	1987	1988	1989
化学除草剂施用面积	249.70	430.53	508.25	642.13	744.71	1002.82	1092.91	1220.83
高产高效益模式栽培面积	—	—	—	—	37.16	50.52	73.36	351.97
微机优化模式栽培面积	—	—	—	—	—	26.93	140.25	221.53
果茶桑低产园改造	—	—	209687	248612	247100	311874	337647	360951
油菜育苗移栽面积	294.86	270.61	253.63	271.32	323.76	318.79	350.67	428.62

注:部分年份有关高产高效益模式栽培面积、微机优化模式栽培面积、果茶桑低产园改造、的数据缺失。

资料来源:湖北编辑委员会:《湖北农村经济(1949—1989)》,中国统计出版社 1990 年版。

如表 4—8 所示,从湖北省 1978—1989 年的水稻、小麦、棉花良种播种面积来看,基本处于稳定状态。小麦良种播种面积有所上升,增幅为 25.48%,水稻和棉花的良种播种面积略微有所下降,但总体上下降幅度不大。可见,水稻、小麦、棉花良种推广服务水平达到一定水平,且趋于稳定。

表 4—8   1978—1989 年湖北省的水稻、小麦与棉花良种播种面积 单位:万亩

种类\ 年份	水稻	小麦	棉花
1978	4005.48	1447.05	846.73
1979	3750.67	1684.94	810.68
1980	3435.56	1689.29	790.68
1981	3549.37	1720.65	782.08
1982	3440.28	1704.20	753.99
1983	3471.95	1819.41	752.60
1984	3407.53	1831.37	746.16

续表

种类 年份	水稻	小麦	棉花
1985	3321.81	1774.37	646.15
1986	3432.05	1736.32	590.14
1987	3433.47	1826.16	607.05
1988	3364.04	1857.23	616.57
1989	3566.69	1893.15	600.99

资料来源:湖北编辑委员会:《湖北农村经济(1949—1989)》,中国统计出版社1990年版。

玉米、油菜籽杂交示范种植水平较水稻、小麦、棉花良种推广服务水平情况增长要更为明显。如表4—9所示,1978—1989年湖北省的玉米、油菜籽杂交示范种植面积呈现明显的增长,1989年的玉米示范种植面积较1978年增长了111.74万亩,增幅为33.52%;1989年的油菜籽示范种植面积较1978年增长了42.82万亩,增长了24.46倍。不过这一时期不同年份的棉花示范种植水平则出现了一定程度的下降,个别年份下降显著,1986年只有1978年的1.88%;1989年也只有1979年的18.43%。

表4—9　　　　　　　1978—1989年湖北省的玉米、棉花与油菜籽

杂交示范种植面积　　　　单位:万亩

种类 年份	玉米	棉花	油菜籽
1978	333.32	1.60	1.75
1979	361.00	5.75	3.79
1980	329.50	2.89	1.36
1981	367.11	1.37	2.31
1982	390.53	0.36	2.75
1983	402.69	1.56	0.09
1984	424.21	0.19	0.29
1985	431.60	0.43	—
1986	441.79	0.03	1.03

续表

年份 \ 种类	玉 米	棉 花	油菜籽
1987	459.73	—	—
1988	474.26	0.30	30.38
1989	445.06	1.06	44.57

资料来源:湖北编辑委员会:《湖北农村经济（1949—1989）》,中国统计出版社 1990 年版。

　　就与农民生活息息相关的农村公共服务体系各项服务而言，改革开放以后有了一定的程度的发展，一部分服务的水平较改革开放以前有了很大的提升。以农村饮用水为例，1987 年，湖北省全省 3900 多万农村人口中，有 2244.4 万人饮水条件尚未得到改善，占比高达 57.65%。1987 年湖北全省因饮用水不安全导致的肠道传染病发病达 25.5204 万人，占各种传染病总数的 68.6%[①]。1987 年以后，湖北省逐步加大了农村改水的投入力度。1991 年底，湖北省先后投入资金 1.09 亿元，共解决 350 万人和 250 万头牲畜的饮水困难。1993 年，湖北省用于农村改水的总投资达到 10.80 亿元，如表 4—10 所示，其中，国家投资 2.86 亿元、集体投资 1.86 亿元、个人投资 5.79 亿元、其他社会投资 0.29 亿元。1993 年农村改水投入累计使农村 3428.60 万人受益，占全省农村总人口的 75.89%。

　　从纵向的历史发展角度比较，改革开放以后，由乡镇"七站八所"所主导的农村公共服务体系承接了"人民公社"以来的农村公共服务供给，无论是与农业生产相关的各项农村公共服务还是与农民生活息息相关的各项农村公共服务，发展水平各不相同，有升有降、有增有减，不可一概而论。而从当时的现实实际出发，改革开放后的前十几年里，农村公共服务体系的发展总体上还较为欠缺，尚难以满足当时的"三农"发展实际需求。这其中难掩对"三农"发展的重视减弱之势。从 1978—1989 年湖北省财政支农情况看，如表 4—11 所示，尽管支农绝对总额呈

---

　　① 湖北省档案馆馆藏资料《湖北省卫生厅关于全省农村改水情况和意见的报告》（1988年）。

逐渐上升趋势，1989 年较 1978 年增长了 51.59%，但财政支农占财政支出的比重却是呈逐年下降趋势，且降幅较为明显，1978 年财政支农支出占财政支出比重为 15.7%，到 1989 年这一比重降为 8.9%，降幅达 6.8%。

表 4—10　　　　　　湖北省 1993 年农村改水情况统计　单位：万人、万元、%

名称	合计		自来水			手压机井		
	累计受益	占比	厂站数	累计受益	占比	数量	累计受益	占比
全省合计	3428.60	75.89	38571	1840.82	40.74	557794	717.41	15.88

名称	其他		用于改水投资				
	累计受益	占比	总额	国家	集体	个人	其他
全省合计	870.37	19.26	108036.40	28640.91	18640.50	57887.77	2867.22

注：农村总人口以"八五"第一年为基数，沿用至"八五"最后一年。表内占比均为与农村总人口的比重。

资料来源：湖北省档案馆馆藏资料《湖北省农村改水统计年报（1993 年)》。

　　对"三农"的重视程度不够，对农村公共服务体系的支持力度之不足自然也不言而喻。这一时期的农村教育、医疗、卫生等事业发展仍然较为欠缺。1989 年，湖北省鄂西自治州 330 多所学校有危房，危房倒塌事件时有发生。危房面积占全州校舍面积的 21.7%。全州中小学的课桌、凳子有 40% 不合要求。长阳县尚有 73% 的干打垒土校舍，危房年净增率高达 5%。该年全省适龄儿童的在校率不断下降，鄂西自治州 1988 年小学生的流失率为 5.02%、初中生流失率为 13.41%。全州小学毕业生升初中的比例只有 47%，农村青壮年劳力中文盲、半文盲占 70%[①]。

①　湖北省档案馆馆藏资料《政府快报：省政府领导要去从根本上解决农村教育不景气问题》（1989 年)。

表 4—11　　　　　　　**1978—1989 年湖北省财政支农情况**　　　　单位：万元、%

年 份	1978	1979	1980	1981	1982	1983
支农支出	47147	42560	42287	25467	25959	39093
占财政支出比重	15.7	15.2	15.9	15.0	14.1	13.8
年 份	1984	1985	1986	1987	1988	1989
支农支出	39573	38001	49329	50876	60751	71472
占财政支出比重	12.4	8.7	8.5	8.3	8.8	8.9

资料来源：湖北编辑委员会：《湖北农村经济（1949—1989）》，中国统计出版社 1990 年版。

　　2000 年，因教育投入不足导致湖北省拖欠中小学教师四项工资达 3.46 亿元。2001 年上半年新拖欠四项工资达 2.68 亿元；拖欠湖北省政府出台的工资性补贴 3 亿元。综合各地教委统计上报的情况，到 2001 年 6 月底，湖北全省共拖欠中小学教师工资 23.66 亿元（其中拖欠四项工资 10.75 亿元，拖欠地方津补贴 12.91 亿元）[1]。截至 2000 年底，湖北全省小学共有在校生 6677422 人，辍学率为 0.42%，比 1999 年增长 0.08 个百分点；普通初中共有在校生 2810909 人，辍学率为 2.49%，比 1999 年减少 0.61 个百分点。各县市的辍学率存在较大差异，乡镇农村初中辍学率很高。2001 年，洪湖市初中学生辍学率为 5.03%，鄂州市和应城市分别是 4.20%、4.02%，洪湖市第一中学辍学率为 7.30%，孝感市初中生的辍学率为 4.3%，有的乡镇初中辍学率更是超过了 10%，如仙桃市第一中学辍学率为 17.26%。究其原因，一是贫困地区农民收入低，教育负担大，无力支持子女读书，该比例占到 50%；二是大中专毕业生就业难，加上封建思想遗留的读书无用论，使得很多学生家长不支持读书，该比例占到 15%；三是教育环境和教师的教育方法不当及课业负担过重导致学生厌学，占比 15%；受打工潮的影响，适龄少年辍学外出打工占比 10%；其他因素造成学生辍学占比 10%[2]。

　　农村医疗事业发展也并不乐观。如表 4—12 所示，1980 年湖北省实行合作医疗的大队占全省大队总数的 83%，较 1979 年的 89.6% 下降了

---

① 湖北省档案馆馆藏资料《湖北省 2001 年农村中小学学生入学情况的报告》。
② 同上。

6.6%。全省农村未实行合作医疗的大队数有5247个,占全省大队总数的17%,比1979年增加了2104个。全省谁看病谁拿钱的大队数有3998个,占全省大队总数的13%。1980年,全省有赤脚医生人数7.45万人,比1979年的7.75万人减少了3000人,降幅为4%,平均每个大队的赤脚医生数由1979年的2.6人,下降到2.4人,无赤脚医生的大队数由上年的240人,增加到831人,比上年增加了591人①。

表4—12　　1979—1980年湖北省的农村合作医疗与赤脚医生情况

名称	全省合作医疗的大队占比			谁看病谁拿钱的大队数	
	1979年	1980年	1980年比1979年	实有数	占大队比
全省合计	89.6%	83.0%	6.6%↓	3998个	13.0%
名称	赤脚医生人数			平均每大个队有赤脚医生人数		
	1979年	1980年	1980年比1979年	1979年	1980年	1980年比1979年
全省合计	7.75万人	7.45万人	3.8%↓	2.6人	2.4人	0.2%↓

资料来源:湖北省档案馆馆藏资料《关于我省1980年农村合作医疗、赤脚医生情况》。

农村卫生事业也遭受相同的命运。尽管这一时期,湖北省头癣病、地甲病、丝虫病、血吸虫病等18种急性传染病的发病人数比1981年下降了39.54%,新法接生率达到96%,新生儿破伤风降到0.63%。以当时黄梅县的调查显示,当时疟疾下降92.9%、乙脑病下降96.16%、痢疾病下降91.24%、流脑下降97.8%,下降幅度都在90%以上②。但1980年湖北省部分县市已经出现卫生财务危机。当时黄冈地区的调查资料显示,1979年黄梅县在册卫生机构职工人数为1485人,包干经费100.61万元,扣除国库券0.6万元,还剩100万元。其中按人拨付经费60.9133万元,而当时的实际使用经费为93.2609万元,国家拨款只占当时的实际开支的65.31%。1982年全县在册职工增加到1955人,增加了470人,但包干经费却一定五年不变。随着职工津贴的普遍增长,国家财政拨款完全用于人头经费缺口仍然高达58.8582万元。另据郧县的调查显示,当时郧县

---

① 湖北省档案馆馆藏资料《关于我省1980年农村合作医疗、赤脚医生情况》。
② 湖北省档案馆馆藏资料《湖北省农村基层卫生工作的情况和今后的意见(1983年)》。

三年累计人员经费缺口达到 69.3939 万元①。1981 年黄冈对县级医院的财政补贴为 63.34%，而 1985 年降到 53.4%；1981 年黄冈对区卫生院的补贴为 51.34%，而 1985 年降到 47.17%，在职工工资上的财政补贴只有 24%，导致近 60% 的经费没有来源。

财政危机带来了卫生条件的恶化。据当时的调查，黄冈地区区卫生院的危房率达 48.25%，乡级卫生所的危房率达 36.75%。专科防治机构少，卫生机构布局不合理等问题也逐步凸显。这一时期，湖北省大多数县只有一所县综合医院，很多专科性疾病得不到应有的治疗。1982 年湖北省共发生急性传染病 17 种，发病人数为 130 多万人，大部分疾病都发生在农村和山区，然而全省仅有 4 所传染病院，只有病床 470 张，平均 2760 多个病人才有一张病床，若加上城市综合医院传染病床 4530 张，全年也只能收治不到 5% 的病人。全省有结核病人 90 多万人，每年死亡 3 万人，而相关的专科病床只有 1075 张，包括综合医院，每年也只能收治 7500 多个病人②。全省成年妇女患多种妇科病 270 多万人，其中子宫脱垂的就有 11 万人，而全省卫生部门妇幼保健工作人员也只有 1145 人，其中卫技人员只有 948 人。卫生单位条件破烂狭窄。据当时的调查，黄梅县县、社、管理区三级医疗卫生机构共有房屋 6.7878 万平方米，而需要维修的房屋有 1.8842 平方米，占比达 27.2%；危房 0.4973 万平方米，占比为 7.2%。设有病床 1678 张，平均每床只有 21.2 平方米，按照当时的标准计算，尚缺 3.1520 万平方米。设备陈旧不配套，严重影响业务开展。如广济县医院当时 500 元以上的医疗器械一共只有 66 台，使用时间在 6 年以内的有 35 件，使用年限在 10—20 年以上的有 31 件，这些设备有的基本报废，有的亟待更新。当时由于设备落后，绝大部分的卫生院只能做三大常规检查，近 50 多项技术项目无法开展。

农村的卫生人才缺乏，人才外流、截流现象严重也是这一时期极为突出的现象。据统计，1983 年湖北省无卫生机构的大队有 2111 个，占大队总数的 6.6%，主要集中在山区。全省公社卫生院共有卫技人员 6.7562 万人，其中高级人员只有 0.9022 万人，占比仅为 13.35%；中

---

① 湖北省档案馆馆藏资料《湖北省农村基层卫生工作的情况和今后的意见（1983 年）》。
② 同上。

级人员有 3.6459 万人，占比为 53.93%；初级人员 2.2081 万人，占比为 32.68%①。据当时郧县 16 个公社的调查，赤脚医生逐年减少，1982 年减少 116 人，1983 年又减少 46 人②。当时黄冈地区分配到农村的大中专生分别下降 2.47% 和 5.32%，整个黄冈地区县医院已外流的主治医师达 98 名，占比高达 25.9%；区卫生院外流主治医师 19 名，占比高达 63.3%③。

第三节　湖北省农村公共服务体系困境再现

撤社建乡和乡镇行政管理体制改革，造就了乡镇"七站八所"，赋予了其相应的权利与义务，乡镇"七站八所"顺理成章地接续了"人民公社"时期政府一元化主导的农村公共服务体系，将"人民公社"时期的农业生产服务机构与体系、农民生活服务机构与体系、农村建设服务机构与体系重塑、轮转为一个个职能明确、权责明晰的"条块"部门以及与之相对应的为广大农民提供农村公共服务的职责、义务。然而，被寄予厚望的乡镇"七站八所"，在其产生与发展的初期便已经走上脱轨的道路，深陷"条块"分割的治理矛盾与困境之中。农村公共服务供给力度的增与减、供给水平的升与降，还仅仅只是"量变"层面的考量，而最终导致农村公共服务体系的异化与悬浮才是无法逃避的"质变"后果。

20 世纪 80 年代中期，以简政放权为核心的乡镇行政管理体制改革推开，乡镇"七站八所"成为此次改革的主要对象，管理体制在此次改革中发生了重大变化。改革的基本指导原则即是"单位性质不变，干部、职工的政治、经济待遇不变，业务指导关系不变"，逐步将乡镇"七站八所"的管理权与职能下放到乡镇一级政府，将原有乡镇"七站八所"的人、财、物按照一定比例在上级职能部门与本级政府之间进行再分配，改革的目的旨在增加"块"治分量，从而最终进

---

① 湖北省档案馆馆藏资料《湖北省农村基层卫生工作的情况和今后的意见》（1983 年）。
② 同上。
③ 湖北省档案馆馆藏资料《我省当前农村基层卫生工作情况和问题》（1986 年）。

一步优化"条块"共治格局①。然而改革并没有沿着预设的轨道向前迈进，而是随着时间的推移，在复杂的现实环境之中发生了偏离。最终，"条块"并未实现共治，反而陷入结构性的冲突，形成难以调和的"条块"分割矛盾，乡镇行政体制改革也陷入"精简—膨胀—再精简—再膨胀"的怪圈中。

"条块"共治的初衷，在于横向与纵向管理的有效结合，从而既保证地方行政体系自下而上对中央政府的服从，确保中央自上而下政令的通畅和权威的有效维护，又有利于乡镇基层政府因地制宜地有效促进乡村各项事业的发展，是一举两得。而改革之所以偏离了预设的轨道，究其根源在于权力的部门化、部门的利益化，人为异化了这种"条块"共治格局，使"条块"共治演变为"条块"分割冲突。

改革开放初期，为有效实现对乡村政权结构的重构，实现新旧体制的平稳过渡，乡镇以上各职能部门一方面将"人民公社"时期轮转而来的部分为农服务部门收编为其在乡镇的分支机构或者对接单位；另一方面根据新时期的农村社会发展实际相应地在乡镇创设了垂直、对口，且相对独立的部分分支机构或者对接单位。这些多达十几个，有些地方甚至多达几十个的乡镇为农服务部门，自上而下一以贯之，在与上级主管部门之间的权责隶属关系之中和行政互动行为之中，演化成为十几根乃至几十根"条条"的系统。尽管这些"条条"系统部门名义上属于乡镇一级政府的机构组成单元，接受乡镇政府的统一领导，但其人、财、物权皆相对独立，且主要对上一级行政主管职能部门负责，因而有着相对独立于乡镇一级政府的行政权力与部门利益追求。以简政放权为核心的乡镇行政管理体制改革和紧随其后的乡镇撤并，重在"放权让利"，加强乡镇一级政府对乡镇"七站八所"的行政整合权威，从而实现扩大"块"权力，促进"块"在行政管理体制中的人、财、物权与事权的对等。然而，在实际的操作中，以上级职能部门为代表的"条条"系统与以乡镇一级政府为代表的"块

---

① 据统计，当时全国 80% 左右的"七站八所"都实行了"条块"共治。参见王玉凯《中国行政体制改革 20 年》，中州古籍出版社 1998 年版；张厚安《中国农村基层政权》，四川人民出版社 1992 年版。

块”体系天生就存在利益的博弈与冲突，“条条”系统往往借助其权力与资源优势，采取了“选择性”治理手段，将那些有权力、有资源的站所紧抓不放，顺势将那些无权、无资源，且责任与义务较为繁重的站所像“甩包袱”一般甩给了乡镇一级政府。与此同时，“条条”系统也实现了人、财、物权的进一步向上“回抽”，而对应的事权则更多地转嫁给了乡镇一级政府，“条块”治理的结构与关系格局进一步紧密了，但“条块”治理却变得更加畸形化了，“条”“块”之间的矛盾与冲突也被严重激化了。

机构膨胀、冗员严重、政事不分、政企不分成了顺理成章的结果。20 世纪 80 年代和 90 年代，在权力与既得利益的驱使下，在腐败与寻租的侵蚀下，乡镇“七站八所”成为干部职工家属安置、人情关系户就业的“对口单位”。而伴随着就业压力的增长，乡镇“七站八所”也成了复员退伍军人等享受国家政策安置人员的合理归宿。在这样的现实背景下，改革开放之后虽历经撤乡并镇和几次乡镇行政管理体制改革，乡镇“七站八所”的机构与人员不仅未缩减，反而日益膨胀，且陷入越改革—越精简—越膨胀的怪圈。据统计，2002 年，全国乡镇一级财政供养约1316.2 万人，按照当时全国 40161 个乡镇估算，乡均供养人员高达 328人，这与中国《地方组织法》所规定的乡镇机构人员密度相比，普遍超出了 3—10 倍之多①。

在“条”与“块”的共同管理下，乡镇“七站八所”疲于应付“条”与“块”，既要承接上级“条条”系统层层下压的命令，又必须接受乡镇党委、政府所摊派的各项任务，日复一日地忙于社会综合治理、计划生育、安全生产、招商引资、争先评优等行政性事务之中，根本无心顾及其本身的职责使命，即为农民提供农村公共服务。据调查，仅 6个“一票否决”和 29 个“负总责”的考核摊派任务就足够乡镇“七站八所”忙乎一整年的，且不说其他“条条”下压和乡镇党委、政府摊派的

---

① 《地方组织法》规定乡镇机构的人员编制根据农村人口密度确定，人口密度每平方公里300 人以上的乡镇不得超过 1.3‰；200 人以上不足 300 人不得超过 1.5‰；100 人以上不足 200人不得超过 1.7‰；50 人以上不足 100 人不得超过 2‰；不足 50 人的不得超过 2.5‰。中共中央党校经济学部“财政政策与财税体制改革研究”课题组：《缩合化解县乡财政困难》，《中国经济时报》2003 年 9 月 30 日。

各种临时性任务①。

权力部门化、部门利益化,导致农村公共服务既浪费又缺位、既错位又越位。农村公共服务的特性决定了乡镇"七站八所"工作人员必须在与农民直接面对面的交道中完成职责,"人民公社"时期"亦农亦工"的身份即是出于有利于乡镇"七站八所"与农民直接面对面"打交道"的考量。而农村治理变革过程中,国家权力将乡镇"七站八所"整合进了"条"与"块"的行政官僚体系中,成为去生活化、去地方化,进而抽象化的国家机关事业单位②,尽管农村公共服务体系职能没有改变,但工作人员却都完成了"农转非",变成了按时定点上班的"国家干部",而抽离农村、脱离农民还只是异化的第一步。为有效维护部门与自身的利益,维持这种"国家干部"的身份和地位,乡镇"七站八所"逐渐异化为"国家型经纪人"③,正如盖奥尔格·西美尔所言,"一旦机构获得太过于强大的自我生存,那么价值的重点就不再是它为群体所做的贡献,而是它自己本身"④。在权力部门化、部门利益化的驱使下,乡镇"七站八所"一方面热衷于税费与"三提五统"的征缴,对那些"有利可图"的公共服务相互牵扯、肆意争抢;另一方面对本质性的农村公共服务体系职能无动于衷,对那些"无利可图"的农村公共服务则相互推诿、"互踢皮球",导致有的农村公共服务体系项目重复供给,严重浪费,而有的农村公共服务体系项目却面临"想管该管的管不了,不想管不该管的乱管一通"的尴尬局面⑤。

辐辏式的财税体制加重了"条块"分割矛盾,也消解了农村税费改革的倒逼作用。诚如熊彼特所言,财政是一切变化的重要原因,几乎

---

① 宋亚平:《咸安政改——那场轰动全国备受争议的改革自述》,湖北人民出版社 2009 年版,第 248 页。

② 谭同学:《楚镇的站所——乡镇机构生长的政治生态分析》,中国社会科学出版社 2006 年版,第 60—66 页。

③ 吴理财:《农村税费改革与"乡政"角色的转换》,《经济社会体制比较》2001 年第 5 期。

④ [德] 盖奥尔格·西美尔:《社会学:关于社会化形式的研究》,林荣远译,华夏出版社 2002 年版,第 410—420 页。

⑤ 咸安区调研座谈过程中,相关乡镇"七站八所"工作人员的发言。

所有的变化都会在财政上有所反映①。20 世纪 80 年代初的"分灶吃饭"财税体制，再到 1993 年"分税制"的全面推行，进一步规范了中央政府与省级政府之间的财政收支关系，扭转了央地财政倒挂的局面，却给乡镇带来了财政困苦——财权逐层上移，事权层叠而来。在"下管一级"的行政惯性中，乡镇财政收入随同利好的税种逐级向上一级集中，而留下的是难以为继的"吃饭财政"②，依靠的大多是难征难缴的农村"三提五统"与各种集资性摊派费③。"吃饭财政"既要应对农村治理变革所带来的不断下移的各项事权，还得维持农村所需的各项公共服务体系支出，事最重、财最弱的乡镇政府最终只能日复一日地借债度日，"乡村债务雪球"陷入越滚越大的恶性循环④。1999 年，中国平均每个乡镇负债 400 余万元，如果将村级组织的债务一并考虑，乡村债务合计 4000 亿—5000 亿元，债务总额已经超出农村各项税收收入 8 倍以上。严重的财政危机与基于生存本能的利益驱使，使乡镇"七站八所"的自利性进一步膨胀，对农民的索取以及农村公共服务的进一步异化成为顺理成章之事。对于财力有限的乡镇"七站八所"而言，开拓资源汲取渠道、增强汲取力度，进而维护自身的利益，成为基本的生存本能。乡镇"七站八所"一方面继续通过"三提五统"和各种集资性摊派费，将财政压力和耗费缺口压力进一步转移到农民身上，农民沉重的税费负

---

① 吴理财、李芝兰：《乡镇财政及其改革初探：洪镇调查》，《中国农村观察》2003 年第 4 期。吴理财：《从"管治"到"服务"：乡镇政府职能转变研究》，中国社会科学出版社 2009 年版，第 55—60 页。项继权：《短缺财政下的乡村政治发展——兼论中国农村民主的生成逻辑》，《中国农村观察》2002 年第 3 期。

② 人们形象地将 1993 年分税制改革到 2006 年税费改革之间的乡镇财政称为"吃饭财政"，主要表达这一时期的乡镇财政已然十分紧张，仅够维持日常的干部职工工资发放和基本行政运转，无法满足公共服务等其他主要职能的财政需求。范毅：《走向财政民主：化解乡村债务长效机制研究》，法律出版社 2013 年版。

③ 按照分税制的划分原则，中央的财政收入比重由原来的 20% 提高到 55% 以上，地方的税收占比直线下降至 40% 以下，乡镇一级基本已所剩无几。而在支出方面，中央所占的比重不足 20%，地方却直线上升直到 80% 以上。刘永刚：《调整央地财政关系，使财权、事权相匹配》，2014 年 8 月（http://www.ceweekly.cn/2014/0825/90921.shtml）。

④ 仅以教育为例，分税制的财政体制，导致农村义务教育的 78% 由乡镇负担，20% 由省、市、县负担，中央负担只有 2%。何晓杰：《"后农业税时代"的中国农村治理》，人民日报出版社 2014 年版，第 82 页。

担不断加重①；另一方面运用选择性治理手段，有选择地履行农村公共服务体系职能。最终导致乡镇"七站八所"完全成为"收费养人、养人收费、自收自支、自我服务"的"赢利型经纪组织"②。

　　2000 年，为减轻农民负担，缓解乡镇债务危机，中国逐步开始了以"三个取消，两个调整"为主线的农村税费改革③。然而农村税费改革并未推动中国财税体制的改革，尽管农民的负担在税费改革过程中相对有所减轻，但基层政府与乡村社会矛盾却未发生实质改变，税费改革所预想的倒逼作用在乡镇政治生态系统的反倒逼和旧有的财税体制的反作用下被消解④。而反倒逼最直接的后果即是导致乡镇"七站八所"由"赢利型经纪组织"走向"悬浮型自利组织"，使农村治理与农村公共服务体系"悬浮化"，加重了农村公共服务体系的异化。农村税费改革前，乡镇财政已出现入不敷出的危机，在上级转移支付不足的情况下，乡镇财政缺口，尤其是乡镇"七站八所"所承担的农村公共服务体系支出主要依赖"三提五统"与集资性摊派来填补，即所谓的制度外财政⑤。税费改革后，无奈"吃饭财政"变成了"要饭财政"，向上级政府部门要补助、要项目资金成了乡镇政府领导干部工作的重心之一，而这种转变加重了乡镇对上级的依附性，同时也加重了上级对乡镇的干预与控制，形成一种

---

① 据统计，2000 年，中国农民承担的税费总额达到 1359 亿元，相较于 1990 年增长了 2 倍多，而与此同时，农民的收入却在直线下降，较 1990 年，2000 年降幅已经超过 7%。何晓杰：《"后农业税时代"的中国农村治理》，人民日报出版社 2014 年版，第 28 页。

② 孙立平：《断裂——20 世纪 90 年代以来的中国社会》，中国社会科学文献出版社 2003 年版，第 150—160 页。

③ 所谓"三个取消，两个调整"即取消五项统筹和农村教育集资等收费与集资；取消屠宰税和除烟叶以外的农业特产税；取消统一规定的劳动积累工和义务工；调整农业税、农业特产税政策，改革村提留征收使用办法。范毅：《走向财政民主：化解乡村债务长效机制研究》，法律出版社 2013 年版，第 30—40 页。

④ 李芝兰、吴理财：《"倒逼"还是"反倒逼"——农村税费改革前后中央与地方之间的互动》，《社会学研究》2005 年第 4 期。

⑤ 吴理财：《从"管治"到"服务"：乡镇政府职能转变研究》，中国社会科学出版社 2009 年版，第 39 页。

逆向的牵引力，加重了农村公共服务体系的异化①。与此相伴而来的是乡村债务的进一步膨胀，本就依靠借债为生的乡镇只能债上加债，以至于党政机关干部职工的工资要么只能靠借债来维持，要么就只能是欠发。

农村税费改革使得乡镇"七站八所"的部门利益化问题得到破解，然而却导致了更严重的农村公共服务体系异化问题：严重的农村公共服务"悬浮"与"空位"，最终呈现在人们面前的已是"线断、网破、人散"的惨淡景象。正如孙立平所言，"农村公共服务不足问题，不仅是个财政问题，更是个重要的政治问题，并且不仅是政策问题，更重要的是结构问题"②。严重异化的农村公共服务体系使农民逐渐失去了旧有的依赖与信任，也带来农村治理的合法性危机。因家庭联产承包经营倒逼而来的农村治理变革，在顺势回应过程中却导致了农村公共服务体系的异化危机，倒逼着农村公共服务体系必须作出改革，但改革的路在何方？既是一个艰难的选择，更是一个富有挑战性、冒险性的抉择。

财政投入是衡量政府对农村公共服务体系重视程度的尺子，农村公共服务体系的发展水平与之有关的财政投入密切相关。1993 年分税财政体制改革之后，一直到农村税费改革时期，中国对"三农"的财政投入始终都是在低位徘徊，且"三农"财政投入占财政总投入的比重呈现出逐年下降的趋势。如表 4—13 所示，1993 年中国用于"三农"支农财政投入总额为 440.45 亿元，占当年财政总投入的 9.49%。2002 年用于"三农"支农财政投入总额为 1580.8 亿元，总量上较 1993 年增长了 2.59 倍，但占当年财政总投入的比重却由 9.49% 下降到 7.17%，下降了 2.32%。

---

　　①　吴理财等学者认为，乡镇政府的权力应当来自农民，因而对农民负责，接受农民的问责是基本的逻辑，然而"要饭财政"导致乡镇对上级的依附性增强，最终导致乡镇政府只能逆向对上负责、问责于上级，疲于应付上级的各种考核性工作，而无心顾及为农民提供公共服务则成了顺理成章的逻辑。吴理财：《从"管治"到"服务"：乡镇政府职能转变研究》，中国社会科学出版社 2009 年版，第 70 页。

　　②　孙立平：《断裂——20 世纪 90 年代以来的中国社会》，社会科学文献出版社 2003 年版，第 75 页。

1993—2002 年,除了 1998 年用于"三农"支农财政投入占当年财政总投入的比重出现异常的上升外①,其他各年总体呈下降趋势,尤其是 1997年之后,下降明显。

年份	财政支农总投入	支农投入占财政投入比重
1993	440.45	9.49
1994	532.98	9.2
1995	574.93	8.43
1996	700.43	8.82
1997	766.39	8.3
1998	1154.8	10.69
1999	1085.8	8.23
2000	1231.5	7.75
2001	1456.7	7.71
2002	1580.8	7.17

表 4—13　　　　　1993—2002 年国家财政投入情况　　　单位:亿元、%

资料来源:韩小威:《中国农村基本公共服务供给的制度模式探析》,中国社会科学出版社 2012 年版。

　　1994—2002 年,中国用于教育支出的财政投入情况大体上与用于"三农"的财政投入情况相类似,总体上呈现下降趋势。而且值得一提的是用于教育支出的财政投入要比用于"三农"的财政投入下降得更为显著。如表 4—14 所示,1997—2002 年,中国用于教育支出的财政投入占财政总投入的比重平均每年下降 0.72%,2002 年用于教育支出的财政投入占财政总投入的比重较 1997 年下降了 4.3%。

　　① 1998 年属于特殊年份,这一年中国遭受重大洪涝灾害,因而当年的支农救灾力度空前,这也是当年支农财政投入占当年财政总投入的比重异常增长的主要原因。

表4—14　　　　　　　　1994—2002 年中国财政教育支出情况　　　单位：亿元、%

年份	教育支出		教育支出占比	
	总额	增　速	占 GDP 比	占财政支出比
1994	1174.7	35.4	2.4	20.2
1995	1411.5	20.2	2.3	20.6
1996	1671.7	18.4	2.3	21.1
1997	1862.5	11.4	2.4	20.1
1998	2032.5	9.1	2.4	18.8
1999	2287.2	12.5	2.6	17.3
2000	2562.6	12.0	2.6	16.1
2001	3057.0	19.3	2.8	16.1
2002	3491.4	14.2	2.9	15.8

资料来源：韩小威：《中国农村基本公共服务供给的制度模式探析》，中国社会科学出版社 2012 年版。

　　从用于"三农"支农财政投入的具体情况来看，财政投入缩减趋势显著，财政投入明显不足。如表4—15 所示，1993 年所用于农业基础设施建设的投资额为 127.8 亿元，农业基本建设投资占基本建设总投资比重为 2.8%，尽管总量上较之前的任何一年都高，较 1981 年高出了 3.38 倍，但农业基本建设投资占基本建设总投资比重却较以往任何一年都要低，较 1981 年更是低出了 3.8%。

表4—15　　　农业基本建设投资额及其占国家全部基建投资额的比重

单位：亿元、%

年份	农业基础设施投资额	农业基本建设投资占基本建设总投资比重
1981	29.2	6.6
1982	34.1	6.1
1983	35.5	6
1984	37.1	5
1985	36.9	3.4
1986	35.1	3

续表

年份	农业基础设施投资额	农业基本建设投资占基本建设总投资比重
1987	42.1	3.1
1988	46.2	3
1989	50.7	3.3
1990	67.2	4
1991	85	4
1992	111	3.7
1993	127.8	2.8

资料来源:鲁敏、李育红:《农村基础设施供给制度变迁研究》,《理论与现代化》2011 年第 2 期。

从湖北省几项与农村公共服务体系直接相关的指标来看,除部分服务或者部分年份的某项服务出现一定的增长外,这一时期的农村公共服务体系各项服务均出现明显的下降,服务的供需矛盾已经非常突出。就湖北省的水利建设情况来看,如表 4—16 所示,1990—2001 年,湖北省水利建设支农投入总体上呈先上升后下降趋势,2001 年的总投入约为 22.41 亿元,较 1990 年的 3.16 亿元增长了 6.09 倍,但比 1999 年和 2000 年分别降低了 60.58%、24.43%。

表 4—16　　　　**1990—2001 年湖北省水利建设支农投入情况**　　　　单位:万元

年 份	1990	1991	1992	1993	1994	1995
支农投入	31640.41	36877.84	20215.39	37512.97	35464.59	39791.47
年 份	1996	1997	1998	1999	2000	2001
支农投入	47513.11	65448.87	176296.18	568384.63	296501	224074

资料来源:湖北编辑委员会:《湖北农村经济 (2001)》,中国统计出版社 2002 年版;湖北编辑委员会:《湖北农村经济 (1995)》,中国统计出版社 1996 年版。

这一时期的水利建设投入主要为水利基建、水利事业费、农田水利补助、农业发展资金、粮食自给工程资金、节水灌溉贴息贷款以及其他水利投入等。如表 4—17 所示，2001 年湖北全省水利建设投入总计约 22.41 亿元，其中水利基建约 15.19 亿元、水利事业费约 1.30 亿元、农田水利补助约 1 亿元、农业发展资金约 0.88 亿元、粮食自给工程资金 0.006 亿元、节水灌溉贴息贷款约 0.004 亿元。

表 4—17　　　　　　　2001 年湖北省全省水利建设投入明细　　　　　单位：亿元

名称	本年总投入	水利基建	水利事业费		农田水利补助	专项资金
			总计	其中防汛年修		
投入	22.41	15.19	1.3	0.48	1	1.5
名称	农业发展资金	粮食自给工程资金	节水灌溉贴息贷款	其他专项资金	更新改造投资	其他水利投入
投入	0.88	0.006	0.004	0.52	0.2	3.2

资料来源：湖北编辑委员会：《湖北农村统计年鉴（2002）》，中国统计出版社 2003 年版。

就 1993—2002 年湖北省的主要农业机械拥有量情况来看，如表 4—18 所示，农业机械总动力呈现逐年上升趋势，小型拖拉机拥有量也呈现逐年上升趋势，但大中型拖拉机、大中型拖车总体上呈下降趋势。其中，2002 年的大中型拖拉机较 1993 年减少了 15.75%；2002 年的大中型拖车较 1993 年减少了 18.92%。

表 4—18　　　　　　　　湖北省全省水利建设投入明细

年份	农业机械总动力（万千瓦）	大中型拖拉机（混合台）	小型拖拉机（混合台）	大中型机引农具（部）	大中型拖车（台）	机耕（滚）船（台）
1993	1108.99	78857	169900	30484	71657	5500
1994	1136.13	73761	157208	29100	68700	5289
1995	1174.34	71157	154747	28600	66300	4149
1996	1222.20	70297	164684	30500	65900	3969

续表

年份	农业机械总动力（万千瓦）	大中型拖拉机（混合台）	小型拖拉机（混合台）	大中型机引农具（部）	大中型拖车（台）	机耕（滚）船（台）
1997	1276.04	71096	184961	36300	64200	3815
1998	1325.90	71345	206044	43300	65000	4645
1999	1363.70	70280	226652	—	64553	4484
2000	1414.02	68163	236342	—	60600	4626
2001	1469.24	65829	248788	—	58200	5274
2002	1557.43	66439	266834	—	58100	5526

注：1999—2002 年的大中型机引农具数据缺失。

资料来源：湖北编辑委员会：《湖北农村统计年鉴（2003）》，中国统计出版社 2004 年版。湖北编辑委员会::《湖北农村统计年鉴（1998）》，中国统计出版社 1999 年版。

　　就 1990—2002 年湖北省的农业机械化和农田灌溉情况来看，如表 4—19 所示，机耕面积、机播面积、机收面积总体上皆有所增长，尤其是机播面积和机收面积增长显著，分别增长了 3.94%、6.96%。机灌面积、电灌面积各年的增长与下降情况各有不同，难寻规律，只能根据各年的实际情况来看，而有效灌溉面积呈现出前几年有所增长、后几年明显下降的趋势，具体为 2000 年以后下降趋势较为明显。

表 4—19　　　　1993—2002 年湖北省的农业机械化和农田灌溉情况 单位：千公顷

年份	机耕面积	机播面积	机收面积	有效灌溉面积	机灌面积	电灌面积
1993	1050.45	52.19	99.22	2347.93	1225.46	950.67
1994	1125.25	47.89	140.49	2345.51	1254.87	982.38
1995	1247.00	83.38	130.95	2350.39	1257.70	1002.66
1996	1351.54	120.96	185.62	2352.85	1248.98	1000.46
1997	1616.21	191.22	363.91	2355.20	1246.98	1004.39
1998	1834.08	222.03	515.37	2353.22	1182.30	940.81
1999	1933.85	239.59	532.51	2359.85	1187.86	951.06
2000	1969.55	255.69	643.65	2362.64	—	—

续表

年份	机耕 面积	机播 面积	机收 面积	有效灌溉 面积	机灌 面积	电灌 面积
2001	1998.94	231.40	660.11	2352.58	—	—
2002	1951.96	257.58	789.91	2350.98	—	—

注：由于 2000 年、2001 年、2002 年的灌溉面积（包括机灌、电灌）的统计方法与其他年份不同，因而表中所涉及的这 5 年的机灌面积和电灌面积不做统计。

资料来源：湖北编辑委员会：《湖北农村统计年鉴（2003）》，中国统计出版社 2004 年版。湖北编辑委员会：《湖北农村统计年鉴（1999）》，中国统计出版社 2000 年版。

就 1990—2002 年湖北省的化肥实物使用情况来看，如表 4—20 所示，1993—2002 年，氮肥、磷肥、钾肥、复合肥的使用情况总体上呈逐年上涨趋势，且趋势较为显著。从绝对总量而言，2002 年氮肥、磷肥、钾肥、复合肥的使用情况皆比 1993 年要高出很多，增幅分别达到 22.68%、62.13%、73.65%、69.50%。

表 4—20　　　　　　1993—2002 年湖北省的化肥实物使用情况　　　　单位：吨

年份	氮肥	磷肥	钾肥	复合肥
1993	1084891	350229	111761	281290
1994	1150976	394311	126743	329489
1995	1296382	447596	148995	391109
1996	1346716	472509	154825	425624
1997	1475071	591697	161276	393850
1998	1652870	497852	150523	404680
1999	1281748	625882	167747	439966
2000	1327032	524557	161900	457301
2001	1267545	545627	175346	464134
2002	1330981	567815	194075	476784

注：本表数据是按照当时的实物折纯量统计。

资料来源：湖北编辑委员会：《湖北农村统计年鉴（1994）》，中国统计出版社 1995 年版；湖北编辑委员会：《湖北农村统计年鉴（2003）》，中国统计出版社 2004 年版。

就农业科技服务情况来看,这一时期农业科技有了一定程度的发展,农业科技人才队伍建设取得了一些成效。据统计,1996 年末湖北省农村农民科技人员共计 75557 人,占全省从事农业劳动人员总数的 0.40%。其中种植业科技人员共计 44894 人,牧业科技人员共计 13703 人,林业科技人员共计 6368 人,渔业科技人员 10592 人;农民专业人员 127637 人,平均每个村委会有 3.83 人,其中农机员共计 46625 人,水管员共计 28574 人,电管员共计 52438 人。1996 年末,全省具有初级以上技术职称的人员共计 36151 人。尽管人才队伍总数较过去有了较大幅度提升,但在全省农业人口中的占比仍然较低,也难以满足农业科技需求。从农业科技推广服务看,如表 4—21 所示,1993—2002 年,湖北省的水稻、小麦、棉花良种推广种植面积皆呈不同程度的缩减,尤其是小麦、棉花的缩减幅度较大。2002 年,湖北省的水稻、小麦、棉花良种推广种植面积分别为 2729.40 万亩、964.80 万亩、421.35 万亩,较 1993 年分别缩减了 680.7 万亩、783.15 万亩、279.3 万亩,缩减幅度分别达 19.96%、44.80%、39.86%。

表 4—21　　　　　1993—2002 年湖北省的水稻、小麦、棉花良种

推广种植面积　　　　　　　单位:万亩

种类 年份	水稻	小麦	棉花
1993	3410.10	1747.95	700.65
1994	3404.10	1712.70	690.30
1995	—	—	—
1996	3448.35	1707.60	665.25
1997	3510.75	1786.50	681.00
1998	3235.95	1611.00	608.25
1999	4065.75	1522.20	446.40
2000	2830.05	1059.00	465.90
2001	2853.75	1047.60	491.25
2002	2729.40	964.80	421.35

注:1995 年的数据缺失。

资料来源:湖北编辑委员会:《湖北农村统计年鉴 (1997)》,中国统计出版社 1998 年版;湖北编辑委员会:《湖北农村统计年鉴 (2003)》,中国统计出版社 2004 年版。

从与农民生活息息相关的农村公共服务体系的各项服务来看，农村公共服务体系的异化与悬浮之危显得更加严重，农村公共服务的供需矛盾也更加突出。以农村电力为例，如表 4—22 所示，1993—2002 年湖北省的农村用电总量呈现显著上升趋势，且逐年上升幅度较大，而对应的农村村级以下办水电站及发电量却呈显著下降趋势，且逐年下降的幅度较大。2002 年，湖北省的农村用电总量为 607416.25 万千瓦时，较 1993 年增长 81.83%；农村村级以下办水电站发电量为 50995.63 万千瓦时，较 1993 年减少 0.49%。2002 年湖北省农村发电量与用电量差额为 556420.62 万千瓦时，接近 1997 年湖北全省的用电总量，比 1993—2002 年农村村级以下办水电站各年发电量总和还要多 48074.3 万千瓦时。这其中的农村用电需求与发电供给矛盾可见一斑。

表 4—22　　　　　　　　**1993—2002 年湖北省的农村电力情况**

单位：万千瓦时、座

年份	农村用电量	农村村级以下办水电站	发电量
1993	334055.10	1177	51244.53
1994	408417.20	1165	50454.31
1995	473641.88	1177	55434.45
1996	—	—	—
1997	554244.76	1073	66456.91
1998	564520.17	1028	65395.38
1999	566338.95	949	54178.91
2000	608574.08	893	59223.03
2001	601617.63	829	54963.17
2002	607416.25	669	50995.63

注：1996 年数据缺失。

资料来源：湖北编辑委员会：《湖北农村统计年鉴（1997）》，中国统计出版社 1998 年版；湖北编辑委员会：《湖北农村统计年鉴（2003）》，中国统计出版社 2004 年版。

从当时的农村教育水平来看，全国的受教育水平虽有较大幅度提升，但低文化程度的农村劳动力比例仍然较高,湖北省的农村劳动力文化水平要略高于全国水平,但部分农村劳动力文化水平指标显示仍然有较大发展空间。如表 4—23 所示,1995—1998 年湖北省的农村家庭劳动力文盲或半文盲数量占比呈明显下降趋势,1998 年的文盲或半文盲数量占比较 1995 年减少了 5.57%;1998 年的初中程度占比较 1995 年增长了 7.93%,而其他文化程度占比略微有所降低。

表 4—23　　　　　1995—1998 年湖北省的农村家庭劳动力
文化状况和全国平均水平　　　　单位:%

		劳动力文化程度构成					
		文盲或 半文盲	小学 程度	初中 程度	高中 程度	中专 程度	大专 程度
1995	全国	13.47	36.62	40.10	8.61	0.96	0.24
	湖北省	12.47	35.18	39.91	11.67	0.64	0.12
1996	全国	11.23	35.52	42.83	8.91	1.20	0.13
	湖北省	10.04	32.87	43.43	11.94	1.45	0.26
1997	全国	10.10	35.12	44.30	8.91	1.24	0.33
	湖北省	6.65	33.61	48.26	10.16	1.09	0.23
1998	全国	9.56	34.49	44.99	9.15	1.46	0.37
	湖北省	6.90	32.94	47.24	11.30	1.50	0.12

资料来源:国家统计局农村社会经济调查总队:《中国农村统计年鉴 (1998)》,中国统计出版社 1998 年版。

从这一时期的乡卫生院、病床数和卫生人员队伍情况可见这一时期的农村医疗卫生服务发展情况。如表 4—24 所示,1995—1998 年,湖北省的乡卫生院数量呈缩减趋势,1998 年较 1995 年缩减了 45 个,缩减了 3.0%;病床数、卫生员人数、接生员人数也呈缩减趋势,1998 年分别较 1995 年缩减了 2165 张、3278 人、2894 人,分别缩减了 5.21%、18.17%、18.38%。不过,这一时期的乡村医生,数据总体上呈增长趋势,1998 年较 1995 年增长了 1392 人,增长了 3.22%。

表4—24　　1995—1998 年湖北省乡卫生院、病床数和卫生人员数

单位：个、人、张

年份	卫生院	病床数	卫生人员
1995	1505	41537	50699
	乡村医生	卫生员	接生员
	43288	18036	15747
年份	卫生院	病床数	卫生人员
1996	1497	40836	70664
	乡村医生	卫生员	接生员
	43924	17264	15350
年份	卫生院	病床数	卫生人员
1997	1455	39278	72336
	乡村医生	卫生员	接生员
	44460	16027	14869
年份	卫生院	病床数	卫生人员
1998	1460	39372	74062
	乡村医生	卫生员	接生员
	44680	14758	12853

资料来源：国家统计局农村社会经济调查总队：《中国农村统计年鉴（1998）》，中国统计出版社 1998 年版。

第四节　孕育中的市场与社会力量

"农村改革中，我们完全没有预料到的最大收获，就是乡镇企业发展起来了"[1]。家庭联产承包经营制度的确立，调动了农民的生产、生活积极性，实现了农业的增产增收，也推动了农村市场的再觉醒，极大地激发了农村市场活力，活跃了农村商品经济。随着改革开放的深入，市场不断扩大与发展，商品经济日渐活跃与繁荣，农业的生产、农民的生活以及农村的建设开始日益市场化，农村的市场体系也开始逐步建立。传统社会时期内聚性的"圈层社会"生活，自给自足性的低效农业生产与

[1]　《邓小平文选》第 3 卷，人民出版社 1993 年版，第 237 页。

松散性的农村建设已淹没在历史的大潮中。日益多元化的交往方式,家庭分工向社会分工的快速转变,不断地扩展着农民的生活外延,而以货币为第一媒介的交易、交往行为日益成为乡村社会的主基调。据统计,2000 年,全国独立经营的农民达 24148 万余户,农村中的个体私营企业已经达到 2004.5 万个。而 2000 年的全国城乡集贸市场已达 88811 个,成交额达到 24279.6 亿元,比 1985 年增长 37.4 倍①,且从 1988 年到 2000 年,年成交额每年都以数百亿元,甚至数千亿元的增长幅度在增长。镇区企业状况是决定镇区社会经济规模的重要因素。1996 年湖北省镇区企业总量达到 2.5442 万个,平均每镇 32 个,企业从业人数为 1361.8 人,企业从业人数占镇区总人口的比重为 22.80%,占非农业人口的比重为 40% 以上。如表 4—25 所示,企业从业人员总量达到 109.6263 万人,平均每镇 1362 人。从区域分布来看,丘陵地区的企业总量和从业人员总量最多。

表 4—25　　　　　　　1996 年湖北省镇区企业及从业人员情况　　　　单位:个、人

名称	企业个数		企业从业人员	
	总量	平均每镇	总量	平均每镇
全省	25442	32	1096263	1362
平原	7036	34	391578	1901
丘陵	10077	33	445021	1464
山区	8329	28	259664	880

资料来源:《湖北省第一次农业普查主要指标汇总结果公报 (1997)》。

但必须指出的是,20 世纪 90 年代初期到中期,乡镇企业主要以国有、集体企业为主,到 90 年代中后期,国有和集体企业逐渐消亡,私营企业如雨后春笋般飞快发展。从整个时期来看,国有、集体、私营企业在农村小城镇经济发展中所发挥的作用、占据的地位不容忽视。如表 4—26 所示,1996 年湖北省乡镇企业国有、集体、私营、联营企业数占企业

① 习近平:《中国农村市场化研究》,博士学位论文,清华大学,2001 年,第 29—35 页。

总数比分别为 13.26%、55.87%、24.17%、6.41%，这一时期的私营企业发展尚处在初级上升阶段。从企业的行业构成看，工业与批零贸易餐饮业占的比重较大，尤其工业是吸纳劳动力较多的行业，占有绝对比重；建筑业、交通运输业及其他业所占比重较小。镇区工业和批零贸易餐饮业企业数占企业总数的 74.95%，从业人数占企业从业人员总数的 78.15%。

表4—26　　　　　1996 年湖北省镇区企业的类型与行业构成　单位：个、人、%

镇区企业的类型			
	企业	比重	从业人员	比重
国有	3374	13.26	316141	28.84
集体	14214	55.87	667094	60.58
私营	6150	24.17	73244	6.68
联营	1630	6.41	29306	2.67
外商	16	0.06	1814	0.17
港澳台	58	0.23	8664	0.79
行业构成			
	企业	比重	从业人数	比重
工业	11039	43.39	712260	64.96
建筑业	1557	6.12	142484	13.00
交通运输业	1906	7.49	28456	2.60
批零贸易餐饮业	8030	31.56	144476	13.18
其他业	2910	11.44	68587	6.26

资料来源：《湖北省第一次农业普查主要指标汇总结果公报（1997）》。

市场交易的发展与繁荣，是衡量农村商品经济发展水平的核心变量。从市场的区域发展情况来看，1996 年末，在农村镇所辖范围内，由镇直接管理，经工商部门批准，具有固定场所的集贸市场为 2722 个。其中综合市场 1395 个，占 51.25%；专业市场 1327 个，占 48.75%。平均每个镇有 3.38 个集贸市场，其中 1.73 个综合市场、1.65 个专业市场，如

表4—27所示。平原、丘陵地区集贸市场、专业市场的平均数均高于山区,但山区综合市场的平均数高于平原、丘陵[1]。

乡村社会日益市场化与社会化,悄然改变着乡村社会的一切,农民的生活发生了巨大变化,农民的物质与精神文化需求总体呈快速增长趋势。生产、生活消费支出结构出现明显的变化,温饱已不再是农民的唯一需求。应该说,这种日益增长的需求趋势必然导致农民对农村服务需求与渴望的日益增强。同时,市场化与社会化也应当带来农民获取服务的方式、渠道的日益多元化,并且增强农民对这种多元化服务获取方式、渠道的需要。如表4—28所示,1995—1998年,湖北省农民的生活消费由单一性支出向综合性支出转变,其中食品和衣着的支出呈下降趋势,而居住支出呈较快上升趋势;生产消费中,家庭经营费用支出占有绝对比例,生产性固定支出呈现逐渐下降趋势。

表4—27 　　　　　　1996 年湖北省的集贸市场地域分布情况 　　　　单位:个

名称	集贸市场		综合市场		专业市场	
	总量	平均每镇	总量	平均每镇	总量	平均每镇
平原	808	3.92	342	1.66	466	2.26
丘陵	1059	3.48	520	1.71	539	1.77
山区	855	2.89	533	1.80	322	1.09

资料来源:《湖北省第一次农业普查主要指标汇总结果公报 (1997)》。

表4—28 　　　　　　1995—1998 年湖北省农民的消费支出结构 　　　　单位:元

名 称	1995 年	1996 年	1997 年	1998 年
生活消费支出				
生活消费支出	1245.10	1636.41	1660.13	1699.43
食品支出	753.91	674.42	928.54	918.95
衣着支出	81.11	104.04	100.63	88.88
居住支出	147.08	189.31	221.63	274.61

---

[1] 《湖北省第一次农业普查主要指标汇总结果公报 (1997)》。

续表

名　称	1995 年	1996 年	1997 年	1998 年
生产消费支出				
生产费用现金支出	402.64	451.02	492.56	445.34
家庭经营费用支出	376.25	413.65	462.89	419.71
生产性固定支出	26.40	37.37	29.67	25.62

　　资料来源：国家统计局农村社会经济调查总队：《中国农村统计年鉴（1998）》，中国统计出版社 1998 年版。

　　然而随着改革的推进和农业生产的发展，分田单干的经济活力被持续的粮食"卖难、存难、运难"负面效应所慢慢消减，农民收入增速总体上持续下降，农产品结构矛盾和需求矛盾日益突出，农民收入与支出比不断拉大，城乡差距也日益加大。与此同时，迎着农民工浪潮，成千上万的农民背井离乡，涌入城市，寄希望于打工来摆脱日益窘迫的生活现状。尽管这一时期单产和总产量均在持续增长，如表 4—29 所示。但广大的农民，尤其是中西部地区的农民，农业生产积极性再次呈大幅降低趋势，撂荒、抛荒现象较为严重①。

表 4—29　　　　　　1995—1999 年湖北省农村各年的劳动生产率、
　　　　　　　　　　耕地生产率与农业商品率　　　　　单位：公斤、元

名称	1995 年	1996 年	1997 年	1998 年	1999 年
农业劳动生产率					
单农业劳动生产的粮食	1805	1805	2024	2008	1970
棉花	43	43	45	26	23
油料	139	139	450	176	183
糖料	54	54	78	89	92
猪牛羊肉	184	184	231	177	214
水产品	111	111	155	177	184

①　以湖北省为例，当时的农村耕地撂荒高达 50% 以上，局地高达 80%。李昌平：《再向总理说实话》，中国财富出版社 2012 年版，第 16 页。

续表

名称	1995 年	1996 年	1997 年	1998 年	1999 年
耕地生产率					
每公顷耕地种植业平均产值（1990 年不变价计算）	9095	8241	—	10255	10951
粮食每公顷单产（按播种面积计算）	5158	5091	5328	5226	5247
棉花每公顷单产（同上）	1167	907	1209	753	906
油料每公顷单产（同上）	1809	1716	1882	1920	1780
麻类每公顷单产（同上）	2530	2630	3117	3033	2842
糖料每公顷单产（同上）	45987	51581	56056	55100	48916
烟叶每公顷单产（同上）	1649	1843	1956	1760	1831
蔬菜每公顷单产（同上）	28478	31293	31916	32376	29045

资料来源：湖北编辑委员会：《湖北农村统计年鉴（2000）》，中国统计出版社 2001 年版。

　　相较于家庭承包经营（税费）时代以前，农民的服务需求总体上呈增长趋势，且由对政府提供的农村公共服务体系的单一性依赖向政府与市场、社会提供的多元社会化服务转变，但生产积极性的大幅降低和农村劳动力的大量外流，使得农民的服务需求与渴望仍显不足，尤其是对服务获取方式、渠道多元化的需求与客观的经济社会发展趋势不相符，呈现明显不足。

　　市场与社会的再觉醒，为农村公共服务体系的市场与社会力量生长提供了易生土壤，但孕育却需要一个等待的过程。家庭联产承包经营制度的确立，农村治理的变革，极大地激发了乡镇企业的发展，个体私营企业以几何倍数的增长速度持续增长，以城乡集贸市场为主的各类农村市场也如雨后春笋般与日俱增。各种志愿性、公益性的社会非政府组织、非营利组织蓬勃发展。从改革开放到1992 年，中国的各种非政府组织、非营利组织累计超过 100 万家，《社会团体登记管理制度》实行后的 2003 年①，中国登记注册的各种非政府组织、非营利组织达 26.7 万个，年均增长超过 30%②。

　　然而，在工业主导战略的影响下，在巨大的"工农业剪刀差"作用下，农业的比较效益始终处于较低水平，加上国家涉农投入的相对不足，农业被公认为"弱质"产业③。与此同时，家庭联产承包经营制度变革导致农业生产的分散化、细碎化，农民生活更加"原子化"，农业投资的交易成本巨大。而受制于自然和市场双重风险的制约，农业的投资风险始终居高不下。对于市场主体而言，将注意力集中在比较效益相对较高、交易成本相对可控的工业产业上，将发展的重心放在城镇是明智的选择。市场主体所能有兴趣涉及的农村服务供给基本以经营性质的农资供应和规模极其有限的农产品"买卖"为主。相较于市场主体，社会组织对农村的关注要明显高得多，但组织类型过于单一，主要集中在环保、妇女儿童权益保护、教育援助、公益救济等领域。关注的重点尽管对服务农民生活、农业生产以及乡村建设有所涉及，但整体上与农民的各项服务需求有明显差异，很少涉及农民生活的各类更具差异化的服务需求；农业生产的各类专业化、技术性的服务需求以及农村各项基础设施建设需求。且力量过小，过于分散。由于尚处在发展阶段，社会组织的志愿性与公益性行动具有较强的偶然性、随机性，尚未形成规模，难以形成持续性的力量，因而还无法有效承担起转接农村公共服务体系使命的重任。

---

　　① 1992 年以前，由于中国并未实行社会团体登记管理制度，民间非政府组织的发展基本处于自发自为的阶段。这一时期的民间非政府组织的发展速度很快，但改革开放到 1992 年之间的 100 万家各种非政府组织大多数是未经官方注册的民间组织。1988 年、1989 年中国逐步正式实行《社会团体登记管理制度》，非政府组织发展进一步加快，且日益规范化。王名：《走向公民社会——中国社会组织发展的历史及趋势》，《吉林大学社会科学学报》2009 年第 3 期。

　　② 邓国胜：《中国非政府组织面临的挑战》，2005 年 8 月（http://www.redcrossol.com/sys/html/lm_ 8/2011-01-18/141322.htm）。

　　③ 习近平：《农村市场化建设与中国加入 WTO》，《清华大学学报》（哲学社会科学版）2001 年第 4 期。

第五节　本章小结

1978 年，家庭联产承包经营脱离了传统社会以降，自上而下、由内而外的强制性制度变迁路径，借助于自下而上、由外而内的诱致性制度变迁路径，以一种强劲的倒逼之势，敲开了中国改革开放的大门，迎进了一个崭新的时代。

由集体到分门独户，由"大一统"的组织单元到千家万户的"原子化"个体，家庭联产承包经营的实行极大地压缩了国家权力强制整合乡村的有效运行空间，式微了国家权力的乡村社会整合。农民一家一户的分散化生产、生活，挣脱了"人民公社"时期延伸到每家每户、每个农民的国家权力触角的束缚，极大地压缩了国家权力对乡村社会生产、生活的控制与干预、动员与命令的行使空间，消解了"人民公社"所彰显的农村治理的控制权威，使"人民公社"所赖以生存的管理运行方式失去效力。与此同时，农民生产、生活的社会化、市场化，促使货币中介、公约了农村治理的资源汲取功能，从而倒逼着农村治理功能的变革与重构。

在家庭联产承包经营强有力的倒逼作用下，在国家权力自上而下的积极回应下，农村治理与农村公共服务体系自上而下、由内而外与自下而上、由外而内结合的"二元互动"制度变迁路径得以生发并有效发挥作用①。农村治理的倒逼性变革，治理内涵与功能的变化，以及与治理变革相伴而生的财政体制、行政运行机制最终导致农村公共服务异化危机，产生了农村服务供给变革的倒逼性推力。农村公共服务体系的异化危机和应对给农村治理提出了新的变革要求，客观上又产生了一种反向的农

---

① 制度变迁理论认为，制度变迁是新制度产生，旧制度被否定、扬弃的发展过程。在制度变迁理论大师道格拉斯·C. 诺思看来，制度变迁有两条主要途径:强制性制度变迁与诱致性制度变迁，也有人将其称为供给导向型制度变迁与需求导向型制度变迁。强制性制度变迁与诱致性制度变迁并非二元对立，而往往存在"二元互动"关系。强制性与诱致性往往相互影响，共同作用于制度变迁。[美] 道格拉斯·C. 诺思:《经济史中的结构与变迁》，陈郁等译，上海人民出版社 1994 年版。[美] 道格拉斯·C. 诺思:《制度、制度变迁与经济绩效》，杭行译，格林出版社 2008 年版。

村治理变革倒逼推力，倒逼农村治理的进一步变革。在双向倒逼与回应作用下，农村治理与农村公共服务体系之间最终形成"二元双向互动性"的关系结构。这无疑是属于这个时代的新鲜创举。

为有效应对农村治理变革与农村公共服务体系变迁时代需求，在国家权力主导的撤社建乡和乡镇行政管理体制改革浪潮中，印有特殊时代烙印的农村公共服务体系失去了其生与长的土壤与空间，也失去了其存在的意义和价值，旋即被重新整合进了新的乡政村治叙事框架中，人们给其冠之以十分形象的称谓——"七站八所"。而这种变迁与整合，并非只是组织名称的变换，也不仅仅是行政归属的调整，是从使命到意义从运行机制到权力构架的全新塑造。"人民公社"时期的农村公共服务体系所对应的农村基础建设、农业科技、教育、医疗、卫生、社会保障、文体娱乐、规划发展、生态环保等农民生产、生活所不可或缺的农村公共服务则相应地划转给"七站八所"各类部门，成为其组织存在的主要权责与义务。

"美好的愿景终究不抵现实的赤与裸。"被寄予厚望的乡镇"七站八所"在其产生与发展的初期并没有走上预想的轨道，而是深陷"条块"分割的脱轨危机之中。随之而来的农村公共服务体系供给力度的增与减、供给水平的升与降仅仅只是"量变"层面的考量，最终所演化成的农村公共服务体系异化与悬浮危机才是无法逃避的"质变"恶果。以"条块"分割治理格局优化为目的的乡镇行政管理体制改革，没有实现乡镇"七站八所"的"条块"共治，反而陷入更为严重的"条块"分割结构性冲突之中，最终形成难以调和的"条块"分割矛盾，乡镇行政体制改革也陷入"精简—膨胀—再精简—再膨胀"的怪圈中。机构膨胀、冗员严重、政事不分、政企不分，权力部门化、部门利益化愈演愈烈，而随之而来的辐辏式财税体制无意中加重了"条块"分割矛盾，同时也消解了旨在缓解"条块"分割治理困境的农村税费改革的倒逼作用。最终，家庭联产承包经营倒逼而来的农村治理变革，在顺势回应过程中导致了农村公共服务体系的异化危机，使得农村公共服务体系出现"悬浮"与"空位"，呈现出一片"线断、网破、人散"的惨淡景象。不可否认，这一时期农村公共服务体系所涵盖的有些类服务项目仍在逆势增长，如水利、农业机械化、农业技术推广、农业生产化肥使用等，但农村教育、医疗、卫生等服务的缩减程度显著，且这一时期的农村公共服务体系与现实的"三农"发展需求差距显著，无法满足当时的现实需求。

家庭联产承包经营制度的确立，推动了农村市场的再觉醒，活跃了农村商品经济，也刺激了各种志愿性、公益性的社会非政府组织、非营利组织的发展，为农村公共服务体系的市场与社会力量生长提供了易生土壤。但孕育需要一个等待的过程，市场主体的选择性参与，小而散、弱而无力，社会主体的有限参与，杯水车薪，使得市场与社会主体都还无法有效承担起转接农村公共服务体系使命的重任。

一场摧枯拉朽般的暴风骤雨，带着极强的历史偶然与必然色彩，以迅雷不及掩耳之势席卷了整个中国大地，强势性地改变了与农村社会治理、农村公共服务体系有关的一切（参见第三章）。而另一场终结了千年之夙愿的变革风潮和一个历经整个时期的改革创新"大考"又是怎样的一番风起云涌，又将给予农村社会治理、农村公共服务体系有关的一切带来什么样的悲与喜呢？

第 五 章

后税费时代的湖北省农村
公共服务体系

以撤社建乡和乡镇行政管理体制改革为主导的农村治理变革，给由乡镇"七站八所"所承载的农村公共服务体系带来了危机。改革并未扭转乡镇"七站八所""条块"分治的格局，反而使乡镇"七站八所"陷入更为严重的"条块"分割结构性冲突之中，形成难以调和的"条块"分割矛盾，乡镇行政体制改革也陷入"精简—膨胀—再精简—再膨胀"的怪圈中。"条块"分割矛盾给乡镇"七站八所"带来的直接后果即是机构膨胀、冗员严重、政事不分、政企不分，权力部门化、部门利益化愈演愈烈。最终，由乡镇"七站八所"所承载的农村公共服务体系出现"悬浮"与"空位"，呈现出"线断、网破、人散"的惨淡景象。

2000 年开始，为减轻农民负担，缓解乡镇债务危机，倒逼基层政府精简机构、转变职能，从而提高农村公共服务体系水平，重建国家在乡村社会的合法性基础，中国逐步开始了以"三个取消、两个调整和一个改革"为主线的农村税费改革[①]。2004 年开始，为进一步牢固农村税费改革所取得的成果，中国在农村税费改革的基础上，又逐步取消了农业税，有着 2600 多年历史的农业税费最终成为"历史"。然而，由于农村治理未实现与农村税费改革和取消农业税的同步变革，因而农村税费改

---

① 所谓"三个取消，两个调整"即取消五项统筹和农村教育集资等收费与集资；取消屠宰税和除烟叶以外的农业特产税；取消统一规定的劳动积累工和义务工；调整农业税、农业特产税政策，改革村提留征收使用办法。范毅：《走向财政民主：化解乡村债务长效机制研究》，法律出版社 2013 年版，第 30—40 页。

革和取消农业税以及与之相伴随的乡镇机构改革和县、乡财政管理体制改革——辐辏式财税体制——乡财县管不仅带来了更为严重的县、乡财政危机，加重了"条块"分割矛盾，而且也加重了农村治理之乱和农村公共服务体系的悬浮之危。

为有效破解农村税费改革之后的县、乡治理乱象和农村公共服务危机，发源于湖北省咸安区，具有先导性与开创性的乡镇综合配套改革创新与农村公共服务体制改革创新诞生，并迅速在全省铺开，很快便扩展到安徽、江西等其他诸多省份。以农村公共服务社会化转向为重点，突出以社会化为核心的农村公共服务体制变革有效破解了乡镇"七站八所"机构膨胀、冗员严重、政事不分、政企不分，权力部门化、部门利益化等困境，也针对农村公共服务体系的"线断、网破、人散"危机采取了有效的措施，取得了显著的成效。然而，进入后税费时代，农业税费的全面取消，农村治理环境新形势、新变化的出现，动摇了乡镇综合配套改革创新与农村公共服务体制改革创新的已有基础。与此同时，乡镇综合配套改革创新与农村公共服务体制改革创新，因本身所存在的体制机制问题出现了发展难续危机。最终，新的困境与新的危机再次禁锢了农村治理变革的发展与农村公共服务体系的建立与健全。

后税费时代恰恰是农村治理现代化变革与服务型政府建设的新时代，也是农村社会化服务体系闪耀历史舞台的新时代，无论是农村治理现代化变革的客观要求，还是服务型政府建设的内在需求，抑或是农村社会化服务体系发展的推波助澜，都对农村公共服务体系提出了迫切的重构性再变革要求。新变革与旧体制、再变革与旧制度的较量已然暗流涌动。

第一节 "吹糠见底"的农村税费改革大潮

湖北省的农村税费改革真正在全省铺开是在 2002 年。2001 年 3 月，湖北省召开农村税费改革试点工作会议，传达了全国农村税费改革工作会议精神，并明确了"三个取消、两个调整和一个改革"为主线的农村税费改革重点，随后成立了湖北省农村税费改革领导小组。4 月，湖北省向全省农民发出了农村税费改革公开信。2002 年 4 月，湖北省召开《湖北省农村税费改革试点方案》征求会议。同月全面启动农村税费改革的总体动员和部署工作。7月,《湖北省农村税费改革试点方案》下发,农村税费改革工作全面铺开,并迅速取得显著成效。2002年,湖北省农民实际承担税费总额为35.89亿元,与2001年政策性六项税收(包括农业税、特产税、屠宰税、提留、统筹、教育集资)相比减少了25.8%,农民人均负担也减少了27.3%,从94.34元减少到68.63元[①]。

然而,农村税费改革并未推动中国财税体制的改革,尽管农民的负担在税费改革过程中相对有所减轻,但基层政府与乡村社会矛盾却未发生实质性改变,税费改革所预想的倒逼作用在乡镇政治生态系统的反倒逼和旧有的财税体制的双重反作用下被消解。李芝兰、吴理财认为,农村税费改革的目的在于通过税费的调整,尤其是"三个取消,两个调整"形成一种倒逼推力,在减轻农民负担,缓和乡镇政治生态系统与乡村社会矛盾的同时,倒逼乡镇"七站八所"精简机构、转变职能,从而化解部门利益化问题,促使其回归公共服务本位。然而,这种倒逼在旧有财税体制作用下,进一步恶化了乡镇财政危机,加剧了乡镇财政负债,也进一步压缩了乡镇"七站八所"的生存空间,迫使乡镇"七站八所"运用"曲解政策、变通政策、蒙混过关"等"弱者武器"来应对税费改革的倒逼——形成对税费改革的反倒逼作用[②]。农村公共服务体系的"悬浮"与"空位"危机愈演愈烈。

农村税费改革前,乡镇财政已出现入不敷出的危机,在上级转移支付不足的情况下,乡镇财政缺口,尤其是乡镇"七站八所"所承担的公共服务支出主要依赖"三提五统"与集资性摊派来填补,即所谓的制度外财政[③]。1999年,咸安区财政和乡级政府拨付乡镇事业站所的年度财政经费总额不到300万元,人均不足3000元,将近59%的财政来自农村税

---

① 资料来源:湖北农村改革30年大事记有关资料。石山等:《湖北改革开放30年大事记》,湖北人民出版社2010年版。

② 李芝兰、吴理财:《"倒逼"还是"反倒逼"——农村税费改革前后中央与地方之间的互动》,《社会学研究》2005年第4期。

③ 吴理财:《从"管治"到"服务":乡镇政府职能转变研究》,中国社会科学出版社2009年版,第39页。

费与集资性摊派①。而"三个取消、两个调整和一个改革"无疑切断了乡镇的这部分具有一定自主性的制度外财政供给,加上由分税制演化而来的"乡财县管"财税体制,导致乡镇的财政严重"空壳化",更恶化了乡村的债务危机。1993 年,中央财政收入占全国财政收入比为 39%,分税制改革和农村税费改革后的 2004 年急剧上升到 57.2%,省级财政收入比重也从 1993 年的 16.8% 提高到 2000 年的 28.8%,然而省以下的市、县、乡则从 61.2% 下降到 19%②,乡镇一级财政收入几乎逐级上缴,基本没有留存。2002 年湖北全省人均财政收入不到全国平均值的 30%,仅居全国第 20 位,差距高达 1065 元。主要支撑农村教育的县域财政更加艰难,73 个县(市)中仅有 7 个县(市)财政收入大于支出,其余均入不敷出,人均地方财政收入仅及全省平均值的 47.4%③。1999 年、2001 年咸安区县、乡两级财政收入分别为 6910 万元、5288 万元,税费改革后,财政收入则分别减少 4789.81 万元、3167.81 万元,减幅分别达 19%、60%④。该区 D 乡改革前,乡、村两级可用财政 370.3 万元,改革后为 133.23 万元,减少 237.03 万元,减幅达 64%⑤。1999 年,中国平均每个乡镇负债已经达到 400 余万元,如果将村级组织的债务一并考虑,乡村债务合计达到 4000 亿元至 5000 亿元,债务总额已经超出农村各项税收收入 8 倍以上。1999 年,湖北省咸安区全区的乡村债权总额 22601.7 万元,村级净负债已达到 6662 万元⑥。同期,湖北省的财政收入几乎入不敷出。

无奈之下,"吃饭财政"变成了"要饭财政",向上级政府部门要补助、要项目资金成了乡镇政府领导干部工作的重心之一,而这种转变加

---

① 袁方成:《使服务运转起来:基层治理转型中的农村公共服务》,博士学位论文,华中师范大学,2006 年,第 57 页。宋亚平:《咸安政改——那场轰动全国备受争议的改革自述》,湖北人民出版社 2009 年版,第 246 页。

② 汤安中:《反省分税制改革》,《中国经济时报》2004 年 9 月 24 日。张菊梅:《农村公共服务供给模式变迁及发展趋势》,《中共四川省委党校学报》2013 年第 2 期。

③ "基础教育新三片地区教育发展水平研究"课题组:《湖北农村教育调研报告》,《教育研究》2006 年第 8 期。

④ 同上。

⑤ 同上。

⑥ 2013 年,咸安区的村级债务仍然高达 10851.37 万元。参见湖北省村级债权、债务情况统计表。

重了乡镇对上级的依附性，同时也加重了上级对乡镇的干预与控制，形成一种逆向的牵引力，加重了农村治理危机，也加重了农村公共服务体系的异化危机①。对于乡镇"七站八所"而言，部门的权力被进一步上收，具有一定自主性的部门利益来源被切断，甚至于基本的工资都难以按月发放，职工们开始纷纷留编离岗、自谋生路。如果说农村税费改革对农村治理和农村公共服务体系所造成的杀伤力巨大，那么2005年农业税费的逐步取消无疑更是雪上加霜。2005年1月，湖北省十届人大三次会议召开，会议决定响应国家政策，对全省农业税实行全免，至此有着2000多年历史的农业税费退出了历史舞台。然而相应的财税体制并未实现同步变革，作为乡镇财政收入来源的部分农业税费在没有相应的国家财政转移支付增补的前提下直接被取消，无疑进一步加剧了乡镇财政危机，进而加重了农村治理危机与农村公共服务体系异化危机。

这一时期，农村公共服务体系出现严重的衰退，有些农村公共服务甚至于衰退到改革开放之前的水平。仅以农村社会养老保险为例，1998年全国31个省份中有2000多个县开展农村养老保险，参保人数最多时达到8000万人。但是，到2004年底，全国只有1870个县不同程度地开展了农保工作，参保人员减少到5420万人，较1998年减少了32.25%，仅有220万名农民领取养老金②。1999年湖北省农村社会养老保险参保人员合计346.99万人，到2003年减少到182.6万人，降幅达到47.38%。1999年当年参保人数为8.48万人，到2003年当年参保人数减少到2.2万人，仅为5年前参保人员的25.94%。据统计，2003年湖北省农村领取养老金的人口仅有3.5万人，而2003年湖北年末总人口为6001.7万人，农村65岁及以上老年人口占总人口的比重为7.9%，相对应的农村65岁

---

① 吴理财等学者认为，乡镇政府的权力应当来自农民，因而对农民负责，接受农民的问责是基本的逻辑，然而"要饭财政"导致乡镇对上级的依附性增强，最终导致乡镇政府只能逆向对上负责、问责于上级，疲于应付上级的各种考核性工作，而无心为农民提供公共服务则成了顺理成章的逻辑。吴理财：《从"管治"到"服务"：乡镇政府职能转变研究》，中国社会科学出版社2009年版，第70页。

② 杨玲、柯冬林：《中国农村社会养老、医疗保险制度研究——以湖北省为例》，《中南财经政法大学学报》2006年第5期。

以上老年人口为 474.13 万人。① 随着农村参保人口的萎缩，湖北省农村社会养老保险资金收入不断减少。如表 5—1 所示，1999 年当年保险资金收入为 5472.95 万元，2002 年减少到 2338.2 万元，2003 年进一步减少到 1178.9 万元，降幅达 78.46%，集体补助的资金也从 1999 年的 199.60 万元，减少到 2003 年的 99.9 万元，不足四年前的 1/2②。2003 年相较于 2002 年，本年保险资金收入、本年保费收入、个人缴费、集体补助和本年基金运营收益分别减少了 49.6%、55.7%、60.0%、29.2%、44.2%。

表 5—1　　　　　　2002 年和 2003 年湖北省农村社会养老保险
资金收支情况　　　　　　　　　单位：万元

年份	上年基金滚存节余	本年保险资金收入	本年保费收入	个人缴费	集体补助	本年基金运营收益
2002	60042.9	.2338.2	1163.9	1022.8	141.1	1174.4
2003	36487.9	1178.9	515.7	417.6	99.9	655.8

资料来源：国家统计局人口和就业统计局：《中国劳动统计年鉴（2004）》，中国统计出版社 2004 年版。

　　严重异化的农村公共服务体系使农民逐渐失去了旧有的依赖与信任，也带来农村治理的合法性危机。"政治创造了一个政治领域，通过这个领域，利益共同体得以寻求到对自己命运的控制。"而在这种控制过程中，农民对国家权力的依赖与信任，是国家权力合法性得以有了生成的前提与基础③。对于农民而言，强忍着沉重的负担，却又无奈地接受着不断异化的农村公共服务体系；税费改革所带来的负担相对减轻却是以农村公共服务体系的日渐"悬浮"与"空位"为代价，在这种巨大的反差之间，农民失去了对自己利益共同体的有效控制。因而，不仅逐渐对农村公共服务体系失去了依赖，对乡镇"七站八所"失去了信任，对于农村治理

---

① 参见胡艳玲《湖北省农村社会养老保险的制度研究》，硕士学位论文，武汉科技大学，2009 年。

② 同上。

③ ［英］安德鲁·甘布尔：《政治和命运》，胡晓进等译，江苏人民出版社 2003 年版，第 113 页。

的合法性也产生了质疑的念头。

　　农村税费改革、辐辏式财税体制加剧了农村公共服务体系的"悬浮"与"空位"之危，倒逼着农村治理的进一步变革，也倒逼着农村公共服务体系的变革，但改革的路在何方？既是一个艰难的选择，更是一个富有挑战性、冒险性的抉择。转型期的农村治理与农村公共服务体系变革无疑存在两条可供选择的路径。一是重启社会国家化的强制性整合道路，即通过国家权力的再下渗与再植入，将已经市场化与社会化的乡村社会再次整合起来，将原子化的农民重新统合进行政化的政治网中，从而重构起自上而下、由内而外的农村公共服务供给组织与体系，依靠国家权力的强整合来满足农村的服务需求。尽管许多学者主张在有限"村治"基础上，通过强化乡镇政府或者村委会的行政强制权，而非再次"公社化"来实现"社会国家化"的强制性整合，从而撇清与"人民公社"时期"大一统、一大二公、政社不分"的社会国家化的关系，但社会国家化的本质决定了这种国家权力的强制性整合的实现，最终必然会重新走上"人民公社"式的道路，即使这种社会国家化整合不再以"人民公社"的外在形态出现，也必然会以与"人民公社"类似，且无本质性区别的别种形态出现。而在改革开放不断深化的过程中，民主与法制成为时代的主题，市场化与社会化成为农村的显著特征，农村的经济社会环境已然发生翻天覆地的变化，不仅"人民公社"时期的高度"社会国家化"整合基础荡然无存，即便是以社会国家化整合为导向的各种"过渡"与"缓和"也已是"黄粱美梦"①。

---

　　① 徐勇、曾军、沈延生等学者主张"精乡减县""准行政化村政""乡治村政"等强化国家权力整合的改革，而姚锐敏、吴理财、赵树凯等学者则认为这种选择并非最为理性选择，无论是各种"乡派化"改革还是以扩权增能为主的"委托扩权"改革，都无法回避乡镇一级政府权力空间在"条块"分割中丧失的事实，且不论国家权力的强制性再整合的政治与行政成本之高，这种选择无疑背离了时代的潮流，是一条不可重走的回头之路。徐勇：《"县政、乡派、村治"农村治理的结构性改革》，《江苏社会科学》2002 年第 2 期。曾军：《村委会准政权化设想初探》，《社会主义研究》1997 年第 5 期。沈延生等：《"自治抑或行政"中国乡治的回顾与展望》，《中国农村研究》（2002 年卷），中国社会科学出版社 2003 年版。姚锐敏：《"行政下乡"与依法行政研究》，博士学位论文，华中师范大学，2008 年。吴理财：《从"管治"到"服务"：乡镇政府职能转变研究》，中国社会科学出版社 2009 年版。赵树凯：《乡镇政府之命运》，《中国发展观察》2006 年第 7 期。

对于农村公共服务体系而言，由乡镇"七站八所"所承载的农村公共服务体系已然失去了农民的信任。与此同时，市场与社会主体以及由其所主导的社会化、市场化服务经历了再觉醒与蓬勃发展的曲折过程之后，已然成为农民所寄予厚望的新依靠。因而，另辟蹊径，选择第二条路径，顺应改革开放大潮与农村新形势、新变化，推动农村治理的进一步变革，进一步转变职能，确立以服务为中心的执政理念，促使乡镇政府向服务型政府转向，进而实现农村公共服务体系的社会化转向变革，成为最切实、最有效的选择。尽管，对于十年前的人们和那些改革家们来说，这种选择面临的风险与挑战之大，需要的勇气与魄力之巨，不可想象，但在十年后的今天看来，这一切是那么顺理成章，又是那么顺应时代。尽管，这种选择在那个时期看来具有极强的超前意识，遭遇到巨大的艰难险阻，但改革的浪潮仍然势不可当。

第二节　导源性的湖北省农村公共服务体系改革创新

农村公共服务体系社会化转向的理念最早可追溯到 20 世纪 80 年代初，即家庭联产承包经营制确立初期。1984 年和 1986 年的中央 1 号文件，首次提出"社会服务""生产服务社会化"概念，1990 年中共中央国务院在《关于一九九一年农业和农村工作的通知》中首次提出农业社会化服务体系的概念。然而，农村公共服务体系社会化转向由理论到实践，并取得开创性的突破，则是在 21 世纪的 2002 年前后。在家庭联产承包经营制度的倒逼作用下，农村治理发生倒逼性变革，然而治理内涵与功能的变化，以及与治理变革相伴而生的财政体制、行政运行机制最终却客观导致农村公共服务体系异化危机。被寄予"倒逼期望"的农村税费改革并未有效缓解乡镇债务危机，也未实现倒逼基层政府精简机构和转变职能的预期目标，却成了乡镇综合配套改革与农村公共服务体系社会化转向的导火索，随之而来的农业税费取消更是助推了这一进程。在多重力量与作用的交织中，21 世纪初有关乡镇综合配套改革与农村公共服务体系社会化转向的改革创新不断涌现，湖北、安徽、江苏等地的改革家们率先在全国开始了划时代的改革与创新。湖北省咸安区 1999 年悄然开始的系列改革被誉为中国乡镇综合配套改革的典范，人们习惯性地将其称为"咸安政改"。而开创于 2003 年，作为"咸安政改"重要组成部分的"以钱养事"改革则被公认为是中国农村公共服务体系社会化转向最早，且最富有创新性、生命力与实践价值的改革创新。有学者直接将这一改革称之为"以钱养事"，有学者称之为农村公共服务体制改革、农村公益性服务改革，也有学者称之为农村社会化服务体系构建①。在今天看来，笔者认为它是农村公共服务体系社会化转向的时代标志，更是农村公共服务体系走向农村社会化服务体系的一个里程碑。

----

　　① "咸安政改"始于 1999 年，2005 年扩展至湖北全省，并逐步走向全国。2008 年 8 月，湖北全省的"七站八所"全部完成转制，共计 7.74 万人退出行政事业编制序列，其中 3.57 万人自愿置换身份，另谋职业。"咸安政改"是由中国著名的改革家、"三农"专家宋亚平在担任咸安区委书记期间，领导全区党政干部与人民群众，围绕农村治理而开创的系列改革的统称。改革涉及"五保合一""干部打工""两推一选""撤乡并镇""三办一所""干部交叉任职"以及"以钱养事"等十四项改革，由于改革的力度之大、影响之深，曾引起湖北乃至全国各界的"震动"，被誉为是"咸安政改"，也有人称之为"咸安地震"。今天，"咸安政改"虽过去了十多年，但仍然被人们所津津乐道，也仍然是许多学者开展有关农村治理问题研究所关注的重点，徐勇、项继权、贺雪峰、于建嵘、吴理财、陈文胜、张立荣、高新军等中国著名的基层治理与"三农"问题专家都曾先后作了相关的专题研究，并取得丰富的研究成果。尽管，处在今天的人们回头去评价十多年前的"咸安政改"，有很多人赞扬，也有人提出过质疑，但"咸安政改"有关"五保合一""两推一选"等改革在今天仍然是各省乃至全国有关"养老制并轨""基层干部民主选任"等重大改革的蓝本或范本。"咸安政改"在全国农村治理改革中的引领性与开创性地位是毋庸置疑的，而老一辈改革家那种壮士断腕、顶天立地的改革魄力与心怀天下、情系乡土的情怀是我们年青一代人所敬仰的。"以钱养事"改革被誉为是"咸安政改"十四项改革中最浓墨重彩的一笔。所谓"以钱养事"是针对依托乡镇"七站八所"用财政供养专职人员从事农村公共服务的传统农村公共服务供给体制——俗称以钱养人，以钱养机构——而言的，通过系列改革，变养人、养机构的传统体制为直接性的农村公共服务社会化购买机制，从而破解传统农村公共服务的异化危机。徐勇：《改革为民的思想财富》，《湖北日报》2009 年 9 月 4 日。项继权：《从"咸安政改"到"湖北改制"：一种新型乡镇治理模式的探索》，《中国农村经济》2005 年第 11 期。贺雪峰：《为什么"以钱养事"的改革不可行》，《调研世界》2008 年第 3 期。于建嵘：《当前中国基层政治改革的困境和出路》，《当代世界社会主义问题》2010 年第 2 期。吴理财等：《"以钱养事"何去何从？——基于湖北省咸安区乡镇事业单位改革的调查与思考》，《调研世界》2009 年第 4 期。陈文胜：《中国"三农"学界的明星现象——漫谈中国"三农"学界之三》，《文史博览》2006 年第 6 期。张立荣等：《农村公共服务新模式："以钱养事"＋"无缝隙服务"——基于湖北省咸宁市咸安区的调查与研究》，《中国行政管理》2009 年第 7 期。高新军：《地方治理创新的多种路径选择》，《同舟共济》2011 年第 4 期。

第三节　以社会化为核的湖北省
农村公共服务体系塑造

　　农村公共服务体系社会化转向变革与创新突出以农村公共服务的社会化为核心。坚持农村公共服务体系社会化的基本原则,遵循社会化的改革策略。改革传统单纯依靠政府,以供给为导向,自上而下的行政主导性供给体制。摒弃政府与市场、社会主体在农村公共服务体系中的绝对分离、隔绝,甚至对立的传统思想,将三者视为农村公共服务体系的多元互动主体,是一个不可分割的整体。引入市场竞争机制,坚持效率优先法则,充分发挥市场在经济领域与公共领域的双重资源配置作用。在切实转变政府职能,理顺"政、事、企"三者关系的基础上,坚持"但凡市场与社会主体能依法自立自主的事,政府坚决不管"的指导思想①,实现政府由直接的农村公共服务体系供给主体向追求政府、市场与社会良性互动的监督、协调与服务主体转变,充分培育、调动、发挥市场与社会主体自己管理自己、有效为农村供给各项社会化的公共服务的积极性、主动性与创造性,最终形成以政府为主导,政府与市场、社会主体良性共治的多元化、社会化为农服务体系②。

　　农村公共服务体系社会化转向改革与创新突出在厘清政府职责,理顺乡镇"七站八所"的"政、事、企"关系。将各类执法权责"回抽"到县级职能部门,将原本由乡镇"七站八所"承担的各种行政性管理权责重新归口到乡镇"三办一所"③。如表5—2所示,具体由党政综合

---

　　① 宋亚平:《出路:一个区委书记的县政考察笔记》,中国社会科学出版社2010年版,第69页。

　　② 宋亚平:《咸安政改——那场轰动全国备受争议的改革自述》,湖北人民出版社2009年版,第285页。

　　③ "咸安政改"所涉及的各项改革内容与侧重点有所不同,但各项改革之间却有着必然的内在关联,且相互牵引、互相影响。"三办一所"改革无疑为"以钱养事"改革打下了组织厘清、权责理顺的基础。所谓"三办"即是将原有乡镇内设的十多个机构,如党委、政府、人大、政协、组工、纪检、工业、农业等办公室按照职责权限的属性统一划归"党政综合办公室""经济发展办公室""社会发展办公室"。"三办一所"中的一所指的是财政所,财政所由其特殊性,在改革过程中继续按照原有的管理体制单列。

办负责党委和政府的各项行政性工作，承办和协调区人大、政协、纪检、监察、宣传与统战、人事、劳务等部门的各项行政性事务；由经济发展办负责乡镇经济发展环境的监督工作；承担区工商、邮政、电力、交通、水利等各职能部门的协助和协调工作；由社会发展办承担村镇建设规划、公益事业发展规划、城市公共事业建设、环境绿化卫生管理工作，以及区文化体育、计生、医疗卫生、教育综治等职能部门的协助和协调工作。

表 5—2　　咸安区乡镇部分"七站八所"职责厘清与关系理顺情况

"七站八所"	公益事业与服务职能	调整去向
农技站	农技推广、病虫害测报、农田情况监测与预报等	经济发展办
水利站	农田水利保护、规划、勘测、设计，水利工程除险加固、汛情监测等	
畜牧兽医站	畜牧禽防疫、畜牧禽医药和饲料质量检测监督等	
农机站	农机技术推广、泵站、提灌设备的管护、维修，农机防汛抗旱、抢险救灾等	
计生服务站	已婚育龄妇女的"三查"；优生优育；已婚育龄妇女上环、取环；计生服务管理等	社会事务办
城建站	村镇建设规划、勘测等	
房管所	房屋权属登记、管理等	
文化站	公共文化事业、文化村镇建设等	
广播电视站	有线广播、电视管理等	

　　资料来源：《咸安区委、区政府关于乡镇办机构设置、职能配置、职能转移和编制核定的实施意见》（2004 年 8 月）。

　　农村公共服务体系社会化转向改革与创新重点在实现乡镇"七站八所"的整体性社会化转制。除国土、地税、国税等国家垂直管理的站所以及林业、公安等县级延伸站所外，9 类 102 个乡镇"七站八所"，要么统一按照市场化、企业化、社会化原则，依法"摘牌、收章"，全部整体性转制为具有企业法人性质，自主经营、自负盈亏、自我发展的企业、社会服务机构，要么就地解散。对原站所工作人员按照"六个一"方案，集体置换身份，退出编制和财政供养序列，并有序实施"分流"①。如表5—3所示，改革过程中，咸安区乡镇"七站八所"共计910名工作人员先后退出编制和财政供养序列，其中自主创业和企业再就业人员共计400人，占到总数的44.0%。

表5—3　　　　咸安区乡镇"七站八所"转制后的人员安置去向　　　　单位：人

安置去向	"以钱养事"服务岗位	自主创业	城镇环卫、交通等公共服务岗位	企业再就业	提前退休	合计
人数	200	200	100	200	110	910

资料来源：宋亚平：《咸安政改——那场轰动全国备受争议的改革自述》，湖北人民出版社2009年版，第263页。

农村公共服务体系社会化转向改革与创新的主要创新性在于建构起健全的农村公共服务体系社会化购买机制。按照"市场化运作，社会化供给"的原则，构建"政府发包、项目量化招标、市场公开竞标、合同制管理、农民与政府双向监督考核"机制，统一向社会公布农村公共服务体系的岗位需求、服务内容、质量要求、价格标准、考核办法、结算方式，打破部门和区域界限，放开服务市场，面向由原"七站八所"转制的企业、社会服务机构或其他市场、社会组织与个人公开招标。按照事项多少定支出、考核结果定报酬，依据质量定奖惩，实行钱随事走，"以钱养事"。如表5—4所示，依据2012年的农村公共服务体系社会化购买机制标准，咸安区共计确定农村公共服务体系的各项服务9大项，82小项，分别包括水利服务、农业技术服务、畜牧技术服务、计生服务、文体广播服务、农机服务、城乡建设服务、水产服务、农村财务管理服务等。

农村公共服务体系社会化转向改革与创新的谋略体现在通过改革创

① "六个一"是咸安针对乡镇"七站八所"社会化转制过程中的人员安置所制定的保障性措施，所谓"六个一"即一张表：自愿置换身份申请表；一张榜：置换身份人员各种数据公示榜；一份合同：自愿置换身份合同；一个存折：补偿金个人账户；一本手册：基本养老保险手册；一个证：再就业优惠证。参见咸安区委、区政府《关于乡镇办机构设置、职能配置、职能转移和编制核定的实施意见》。

新逐步实现农村公共服务体系的"两次跨越"。今天我们在看待家庭联产承包经营制度的时候，人民普遍认为它是由"人民公社"时期的"统"到如今"分"的制度变革过程，但很多人却忽略甚至并不知晓，家庭联产承包经营制度的实行，由"统"到"分"的制度变革，只是完成了"两次跨越"的"第一次跨"。关于农业改革和发展的"两次跨越"，邓小平曾作过专门的论断，"'第一个跨越'是废除人民公社，实行家庭联产承包为主的责任制，'第二个跨越'就是适应科学种田和生产社会化的需要，发展适度规模经营，发展集体经济"①。今天我们所探讨的家庭联产承包经营制度"分有余而统不足"的制度困境，从制度变革过程而言，实施上即是由"第一次跨越"迈向"第二次跨越"的问题。而第二次跨越中的"适度规模经营"所突出的适度与规模，重点并不在于实现土地的规模化或者连片化，而在于生产过程的社会化与规模化，尤其是服务的社会化、规模化，这即是农村社会化服务体系的价值所在②。

事实上，农村公共服务体系社会化转向改革与创新也应当有"两次跨越"，"第一次跨越"即是实现农村公共服务体系的社会化转向，而改革的"完美终结"在于最终完成"第二次跨越"——构建起健全的农村社会化服务体系——有效融合农村公共服务体系。以农民的服务需求为中心，由单纯依赖以政府为主的农村公共服务体系到由政府主导的农村公共服务体系社会化转向，进而在条件成熟之时，再过渡到健全的农村社会化服务体系，是基于现实客观环境变化，遵循事物发展规律的必经过程，也是农村公共服务体系变革的必然向度与最终发展方向。如果说理顺乡镇"七站八所"的"政、事、企"关系，实现乡镇"七站八所"的整体性社会化转制，更多表现的是农村公共服务体系的社会化转向，即"第一次跨越"；那么建构农村公共服务

① 《邓小平文选》第 3 卷，人民出版社 1993 年版，第 355 页。《邓小平年谱（1975—1997）》，中央文献出版社 2004 年版，第 1349 页。

② 中国长久不变的"人多地少"基本国情决定了中国基本无法实现土地的规模化或者连片化，而农业生产服务的社会化、规模化则是可以实现的，且中国已经具备了这样的基础。毛铖：《利益缔结与统分结合：立体式复合型现代农业经营体系构建——统分两极化向统分结合的理性与回归性演变》，《湖北社会科学》2015 年第 6 期。

社会化购买机制，则是迈出了由农村公共服务体系社会化转向到构建并过渡到健全的农村社会化服务体系——"第二次跨越"——的坚实一步。农村公共服务体系社会化转向改革与创新从一开始就确立并沿着这个方向在努力向前迈进，尽管前进的路途如同改革诞生之初一般艰难。2003 年至今，农村公共服务体系社会化转向改革与创新已经走过了十多年，客观环境的变化与发展，给改革与创新的发展带来了新的历史机遇，也带来了更多的挑战，现时无疑到了制度再创新，进而实现改革再突破的历史关头。事实上，如何再创新、如何再突破的发展问题与健全的农村社会化服务体系如何真正得以构建的发展问题有着殊途同归的内在关联。

表5—4　　　　　　　咸安区农村公共服务体系社会化购买情况　单位：人、元/人

服务项目	岗位人数	社会化购买服务内容	服务经费
水利服务	1	辖区小型水库、塘、堰、渠道、垸（河）堤、涵闸等小型水利工程的规划、勘测、设计、施工、管理等劳务工作	21000
		辖区内河堤管护人的工作督察、业务指导	
		辖区内水、雨、工情资料的收集和整编工作，区水利局布置的相关报表、材料的上报工作，参加水利局组织的业务技术培训活动	
		防汛抗旱工作［小水库：年检查不少于 20 次；主要塘堰：年检查不少于 5 次；河（垸）堤：年检查不少于 10 次；渠道：年检查不少于 10 次］	
		指导村、组用水协会做好塘堰库蓄水保水工作	
		农村安全饮水工程勘测、规划与施工管理，负责指导、协调日常运行管理和维修工作	
		农村水利新技术的推广与应用	
		水利法规的宣传与培训	
		其他涉水事务的服务	

续表

服务项目	岗位人数	社会化购买服务内容	服务经费
农业技术服务	6	服务区域内农业生产规划	19178
		农作物统防统治、疫病防控及抗灾避灾（病害损失率5%以下，虫害损失率3%以下，防虫治病情报到户率90%以上）	
		农业技术培训	
		实用技术推广（引进、推广新技术1—2项，良种普及率90%以上）	
		农产品质量安全	
		农业环保工作	
		农业信息服务	
		农业项目建设	
		特种经济作物示范推广	
		测土配方施肥（完成测、配、产、供、施一条龙服务体系，肥料利用率提高5%）	
畜牧技术服务	7	制定全年畜牧生产规划及动物防疫工作部署安排	16089
		猪瘟、高致病性猪蓝耳病、牲畜口蹄疫、羊痘、高致病性禽流感等重大动物疫病的免疫注射工作（六种重大动物疫病常年注射密度均达到98%，免疫耳标、免疫登记、免疫档案"三位一体"的免疫标识挂标率100%）	
		密切注视动物疫情动态，加强疫病监测（确保猪、牛、羊、禽死亡率分别在3%、1%、2%、10%以内，突发性重大疫情在1小时之内及时上报）	
		根据创建"生猪调出大县"要求，发展养猪专业户，做好技术跟踪服务，提供全程技术指导	
		开展"三农"保险工作，切实配合保险公司做好母猪和肥猪保险	

续表

服务项目	岗位人数	社会化购买服务内容	服务经费
计生服务	3	重点"三查"（每个已婚育龄妇女每个考核年度内不少于三次，每次妇查时间间隔不得超过四个月，常住人口"三查"到位率达100%）	16300
		孕情跟踪监测和分娩随访服务（政策内怀孕三个月内进行第一次随访，然后每一个月跟踪随访一次，分娩后30天内进行一次随访，在家育龄妇女随访率必须达95%）	
		上环、取环（在家育龄妇女随访率必须达95%）	
		药具发放（每人每季度至少发放一次避孕药具，一年四次）	
		人流、引产或节育术后随访（术后30天、180天随访一次）	
文体广播服务	1	大型文体活动（协助党委、政府组织、策划、举办大型文体活动每年4次以上）	19200
		免费开放"三室一厅"（全年开放时间不低于260天）	
		公益电影、文艺演出	
		宣传橱窗（配合党委、政府工作中心做好宣传工作，全年4期以上）	
		文体服务免费指导（指导村级文化活动每年不少于20次）	
		免费培训（为本地相关部门培训提供免费服务，不少于10期，每期人员不少于30人，每期不少于1天）	
		文物保护、文化市场管理［组织、落实、开展经常性的文物保护及巡查工作，及时反馈本地文体工作信息，年上报信息（含媒体报道）不低于10篇］	
		非物质文化遗产普查、搜集、挖掘、申报、传承及保护	
		综合文化站与文化信息资源共享工程基层中心建设（文化信息资源共享工程村级基层服务点的检查与活动开展）	
		文体设施管理	
		配合乡镇党委认真做好上级交办的各项中心工作	

续表

服务项目	岗位人数	社会化购买服务内容	服务经费
农机服务	1	制订详细的年度工作计划	19200
		推广新机具、新技术（推广新式农机具342台套，完成机插面积10000亩，完成油菜机械直播面积15000亩，完成油菜机收面积2000亩）	
		召开农机推广现场会2次（每次参加人数不少于50人）	
		培训农机操作人员（除"阳光工程"外，另培训40人）	
		科技示范建设和日常服务（为每个大户服务不少于5次，扶持发展农机科技示范户10户，每户入户不少于15次，全年累计入户服务时间不少于100天）	
		农业生产全程社会化服务体系建设工作	
		协助主管局完成农机购机补贴的实施以及监管工作	
		完成农机安全生产各项指标	
		农机抗灾救灾，搞好抗旱排涝设备的维护（泵站完好率必须达90%以上，列管泵站每年检查不少于4次）	
		机泵站管护的指导、检查等日常管理	
		农机安全生产、相关法律法规和业务知识的宣传（为农机手提供农机作业信息不少于4条）	
		做好农业机械台账，规范记录详细的服务日志	
		提供详细的工作总结（每季度向主管局提供图片资料不少于3张）	
		完成甲方及主管局交办的其他临时工作	

服务项目	岗位人数	社会化购买服务内容	服务经费
城乡建设服务	3	制订村镇建设规划方案	13800
		每年进行一次法规政策宣传活动（集镇内至少张贴城市规划法 5 张，写墙面标语 5 条，拉横幅 1 条，行政村与自然组张贴《城乡规划法》不得少于 1 张）	
		集镇、村、组居民点前期选点查勘和批后建设督查管理	
		协助政府社会事务办抓好街道秩序、基础设施的维护和管理	
		接受区住建局的业务指导和行业管理，及时提供和报告有关情况	
		代理规划办证	
		乡村施工队伍培训工作	
		对集镇建设等工作作技术指导	
水产服务	1	规划制定与公共信息服务（提供供求信息不少于 3 条，做好"三改一建"、专业合作社、家庭渔场、休闲渔业、年终统计等公共信息上报）	13800
		开展水产新技术、新（优良）品种的引进、新模式的试验、示范推广工作（推广新品种、新技术不少于 5 项）	
		进村入户培训指导（上门服务不少于 3 次，为每个渔业养殖户每年至少培训 1 次）	
		养殖水面病虫害、疫情测报和防治指导工作（确保病虫害损失率控制在 20% 以内，疫情发生率控制在 35% 以内，信息准确率达 90%，技术指导入户率达 80%）	
		水产品质量安全管理指导（确保渔户使用渔药和渔用饲、肥料的登记率达 90% 以上）	
		配合渔政部门开展本辖区内《水域滩涂养殖证》的申报、测绘和核发工作	
		开展水产健康养殖示范场、专业合作社和渔业加工企业的创建和无公害食品、绿色食品、有机食品的申报工作	
		积极参加区级以上业务部门组织的水产知识更新培训	
		协助上级主管部门对渔业资源、水域环境进行监测、普查、保护	

服务项目	岗位人数	社会化购买服务内容	服务经费
农村财务管理服务	1	制定和完善镇财务服务实施办法及业务工作管理制度和流程	53600
		报账员培训（每年业务知识培训不少于1次）	
		代理镇行政事业单位、社区团体和村集体经济组织财务会计核算	
		按区财政局要求，负责组织完成镇行政事业单位的年初预算和年终决算工作	
		按照《会计基础工作规范》的要求切实加强会计基础工作，做好会计档案资料的归集、整理和保管	
		严格"四先四后"的审批办法，督促村集体落实非生产性开支限额制度	
		根据国库集中收付制度要求和业务流程需要规范操作	
		村级资金、资产、资源的清理、监管、代理	
		乡镇财政资金监管工作，严格项目资金监管	
		上级转移支付、公益性服务等专项资金的监督、使用和管理工作	
		调处行政村涉农收费、土地承包纠纷、涉农资金信访件，加强农民专业合作社组织建设	

注：表格中所列服务内容为主要内容，部分未量化的文字性表述未作详细说明。

资料来源：《咸安区T镇农村公益性服务劳务合同书》。

第四节　湖北省农村公共服务体系变革的"止"与"行"

农村公共服务体系社会化转向改革与创新突破了那个时期的历史局限，显现出极强的超前意识，其"两次跨越"的改革与创新谋略，由农村公共服务体系向农村社会化服务体系过渡的改革创新愿景，时至今日仍然代表着农村公共服务体系改革方向，也代表着农村公共服务体系的最终走向。然而，从2003年至今的十余年里，在经历了辉煌与繁荣之后，农村公共服务体系社会化转向改革与创新便进入了一个长达十年的摇摆与停滞时期，

"第二次跨越"始终未完成,农村公共服务体系也始终未完成向农村社会化服务体系的过渡。更令人费解的是,为有效应对农村治理危机和农村公共服务体系异化危机,孕育生发的农村公共服务体系社会化转向改革与创新,在与旧有体制与制度的对垒与博弈之中,陷入无法突破的多重困境之中,导致农村公共服务体系的供需脱节,供需矛盾日益激化。

首先,是两重关系结构的异化与矛盾的激化,导致改革创新之后的农村公共服务体系"效难发挥"。一方面是政府与供给主体之间。本是由原乡镇"七站八所"转制而来,具有企业法人性质,自主经营、自负盈亏、自我发展的农村社会化服务组织在"条块"分割矛盾中,逐渐演变为"换了一块牌子的'七站八所'",继续接受着乡镇政府的领导,而本已市场化、社会化的农村公共服务体系供给主体,却成了乡镇政府再收编的"编外人员",不仅要承担农村公共服务体系的职责,还要承担原有"七站八所"所承担的各项行政性事务。由"以钱养人"改革创新而来的"以钱养事",最终变成了用"养事的钱再养人"。"身份没了,权利没了,收益不升反降,责任与义务却越来越重。"在这种异化的关系结构中,个人与组织、农村公共服务体系供给主体与政府之间的矛盾逐渐激化。另一方面是供给主体与农民之间。农民服务需求的有效表达,农村参与的有效实现是改革与创新的突出价值所在。以农民为主,农村自治组织——村委会与乡镇政府为辅的多元复合监督考核制——"三卡制"有效解决了这一难题①。改革初期,这种既科学又严谨,既具有现实性又富有前瞻性的体制创新在良性的运转中确实发挥出了预期的效应,并朝着预设的方向在发展。然而,随着政府与供给主体之间关系结构的逐渐异化,体制运转阻力越来越大,最终"三卡制"流于形式,取而代之的是以各种考核评估与行政性摊派任务完成情况为核心参考内容的替代性监督考核。农村公共服务体系又迁回到旧有的以供给为主导的单级模式上,供给水平也出现明显的反弹性降低,个别地方甚至低于"以钱养事"

---

① "三卡监督考核制度"简称"三卡制",三卡即农民签字卡、村组干部签字卡、乡镇政府签字卡,是咸安区自创的一种监督考核制度。农民、村组干部和乡镇政府根据农村公共服务人员的服务情况,按照农民评分占 40%,村组干部评分占 30%,乡镇政府评分占 30% 的比率进行打分,每年考评三次,取平均值。考核结果与服务费挂钩,90 分以上的支付 100% 的服务费,60—89 分的分别支付 70%—90% 的服务费,60 分以下的只支付 60% 的服务费,并解除合同。

改革创新之前①。

　　其次，是双重错位与排斥，导致改革创新之后的农村公共服务体系"力难汇聚"。一方面是"条块分割"治理体制与市场化、社会化的农村公共服务体系之间出现错位，形成"二元体制性"互搏与冲突，体制间的张力逐渐扩大，体制间的排斥日渐增加，强势的"条块分割"治理体制不断地挤压着尚在形塑、建构之中的农村社会化服务体系的生长空间。另一方面是供给主体、供给体制机制运行的市场化与社会化应然与农村公共服务体系管理运行行政化、封闭化实然之间，形成巨大张力，既扭曲着"条块分割"的农村治理体制，也扭曲着农村公共服务体系。

　　最后，是僵化的制度与消沉的改革创新，导致改革创新之后的农村公共服务体系"发展难续"。一方面，是改革创新的体制与机制并没有随着现实环境的变化与经济社会的发展需求而不断完善、健全，反而逐渐僵化，导致创新性的体制与机制失去了其应有的价值与效用。另一方面，是消极的"三农"态度以及对持续推进改革创新的不认同、不作为，阻碍了改革与创新的持续发展②。

　　农村公共服务体系社会化转向改革与创新是否能够持续，"第二次跨越"是否能够实现，由农村公共服务体系向农村社会化服务体系过渡的改革创新愿景是否能够成为现实，不仅仅是农村公共服务体系变革"止步"与"前行"的问题，更是关系到农村公共服务体系供给与农民日益增长并不断多元化的服务需求矛盾是否能够得到有效缓和，从而化解农村治理危机，有效推动"三农"发展的关键问题。

---

　　① 供给体制机制又迂回到旧有的以供给为主导的单级模式上，供给水平也出现明显的反弹性降低，这是当前一些主张再次恢复"七站八所"的学者和基层实践者的主要依据所在，在他们看来这无疑是"以钱养事"改革创新的制度设计出了问题。但笔者认为，这恰恰不是改革本身的制度设计问题，而是旧有体制的顽固性阻挠以及"新旧"博弈的表现。改革创新就如同"山穷水复"的奋斗与挣扎，向前一步即是"柳暗花明"，后退一步则将会前功尽弃，甚至于"跌入万丈深渊"。陷入"精简—膨胀—再精简""改革—恢复—再改革"怪圈的许多改革创新不正是如此吗？本章将在后面进一步论述相关问题。

　　② 导致多重困境的根源，既有来自尚未实现同步变革的旧有农村治理体制所形成的"体制之困"，也有来自农村公共服务体系社会化转向改革与创新在发展过程中出现的"机制之惑"，这是一个值得进一步深入研究的问题。无论是多重困境还是其背后的根源并非本书所要关注的重点，笔者也曾在自己的博士学位论文和相关的其他著作与文章中作过详细论述，在此不再赘述。

就这一时期的农村公共服务体系供给水平而言,需要"一分为二"地客观看待,这其中既要从历时比较的视角来看待农村公共服务体系的供给水平,客观评价其存在的增长与提高,也要从同时比较的视角来看待农村公共服务体系的发展问题,客观评价其与农民服务需求之间尚存在的巨大差异。从历史的变迁与发展而言,这一时期对农村公共服务体系供给水平的评价已经不同于之前的各个时期,其不单单是数与量上的增长与降低的考量,而更多的是效率与质量上的好与坏的考量,这是农民日益增长并不断多元化的农村公共服务体系需求的现实要求。与此同时,对这一时期农村公共服务体系供给水平的评价需要区分农村公共服务体系社会化转向改革与创新的前期与后期,这不仅仅有利于这一时期农村公共服务体系供给水平的客观评价,也有利于对发生在这一时期内的农村公共服务体系社会化转向改革与创新的客观评价。以下针对部分服务项目所进行的分析将有利于"一分为二"地客观评价这一时期的农村公共服务体系供给水平。

从水利等与农业生产密切相关的基础设施建设来看,总体上农村公共服务体系供给水平经历从快速下降到上升,再到区位徘徊三个阶段。如表5—5 所示,2002—2005 年,湖北省水利建设支农投入呈现持续显著下降趋势,2003 年、2004 年、2005 年分别较 2002 年下降了 76.79%、75.19%、77.85%。2008 年,在经历了几年的持续下降之后,出现显著上升,一跃超过了 2002 年的水平,较 2002 年增长了 17.76%。而 2008 年之后的几年则处在区位徘徊阶段,基本维持在高于 2002 年、低于 2008 年的水平。

表5—5　　　　　　2002—2011 年湖北省水利建设支农投入情况　　　单位:万元

年份	2002	2003	2004	2005
支农投入	708866.47	164556.92	175854.48	157021.71
年份	2008	2009	2010	2011
支农投入	834774	—	821219.00	747750.12

注:部分年份的数据缺失。

资料来源:湖北编辑委员会:《湖北农村经济(2012)》,中国统计出版社 2013 年版。

值得一提的是,部分地区的情况要明显差于全省的总体情况。根据当时的资料显示，2006 年以后，整个荆江流域的国家水利投资项目减少，地方财政投入不足。以湖北省公安县为例，从 2006 年至 2015 年，县政府采取补助性政策投入水利工程资金总额为 3960 万元，年均不到 400 万元。但根据实际测算，公安县平均每年需要用于水利设施维修和改造的资金是 2500 万元，远远大于财政提供的资金，财政资金缺口巨大①。

从 2005—2012 年湖北省的农田有效灌溉面积及占比情况来看，总体上呈下降趋势。2005 年、2008 年、2009 年、2010 年、2012 年湖北省农田有效灌溉面积分别为 2064.59 万亩、2139.41 万亩、2145.99 万亩、2187.17 万亩、2252.91 万亩，占比分别为 59.9%、61.8%、61.4%、60.4%、59.5%，因而从灌溉面积指标看，总体上逐渐在上升，但从有效灌溉面积的占比看，却出现了逐年降低趋势。

从农业的机械化、农田灌溉、化肥使用、农业技术推广等与农业生产息息相关的各类服务项目来看，除部分年份出现一定的反常性降低外，这一时期总体的发展较快，呈现出持续上升趋势。如表 5—6 所示，2002—2012 年，湖北省农业机械总动力呈现持续增长趋势，2011 年达到 3571.23 万千瓦，较 2002 年显著增长 1.16 倍；大中型拖拉机达到 130774 混合台，较 2002 年显著增长 96.83%；小型拖拉机达到 1064835 混合台，较 2002 年显著增长 2.99 倍；大中型机引农具达到 24.01 万部，较 2002 年显著增长 4.05 倍。大中型拖车、农用运输车尽管受后期统计指标变化的影响而无法作详细测算，但从 2002 年到 2008 年的发展趋势来看，其增长趋势明显，增长幅度也较为显著。

表 5—6　　　　　2002—2011 年湖北省的主要农业机械拥有量情况

年份	农业机械总动力（万千瓦）	大中型拖拉机（混合台）	小型拖拉机（混合台）	大中型机引农具（万部）	大中型拖车（万辆）	农用运输车（万辆）
2002	1557.43	66439	266834	4.75	5.81	5.93
2003	1661.75	65925	282271	5.09	5.77	6.39
2004	1763.61	68263	320850	7.45	5.72	6.13

① 资料来源：根据湖北省档案馆馆藏资料整理。

续表

年份	农业机械 总动力 (万千瓦)	大中型 拖拉机 (混合台)	小型拖拉机 (混合台)	大中型机 引农具 (万部)	大中型拖车 (万辆)	农用运输车 (万辆)
2005	2057.37	76644	483915	9.35	6.24	6.74
2006	2263.15	85002	556932	11.18	6.38	6.87
2007	2551.08	92952	741190	12.96	6.50	8.08
2008	2796.99	104210	852334	15.49	6.11	9.19
2009	3057.24	118500	908300	20.37	—	—
2010	3371.00	127103	991016	21.49	—	—
2011	3571.23	130774	1064835	24.01	—	—

注:2009 年、2010 年、2011 年的大中型拖车、农用运输车因统计指标变化的原因而无法统计相关数据。

资料来源:湖北编辑委员会:《湖北农村统计年鉴(2012)》,中国统计出版社 2013 年版。

这一时期湖北省的农业机械化作业发展迅速。如表 5—7 所示,2002—2012 年湖北省的农业机耕、机收面积实现了十年增,机播面积除 2004 年有小幅下降外,其他各年也实现了年年增。2010 年、2011 年,湖北省的农业机耕分别较 2002 年增长了 1.31 倍、1.42 倍;机收面积分别较 2002 年增长了 2.52 倍、2.97 倍;机播面积分别较 2002 年增长了 2.31 倍、3.30 倍。但这一时期的农田机电灌溉则出现了曲线式下降。2004 年、2006 年、2008 年、2009 年分别出现不同程度的下降,而 2003 年、2010 年、2011 年又出现一定幅度的增长。总体上,2010 年、2011 年的机电排灌面积较 2002 年分别下降了 17.39%、11.38%。

表 5—7　　　　　　　2002—2011 年湖北省的农业机械化作业
和农田机电灌溉情况　　　　单位:千公顷

年份	机耕面积	机播面积	机收面积	机电排灌面积
2002	1951.56	257.58	789.91	3816.25
2003	2042.86	292.26	983.96	4990.38
2004	2202.09	291.48	1263.46	2918.00
2005	2015.93	233.66	1407.62	3728.92

续表

年份	机耕面积	机播面积	机收面积	机电排灌面积
2006	2091.92	334.37	1647.14	3455.50
2007	2236.59	383.40	1921.49	—
2008	3886.28	469.45	2251.94	3067.70
2009	4099.40	637.18	2554.97	3012.88
2010	4517.14	815.61	2780.52	3152.65
2011	4732.21	1107.84	3135.31	3382.14

注：2007 年的机电排灌面积数据缺失。

资料来源：湖北编辑委员会：《湖北农村统计年鉴（2012）》，中国统计出版社 2013 年版。

　　从这一时期湖北省的化肥实物使用情况来看，总体上呈现显著增长。如表 5—8 所示，氮肥、磷肥、钾肥和复合肥四项指标，除氮肥、磷肥在 2004 年、2005 年出现不同程度的下降，钾肥在 2004 年出现一定程度下降外，其余各年皆呈一定的上升趋势。复合肥更是实现了年年增。2011 年的氮肥使用量较 2002 年、2003 年分别增长 19.56%、2.93%；磷肥较 2002 年增长 14.97%；钾肥较 2002 年、2003 年分别增长 60.54%、40.79%；复合肥较 2002 年、2003 年分别增长 108.32%、90.43%。

表 5—8　　2002—2011 年湖北省的化肥实物使用情况——折纯量　　单位：吨

年份	氮肥	磷肥	钾肥	复合肥
2002	1330981	567815	194075	476784
2003	1545995	731515	221304	521564
2004	1424460	626597	220119	548059
2005	1420351	598345	231619	608011
2006	—	—	—	—
2007	1427636	635249	240370	695714
2008	1493545	665100	276612	841303
2009	1541537	671707	285041	904292
2010	1563773	657930	303285	982706
2011	1591310	652836	311573	993218

注：2006 年的数据缺失。

资料来源：湖北编辑委员会：《湖北农村统计年鉴（2012）》，中国统计出版社 2013 年版。

就农业技术推广水平而言，这一时期有了一定程度的发展，但发展水平并不稳定。如表 5—9 所示，2002—2012 年，湖北省的水稻、小麦、棉花良种推广种植面积总体呈现出一定幅度的增长，但部分年份出现一定程度的下降，尤其小麦和棉花的同比增减变化频繁。从 2002—2012 年各年的变化情况来看，水稻良种推广种植面积出现了由增到减再到增的曲线变化趋势，2006 年、2007 年、2008 年分别较上一年度减少 1.41%、0.84%、3.01%，而 2010 年、2011 年较上一年又分别增长了 1.47%、1.01%；而小麦、棉花的增减曲线变化趋势更为明显。

表 5—9　　　　　2002—2011 年湖北省的水稻、小麦
与棉花良种推广种植面积　　　　单位：万亩

年份	水稻	小麦	棉花
2002	1819.55	643.20	280.93
2003	1753.72	580.01	341.34
2004	2010.25	584.99	—
2005	2067.34	679.84	338.15
2006	2038.14	790.24	—
2007	2021.11	909.10	—
2008	1960.28	811.90	—
2009	2119.37	956.98	379.11
2010	2150.57	949.03	387.29
2011	2172.23	1027.89	415.19

注：部分年份的棉花良种推广种植面积数据缺失。
资料来源：湖北编辑委员会：《湖北农村统计年鉴（2012）》，中国统计出版社 2013 年版。

从这一时期的农业从业人员和农业科技人员的水平来看，总体上，农业从业人员的文化水平和农业科技人员的专技水平尚且较低，同时老龄化程度也在不断加重。全国第二次农业普查显示，2006 年，湖北省共有农业从业人员 1521.4 万人，初中及以上文化程度占比 49.1%，其中 50 岁以上的占 37%；农业技术人员共计 6.99 万人，其中初级 4.45 万人，

中级 2.12 万人，高级 0.42 万人[1]。

从农民获取农业科技推广服务的渠道以及相关满意度来看，这一时期获取渠道已经多元化，但是政府农技部门、农业科研院校与机构所发挥的作用仍然很有限，相关的满意度仍然有待提高。如表 5—10 所示，根据笔者所在研究单位对湖北全省的相关问卷调查显示，截至 2011 年，农民所需的农业科技推广服务从政府农技部门获取占比仅为 49.1%，而从高等院校、科研机构中获取的占比仅为 1.2%，尚有 20% 是通过自学获取。而在对政府提供的农业科技推广服务满意度调查中，总体满意的占比为 68.73%[2]，总体不满意仍然高达 32.27%。

表 5—10　　2011 年湖北省农村获得农业科技推广服务的渠道情况　　单位：%

名称	农技部门	政府组织培训	农业科研院校与机构	合作组织	聘请专技人员	联营或合作公司	亲朋好友指导	自学	其他
占比	49.1	11.7	1.2	3.9	1.6	0.8	11.0	20.2	0.5

资料来源：根据对湖北省农村公共服务体系中的农业科技推广服务的专项调查数据整理。

与农民生活息息相关的公共服务基础设施建设同与农业生产相关的农业基础设施建设相比，有一定的共同之处，即这一时期农民生活息息相关的公共服务基础设施建设发展同样不均衡，且有些服务项目呈现出曲线下降的趋势。2009 年，湖北省有火车站的乡镇占 8.4%；有码头的乡镇占 17.3%；有二级以上公路通过的乡镇占 61.3%；距离一级公路或者高速公路 50 公里以内的乡镇占 59.6%；能在一小时内到达县政府的乡镇占 82.2%。通公路的行政村占 96%，已经达到较高的水平，但是从通村公路的质量而言仍然亟待提高。在 96% 的通达比中，水泥路面占比只有 25.4%；柏油路占比仅为 5.7%，而砂石路占比高达 48.1%[3]。

这一时期的农村环境、医疗、文体、通信、电力等方面的基础设施

---

① 资料来源：国家统计局综合司：《第二次全国农业普查主要数据公报》。
② 根据对湖北全省农村公共服务体系中的农业科技推广服务的专项调查的统计分析。
③ 资料来源：国家统计局综合司：《第二次全国农业普查主要数据公报》。

建设尽管发展较快,但总体发展不足,难以满足实际需求。全国第二次
农业普查的数据显示,到 2009 年,湖北省生活污水集中处理的乡镇占比
为 20.4%;有垃圾处理站的乡镇占比为 34.3%;实施垃圾集中处理的村
占比仅为 4.5%;完成改厕的村占比仅为 16.3%。尽管有医院、卫生院的
乡镇占比达到 98.8%;有卫生室的村占比达到 80.7%,其中有行医资格
证书医生的村占比达 82.1%,但这一时期有行医资格证书的接生员占比
仅为 16.8%。尚有 82.7% 的村没有幼儿园和托儿所;有 95.1% 的村没有
体育健身场所;92.4% 的村没有图书室和文化站;91.9% 的村没有农民
业余文化组织。

这一时期农村通信发展较快,通电话的行政村占比高达 98.8%,通
电话的自然村占比高达 93.9%;能接收电视节目的行政村占比也高达
98.4%。如表 5—11 所示,2010 年,湖北省农村年末电话拥有量为 355.7
万户;农村投递线路条数达到 4198 条;农村投递线路长度达到 194656 公
里。但与城市水平相比仍然具有较大差距,2011 年的农村年末电话拥有
量仅为城市拥有量的 53.03%,2008 年、2009 年也分别只有城市拥有量
的 51.68%、53.22%。

表 5—11 2000—2010 年湖北省电信业务量情况

单位:万户、条、公里

年份 业务	2000	2005	2007	2008	2009	2010
年末城市电话	546	900	864	777.1	710.2	670.7
年末农村电话	180	336	414.9	401.6	378	355.7
农村投递线路条数	—	—	3573	4487	4297	4198
农村投递线路长度	—	—	169610	190582	195327	194656

注:其中部分年份的部分数据缺失。

资料来源:湖北编辑委员会:《湖北省统计年鉴(2010)》,中国统计出版社 2011 年版。

这一时期,已完成农村电网改造的村占比高达 99.1%;通电的行政村
占比高达 99.7%;通电的自然村占比高达 99.5%。如表 5—12 所示,2008
年、2009 年第一产业用电量、乡村居民生活用电量皆呈现持续上升趋势,

2008 年、2009 年第一产业用电量分别较 2007 年增长了 1.28%、5.19%；乡村居民生活用电量分别较 2007 年增长了 16.75%、27.26%。但从第一产业用电量与第二、第三产业用电量比较，以及乡村居民生活用电量与城市居民生活用电量比较来看，农村电力保障相较于城市还有较大差距。

表 5—12　　　　　2007—2009 年湖北省全社会用电量情况　　单位：亿千瓦时

用电量 ＼ 年份	2007	2008	2009
全社会	989.23	1058.53	1135.13
第一产业	17.91	18.14	18.84
第二产业	737.02	781.09	809.27
第三产业	93.46	98.71	127.29
城乡居民生活	140.84	160.59	179.02
城市居民生活	98.21	110.82	124.77
乡村居民生活	42.63	49.77	54.25

资料来源：湖北编辑委员会：《湖北省统计年鉴（2010）》，中国统计出版社 2011 年版。

从农村用电总量与发电总量看，这一时期呈现持续性的双增长趋势，从最初的发电存在缺口，到 2011 年基本实现了用电与发电总量的平衡。如表 5—13 所示，2010 年、2011 年湖北省的农村用电量分别较 2002 年增长了 80.73%、84.82%。尽管这一时期，农村村级以下办水电站数量总体上缩减了，2011 年较 2002 年缩减了 10.76%，但发电总量总体上呈增长趋势，且增长较为显著。2010 年、2011 年分别较 2002 年增长了 1.62 倍、1.52 倍。

表 5—13　　　　　2002—2011 年湖北省的农村电力情况　单位：万千瓦时、座

年份	农村用电量	农村村级以下办水电站	发电量
2002	607416.52	669	50995.63
2003	631136.10	646	53717.07
2004	647934.72	626	56317.96
2005	700858.87	609	56565.82

年份	农村用电量	农村村及以下办 水电站	发电量
2006	—	—	—
2007	877936.10	502	54201.11
2008	980646.90	533	64749.38
2009	1040885.00	556	71069.15
2010	1097790.00	600	133671.40
2011	1122597.00	597	128318.40

注：2006 年的数据缺失。

资料来源：湖北编辑委员会：《湖北农村统计年鉴（2012）》，中国统计出版社 2013 年版。

这一时期，湖北省集中供水的乡镇占比快速上升至 87.5%，但饮用水未经过集中处理的村占比仍然高达 87.9%；获取饮用水困难的农户占比仍然高达 18.5%；尚在使用未净化处理饮用水的农户占比仍然高达 85.9%。2009 年，湖北省居住在乡村的人口共有 3088.8 万人，国家发改委、水利部、卫生部联合专家组复核评估后，认为全省可申报纳入国家农村饮水安全工程总体规划的人数为 1999.17 万人，而最终纳入全国总体规划的人数为 1609.6 万人，785 万人已纳入全国"十一五"规划，但还有 1000 多万农村居民安全饮水问题没有得到彻底解决，农村饮水安全情况形势依然严峻[①]。

从教育、医疗两项关键性的农村公共服务来看，这一时期的量变成效值得肯定，但质量水平总体不高，且城乡差距及与其他省份的水平差距仍然较大，并有进一步扩大趋势。据统计，2004 年，湖北省人均教育投入为 390 元，居全国第 23 位（居中部第 2 位）。其中，国家财政性教育经费占 GDP 的比例为 1.89%，低于全国平均水平，名列全国第 29 位（中部垫底）。人均财政性教育经费支出为 203 元，居全国第 26 位（居中部第 2 位）；人均预算内教育经费支出为 177 元，名列全国第 28 位（居中部第 5 位）。小学、初中和高中的生均预算内教育事业费分别为 833.72 元（全国平均数为 1130.16 元，名列全国第 27 位）、966.79 元（全国平

① 方堃、李杨等：《湖北省城乡基本公共服务均等化现状及对策研究——以基础设施建设为例》，《襄樊学院学报》2011 年第 1 期。

均数为 1246.54 元，名列全国第 22 位）、1007.34 元（全国平均数为 1756.89 元，名列全国第 30 位）。按照当年小学 474.95 万人、初中 331.98 万人、高中 119.74 万人计算，差额经费数分别为 14.08 亿元、10.29 亿元、8.98 亿元，合计为 33.25 亿元①。

2003—2012 年，湖北省各级各类学校总体上呈缩减趋势，其中农村的初中、高中、小学学校缩减趋势十分显著。如表 5—14 所示，2003 年湖北省农村共计有初中 1532 所、高中 91 所、小学 11733 所，2009 年分别缩减到 1270 所、87 所、6975 所，分别缩减了 17.10%、4.4%、40.55%；2011 年分别缩减到 686 所、50 所、4764 所，分别缩减了 55.22%、40.05%、59.40%。从城乡差距来看，高中的城乡差距较为显著。2011 年乡村所有高中分别只有镇区和城区的 22.52%、15.97%。

表 5—14　　　　　　2003—2011 年湖北省各级各类学校情况　　　　　　单位：所

年份 学校分类	2003	2004	2005	2006	2007	2008	2009	2010	2011
普通中学	3305	3282	3231	3198	3108	3011	2897	2787	2707
初中	2679	2651	2578	2509	2440	2356	2275	2184	2122
城区	696	687	465	400	435	431	383	362	507
镇区	451	416	487	504	539	564	622	671	929
乡村	1532	1548	1635	1605	1466	1361	1270	1151	686
高中	626	631	653	689	668	655	622	603	585
城区	347	335	306	295	292	295	267	243	313
镇区	188	203	235	285	289	271	268	278	222
乡村	91	93	112	109	87	89	87	82	50
小学	15746	14085	12631	11422	10210	9302	8544	7749	7415
城区	1926	1799	949	763	831	845	722	685	1015
镇区	585	553	627	615	693	715	847	937	1636
乡村	11733	11733	11055	10044	8686	7742	6975	6127	4764

资料来源：湖北编辑委员会：《湖北省统计年鉴（2012）》，中国统计出版社 2013 年版。

---

① "基础教育新三片地区教育发展水平研究"课题组：《湖北农村教育调研报告》，《教育研究》2006 年第 8 期。

2004—2012 年湖北省各级各类学校在校学生总体上呈缩减趋势。如表 5—15 所示，农村的初中、高中、小学在校学生人数缩减趋势十分显著。2011 年普通中学在校学生总计较 2004 年减少了 1308797 人，约计减少 28.97%。乡村初中 2011 年的人数较 2004 年减少了 1426208 人，约计减少 74.63%；乡村高中 2011 年的人数较 2004 年减少了 53738 人，约计减少 33.80%；乡村小学 2011 年的人数较 2004 年减少了 1618077 人，约计减少 52.00%。从城乡差距来看，乡村小学在校学生人数皆超过了镇区和城区，2011 年的在校学生较镇区和城区分别高出 17.25%、48.50%。但到了初中和高中阶段皆与镇区和城区有一定差距。2011 年乡村初中在校学生分别只有镇区和城区的 48.73%、86.38%；乡村高中在校学生分别只有镇区和城区的 22.60%、17.64%，可见乡村初高中辍学率较城市高出许多，初高中教育服务水平较城市仍有较大差距。

表 5—15　　　　2004—2011 年湖北省各级各类学校在校学生情况　　单位：人

年份 学校分类	2004	2005	2006	2007	2008	2009	2010	2011
普通中学	4517196	4466879	4358461	4169098	3934445	3650102	3418299	3208399
初中	3319842	3172392	3010769	2840700	2612455	2363351	2180937	2040702
城区	720712	494739	443969	499232	515470	452518	413930	561141
镇区	688191	750903	810338	857005	821270	811217	848967	994830
乡村	1910939	1926750	1756462	1484463	1275715	1099616	918040	484731
高中	1197354	1294487	1347692	1328398	1321990	1286751	1237362	1167697
城区	582479	541404	504309	504312	536578	512139	427334	596728
镇区	455902	553411	663507	666697	625120	608803	633319	465734
乡村	158973	199672	179876	157389	160292	165809	176709	105235
小学	4749500	4291881	3913276	3703434	3607744	3592629	3655512	3773446
城区	1108833	787812	691437	715805	748768	717749	713491	1005861
镇区	528919	593090	632459	697890	705023	812990	974019	1273914
乡村	3111748	2910979	2589380	2289739	2153953	2061890	1968002	1493671

注：部分年份的部分数据缺失。

资料来源：湖北编辑委员会：《湖北省统计年鉴（2012）》，中国统计出版社 2013 年版。

　　2004—2011 年，湖北省各级各类学校专任教师发展变化情况在校学生相同，总体上呈缩减趋势，同样说明了乡村初高中辍学率即教育服务水平与城市之间存在巨大差距。如表 5—16 所示，农村的初中、高中、小学专任教师人数缩减趋势十分显著。2011 年普通中学专任教师人数总计较 2004 年减少了 4021 人，约计减少 1.75%。乡村初中 2011 年的专任教师人数较 2004 年减少了 55595 人，约计减少 60.95%；乡村高中 2011 年的专任教师人数较 2004 年减少了 1017 人，约计减少 14.08%；乡村小学 2011 年的专任教师人数较 2004 年减少了 57790 人，约计减少 42.37%。从城乡差距来看，乡村小学专任教师人数皆超过了镇区和城区，2011 年的专任教师人数较镇区和城区分别高出 23.69%、49.09%。但到了初中和高中阶段皆与镇区和城区有一定差距。2011 年乡村初中专任教师人数分别只有镇区和城区的 47.44%、81.71%；乡村高中专任教师人数分别只有镇区和城区的 23.36%、16.10%。

表5—16　　　2004—2011 年湖北省各级各类学校专任教师情况　　　单位：个

年份 学校分类	2004	2005	2006	2007	2008	2009	2010	2011
普通中学	229649	233517	235681	236040	233878	231452	227962	225628
初中	169315	169084	167572	166540	163666	160662	156836	154295
城区	43731	31803	28227	31976	34487	31574	30409	43589
镇区	34371	39851	43954	48427	50178	54203	59014	75088
乡村	91213	97430	95391	86137	79001	74885	67413	35618
高中	60334	64433	68109	69500	70212	70790	71126	71333
城区	30620	28330	27215	28079	30242	29754	26883	38552
镇区	22489	27235	32579	33974	32372	32913	35091	26573
乡村	7225	8868	8315	7447	7598	8123	9152	6208
小学	221763	215693	209342	204899	201356	198188	196078	194851
城区	58769	42127	37204	40224	42413	39274	37873	52716
镇区	26611	30351	32127	35173	35653	41273	47480	63542
乡村	136383	143215	140011	129502	123290	117641	110725	78593

　　注：部分年份的部分数据缺失。

　　资料来源：湖北编辑委员会：《湖北省统计年鉴（2012）》，中国统计出版社 2013 年版。

从医疗与卫生状况来看，尽管 2005—2010 年村设置医疗点数、乡村医生和卫生员总体上呈上升趋势，如表 5—17 所示，2010 年的村设置医疗点数分别较 2005 年、2007 年增长了 13.82%、1.45%；乡村医生和卫生员总人数分别较 2005 年、2007 年增长了 20.50%、22.29%。但这一时期的医疗、卫生财政投入严重不足，影响了医疗与卫生总体的发展。据统计，2004 年，全省卫生事业总费用占全省 GDP 和占财政支出的比重分别为 3% 和 5% 左右，人均卫生总费用 250 元，低于全国平均水平。乡镇卫生院财政补助占卫生补助总额的比重由 1996 年的 41.3% 下降到 2004 年的 23%，预防保健则从 19.87% 下降到 18.95%。而政府举办的乡镇卫生院诊疗人次占全省总诊疗人次的 35%，出院人数占 38%，但其得到的财政拨款仅占政府举办卫生机构财政补助的 23%[①]。

表 5—17　　　　2005—2010 年湖北省农村村级卫生组织及人员情况　　单位：个

年份 卫生组织及人员	2005	2007	2008	2010
行政村数	26678	26045	26101	26018
村设置的医疗点数	21136	23714	22707	24057
村或集体办	11207	1020	14184	15395
联合办	3777	—	3047	2815
医院设点	2410	17661	3309	3348
私人办	2907	1884	1655	1833
其他	835	1553	512	666
乡村医生和卫生员人数	34417	33913	38411	41473
乡村医生	33375	37095	37535	40425
卫生员	1042	13159	876	1048

资料来源：湖北编辑委员会：《湖北省统计年鉴（2012）》，中国统计出版社 2013 年版。

---

① 黄建英：《湖北省农村医疗卫生体制改革的问题与对策》，《决策参考》2005 年第 11 期。

　　根据 2005 年的调查显示，受医疗与卫生服务水平不足影响，当时湖北省的农村血吸虫疫水覆盖比仍然十分高。如表 5—18 所示，2005 年湖北省潜江、洪湖、天门、石首、汉川、仙桃、嘉鱼、监利、江陵、公安等沿江县市被疫水污染村庄占比分别高达 73.2%、75.9%、35.3%、63.9%、57.7%、75.9%、63.9%、99.8%、100%、60.6%。

表 5—18　　　　　**2005 年湖北省农村血吸虫疫水覆盖状况**　　　单位：个、%

名称	潜江	洪湖	天门	石首	汉川	仙桃	嘉鱼	监利	江陵	公安
村庄数	410	617	787	296	674	661	183	800	220	457
被疫水污染村庄数	300	468	278	189	387	502	117	798	220	277
占比	73.2	75.9	35.3	63.9	57.7	75.9	63.9	99.8	100	60.6

　　资料来源：湖北省各县市 2005 年农村饮水现状调查数据。参见刘轶花《公共物品供给：对中国农村饮水安全问题的探讨——以湖北省为例》，硕士学位论文，西南财经大学，2005 年。

第五节　后税费时代湖北省农村公共服务体系重构伏笔

　　后税费时代的来临，动摇了旧有农村治理形态所赖以生存的社会关系结构，打破了行政权力主导下的政府与农民之间的权利、义务关系，也改变了农村治理的现实环境。农村公共服务体系进一步失去了行政权力的庇护，政府所主导的运行体制与机制再次面临市场化与社会化的挑战，以及农民以需求为中心的认同质疑。同时，农村公共服务体系也迎来了市场化与社会化变革的新机遇。在推陈出新的时代背景下，以农村治理现代化为目标的农村治理再变革显得既突出又紧迫，以农村公共服务体系的市场化与社会化为目标的农村公共服务体系重构也显得既突出又紧迫，从农村公共服务体系过渡到农村社会化服务体系的时代要求迫在眉睫。

　　如果说农村税费改革客观上加剧了乡镇财政危机与农村债务危机，加重了农村治理能力的虚化，加大了农村治理悬浮之忧、维稳之乱等意外后果发生的可能性①,从而给国家权力的农村社会合法性带来严峻的挑战,那么在农村治理无法有效实现再变革的现实下,后税费时代的来临,无疑将是雪上加霜。

对于中国这样一个长期处于发展中的农业大国而言,依靠"皇粮国税"而实现"以农养政"古已有之,且沿袭数千年,即使是在翻开历史新篇章的新中国时代也同样如此。新中国成立后到农村税费改革之前的这段历史时期内,农业税费支撑着国家的经济社会发展;通过农业税费,农民、农业与农村为中国的国家建设、工业化战略发展做出了巨大贡献。在数千年的历史风云变幻中,无论朝代如何更替,中国的农村社会治理始终是围绕着乡村社会的稳定与"皇粮国税"的征缴这条千年不变的主脉而生生不息,即使是中国共产党领导的新政权也别无二致。虽纵跨无数个特殊时代,历经无数次变革,治理也经历了由统治到管控进而再到管理的历史变革,但农村治理的基础与本质性目标——维护国家权力的农村社会合法性和对农村资源的汲取,并未发生显著变化。传统社会以降,围绕着这一基础与本质性目标的中国农村治理形成了印有历史烙印,具有中国特色的治理模式与治理运行体系。国家权力与农民的关系,基层政权组织的组织人事结构、职责权限、财政与行政运行管理体制等农村治理要素皆因此其生、因其而变。农业税费的取消,对于既有的中国农村治理而言,无疑是"釜底抽薪",用颠覆来形容也毫不为过。后税费时代的来临,彻底斩断了沿袭数千年的农村社会治理主脉,颠覆了沿袭数千年的"以农养政"史,重塑着既有农村治理所赖以存在的乡村社会环境②。乡村社会关系,尤其是国家权力与农民关系发生根本性变革,国家权力合法性获取所依赖的传统路径失效③;既有的基层政权组织的组织人事结构、职责权限、财政与行政运行管理体制等农村治理要素所赖以生存的基础不在,既有农村治理模式与治理运行体系已然式微。可以说,农村治理迎来了一个崭新的再变革时代,而这个时代的再变革,因颠覆而来,顺颠覆而往,也必将成为一种颠覆。

---

① 于建嵘:《社会变迁进程中乡村社会治理的转变》,《人民论坛》2015 年第 14 期。
② 吴映红:《后农业税费时代乡镇职能转变浅析》,《老区建设》2008 年第 2 期。
③ 吴理财:《现代农村治理体制的建构》,《中国乡村发现》2009 年第 4 期。

　　如果说农村税费改革客观上加速了农村治理变革的步伐，推动着农村治理现代化变革的进程，那么在治理理念日渐盛行并深入人心的后税费时代，无疑将是快马一鞭。

　　迈入后税费时代，无论是中国本土还是西方各国，治理的理论研究与实践在不断发展，元治理、治理现代化日益盛行。在这个过程中，一场关于政府主导的社会治理地位被替代，国家权力使命的变革不可避免，服务型政府理念逐渐深入人心。治理再变革的现实需求，治理现代化的理论与实践探索，要求农村治理必须实现以服务为中心，以社会多元协同参与为导向的现代化变革，正如建嵘、吴理财等学者所认同的那样，管控与汲取型治理必须向服务型治理变革①。同时，服务型政府的建设，也要求各级政府，尤其是县、乡两级政府必须实现以服务为中心的职能转变，实现政府的治理角色再确位与治理权责重新归位，正如张康之等学者所言，服务型政府的建设将逐渐构建起一种新的社会体制②，这种新社会体制对政府提出了变革的要求，即政府必须由控制者、管理者转变为提供公共服务的服务者，政府的权利义务、治理的目标也必须逐渐从以经济领域为主向以社会服务领域为主转向③。

　　然而，农村治理现代化所主导的农村治理变革以及与之相适应的服务型政府建设，所指涉的服务内容、服务方式以及与之相配套的体制与机制都绝不仅仅是公共服务体系和以政府为主导的公共服务体系供给方式，体制与机制将发生重大的变革。后税费时代，农村公共服务的社会化变革，从单一的农村公共服务体系过渡到包含农村公共服务在内的农村社会化服务体系，这是新时代的发展之需，也是农村治理现代化变革的目标指向。基于马克思主义基本原理，这恰恰符合了马克思所指出的国家与国家权力必然回归社会的论断。马克思主义基本原理认为，国家

　　① 于建嵘：《社会变迁进程中乡村社会治理的转变》，《人民论坛》2015 年第 14 期。吴理财：《从"管治"到"服务"——关于乡镇政府职能转变的问卷调查》，《中国农村观察》2008 年第 4 期。

　　② 张康之：《我们为什么要建设服务型政府》，《行政论坛》2012 年第 1 期。

　　③ 李传军：《服务型政府的概念和内容》，《学习与探索》2007 年第 1 期。

与社会最终将走向统一，而国家权力最终必然将回归社会①。正如前文所言，农村公共服务体系孕育、发展于农村治理变革进程中，也将影响着农村治理变革的进程。伴随着农村治理现代化变革所主导的国家与国家权力回归社会进程，农村公共服务体系必将走上社会化，并最终被农村社会化服务体系所融合、替代。具有"他在性"本质的服务型政府建设也将加速农村公共服务体系的社会化，进而加速农村社会化服务体系融合、替代农村公共服务体系的演化过程。

如果说农村税费改革客观上摧毁了由乡镇"七站八所"所主导的农村公共服务体系的生存基础，加剧了农村公共服务体系的异化危机，那么在现有农村公共服务体系无法实现再变革性重构，无法有效过渡到农村社会化服务体系的现实下，后税费时代的来临，无疑也将是雪上加霜。

后税费时代，农民的负担大大减轻，农业生产的积极性得以提高，农民重握锄头、重拾镰刀、重回田地的意愿大为增强，"倘若在自家的一亩三分地里，自我管理、自我经营，能保障一家人的生活，维持各项开支，谁还愿意背井离乡、寄人篱下"。这是农民最为朴实的生存伦理②。然而，经济泡沫，物价飞涨，传统农业生产成本持续上升，农产品价格却持续走低，农业生产的比较效益持续较低，且仍然呈下降趋势。无奈的农民只能继续背井离乡，继续寄人篱下。对于广大中西部农村的农民而言，一边是强烈的意愿，一边却是现实的无可奈何。当前，第一代农民工年迈体衰，逐渐"回巢"，第二代、第三代农民工开始"手提肩扛"，"东飞南去"，妇女、儿童和老人无疑是农业生产的主力军。以妇女、儿童和老人为主的"386199 部队"，仍然有着强烈的农业生产愿望与积极性，却无农业现代化生产与经营的能力，更无力应对日益多元化、复杂化的市场。背井离乡、东飞南去的青壮农民仍然有维持家庭基本农业生产的强烈意愿，毕竟对于农民而言，这是家庭收入的重要补充，是留守在家的亲人们的生存基本依靠，更是叶落归根、安享晚年的归宿。然而无奈于城乡间的两地奔波却是最残酷的现实。正是当今这种矛盾的"三

---

① 《马克思恩格斯选集》第 3 卷，人民出版社 1972 年版，第 10—20 页。《马克思恩格斯选集》第 4 卷，人民出版社 1972 年版，第 190—197 页。

② 这是笔者在博士期间的无数次田野调查中，所感受到的农民的普遍心声。

农"现实，唤起了农民对农村公共服务体系、农村社会化服务体系的强烈需求。随着农村的市场化与社会化进一步发展；农业生产的市场化、国际化分工不断加强；新农村建设进入转型发展、深入推进的新时期，农业发展与农村建设对农村公共服务体系、农村社会化服务体系的需求越来越强烈，对农村公共服务体系、农村社会化服务水平的要求也越来越高。

农村市场日渐繁荣，"工业反哺农业，城市支持农村"战略不断深入，国家对农业经营的控制日益放开，对农业产业发展的鼓励、引导与扶持日益增强，涉农各项投入也逐年增加，极大地促进了市场与社会力量的生长，也极大地刺激了市场与社会主体参与农村公共服务体系的积极性与主动性。以各类涉农企业、农民合作经济组织为代表的市场与社会主体与日俱增，且不断发展壮大，市场与社会力量已然具备了有效承接农村公共服务体系使命的能力和条件。

如果说农村税费改革加速了农村公共服务体系的社会化变革进程，推进着农村公共服务体系向农村社会化服务体系过渡，那么在市场与社会力量不断生长与强大，市场与社会主体参与农村公共服务体系的广度和深度不断加强的现实下，后税费时代的来临，无疑也是"快马一鞭"。

后税费时代是中国农村公共服务体系的市场化与社会化快速发展的时代，也是农村公共服务体系的内涵与属性发生变革的时代。随着市场化与社会化的快速发展，市场与社会力量的不断生长与强大，市场与社会主体逐渐进入农村公共服务体系的部分领域，尤其是非竞争性与非排他性不完全或者逐渐发生变化的各类公共服务项目，且进入的广度和深度正在不断加强。而随着市场与社会主体的逐渐进入和农民以服务需求为中心的市场化选择，使得用"脚""手"投票的农民逐渐倾向于选择和支持以市场与社会为主要供给主体的农村公共服务体系，接受、适应并不断呼吁农村公共服务体系的市场化与社会化变革。在这一客观现实背景下，政府在主动与被动之间开始有选择地从农村公共服务体系的部分领域退场，变农村公共服务体系的直接供给"行为"主体为间接的"责任"主体，而将主要精力放在重点领域或者某些领域的重点方向，即以监督、购买市场与社会主体服务为主的权责义务上。农村公共服务体系的社会化以及由农村公共服务体系过渡到农村社会化服务体系的进程正在加快。

然而,农村公共服务体系变革与发展的进程却与强烈的"三农"发展需求形成巨大反差。"条块"分割治理体制左右下的"选择性治理"行为,导致政府退场的不及时以及进与退的方向和重点不准确,从而未能与市场、社会主体的有效进入相适应,导致了一系列矛盾与问题的产生。体制机制不畅、改革创新发展困境,不仅使农村公共服务体系向农村社会化服务体系过渡的"第二次跨越"受阻,也使得政府、市场与社会在农村公共服务体系供给的参与行动中,陷入权责与义务、"责任"与"行动"混沌的格局中,导致农村公共服务体系出现"三重失灵"。

党的十八届三中全会提出了国家治理现代化的全面深化改革总目标。作为国家治理现代化的主要组成部分,也是重点与难点,农村治理现代化理应被放在突出重要的位置。而农村治理现代化无疑是对农村治理再变革最有力、最有效的回应。现代化是一把双刃剑,正如 C. E. 布莱克和俞可平所言,它既代表着时代的进步,也可能带来问题;它既能带来新的发展,也可能会有代价。农村治理现代化既要以现代化的特征为主要标志,将民主化、法制化、制度化、廉洁化、高效化、信息化、均等化、一体化、多元化、社会化、市场化、科技化等现代化的标准抑或特征与治理理念相结合,进而融入治理的内涵中,又必须有效应对现代化所可能存在的传统特权威胁、贫富分化、社会个体异化与认同危机、腐败、利己与拜金主义等问题。因此,这就决定了农村治理现代化既是一种现代化的变革,更是一种迫切的现代化突围。农村治理现代化,要求以构建政府—市场—社会平行网络结构关系为关键;以需求为导向的农村社会化服务为核心,突出治理的服务功能。然而,路径是什么,如何才能有效实现变革与突围的期望目标?

正如前文所言,农村治理的变革推动着农村公共服务体系的形塑,而在历史的变革过程中,农村治理与农村公共服务体系二者之间由"一元单向性形塑"迈向"二元双向性互构"。最终,农村治理现代化迫切需要并推动着农村公共服务体系的重构,从而完成健全的体系形塑;而由农村公共服务体系过渡而来的农村社会化服务体系最终将有可能是农村治理现代化的向度与最有效依托。

第六节　本章小结

农村税费改革以及随之而来的农村税费取消，宣告着 2000 多年的历史之终结，这是中国共产党领导中国人民在深入推进改革开放进程中所取得的丰功伟绩，必将载入辉煌的中华文明史册。农村税费改革与农村税费取消给中国大地上的农民带来了 2000 多年所未曾有之的实惠，深得民心。

任何事物的存在都有其必然性与偶然性，但也必然有其两面性。对于农村治理与农村公共服务体系而言，从农村税费改革到后税费时代，新的机遇来临，新而更为严峻的挑战也随之而来。以"三个取消、两个调整和一个改革"为主线的农村税费改革与乡镇综合配套改革、县、乡财税体制改革，使得本已"无米下锅"的县、乡财政更是"吹糠见底"。农村治理出现新的危机，农村公共服务体系的异化危机进一步加剧。

为有效抓住新的机遇，应对新的挑战，从而破解农村治理危机与农村公共服务体系异化危机，湖北省率先在全国开始了带有先导性与开创性的乡镇综合配套改革与农村公共服务体制创新，取得了显著成效，并迅速在全国掀起了一股热潮。农村公共服务体系社会化转向变革与创新突出以公共服务的社会化为核心，厘清政府职责，理顺乡镇"七站八所"的"政、事、企"关系；重点在实现乡镇"七站八所"的整体性社会化转制，创新性地建构起健全的农村公共服务体系社会化购买机制，并最终通过改革创新逐步实现农村公共服务体系由社会化转向到向农村社会化服务体系过渡的"两次跨越"。具有时代超前性的改革创新理念、全面而彻底的改革创新举措，为那个时期的农村治理危机与农村公共服务体系危机开出了强有力的"药方"。"两次跨越"的改革与创新谋略以及美好的改革与创新愿景，时至今日仍然代表着农村公共服务体系改革的方向，也代表着农村公共服务体系的最终走向。

然而，起源于基层的改革与创新少有能逃脱"昙花一现"的宿命。在经历了辉煌与繁荣之后，农村公共服务体系社会化转向变革与创新便进入了一个长久的摇摆与停滞期，陷入无法突破的多重困境之中，导致农村公共服务体系的供需脱节，矛盾日益激化。"第二次跨越"时至今日也未完成其使命，农村公共服务体系也时至今日未完成其向农村社会化服务体系的过渡与升华。两重关系结构的异化与矛盾的激化，导致改革创新之后的农村公共服务体系"效难发挥""力难汇聚""发展难续"，多重困境背后的根源是尚未实现同步变革的旧有农村治理体制所带来的"体制之困"，与农村公共服务体系社会化转向改革与创新在发展过程中出现的"机制之惑"的双重作用。

　　农村公共服务体系社会化转向改革与创新是"止步"还是继续"前行"，是决定后税费时代农村治理现代化变革与建立健全农村公共服务体系目标能否实现的关键，也是中国"三农"能否持续健康发展所不可回避的时代命题。后税费时代，治理再变革的现实需求，治理现代化的理论与实践探索，要求农村治理必须实现以服务为中心，以社会多元协同参与为导向的现代化变革，管控与汲取型治理必须向服务型治理变革。服务型政府建设势在必行。政府必须由控制者、管理者转变为提供公共服务的服务者，政府的权利义务、治理的目标也必须逐渐从以经济领域为主向以社会服务领域为主转向。与此同时，市场与社会力量的不断生长与强大，市场与社会主体参与农村公共服务体系的积极性与主动性不断增强。市场与社会主体已然具备了有效承接农村公共服务体系使命的能力和条件。随着市场与社会主体进入农村公共服务体系的广度和深度不断加强，市场与社会主体逐渐赢得了农民的信任，政府作为"行为"主体从农村公共服务体系中相应退场成为必然，逐渐从主导性的农村公共服务体系供给"行为"主体，转变为"责任"主体，政府、市场与社会主体在农村公共服务体系中的多元协商、互动参与关系结构已然形成，农村公共服务体系的社会化以及由农村公共服务体系过渡到农村社会化服务体系的进程正在加快。

　　因此，以农村治理现代化为目标的农村治理再变革显得既突出又紧迫，以农村公共服务体系的市场化与社会化为目标的农村公共服务体系重构也显得既突出又紧迫。

　　历史充满偶然，也充满着必然。任何事物的生存与灭亡总有其历史的规律，不以人们的意志为转移。在历史的发展进程中，总有许多人们所认为即将爆发的危机并没有按时爆发，也总有人们所坚信不会到来的灾难总在突如其来地降临，大到一个国家的兴盛与灭亡，小到一个家庭的起起落落。历史也总在告诫人们，历史有其经验与教训必须防患于未然，危机终归是危机，不可回避，爆发时间的推移并不意味着危机的消除。一场轰轰烈烈的运动，正在悄然地推移着农村治理危机与农村公共服务体系异化危机爆发的时间……

第 六 章

新时代精准扶贫主导下的
湖北省农村公共服务体系

  税费改革之后的农村公共服务体系仍然陷在无法突破的多重困境之中，严重的供需脱节与被严重激化的供需矛盾，使得农村公共服务体系"效难发挥""力难汇聚""发展难续"（参见第五章后税费时代的湖北省农村公共服务体系的部分内容）。以农村治理现代化为目标的农村治理再变革与以市场化和社会化为目标的农村公共服务体系重构显得十分紧迫。然而历史既有"突然"的一面，也有"婉转"的一面，但历史终不可一蹴而就，新事物的产生与旧事物的灭亡有其发展的必经过程，这一过程既有可能"顺利"，也极有可能十分"曲折"。而"曲折"的过程相较于"顺利"的过程明显要来得更为稀松平常。

  农村公共服务体系所遭遇到的多重困境以及所面临的矛盾，之所以尚未诱发农村社会问题，农村治理的再变革与农村公共服务体系的重构，之所以在迫切的形势下仍然没有成为"突然"而"顺利"的历史发展过程，究其原因在于某种曲折与缓和的力量发挥了重要作用，这种力量来自政治与行政的赋予，而这也十分符合历史的发展规律。从组织学角度而言，稳定的政治与行政结构，具有很强的适应能力与应对能力，拥有很强的矛盾缓和能力，也充分具备适应和应对各种变化、缓和各种矛盾的实力。从适应和应对各种变化、缓和各种矛盾的能力的表现形式而言，既有来自以官僚体系为基础常规性治理行动，也有来自以政治与行政动员为核心的非常规性治理行动。本章所关注的即是后者。而本章所要重点讨论的是在以政治与行政动员为核心的非常规性治理逻辑中，由党和国家领导，全民参与的精准扶贫与农村社会治理、农村公共服务体系之间有什么样的关系，精准扶贫是如何与农村社会治理、农村公共服务体系发生关系的，又是如何在缓和农村社会矛盾，延缓农村治理再变革与农村公共服务体系重构历史进程上发挥作用的。

党的十八大以来，中国进入中国特色社会主义新时代，为确保在中国第一个百年奋斗目标节点到来之际，如期完成全面建成小康社会、建成富强民主文明和谐的社会主义现代化国家的伟大使命，实现中华民族的伟大复兴，党和政府领导全国人民正在凝心聚力地进行精准扶贫。以更大决心、更大力度、更精准思路，采取更具针对性、超常规举措，注重更直接作用、更可持续效果为指导思想的精准扶贫①，在取得扶贫脱困巨大成效的同时，也为农村社会治理变革与农村公共服务体系跃升注入了强有力的推力。依靠政治与行政动员的方式，精准扶贫，带动了农村路、水、电等农村公共服务基础设施以及教育、医疗、卫生、社会保障等各项农村公共服务质与量的双提升，客观上促进了农村公共服务体系的整体提升，从而缓和了农村公共服务体系的异化与悬浮之危，也缓和了农村公共服务体系的供需矛盾。

然而，危机与矛盾得以缓和并不等同于危机与矛盾的根本化解。倘若没有可持续的发展方式与治理手段，危机和矛盾必将会再次爆发。非常规性治理行动中以及治理行动之后，如若缺乏更为有效和持续的常规性应对之策来及时"补位"和"接续"，就难以在缓和危机与矛盾的过程之中抵御新的危机与矛盾，甚至于会诱发新的危机与矛盾，并刺激矛盾的更快爆发。精准扶贫客观上促进了农村公共服务体系的整体提升，缓和了农村公共服务体系的异化与悬浮之危，但其并非农村公共服务体系的可持续性发展动力之源，也不具有为农村公共服务体系提供可持续性发展动力的使命，而这种非常规性治理过程中所存在的治理困境与难题，客观上成为新的农村公共服务体系矛盾与问题之因，隐藏着促使矛盾爆

---

① 根据习近平在部分省区市扶贫攻坚与"十三五"时期经济社会发展座谈会上的讲话和有关以新的发展理念引领发展，夺取全面建成小康社会决胜阶段的伟大胜利的报告内容整理。习近平：《十八大以来重要文献选编（中）》，中央文献出版社 2016 年版，第 832 页。《习近平关于社会主义经济建设论述摘编》，中央文献出版社 2017 年版。

发的导火索。

第一节　新时代党和政府领导的全国性壮举

依赖于政治与行政动员主导的非常规性治理机制和官僚体制主导下的常规治理机制来治国理政，是有中国特色的社会主义治国理政体制所客观存在的事实，这既有历史的延续性存在，也有时局选择的偶然性存在。今天的国家治理过程中所运用的非常规性治理机制有历史经验的延续，但已经与过去特定时期的特殊治理形态大不相同。改革开放深入推进的今天，国家治理过程中所运用的非常规性治理已然是与官僚体制主导下的常规治理共生并存、相互作用的一种有效治理方式，并被各级党委和政府视为不可或缺的治理策略。

非常规性治理并非是一个新鲜的前沿学术话题，国内外已有不少学者关注到这一现象，并进行了深入研究，Whyte、周飞丹、吴宗国、冯仕政、周雪光等学者皆从当今社会所热议的实践角度对这种治理机制提出了自己的观点①。综合各学者的观点可以判断，在现代的国家治理过程中，非常规性治理仍然是一个十分突出的现象，是中国国家治理逻辑的重要组成部分。所谓非常规性治理，概括起来即是抽离官僚体制中各就其位、按部就班的常规运作过程，意在替代、突破或整治原有的官僚体制及其常规机制，代之以自上而下、整治动员的方式来调集资源、整合各方力量、聚集各方目光来完成某一特定的任务或使命。非常规性治理常常由自上而下的指令而启动，它的出现并不是任意的，也并非是"非法"与"虚拟化"的语言与行动，而是建立在特有的、稳定的政治合法基础、权力赋予基础、组织人事基础、制度基础和象征性资源基础之上，

① 周雪光在最新著作中，将运动式治理纳入中国国家治理的制度体系之中，并进行了深入的阐述。笔者甚为赞同周雪光的观点，并在本章内容中吸收了他的核心观点。不过，笔者"站在巨人的肩膀之上"，也提出了一些自己的认识和看法。Whyte Martin King，"Bureaucracy and Modernization in China: The Maoist Critique"，*American Sociological Review*，No. 2，1973，pp. 149 – 163. 周飞丹:《锦标赛体制》,《社会学研究》2007 年第 3 期。吴宗国:《中国古代官僚政治制度研究》,北京大学出版社 2004 年版。冯仕政:《中国国家运动的形成与变异:基于政体的整体性解释》,《开放时代》2011 年第 1 期。周雪光:《中国国家治理的制度逻辑——一个组织学研究》,生活·读书·新知三联书店 2017 年版，第 123—156 页。

有一套完整的舆论传播、行为示范、组织行动与考核评估体系。它的存在有其政治与政权所赋予的合法性，这包含一整套的组织、人事与制度安排，如党政并存的制度设置、一整套具有很强约束效力的政策、法规与制度文件等。

尽管非常规性治理与官僚体制主导下的常规治理明显不同。常规机制突出其稳定性、可预测性，而非常规性治理存在的基础即是打破常规，突破常规治理已有的组织与体制束缚、突破既得利益的牵绊。因而，从理论上而言，非常规性治理与官僚体制主导下的常规治理存在冲突。但在国家的现实治理体系中，非常规性治理与官僚体制主导下的常规治理常常互相诱发、互为依存。非常规性治理启动、发生于官僚体制主导下的常规治理失效之时，很大程度上被视为应对常规治理机制低效或无效而存在的一种替代性治理机制——今天的国家治理规模和治理的复杂性、多样性，凸显了官僚体制主导下的常规治理机制难以克服组织低效和治理失效的困境，在实现重大任务和目标的过程中总是会暴露出集体无作为或者事倍功半的问题。而非常规性治理终究只是一种暂时性的治理行动，不具有可持续性，当治理目标得以实现，作用得以发挥之后便迫切需要新的、更有效的常规化治理机制来接替，进而实现非常规性治理向常规治理的平稳过渡，实现治理过程与治理效果的持续性与稳定性①。

受制于先天的本质特性，非常规性治理从其产生与存在之初，就难免治理困境与难题。而且，非常规性治理与官僚体制主导下的常规治理之间容易产生体制性或机制性的治理矛盾。二者在长期的互相作用之中，往往会导致治理机制边界的模糊，甚至于交叉，从而产生相互之间的束缚与同化，导致博弈过程中的治理效果弱化。非常规性治理所包含的一整套组织、人事与制度安排存在与常规治理的多元紧张，从而极有可能严重削弱常规治理组织的权威与效率。此外，非常规性治理过程中可能存在的治理失效困境，可能暴露出的不平衡、不平等、寻租等问题，在削弱非常规性治理效率的同时，也极有可能招致新矛盾和更为棘手的新治理问题。

① 周雪光：《中国国家治理的制度逻辑——一个组织学研究》，生活·读书·新知三联书店2017年版，第123—156页。

党的十八大以来，以更大决心、更大力度、更精准思路，采取更具针对性、超常规举措，注重更直接作用、更可持续效果为指导思想的精准扶贫，具有非常规性治理特性。之所以称之为全国性的壮举，是缘于扶贫运动早已有之，而党的十八大以来的精准扶贫是在已有基础上的一次"重新组织"和"崭新的安排"，是新时代党和国家的重大决策安排。无论是在形式上，还是在内容上，都与以往的扶贫运动大不相同。寻绎中国扶贫事业的历史发展轨迹，可勾勒出中国在扶贫事业上的治理机制的演变发展轨迹。从新中国成立初期，与国家、社会重建，政治、经济、社会体制改革相伴随的革命性扶贫阶段，到改革开放初期，以经济体制改革为主导的改革性整体扶贫阶段，再到 20 世纪 80 年代，先后以贫困县、贫困村为重心以及后来的以区域性连片开发为重心的开发性扶贫阶段，中国在扶贫事业上的治理机制大体上经历了从非常规性治理到常规治理的发展演变过程。而进入到新时期，即党的十八大以来，全社会所共同参与的精准扶贫，则标志着中国的扶贫事业又实现了从传统的常规治理，到以非常规性治理与常规治理相结合为基础，更加突出非常规性治理的转变。

精准扶贫有其自成一体的内涵、指导思想、任务目标与重大举措，概括起来即是"一条主线、三位一体、四个切实与维度、五个一批和六个精准"。第一是坚持精准扶贫实践路径和方略，以精准扶贫实践方略为统领，动员全党全国全社会力量，向贫困发起总攻，确保到 2020 年所有贫困地区和贫困人口一道迈入全面小康社会这一根本主线。第二是突出构建起政府、市场、社会协同推进的"三位一体"大扶贫格局。充分发挥政府这一扶贫开发的核心主体的作用，同时利用好市场与社会主体这两个重要参与主体与主要补充力量。第三是坚持"四个切实与维度"，即切实落实领导责任，坚持党的领导，发挥社会主义制度可以集中力量办大事的优势；切实做到精准扶贫；切实强化社会合力，动员和凝聚全社会力量广泛参与；切实加强基层组织。最终要实现四个维度精准，即靶向的精准度、政策实施的精准度、实施效果的精准度和外力输入的精准度。第四是实施"五个一批"重要举措，通过扶持生产和就业发展一批——为贫困群众打造"造血"能力；通过易地搬迁安置一批——挪出"穷窝"斩"穷根"；通过生态保护脱贫一批——以生态补偿反哺贫困地区；通过教育扶贫脱贫一批——发展职业教育、技术培训提升就业技能；通过低保政策兜底一批——保证困难群众"一个都不掉队"。第五是完成"六个精准"目标任务，扶持对象精准、项目安排精准、资金使用精准、措施到户精准、因村派人精准、脱贫成效精准①。

精准扶贫，彻底改变了过去"大水漫灌""撒胡椒面"式的粗放式扶贫，有效破解了传统的常规治理机制所存在的集体不作为、组织治理整体低效等问题，迅速取得了巨大成效，为中国夺取全面建成小康社会决胜阶段的伟大胜利奠定了坚实的基础。而对于本书而言，更为值得关注的是，这场全国性的壮举客观上给农村社会治理与农村公共服务体系带来了重要影响，尤其是对后者的影响不可小觑。

第二节　精准扶贫主导下的湖北省农村公共服务体系跃升

精准扶贫与农村公共服务体系之间有着紧密的应然与实然关联，两者之间十分紧密的关系得到了学术理论界与基层实践工作者们的普遍认同，然而对于二者之间到底呈现出怎样的关系，以及在这种关系背后精准扶贫会对农村公共服务体系产生怎样的影响，以及这些影响的发生机理是什么，尚缺乏深入研究，大多数停留在模糊的认识阶段。也正是由于这种模糊的认识，导致许多亟待解决的深层次问题被忽略，甚至被掩盖。

精准扶贫与农村公共服务体系之间的应然与实然关联体现在多个方面，并贯穿于精准扶贫的整个发展阶段，这种应然与实然的关联，极大地促进了农村公共服务体系的跃升。首先是"时空"的趋同与叠加。这是精准扶贫与农村公共服务体系二者间重要的背景与现实关联。从时间维度而言，2012 年以来，农村公共服务体系已然进入"换挡升级"的艰难发展时期，是从追求农村公共服务体系供给量的提升和平均水平、整

---

① 《习近平谈扶贫》，《人民日报》（海外版）2016 年 9 月 1 日第 7 版。《让全体中国人民迈入全面小康——以习近平同志为总书记的党中央关心扶贫工作纪实》，《新华日报》2015 年 11 月 27 日第 5 版。

体水平的发展，向追求农村公共服务体系供给质的提升和解决区域间、地区间、城乡间不均等、发展不充分问题转变的关键时期。农村公共服务体系的发展问题已然从"有与无"的问题向"好与坏"的问题转变；已然从注重一般发展水平向注重均衡发展、协调发展转变。这对于农村公共服务体系而言，显然是一个亟待变革的关键时期。而党的十八大以来，中国共产党领导的中华民族复兴的伟大事业进入向第一个百年奋斗目标迈进，向全面建成小康社会发起总攻的决胜时期，攻坚克难的关键时期。中国共产党勇于担当、审时度势，领导全国人民开启了精准扶贫。时间维度上的高度趋同和叠加，无形造就了精准扶贫与农村公共服务体系之间紧密的应然与实然关联。

从地理空间维度而言，进入 21 世纪，中国的农村公共服务体系区域之间、地区之间、城乡之间的发展不平衡、不协调问题仍然十分突出，而从全国的区域性、地区性发展情况来看，当前农村公共服务体系最为欠缺、最亟待完善的区域和地区仍然是那些中西部经济较为落后、社会欠发展的偏远山区、革命老区以及其他自然环境恶劣、生产生活条件受限的地区。在农村公共服务体系的区域性、地区性发展比较当中，越是富裕地区、富裕乡村的农村公共服务体系越是趋于健全和完善，农民所能够获得的农村公共服务也越是有保障；越是贫困地区、贫困乡村的农村公共服务体系越是最为欠缺，越是亟待健全和完善，这些地区的农民对农村公共服务体系的需求和依赖相对而言也越是强烈，而农民所能够获得的农村公共服务也越是极为缺乏。然而，这些农村公共服务体系最为欠缺、最亟待完善的偏远山区、革命老区以及其他发展受限的地区，恰恰又是中国精准扶贫所要重点关注、着力扶持的地区。那些对农村公共服务体系的需求和依赖极为强烈，对应所能享受到的农村公共服务极为有限的农民，也恰恰是中国精准扶贫所最为关心、极为关切的扶持对象。这就决定了精准扶贫与农村公共服务体系在地理空间维度上具有高度的趋同性和叠加性，也就决定了二者之间存在紧密的应然与实然关联。

其次是任务与目标的高度一致性与融合性。正如前文所言，农村公共服务体系是以全面满足所有农民的生存性服务需求为中心，通过体系化与系统化的体制与机制，系统性地为农民无偿供给具有非竞争与非排他特性，包括物质与非物质类型的服务或公共物品（参见第二章中的对比性视角：农村公共服务体系的概念界定部分内容）。以农民生存性服务需求为中心的农村公共服务体系所要实现的目标任务突出表现为农业生产、农民生活与农村建设所需要的农村基础设施；基础性的支持政策与法律法规；农业生产、农民生活、农村治安环境的监督与管理；农业生产、农村生活与农村建设所需的直接性服务等四大方面提供有效保障。四大方面的目标任务具体涉及与农业生产、农民生活息息相关的水利、道路、电网、学校、医疗场所、文化活动场所等基础设施；义务教育、劳动就业、社会保险、社会保障、医疗卫生、动植物检疫、病虫害测报、计划生育、公共文化体育、农机安全生产审查、生产资料市场监督、农产品质量检测、司法援助、公共治安维护、农村环境整治等各项直接性服务（参见第二章中的比照性厘清：农村公共服务体系的内涵阐释部分内容）。

精准扶贫所迫切需要解决制约贫困地区、贫困人口脱贫致富的关键因素，除了与经济发展密切关联的因素外，最为主要和最为关键的即是与以上农村公共服务体系相一致的基础建设问题、社会保障问题，所涉及的具体内容也与农村公共服务体系四大方面的目标任务所涉及具体内容高度一致。在党的十八大以前，中国扶贫事业从非常规性治理到常规治理的整个发展演变过程中，由于扶贫开发战略、路线的定位以及扶贫体制机制、方式的选择，主要实行的是"大水漫灌""撒胡椒面"式的粗放式扶贫，尽管也与农村公共服务体系之间存在联系，但联系并不紧密，所能发挥的积极影响作用也极为有限。而精准扶贫以来，这种紧密的关联得到前所未有的体现。在精准扶贫的推动和激励下，各级党委和政府依靠政治与行政动员的方式，将农村路、水、电等农村公共服务基础设施以及教育、医疗、卫生、社会保障等各项农村公共服务纳入精准扶贫的重要内容，视为扶贫成效考核的核心指标。以湖北省的贫困户脱贫标准、细则和贫困村出列标准、细则为分析对象，足见精准扶贫与农村公共服务体系之间任务与目标的高度一致性与融合性。

湖北省按照"三有两不愁七保障"的指导思想，拟定了全省贫困户脱贫的标准和细则。如表6—1所示，标准共包括有达标收入、有一项以上增收致富产业、有创业增收技能、教育保障、医疗保障、安全住房保障、养老保障、安全饮水保障、生产生活用电保障、低保、五保保障以及贫困户满意度、脱贫核定程序、档案管理等 11 项，并明确了各项指标的具体细则和相关权重。从与农村公共服务体系的目标任务相关性而言，除了有达标收入、有一项以上增收致富产业、有创业增收技能 3 项与经济发展直接相关的指标，贫困户满意度、脱贫核定程序及档案管理 3 项与管理考核直接相关的指标外，其余 7 项皆与农村公共服务体系的目标任务高度一致和重合，而这 7 项指标在整个指标体系中的权重占比共计 41%。

表 6—1　2017 年湖北省贫困户脱贫标准及与农村公共服务体系的关系

序号	退出指标	指标细则	权重	是否与农村公共服务体系相关及类型
1	有达标收入	家庭人均可支配收入大于国家贫困线标准 达到同期本县（市）城市居民人均可支配收入的 70%	30	否	—
2	有一项以上增收致富产业	种植业、养殖业、乡村旅游业、服务业、外出务工 享受到产业奖补政策 有小额信贷需求而享受到小额信贷政策	5	否	—
3	有创业增收技能	务工技能、服务技能、创业技能、实用技能	5	否	—
4	教育保障	家庭成员无辍学 有上学家庭成员享受到教育扶持政策	6	是	生活类
5	医疗保障	家庭成员全部参加医疗保险 有重大疾病成员享受到大病医疗救助	10	是	生活类
6	安全住房保障	有安全住房 家庭成员人均 20—25 平方米	10	是	生活类

续表

序号	退出指标	指标细则	权重	是否与农村公共服务体系相关及类型	
7	养老保障	符合条件并有意参保的家庭成员全部参加养老保险	5	是	生活类
8	安全饮水保障	能够就近获得安全饮水	5	是	生活类
9	生产、生活用电保障	生产、生活用电皆通	5	是	生产、生活类
10	低保、五保保障	低保五保户获得超过国家贫困线标准的保障补贴	—	是	生活类
11	贫困户满意度、脱贫核定程序及档案管理	贫困户对脱贫是否满意 贫困户脱贫是否经过合法程序 是否有完整规范的档案资料	19	否	—

注：总分100分，得分≥90退出。表内指标细则的表述及顺序有所调整，详细指标及内容以文件为准。

资料来源：十堰市、宜昌市、恩施州贫困户脱贫第三方评估核查表。

湖北省的贫困村出列标准则按照"三确保九有"的指导思想，共计确立了13项指标和20项具体的细则，并明确了各项指标与细则的权重。如表6—2所示，指标共包括贫困户脱贫、贫困户人均可支配收入、村集体经济收入、村有主导产业、有入户的安全饮水、有安全的农村电网、有硬化的通村公路、有入户的广电宽带网络、有教育文化活动场所、有医疗保障、有党员群众活动中心、有住房保障、出列验收及档案管理。就与农村公共服务体系的目标任务相关性而言，包括有入户的安全饮水、有安全的农村电网、有硬化的通村公路、有入户的广电宽带网络、有教育文化活动场所、有医疗保障、有党员群众活动中心、有住房保障在内的8项指标皆与农村公共服务体系的目标任务高度一致和重合，而这8项指标的权重占比高达73%。也即是说，农村公共服务体系成了精准扶贫的核心目标任务，成为精准扶贫目标任务完成与否的核心检验标准。

表6—2   2017 年湖北省贫困村出列标准及与农村公共服务体系的关系

序号	退出指标	指标细则	权重	是否与农村公共服务体系相关及类型	
1	贫困户脱贫	本村贫困户全部脱贫 贫困户返贫率低于 2%	—	否	—
2	贫困户人均可支配收入	本村贫困户人均可支配收入达到同期本县（市）城市居民人均可支配收入的 70%	—	否	—
3	村集体经济收入	村集体经济收入达到 5 万元	—	否	—
4	村有主导产业	本村有较为稳定的主导产业	10	否	—
5	有入户的安全饮水	通自来水或者有保障的用水（较近的水井、水窖）	10	是	生活类
6	有安全的农村电网	群众生产生活用电得到保障	10	是	生产、生活类
7	有硬化的通村公路	村委会到 20 户以上村民家全部通砂石路并能行车 本村到乡镇通水泥或沥青路	10	是	生产、生活类
8	有入户的广电宽带网络	广电电视综合入户率 100% 村通宽带（光纤） 有稳定的移动通信信号覆盖	13	是	生活类
9	有教育文化活动场所	有村级小学或者与邻村共享的村级小学 有公共文化活动场所（活动室、图书室）	10	是	生活类
10	有医疗保障	村有标准化卫生室或者与邻村共享标准化卫生室 本村村民参加医疗保险率达 100%	10	是	生活类
11	有党员群众活动中心	有标准的党员群众便民服务中心	5	是	生活类
12	有住房保障	符合易地扶贫搬迁的贫困户全部完成扶贫搬迁	5	是	生活类
13	出列验收及档案管理	出列是否经过合法程序 是否有完整规范的档案资料	12	否	—

注：总分 100 分，得分 ≥ 90 退出。表内指标细则的表述及顺序有所调整，详细指标及内容以文件为准。

资料来源：十堰市、宜昌市、恩施州贫困户脱贫第三方评估核查表。

　　第三是主体与客体的高度一致与重合。从主体视角而言，农村公共服务体系的供给主体主要包括政府、市场与社会主体，其中政府为"责任"主体，政府、市场与社会主体按照有序分工，共同构成"行为"主体。这里所指代的政府可以是中央政府或者省级、市级政府，也可以是基层县、乡两级政府，理论上具体是哪一级政府取决于实际的行政管理体制架构和与之相配套的财税管理体制架构。而从现实的实际情况来看，当前所指代的政府主要是基层县、乡两级政府，实际运作农村公共服务体系的"责任"主体和"行为"主体目前并没有明确的区分和清晰的界限，基层县、乡两级政府既是主要的"责任"主体，也是主要的"行为"主体（参见第二章中的比照性厘清：农村公共服务体系的内涵阐释的部分内容）。市场与社会主体则主要是指参与农村公共服务体系供给的各类市场主体与社会组织，具体而言包括农民专业合作组织、家庭农场组织、专门从事农业服务的组织与个人、各类涉农企业、各种非营利性组织、志愿服务组织和个人等。精准扶贫的主体也主要包括政府、市场与社会主体，但无论是理论上还是实践上，政府都是精准扶贫的核心"责任"主体与"行为"主体，而市场与社会主体则主要是参与主体，是重要的"行为"主体补充力量与辅助力量。这里所指代的政府包括中央、省、市、县、乡各级政府，当然基层县、乡两级政府由于处在最接近精准扶贫的"一线"，因而自然成为"战场先锋"。

　　从客体视角而言，基于前文所提出的"三因素"理论，农村公共服务体系的中心要素即服务客体是农村居民，这里所指代的农村居民是指全体农民——户籍为农村的在村与非在村农民和在村主要从事农业生产的户籍农民与非户籍农民，因而并不区分是在村居民或非在村居民，也同样不局限于户籍农民（参见第二章中的对比性视角：农村公共服务体系的概念界定部分内容）。换句话而言，农村公共服务体系的客体即是包括贫困人口在内的所有农民，也即是说贫困人口是农村公共服务体系客体的主要组成部分。精准扶贫的客体是有针对性的一部分农民，主要是指处在国家和省定贫困线以下的农民。但值得一提的是，由于精准扶贫的外延性与辐射性影响，许多非贫困线以下的农民也享受到了精准扶贫所带来的部分实惠，尤其是被认定为贫困村的农民。正如前文所言，贫困村出列所必须完成的精准扶贫目标任务有一部分是能够让全村农民都直接受益的普惠性行动，且基本是农村公共服务体系所涉及的目标任务，因而贫困人口与部分非贫困人口为精准扶贫的客体。

第四是路径与实践策略选择的紧密勾连和高度契合。从当前的实际情况来看，精准扶贫的路径与实践策略选择，一是借助于产业扶持来带动贫困县、贫困村的经济发展和贫困人口增收能力的提升，重点是引导、鼓励和支持贫困人口自我发展产业，实现自我造血式发展；二是借助于健全完善的各项社会保障来"兜底"扶持，同时配套相对完善的一整套制度、政策以及人、财、物。通常前者被视为针对经济问题采取的经济扶持措施，后者被视为针对政治与社会问题而采取的"兜底"保障措施。而后者所采取的"兜底"保障措施实为各项农村公共服务。概而论之，精准扶贫不仅仅与农村公共服务体系紧密勾连，更重要的是，精准扶贫的路径与实践策略选择与农村公共服务体系高度契合，将农村公共服务体系深度融入其中。只不过，精准扶贫并不单单是将农村公共服务体系视为实现目标任务的手段与策略，更为主要的是将其视为核心的目标任务。

"时空"的趋同与叠加、任务与目标的高度一致性与融合性、主体与客体的高度一致与重合、路径与实践策略选择的紧密勾连和高度契合，在多重的应然与实然关联中，精准扶贫迅速地促进了农村公共服务的质与量的双提升，客观上促进了农村公共服务体系的整体提升。可以说，贫困户脱贫的过程和贫困村出列的过程，就是以贫困人口为主体的农民享受到较为完善的农村公共服务体系，以贫困村为主体的农村公共服务体系得以健全的过程。

当然，党的十八大以来农村公共服务体系所取得的发展成绩，也不仅仅只是精准扶贫在发挥着重要作用，已有的农村公共服务体系本身也在发挥着或多或少、或大或小的作用，尤其是市场与社会主体这时期以来在农业生产上所发挥的作用。党的十八大以来的新时期，随着农村经济、社会的发展，随着交通条件的改善、信息网络技术的日新月异，以电网、物流网络为主导的现代经济因素正在不断地刺激农村市场向着更加开放化、多元化的方向发展，中西部地区大山深处的农业生产与国际市场的有效连接，与现代都市消费终端的无缝对接，已经不再是遥远的梦想。正是在这一时代背景下，农业、农村与农民的市场化、社会化水平进一步得到显著提升，从这一时期的农民家庭农副产品销售、生活用品购买和食品消费可见一斑。如表 6—3 所示，湖北省农民家庭年人均主要农副产品出售占比逐年上升，这是农业与农民市场化的重要标志。
2011—2015 年，湖北省粮食、小麦、稻谷、糖料、烟草、蔬菜、水产品
的市场销售占比上升趋势十分显著。2015 年，湖北省的粮食、小麦、稻
谷、糖料、烟草、蔬菜、水产品的市场销售占比较 2011 年分别高出了
96.67%、49.62%、94.47%、1281.25%、383.16%、18.73%、58.51%。其
中，2012—2015 年粮食的市场销售每年较前一年分别增长 8.24%、
20.925%、33.33%、15.30%；稻谷的市场销售每年较前一年分别增长
8.74%、31.51%、22.18%、11.30%；糖料的市场销售每年较前一年分
别增长 6.25%、1170.59%、0.93%、1.38%；烟草的市场销售每年较前
一年分别增长 28.62%、106.54%、1.01%、80.05%。

表 6—3　　　　　　　　2011—2015 年湖北省农民家庭年人均
主要农副产品出售情况　　　　　单位：千克

年份 类型	2011	2012	2013	2014	2015
粮 食	451.98	489.22	591.56	770.96	888.88
小 麦	86.70	91.93	79.55	111.05	129.72
稻 谷	302.69	329.15	432.85	528.86	588.64
棉 花	88.30	93.94	72.29	48.98	30.33
油 料	60.91	58.57	73.99	77.34	52.15
糖 料	0.16	0.17	2.16	2.18	2.21
烟 草	2.97	3.82	7.89	7.97	14.35
蔬 菜	137.62	143.53	99.54	134.68	163.39
瓜 类	17.40	17.60	40.74	33.63	10.12
水 果	66.13	109.87	62.86	111.30	97.70
茶 叶	4.17	8.08	5.02	5.01	7.55
猪 肉	22.91	25.68	28.51	58.86	41.76
家 禽	2.28	2.80	1.65	8.63	4.26
蛋 类	10.33	13.01	16.54	29.12	14.59
水产品	43.09	43.25	39.61	40.65	68.30

资料来源：湖北编辑委员会：《湖北省统计年鉴（2016）》，中国统计出版社 2017 年版。

农民家庭主要生活用品购买量是另外一个重要衡量标准。如表 6—4 所示，2011—2015 年，湖北省农民家庭主要生活用品购买量逐年增长，且增长显著。这充分说明，自给自足的传统农民生活早已成为历史，农民对于物质文化生活需求越来越高，对于从市场渠道获取满足物质文化需求的依赖越来越强烈。从主要食物购买情况来看，2015 年湖北省农民家庭购买蔬菜、猪肉、牛羊肉、家禽、鲜蛋、鲜活鱼类、水果和卷烟的总量较 2011 年分别增长 40.62%、70.88%、85.71%、95.24%、135.14%、42.48%、186.61%、28.63%；从主要生活用品来看，2015 年湖北省农民家庭购买鞋类、手机的总量较 2011 年分别增长 70.50%、55.34%。值得一提的是，电视机、洗衣机、电冰箱、自行车（含电动）、摩托车、热水器等生活耐用品的总量虽然整体上增长不显著，但仍然是在增长的趋势，因为这些生活耐用品不同于服装、鞋类等易耗品，其使用寿命一般较长，农民家庭一旦拥有，在短期内的购买欲望和购买量将趋于中止。

表 6—4　　2011—2015 年湖北省农民家庭主要生活用品购买量情况

年份 / 类型	2011	2012	2013	2014	2015
粮食（千克/人）	42.35	44.45	38.34	44.06	47.43
植物油（千克/人）	5.20	5.70	5.11	7.41	8.07
动物油（千克/人）	0.43	0.39	0.27	0.47	0.49
蔬菜（千克/人）	19.40	18.27	16.51	25.95	27.28
猪肉（千克/人）	8.38	8.71	8.76	13.13	14.32
牛羊肉（千克/人）	0.56	0.47	0.54	0.85	1.04
家禽（千克/人）	1.26	1.24	0.97	2.40	2.46
鲜蛋（千克/人）	1.85	2.20	——	2.83	4.32
鲜活鱼类（千克/人）	7.11	7.06	——	9.58	10.13
卷烟（盒/人）	31.12	31.42	26.93	41.00	40.03
酒（千克/人）	11.37	11.06	10.06	14.24	12.76
水果（千克/人）	6.87	8.27	——	17.63	19.69
鞋类（双/人）	1.39	1.80	——	2.10	2.37
电视机（台/百户）	6.67	6.48	5.76	5.31	7.17
洗衣机（台/百户）	6.09	5.09	4.44	4.93	4.35
电冰箱（台/百户）	8.30	7.12	6.16	6.03	6.61

续表

类型	2011	2012	2013	2014	2015
自行车（含电动）（辆/百户）	7.18	7.30	6.54	6.99	6.27
摩托车（辆/百户）	6.09	5.30	3.91	3.65	3.51
热水器（台/百户）	6.18	5.70	3.58	2.75	3.20
手机（部/百户）	25.39	28.00	33.40	39.75	39.44

资料来源：湖北编辑委员会：《湖北省统计年鉴（2016）》，中国统计出版社 2017 年版。

农民家庭年人均主要食品消费量也是重要的衡量标准。一方面，农民家庭对小麦、谷物等以传统粮食作物为原料的食物消费趋于稳定和降低；另一方面，相应地对蛋类及蛋制品、奶及奶制品、水产品、猪肉、牛羊肉、家禽、干鲜瓜果等多种多样食品消费的稳步增长和显著提升，既充分说明了农民的日常生活水平在显著提高，同时也在充分证明农民对市场消费的依赖显著增强，对市场与社会主体所提供的以生产、生活所需物资为主的各种服务的需求和依赖越来越显著。如表 6—5 所示，2011—2015 年，湖北省农民家庭对小麦、谷物的年人均消费量总体上呈下降趋势，而对蛋类及蛋制品、奶及奶制品、水产品、猪肉、牛羊肉、家禽、干鲜瓜果的消费量总体上呈上升趋势，其中蛋类及蛋制品、奶及奶制品、牛羊肉的消费量上升趋势显著。2015 年，湖北省农民家庭年人均对蛋类及蛋制品、奶及奶制品、水产品、猪肉、牛羊肉、家禽、干鲜瓜果的消费量分别较 2011 年增长 65.21%、130.97%、40.21%、38.62%、75.38%、32.20%、36.87%。

表 6—5　2011—2015 年湖北省农民家庭年人均主要食品消费量情况

单位：千克

年份　　类型	2011	2012	2013	2014	2015
小麦	17.41	15.55	10.17	16.74	17.90
稻谷	135.87	126.67	104.27	121.21	118.83
豆类	2.53	1.97	3.85	7.25	7.86
蔬菜及菜制品	131.68	119.33	88.16	118.03	123.06

年份 类型	2011	2012	2013	2014	2015
植物油	7.71	9.93	10.61	29.02	15.24
动物油	0.46	0.47	0.43	0.70	0.79
猪 肉	17.40	17.63	18.11	23.12	24.12
牛羊肉	0.65	0.53	0.63	0.93	1.14
家 禽	3.23	2.94	2.87	4.19	4.27
蛋类及蛋制品	5.03	5.02	4.68	6.65	8.31
奶及奶制品	1.55	1.67	2.11	3.53	3.58
水产品	8.38	8.54	7.93	11.10	11.75
干鲜瓜果	16.38	16.83	13.33	20.74	22.42
酒 类	11.40	11.12	10.08	14.25	12.78

资料来源：湖北编辑委员会：《湖北省统计年鉴（2016）》，中国统计出版社 2017 年版。

　　农村经济与社会环境的不断提高，特别是基础条件的显著改善，促进了农业、农村与农民的日益市场化与社会化，也促进了农业生产与农民生活市场化、社会化水平的显著增强，农民走向市场、主动参与市场活动的途径更加便捷、方式更加多元多样，市场与社会主体所能为农民提供的服务也越来越丰富多彩，无形中进一步激励了农民的市场化与社会化，同时也增强了农民对市场与社会主体的强烈依赖。与此同时，在广大农民巨大市场需求的激励作用下，市场主体与社会主体与日俱增且不断发展壮大。一方面是市场与社会主体的供给水平正在不断提高；另一方面是农民对市场与社会主体的依赖也在不断增强，两方面的双重作用，客观上为农村公共服务质与量的双提升提供了保障。

　　在新的历史发展时期，农村公共服务体系本身正面临着严峻的考验，正处在亟待变革的关键时期，客观上影响了农村公共服务体系的有效运转，农民无法从依靠常规治理机制运转的现有农村公共服务体系上获得日益增长的服务满足，尤其是农村公共服务体系所无法顾及的，与农业生产相关的各类服务，而只能自我求助于市场主体与社会主体所提供的有偿性或者志愿性服务供给。因而，一方面农民从现有农村公共服务体系上获得了有限的生产与生活服务满足；另一方面则从市场与社会主体所主导的农村社会化服务体系上获得其他所必需的生产与生活服务满足。

从农村公共服务体系的供给水平的面板数据上看，似乎在亟待变革的关键时期，农村公共服务体系仍然在显著提升，且保持逐年提升。但实际上这其中有农村公共服务体系本身所带来的提升，也有市场与社会主体所主导的农村社会化服务体系所带来的提升，而更为重要的是，这其中有精准扶贫这一非常规性治理机制的激励。

就农村的机械化与电气化水平而言，如表6—6所示，湖北省2012—2016年机械化与电气化水平呈现出逐年上升趋势。2015年湖北省的机耕面积、机播面积、机械植保面积、机械收获面积分别较2012年增长917.49万亩、915.92万亩、420.52万亩、772.34万亩，增幅分别达到17.92%、64.53%、9.49%、22.31%，但2016年出现略微下降，较2015年下降了1.62%；2015年湖北省的农村用电量较2012年、2013年、2014年分别增长27.87亿千瓦时、18.96万千瓦时、6.87万千瓦时，增幅分别达到22.99%、14.57%、4.83%，2016年较2015年进一步增长了6.80%。从农用物资使用情况来看，2012—2016年，湖北省的化肥施用量、每亩耕地施用化肥、农药使用量均呈现总体下降趋势。2015年湖北省化肥施用量、每亩耕地施用化肥、农用柴油使用量、农药使用量较2012年分别降低了6.65%、7.92%、1.31%、11.18%，2016年化肥施用量、每亩耕地施用化肥、农用塑料薄膜使用量、农药使用量较2015年分别下降了1.77%、1.99%、5.61%、2.73%。值得一提的是，以上农用物资使用量总体降低的主要原因，并不是由于农村公共服务体系或者农村社会化服务体系供给水平不够导致的，而是受农业产业结构调整和对生态环保加强的影响。农业产业结构调整和对生态环保的加强，直接导致了传统农作物种植面积减少和包括农药、化肥在内的，对土壤、水等自然环境有严重影响的农用物资使用量的减少。就农田水利等基础设施建设来看，2012—2016年有效灌溉面积、机电排灌面积总体上均呈小幅上升趋势。2015年湖北省的有效灌溉面积和机电排灌面积分别较2012年增长了4.74%、7.24%，2016年又较2015年分别增长了0.39%、1.16%，机电排灌占有效灌溉面积的比重略有增长。

表6—6 　　　　　　2012—2016 年湖北省农村机械化、电气化、
物资使用与水利情况

指标	2012 年	2013 年	2014 年	2015 年	2016 年
农业机械化情况					
机耕面积（千公顷）	5118.70	5459.02	5847.00	6036.19	5938.37
机播面积（千公顷）	1419.31	1821.53	2091.28	2335.23	2493.92
机械植保面积（千公顷）	4430.36	4611.68	4792.82	4850.88	4776.82
机械收获面积（千公顷）	3461.33	3746.95	4179.37	4233.67	4196.42
农村电气化情况					
农村用电量（亿千瓦时）	121.23	130.14	142.23	149.10	152.86
农用物资使用情况					
化肥施用量（折纯量）（万吨）	357.66	351.93	348.27	333.87	327.96
每亩耕地施用化肥（折纯量）（千克）	70.34	68.81	67.88	64.77	63.48
农用塑料薄膜使用量（万吨）	6.98	6.63	6.92	7.13	6.73
农用柴油使用量（万吨）	66.48	65.73	67.33	65.61	65.85
农药使用量（万吨）	13.59	12.72	12.61	12.07	11.74
农田水利情况					
有效灌溉面积（千公顷）	2252.91	2291.17	2325.84	2359.60	2368.75
机电排灌面积（千公顷）	1339.66	1357.19	1416.82	1436.61	1453.30
机电排灌占有效灌溉面积比重（%）	59.5	59.2	60.9	60.9	61.4

资料来源：湖北编辑委员会：《湖北省统计年鉴（2016）》，中国统计出版社 2017 年版。

就农业机械基本情况来看，如表 6—7 所示，2012—2016 年湖北省农业机械基本情况总体上呈上升趋势，且上升较为明显。2015 年湖北省的农业机械总动力分别较 2012 年、2013 年、2014 年提升了 16.29%、9.48%、4.08%，但 2016 年则出现了小幅下降，降幅为 6.27%；2015 年湖北省的农用大中型拖拉机、农用小型及手扶拖拉机、农用机械排灌动力、农用水泵、联合收割机、机动脱粒机、大中型拖拉机配套农具、小型拖拉机配套农具拥有量分别较 2012 年增长了 21.68%、2.02%、12.22%、6.61%、32.67%、45.02%、44.25%、3.70%，2016 年在 2015 年的基础之上又增长了 7.96%、0.76%、1.87%、0.76%、7.94%、7.41%、6.49%、0.44%。

表6—7　　　　　　　2012—2016 年湖北省农业机械基本情况

年份	农业机械总动力（万千瓦）	农用大中型拖拉机（万台）	农用小型及手扶拖拉机（万台）	农用机械排灌动力（万千瓦）	农用水泵（万台）	联合收割机（台）	机动脱粒机（万台）	大中型拖拉机配套农具（万部）	小型拖拉机配套农具（万部）
2012	3842.16	13.84	111.56	668.19	103.30	66860	24.28	25.74	214.51
2013	4081.05	14.94	114.12	714.05	105.63	73808	26.43	28.00	215.42
2014	4292.90	15.85	112.98	732.89	110.60	81410	32.03	31.80	223.01
2015	4468.12	16.84	113.81	749.75	110.13	88704	35.21	37.13	222.44
2016	4187.75	18.18	114.67	763.79	110.97	95747	37.82	39.54	223.41

资料来源：根据湖北省统计年鉴（2013—2017）整理所得。湖北编辑委员会：《湖北省统计年鉴（2012—2016）》，中国统计出版社 2018 年版。

正如前文所言，精准扶贫这一非常规性治理机制所带来的激励，刺激了农村公共服务体系的跃升。这其中所涉及的服务主要是直接关系到农民基本生存的各种生活服务，突出包括通村公路、安全饮水、农村电网、广电宽带网络、安全住房、教育保障、医疗保障、养老保障以及低保、五保保障等方面。以农村通村公路为例，早在 2004 年，湖北省委省政府就将农村公路建设作为惠民工程，纳入向社会公开承诺的"十件实事"。而进入到精准扶贫时期，这一工程取得了飞速发展，全省累计投入以奖代补建设资金已达 360 多亿元。2014 年年底，湖北省农村公路总里程达到 22 万公里，所有建制村皆通沥青（水泥）路，100% 的乡镇渡口达标，基本实现"村村通"[①]。2016 年年底，湖北省农村公路里程已经达到 22.6 万公里。在加强农村通村公路建设的同时，湖北省还同步实施了"村村通客车"工程。2014 年 10 月，湖北省已实现 100% 的乡镇和 90.7% 的建制村通客车，开行公交或实行公交模式的乡镇达 198 个，建制村达 2321 个，占建制村总数的 10%。2015 年 12 月，湖北省25989 个建制村全部通了客车，在全国率先实现"村村通客车"目标。2017 年，湖北省又启动实施"455"工程，力争用 4 年时间建立"省、

---

① 佚名：《湖北农村公路总里程今年年底将达 22 万公里》，2014 年 12 月（http://www.chinahighway.com/news/2014/892531.php）。

市、县、乡、村"五级联动机制及责任体系,计划省级财政投入 50 亿元,基本完成国道、省道、县道、乡道及通客运班车村道的安防工程建设。截至 2017 年 8 月,湖北省共计完成公路安防工程建设 17374.33 公里,占计划里程的 77.78%,其中国省道安防工程建设 3001.25 公里,占计划里程的 58.98%;农村公路安防工程建设 14373.08 公里,占计划里程的 83.33%[①]。

再以农村安全饮水为例。如表 6—8 所示,2010—2014 年,全国农村改水受益人口占比总体上维持在较高水平,且总体呈上升趋势。湖北省尽管落后于北京、上海和江西等省,但是也处在较高的水平,总体上已改水受益人口占农村人口比维持在 99.0% 以上;饮用自来水人口占农村人口的比重低于已改水受益人口占比,但也呈现出持续上升的趋势。2012—2014 年,湖北省每年的饮用自来水人口占农村人口比分别增长了 1.3 个百分点、2.0 个百分点、0.7 个百分点。

表 6—8　　　2010—2014 年湖北等省农村改水受益人口比重及比较　　　单位:%

地区	已改水受益人口占农村人口比重				饮用自来水人口占农村人口比重			
	2010 年	2012 年	2013 年	2014 年	2010 年	2012 年	2013 年	2014 年
全国	94.9	95.3	95.6	95.8	71.2	74.6	76.4	79
北京	100	100	100	100	99.5	99.6	99.6	99.6
上海	100	100	100	100	100	100	100	100
安徽	99.6	96.5	97	93.8	47.8	54.6	58.6	64.3
江西	99.6	100	99.5	99.6	59.1	66.5	68.8	70.6
山东	99.6	99.6	99.8	99.3	90.6	92.2	93.6	94.5
河南	91.2	95.2	92.8	91.1	55.1	62.2	61.7	69
湖北	99.2	99.4	99.5	99.5	72	73.3	75.3	76

资料来源:国家卫生和计划生育委员会:《中国卫生和计划生育统计年鉴(2016)》,中国协和医科大学出版社 2017 年版。

此外,在其他基础设施建设上,湖北省还出台了重点针对贫困地

---

① 石斌、高斌:《湖北农村公路更好更安全》,2014 年 12 月(http://www.hbjt.gov.cn/zwdt/mtkjt/158532.htm)。

区、贫困县、贫困村以及贫困人口，以精准扶贫攻坚措施为主的优惠扶持政策。如在贫困地区农村公路建设补助标准上给予适当提高，加快实施撤并村通畅工程，将"三路"建设纳入通村公路并给予补助；在水利电力建设上，支持光伏发电设施接入电网运行；在电信、网络建设上，给予网络资费补助、小额信贷等支持①。有效的优惠扶持政策刺激了相关服务的发展。以农村电信业务为例，如表 6—9 所示，2012—2016 年湖北省每年的农村投递线路条数均在 3500 条以上，每年的农村投递线路长度均在 19 万公里以上，平均每年投递线路长度约为 20.51 万公里。

表6—9　　　　　　　**2012—2016 年湖北省电信业务量统计**　　单位：条、公里

年份 指标	2012	2013	2014	2015	2016
农村投递线路条数	3747	3747	3567	3562	3539
农村投递线路长度	211898	206154	207494	205502	194241

资料来源：湖北编辑委员会：《湖北省统计年鉴（2016）》，中国统计出版社 2017 年版。

就教育情况来看，精准扶贫以来，由于教育扶贫始终被视为精准扶贫的重中之重，因而给予了高度的重视，出台了一系列提升和保障教育服务水平的政策措施。湖北省出台的教育扶贫措施明确规定，学前教育按每生每年 1000 元的标准给予生活补助。义务教育免学费、免费发放教科书，对寄宿学生，按小学每生每年 1000 元、初中每生每年 1250 元的标准补助生活费。普通高中教育免学费，按每生每年 2500 元的标准发放国家助学金。职业教育免学费，按每生每年 2000 元标准发放国家助学金，高职学生按每生每年 3000 元的标准发放国家助学金；对到大中城市接受职业教育的建档立卡贫困家庭子女适当提高助学金补助标准，帮助申请最高限额 8000 元的国家助学贷款，在校期间给予全额贴息。本科教育，普通本科高校适当减免学费，按每生每年 3000 元的标准发放国家助学金，并帮助申请最高限额 8000 元的国家助学贷款，

---

① 参见《2017 年湖北省精准扶贫工作手册》，内部资料。

在校期间给予全额贴息。研究生教育,按硕士平均每生每年 6000 元、博士平均每生每年 10000 元标准发放国家助学金,帮助申请最高限额 12000 元的国家助学贷款,在校期间给予全额贴息。省属重点院校每年安排不少于 1000 个计划,面向贫困县招收农村学生。实行省属高等职业院校单独招收中职毕业生计划,对建档立卡的贫困家庭子女单独划线、单独录取。将贫困县所有学校全部纳入"全面改薄"支持范围①。

表 6—10　　　　　　 **2011 年和 2014 年湖北省生均教育经费支出**　　 单位:元

年份	分类	教育经费支出	事业性费用支出	个人部分	公用部分	基本建设支出
2011	农村职业高中	5989.31	5249.02	3110.06	2138.96	740.29
	农村高中	5189.84	5165.16	3324.67	1840.49	24.68
	农村初中	6151.91	5923.17	4232.08	1691.08	228.74
	农村小学	3951.65	3844.44	2796.09	1048.35	107.21
	农村幼儿园	1493.20	1403.45	792.28	611.16	89.76
2014	农村职业高中	12450.38	11978.69	6367.50	5611.18	471.70
	农村高中	10416.81	10149.83	6498.7	3651.13	266.98
	农村初中	13723.91	13332.04	10033.8	3298.24	391.87
	农村小学	8248.77	8088.19	5827.57	2260.62	160.58
	农村幼儿园	3557.67	3451	1909.66	1541.35	106.67

资料来源:教育部财务司:《中国教育经费统计年鉴(2016)》,中国统计出版社 2017 年版。

　　生均教育经费支出对于教育的发展有着至关重要的影响,是衡量教育水平最为直接的参考指标。从生均教育经费支出情况来看,教育发展水平确实有明显的提升。如表 6—10 所示,2014 年湖北省农村职业高中、农村高中、农村初中、农村小学和农村幼儿园的生均教育经费支出分别较 2011 年增长了 107.88%、100.72%、123.08%、108.74%、138.26%;教育事业性费用支出分别较 2011 年增长了 128.21%、96.51%、125.08%、110.39%、145.89%。教育基本建设支出中,除了农村职业高

---

　　① 参见《2017 年湖北省精准扶贫工作手册》。

中有所缩减外，2014 年农村高中、农村初中、农村小学和农村幼儿园分别较 2011 年增长了 981.77%、71.32%、49.78%、18.84%。

表 6—11 2012—2016 年湖北省各级各类学校数 单位：所

学校分类		2012	2013	2014	2015	2016
普通中学	合计	2622	2576	2552	2545	2558
初中	合计	2047	2013	2011	2013	2026
	城区	507	509	535	548	582
	镇区	953	945	955	968	967
	乡村	587	559	521	497	477
高中	合计	575	563	541	532	532
	城区	318	318	314	311	321
	镇区	220	212	201	193	188
	乡村	37	33	26	28	23
小学	合计	6614	5746	5513	5398	5383
	城区	1007	997	1061	1062	1124
	镇区	1629	1536	1556	1543	1545
	乡村	3978	3213	2896	2793	2714

资料来源：湖北编辑委员会：《湖北省统计年鉴（2017）》，中国统计出版社 2018 年版。

当然，在肯定教育服务保障的同时，也必须客观认识到当前农村学校、师资、教育经费支出以及在校学生与同期的城镇尚有较大的差距，教育的城乡不均衡、不均等问题仍然十分突出。这其中既有农村撤村并组与撤校并校改革的影响，更重要的还是各级政府对农村教育支持和投入的不够，而这也是精准扶贫尚无法解决的难题，更是现有以官僚体系为主导的常规治理机制所迟迟悬而未决的困境所在。如表 6—11 所示，2012—2016 年，湖北省乡村初中呈现逐渐缩减趋势。2013—2016 年湖北省每年分别缩减 4.77%、6.80%、4.61%、4.02%；而同期的镇区、城区初中呈现逐渐增长趋势，2015 年的镇区、城区初中较 2012 年增长 1.57%、8.09%；2016 年镇区初中较 2015 年缩减 1 个，而城区初中较 2015 年进一步增长了 6.20%。乡村小学、乡村高中也同样呈逐渐缩减趋势。2013—2016 年，湖北省乡村小学每年分别缩减 19.23%、9.87%、

3. 56%、2. 83%;2016 年,湖北省乡村高中分别较 2012 年、2013 年、2014 年、2015 年缩减 37. 84%、30. 30%、11. 54%、17. 86%。

表 6—12　　　　　　2012—2016 年湖北省各级各类学校专任教师数

学校分类	年份	2012	2013	2014	2015	2016
普通中学	合计	212305	205306	201758	198342	195685
初中	合计	141409	135580	133632	131325	129157
	城区	44766	44122	45998	46819	49710
	镇区	69143	65457	64544	63263	61032
	乡村	27500	26001	23090	21243	18415
高中	合计	70896	69726	68126	67017	66528
	城区	39579	40383	39873	39755	40852
	镇区	27221	26097	25762	24716	23609
	乡村	4096	3246	2491	2546	2067
小学	合计	191699	196556	199172	200158	202014
	城区	55297	56547	60085	62736	67632
	镇区	65828	68204	71378	72318	74021
	乡村	70574	71805	67709	65104	60361

资料来源:湖北编辑委员会:《湖北省统计年鉴 (2017)》,中国统计出版社 2018 年版。

如表 6—12 所示,2012—2016 年,湖北省乡村初中、高中、小学的专任教师均呈现明显的下降趋势,且降幅较为显著。2013—2016 年,湖北省乡村初中专任教师每年分别减少了 5. 45%、11. 20%、8. 0%、11. 31%,2015 年、2016 年分别较 2012 年缩减了 22. 75%、33. 04%,而 2015 年、2016 年的城区初中专任教师却分别较 2012 年增长了 4. 59%、11. 04%;2013—2014 年,湖北省乡村高中专任教师每年分别减少了 20. 75%、23. 26%,尽管 2015 年较 2014 年略有上升,但 2016 年又扩大了缩减幅度,2016 年较 2015 年、2014 年分别减少了 17. 02%、18. 81%,而 2014 年的城区高中专任教师较 2012 年增长了 0. 74%,2016 年的城区高中较 2015 年增长了 2. 76%;2014—2016 年,湖北省乡村小学专任教师每年分别减少了 5. 70%、3. 85%、7. 29%。

如表 6—13 所示，2012—2016 年，湖北省乡村初中、高中、小学的在校学生也均呈现明显的下降趋势，且降幅较为显著。2013—2016 年，湖北省乡村初中在校学生数每年分别减少了 8.81%、20.87%、8.07%、6.97%，2016 年、2015 年较 2012 年分别减少了 38.30%、33.67%；2013—2016 年，湖北省乡村高中在校学生数每年分别减少了 21.41%、30.93%、1.80%、22.98%，2016 年、2015 年较 2012 年分别减少了 58.95%、46.70%；2013—2016 年，湖北省乡村小学在校学生数每年分别减少了 3.29%、15.67%、0.81%、4.70%，2016 年、2015 年较 2012 年分别减少了 22.91%、19.11%。

表 6—13　　　　　　2012—2016 年湖北省各级各类学校在校学生数　　　单位：个

学校分类	年份	2012	2013	2014	2015	2016
普通中学	合计	2652208	2471869	2294899	2241286	2259904
初中	合计	1577701	1483710	1375940	1365319	1414864
	城区	543902	529708	538778	547028	589002
	镇区	743679	689455	627833	625858	646844
	乡村	290120	264547	209329	192433	179018
高中	合计	1074507	988159	918959	875967	845040
	城区	580248	555182	529827	512284	509424
	镇区	435656	386923	357324	332446	311557
	乡村	58603	46054	31808	31237	24059
小学	合计	3267498	3282579	3211598	3358095	3461337
	城区	1027061	1050497	1120918	1202479	1307462
	镇区	1160375	1187536	1209864	1281967	1321295
	乡村	1080062	1044546	880816	873649	832580

资料来源：湖北编辑委员会：《湖北省统计年鉴（2017）》，中国统计出版社 2018 年版。

从城乡差距来看，以生均教育经费支出为例。如表 6—14 所示，2014 年，湖北省地方普通高中、小学的生均教育经费支出分别较农村高中、小学高出 22.20%、2.34%；生均教育事业性费用支出分别较农村高中、小学高出 24.06% 、2.51%[①] 。

表 6—14   2014 年湖北省农村与地方普通高中、初中、小学生
均教育经费支出比较   单位：元

省份	分类	教育经费支出	事业性费用支出	个人部分	公用部分	基本建设支出
农村	高中	10416.81	10149.83	6498.70	3651.13	266.98
	初中	13723.91	13332.04	10033.8	3298.24	391.87
	小学	8248.77	8088.19	5827.57	2260.62	160.58
地方普通	高中	12729.49	12591.67	7831.94	4759.73	137.82
	初中	13378.29	13109.66	9029.25	4080.41	268.63
	小学	8441.42	8291.54	5766.80	2524.74	149.88

资料来源：教育部财务司：《中国教育经费统计年鉴（2016）》，中国统计出版社 2017 年版。

表 6—15   2014 年湖北省农村中小学与地方普通中小学生均个人和
家庭的补助支出、助学金支出比较   单位：万元、%

地区	分类	对个人和家庭的补助支出总额	助学金	助学金占个人和家庭的补助支出总额比
农村	高中	5877.45	1682.20	28.62
	初中	43214.51	6720.82	15.55
	小学	29908.71	5197.27	17.38
地方普通	高中	18253.32	3107.10	17.02
	初中	65216.70	7422.45	11.38
	小学	63462.21	8996.29	14.18

资料来源：教育部财务司：《中国教育经费统计年鉴（2016）》，中国统计出版社 2017 年版。

---

① 吊诡的是，农村的初中生均教育经费支出、事业性费用支出却比同时期的地方普通初中要高，而农村高中、初中、小学的生均基本建设支出也均比同期的地方普通高中、初中、小学高，这是一个有待进一步探索的现象，本书碍于研究目标所限，将不再延伸。

以生均个人和家庭的补助支出、助学金支出为例。如表 6—15 所示，2014 年，湖北省地方普通高中、初中、小学对个人和家庭的补助支出总额分别较农村高中、初中、小学高出 210.56%、50.91%、121.19%；地方普通高中、初中、小学生均助学金支出分别较农村高中、初中、小学高出 84.70%、10.44%、73.10%。

表 6—16　　　2014 年湖北省与部分省份生均教育经费支出比较　　　单位：元

省份	分类	教育经费支出	事业性费用支出	个人部分	公用部分	基本建设支出
湖北	农村高中	10416.81	10149.83	6498.7	3651.13	266.98
	农村初中	13723.91	13332.04	10033.8	3298.24	391.87
	农村小学	8248.77	8088.19	5827.57	2260.62	160.58
北京	农村高中	68545.41	68545.41	28239.38	40306.03	—
	农村初中	63770.80	63770.80	33532.78	30238.02	—
	农村小学	37314.46	37314.46	20840.45	16474.01	—
上海	农村高中	35331.38	35331.38	22542.92	12788.46	—
	农村初中	26047.53	26047.53	18555.52	7492.01	—
	农村小学	19748.05	19748.05	14052.99	5695.06	—
江西	农村高中	11018.33	10829.94	5136.09	5693.85	188.38
	农村初中	10015.22	9850.46	5456.98	4393.48	164.76
	农村小学	7461.80	7407.02	4399.97	3007.05	54.78
湖南	农村高中	9385.32	9248.23	5836.20	3412.03	137.09
	农村初中	10885.32	10742.09	7344.36	3397.73	143.23
	农村小学	6666.65	6627.91	4382.18	2245.72	38.75
安徽	农村高中	10660.81	10364.94	5570.38	4794.56	295.87
	农村初中	11679.08	11368.26	7094.68	4273.58	310.82
	农村小学	8224.67	8135.55	5334.57	2800.97	89.12

资料来源：教育部财务司：《中国教育经费统计年鉴（2016）》，中国统计出版社 2017 年版。

此外，就各地区的教育经费支出情况来看，也存在一定的差距。如表 6—16 所示，2014 年，湖北省农村高中、初中、小学的生均教育经费支出分别为 10416.81 元、13723.91 元、8248.77 元，这一水平明显低于北京和上海,与同期的江西、湖南和安徽三个同为中部的省份相比,湖北省农村高中生均教育经费支出高出湖南省,但低于江西省和安徽省;农村初中生均教育经费支出高于江西、湖南和安徽三省;农村小学生均教育经费支出高于江西省、湖南省、安徽省。2014 年,湖北省农村高中、初中、小学的生均教育事业性费用支出分别为 10149.83 元、13332.04元、8088.19 元,均低于同期北京和上海的水平,与同期的江西、湖南和安徽三个同为中部的省份相比,湖北省农村高中生均事业性费用支出高于湖南省,但是低于江西省和安徽省;农村初中生均事业性费用支出高于江西、湖南、安徽三省;农村小学生均事业性费用支出高于江西省和湖南省,但是低于安徽省。

就医疗卫生情况来看,精准扶贫以来,医疗卫生与教育享有同样重要的地位,同样被视为精准扶贫的重中之重,因而也同样给予了高度的重视,出台了一系列提升和保障医疗卫生服务水平的政策措施。湖北省出台的医疗卫生保障措施明确规定,对贫困人口参加新型农村合作医疗个人缴费部分由财政给予补贴,到 2019 年参加新型农村合作医疗保障扶贫对象新农合住院合规费用平均报销比例较 2015 年提高 20%。农村五保供养对象和农村孤儿参加新农合的个人缴费部分由医疗救助基金给予全额资助。农村最低生活保障家庭成员参加新农合的个人缴费部分由医疗救助基金按每人每年不低于 90 元标准给予定额资助。对患慢性病需要长期服药或者患重特大疾病需要长期门诊治疗,给予门诊救助。降低贫困人口大病保险报销起付线,提高大病保险报销比例。对新型农村合作医疗和大病保险支付后仍有困难的,加大医疗救助、临时救助、慈善救助等帮扶力度,将贫困人口全部纳入重特大疾病救助范围。农村特困供养人员在定点医疗机构住院治疗,经新农合、新农合大病保险及各类补充医疗保险、商业保险等报销后个人负担的合规医疗费用,在年度救助限额内按不低于 70% 的比例给予救助。其他医疗救助对象个人负担的合规医疗费用,按当地有关规定予以救助①。

当然,在肯定成效的同时,也必须客观认识到医疗卫生服务也面临着与教育相同的问题与发展困境。尽管从一部分面板数据上看各方面都

---

① 参见《2017 年湖北省精准扶贫工作手册》,内部资料,未公开出版。

有了显著的进步，但从实际情况来看，区域之间的不均等、城乡之间的不均衡问题仍然十分突出。在精准扶贫这一非常规性治理机制的推动作用下，仍然存在一些难以破解的困境。

从医疗卫生组织机构床位数来看。如表6—17所示，2011—2016年，湖北省包括医疗、基层医疗卫生机构、乡镇卫生院在内的农村医疗卫生机构床位数总体上呈增长趋势。2015年，湖北省总的农村医疗卫生机构床位数较2011年、2012年分别增长了53.48%、35.89%，2016年较2015年又增长了5.18%。其中，2015年的医院床位数较2011年、2012年分别增长了62.24%、41.89%，2016年较2012年的增幅达到42.92%；2015年的基层医疗卫生机构床位数较2011年、2012年分别增长了34.67%、22.84%，2016年较2015年进一步增长了5.13%；2015年的乡镇卫生院床位数较2011年、2012年分别增长了36.63%、23.66%，2016年较2015年进一步增长了4.49%。2016年、2015年，湖北省农村每千人的卫生机构床位数分别为6.14张、5.87张，2016年较2011年、2012年分别增长了69.15%、40.18%；2015年较2011年、2012年分别增长了61.71%、34.02%。

表6—17　　　　2011—2016年湖北省农村医疗卫生机构床位数

年　份	总计（万张）	医院（万张）	基层医疗卫生机构（万张）	乡镇卫生院（万张）	每千人口卫生机构床位数（张）
2011	22.40	15.20	6.23	5.05	3.63
2012	25.30	17.38	6.83	5.58	4.38
2013	28.82	20.05	7.47	6.18	4.97
2014	31.83	22.20	8.15	6.77	5.47
2015	34.38	24.66	8.39	6.90	5.87
2016	36.16	25.73	8.82	7.21	6.14

资料来源：湖北编辑委员会：《湖北省统计年鉴（2017）》，中国统计出版社2018年版。

近些年，湖北省农村医疗卫生人员中的卫生技术人员总体上增长显著，如表6—18所示，单从2014—2015年来看，2015年较2014年增长了

10890 个, 增幅为 6.09% 。

表 6—18　　　　2014 年、2015 年湖北省农村卫生人员数量情况　　　单位: 人

年份	卫生技术人员							乡村医生和卫生员
	小计	执业(助理)医师		注册护士	药师(士)	技师(士)	其他	
			执业医师					
2014	177482	70007	51052	69177	10047	8927	6095	42304
2015	188291	73431	53397	75612	9828	9188	19331	40897

资料来源: 国家卫生和计划生育委员会:《中国卫生和计划生育统计年鉴 (2016)》, 中国协和医科大学出版社 2017 年版。

　　但必须指出的是, 村级医疗卫生组织、乡村医生和卫生院总量的逐年缩减给农村医疗服务带来的挑战不容小觑。从湖北省农村村级医疗卫生组织情况来看, 2011—2016 年总体上呈缩减趋势。如表 6—19 所示, 2011—2016 年, 湖北省农村村设置的医疗点数逐年缩减, 2015 年村设置的医疗点数较 2011 年减少了 351 个, 减幅为 1.40%; 较 2012 年减少了 181 个, 减幅为 0.72%; 较 2013 年减少了 158 个, 减幅为 0.63%; 较 2014 年减少了 123 个, 减幅为 0.49%; 2016 年较 2015 年、2014 年、2013 年、2012 年、2011 年分别减少了 0.03%、0.52%、0.66%、0.75%、1.42%[①]。2011—2016 年, 湖北省农村村级医疗卫生组织所拥有的乡村医生和卫生院人数也呈现逐年缩减趋势。2015 年, 湖北省农村村级医疗卫生组织所拥有的乡村医生和卫生院人数总计为 40897 人, 分别较 2011 年、2012 年、2013 年、2014 年减少了 3143 人、2976 人、2943 人、1407 人, 减幅分别为 7.14%、6.78%、6.71%、3.33%; 2016 年较 2015 年又进一步缩减了 468 人, 减幅为 1.14%。其中, 2015 年的乡村医生为 38970 人, 较 2011 年、2012 年、2013 年、2014 年分别减少 3840 人、2694 人、1863 人、1532 人, 减幅分别为 8.67%、6.47%、4.56%、3.78%; 2016 年的乡村医生为 38506 人, 较 2015 年进一步缩减了 464 人, 减幅为 1.19%。

————————

　　① 值得一提的是, 村级医疗卫生组织的缩减一定程度上受到撤村并组改革的影响, 2015 年湖北省的行政村数为 25109 个, 较 2011 年、2012 年、2013 年、2014 年分别减少了 916 个、466 个、343 个、339 个, 减幅分别为 3.25%、1.82%、1.35%、1.35%。

表6—19　　　　2011—2016年湖北省农村村级医疗卫生组织情况　单位：个、人

年份 项目	2011	2012	2013	2014	2015	2016
村设置的医疗点数	25146	24976	24953	24918	24795	24788
村或集体办医疗点	15923	15785	15410	15551	15495	15497
联合办医疗点	2596	2576	2449	2445	2984	2983
医院设点医疗点	3934	3920	4027	4085	3559	3603
私人办医疗点	1919	1941	2164	1998	1922	1860
其他	774	754	903	839	835	845
乡村医生和卫生员人数	44040	43873	43840	42304	40897	40429
乡村医生	42810	41664	40833	40502	38970	38506
卫生员	1230	2209	3007	1802	1927	1923

资料来源：湖北编辑委员会：《湖北省统计年鉴（2017）》，中国统计出版社2018年版。

此外，从区域性比较来看，如表6—20所示，湖北省乡镇卫生院2014年全年的诊疗人次数居江苏、浙江、安徽、江西、河南、湖北、湖南、广东8省的第5位，其中门诊急诊人次居第5位，而2014年全年湖北省乡镇卫生院的病床使用率达到73.7%，居8省的第1位。就医师日均负担而言，2014年湖北省乡镇卫生院在医师日均诊疗人次、住院床日上的指标数均排在8省的第5位。

表6—20　　　　2014年湖北等省乡镇卫生院医疗服务情况统计比较

单位：人次、人、%

地区	诊疗人次数		入院人数	出院人数	病床使用率	医师日均负担	
	总量					诊疗人次	住院床日
江苏	80656166	79246316	1505772	1499204	61.6	12.2	1.2
浙江	83512753	81268505	216971	215882	39.2	18.7	0.3
安徽	44279564	43308774	1712399	1708784	62	9	1.5
江西	29265751	27742357	2032609	2019246	70.4	7.9	2
河南	96487056	93457513	2849859	2814145	62.1	11	1.7
湖北	59075221	57407613	2259693	2245460	73.7	8.8	1.7

续表

地区	诊疗人次数		入院人数	出院人数	病床使用率	医师日均负担	
	总量					诊疗人次	住院床日
湖南	40668916	39015485	3361613	3344380	71.2	5.9	5.5
广东	67462233	66212763	1838201	1845850	53.2	5.1	9.5

资料来源：国家卫生和计划生育委员会：《中国卫生和计划生育统计年鉴（2016）》，中国协和医科大学出版社 2017 年版。

新农村合作医疗报销情况是衡量农村医疗卫生服务水平的重要参考指标。以湖北省宜昌市和恩施州各县（市）的调查情况来看，2016 年宜昌市和恩施州部分县（市）的新农村合作医疗报销水平较 2015 年增长显著，但总体上仍然亟待提高。如表 6—21 所示，宜昌市长阳、五峰、秭归、兴山、远安五县 2015 年农村实际报销的属新农村合作医疗报销范围的总费用占可报销总费用比率为 64.15%；2016 年农村实际报销的属新农村合作医疗报销范围的总费用占可报销总费用比率为 85.01%；恩施州巴东、建始、利川、恩施、来凤、咸丰、宣恩七县（市）2015 年农村实际报销的属新农村合作医疗报销范围的总费用占可报销总费用比率为 64.13%；2016 年农村实际报销的属新农村合作医疗报销范围的总费用占可报销总费用比率为 80.12%。尽管宜昌市长阳、五峰、秭归、兴山、远安五县和恩施州巴东、建始、利川、恩施、来凤、咸丰、宣恩七县（市）2016 年农村实际报销的属新农村合作医疗报销范围的总费用占可报销总费用比率较 2015 年分别提升了 20.86%、15.99%，但仍然还有不小的提升空间。

就优恤优抚保障来看，自精准扶贫以来，有了一定程度的发展，但仍然有待提高。如表 6—22 所示，2011—2016 年，湖北省城乡各种福利院单位数总体上逐年缩减，2015 年较 2011 年、2012 年分别缩减了 806 个、826 个，减幅分别为 29.96%、30.47%，2016 年较 2015 年又进一步缩减了 3 个，减幅为 0.16%；职工人数经历了先增长后缩减趋势，2013 年、2014 年有一定程度的增长，但到 2015 年出现了下降，2016 年又有小幅增长，总体上 2015 年职工人数较 2011 年、2012 年分别缩减了 708 人、655 人，减幅分别为 3.35%、3.10%；2016 年较 2011 年、2012 年分别缩减了 162 个、109 个，减幅分别为 0.77%、0.52%。2011—2016 年湖北省城乡各种福利院所拥有的床位数总体上呈逐年上升趋势，2015 年分别较 2011 年、2012 年增长 36.38%、32.15%。但 2016 年出现明显下降，2016 年较 2015 年缩减了 19.14%。

表 6—21　　　　　2015—2016 年湖北省宜昌市与恩施州部分

县（市）新农合报销情况　　　　单位：万元

县市名称		2016 年实际报销就医费用	2016 年属新农合报销范围的就医费用	2015 年实际报销的就医费用	2015 年属新农合报销范围的就医费用
宜昌	长阳	2546.01	2995.01	7889.05	12371.04
	五峰	3491.93	3541.54	1062.40	1485.98
	秭归	3268.65	4844.61	3643.40	5920.95
	兴山	3734.09	4157.91	2574.84	4319.47
	远安	1342.9	1381	5695.87	8427.47
	合计	14383.58	16920.07	20865.56	32524.91
恩施	巴东	14370.08	21466.64	5424.94	8890.96
	建始	5903.07	6731.16	1151.59	1907.49
	利川	7598.6	7764.86	3209.42	4551.36
	恩施	4115.11	4971.37	1322.79	1988.01
	来凤	5302.65	6154.28	2965.96	4251.69
	咸丰	9639	11714	3772	6094
	宣恩	5124.42	6168.89	3573.00	5714.64
	合计	52052.93	64971.2	21419.7	33398.15

资料来源：根据 2017 年宜昌与恩施各县市扶贫调查数据整理。

表 6—22　　　　2011—2016 年湖北省城乡各种福利院基本情况

单位：个、人、张

年份	单位数	职工人数	床位数	收养人数
2011	2690	21159	233503	190917
2012	2710	21106	240985	193466
2013	2365	21283	241671	183140
2014	2265	21970	277345	183173

续表

年份	单位数	职工人数	床位数	收养人数
2015	1884	20451	318453	176931
2016	1881	20997	257488	154119

资料来源:湖北编辑委员会:《湖北省统计年鉴(2017)》,中国统计出版社 2018 年版。

从残疾人所享受到的保障服务来看,如表 6—23 所示,2013—2016 年,湖北省残疾居民参加城乡社会养老保险人数逐年增长。2014 年、2015 年、2016 年分别增长了 1139.43%、4.08%、3.97%;扶持农村贫困残疾人人次也逐渐增长,2014 年、2015 年、2016 年分别增长了 15.58%、3.49%、11.36%。但城乡残疾人纳入最低生活保障托养人数、农村残疾人实用技术培训人次、农村贫困残疾人危房改造户数以及受益残疾人人数均有不同程度的降低。其中,2014 年、2015 年、2016 年城乡残疾人纳入最低生活保障托养人数分别减少了 34.56%、6.11%、21.05%;2014 年、2015 年、2016 年农村残疾人实用技术培训人次分别减少了 45.64%、0.51%、17.52%;2014 年、2015 年、2016 年农村贫困残疾人危房改造分别减少了 57.25%、43.47%、3.45%;2014 年、2015 年受益残疾人分别减少了 61.20%、42.61%,2016 年受益残疾人出现增长,增长了 17.66%[1]。

表 6—23　　　　2013—2016 年湖北省残疾人享受优抚保障基本情况

单位:人、人次、户

项目	2013 年	2014 年	2015 年	2016 年
残疾居民参加城乡社会养老保险人数	84400	1046080	1088793	1131985
城乡残疾人纳入最低生活保障托养人数	1074400	703107	660135	521162
扶持农村贫困残疾人人次	111700	129103	133611	148795

————————

① 值得一提的是,精准扶贫初期对农村贫困残疾人的重视程度较高,因而在 2012—2013 年之间相关工作取得突出成效,使得未救助残疾人总量大幅降低,因而后期逐渐符合受助范围的残疾人越来越少,相应的农村贫困残疾人危房改造(户)以及受益残疾人人数也就越来越少。这也是农村贫困残疾人危房改造(户)以及受益残疾人人数减少的重要原因。

续表

项目	2013 年	2014 年	2015 年	2016 年
农村残疾人实用技术培训人次	55000	29896	29744	24533
农村贫困残疾人危房改造	1200	513	290	280
受益残疾人人数	1500	582	334	393

资料来源：湖北编辑委员会：《湖北省统计年鉴（2016）》，中国统计出版社 2017 年版。

表 6—24　　　　　2016 年湖北省宜昌市与恩施州部分县市
"三留守"人员优抚情况　　　　单位：个

县市名称		获救助的留守老人	留守老人总数	获帮扶的留守妇女	留守妇女总数	参与"希望"公益项目的留守儿童	留守儿童总数
宜昌	长阳	402	1638	204	32000	698	1319
	五峰	1693	2860	9546	12560	733	759
	秭归	2970	6897	713	1643	1371	2212
	兴山	910	1540	317	317	1127	1127
	远安	1598	1598	763	763	1715	1715
	合计	7573	14533	11543	47283	5644	7132
恩施	巴东	2121	13115	782	6531	390	9155
	建始	—	—	251	5198	9802	9802
	利川	21320	25550	8595	8612	22986	28199
	恩施	2948	9867	3285	8626	19000	19000
	来凤	1380	9248	158	2776	1190	8517
	咸丰	4742	4742	3149	3149	5667	5667
	宣恩	5326	11265	1553	2869	211	8629
	合计	37837	73787	17773	37761	59246	88969

资料来源：根据 2017 年宜昌与恩施各县市扶贫调查数据整理，部分数据有缺失。

　　从农村"三留守"人员享受优抚情况看，总体上优抚覆盖率不高，亟待进一步提升。根据对宜昌市和恩施州部分县（市）的调查显示，如表 6—24 所示，2016 年，宜昌市长阳、五峰、秭归、兴山、远安 5 县农村留守老人总计有 14533 人，其中获得救助的有 7573 人，救助人数占比为 52.11%；农村留守妇女总计有 47283 人，其中获得帮扶的有 11543 人，帮扶人数占比为 24.41%；农村留守儿童总计有 7132 人，其中参与"希望"公益项目的有 5644 人，参与"希望"公益项目人数占比为 79.14%。恩施州巴东、建始、利川、恩施、来凤、咸丰、宣恩 7 县（市）农村留守老人总计有 73787 人，其中获得救助的有 37837 人，救助人数占比为 51.28%；农村留守妇女总计有 37761 人，其中获得帮扶的有 17773 人，帮扶人数占比为 47.07%；农村留守儿童总计有 88969 人，其中参与"希望"公益项目的有 59246 人，参与"希望"公益项目人数占比为 66.59%。

除了农村基础设施、教育、医疗、卫生以外，精准扶贫还针对农村公共服务体系的其他服务内容给予了关注和重视，湖北省专门针对农民就业培训和劳动力转移、低保、五保、国土使用、危房改造、易地搬迁、金融扶持以及财政投入出台了相关政策。在农民就业培训和劳动力转移方面，明确接受高、中等职业教育的贫困家庭学生每生每学年不低于 3000 元的补助，符合条件的同时享受职教资助政策。各地对跨省务工的农村贫困人口可提供交通补助。贫困人员参加就业、创业培训给予每人每天 8 元的生活补助。对建档立卡贫困人口新开办农家乐，带动就业 3 人、正常经营半年以上的，每户给予 1 万元的一次性补贴；对吸纳建档立卡贫困人口就业半年以上的农家乐经营户，由各地按每吸纳一人补贴 2000 元、每户农家乐补贴不超过 2 万元的标准，给予吸纳就业补贴。同时，利用森林生态效益补偿和天然林保护资金使有劳动能力的部分贫困人口转为护林员等生态保护人员。在低保、五保方面，明确将符合低保和五保供养条件的农村贫困人口全面纳入低保救助和五保保障范围。到 2019 年，对参加城乡居民养老保险的缴费贫困人员，由县级财政为其代缴全部最低标准的养老保险费。在国土使用方面，明确实现贫困村土地整治项目全覆盖。使用新增建设用地土地有偿使用费的整治项目，可将不超过 20% 的项目资金用于项目区内村庄整治和农村新社区基础设施建设。在危房改造和易地搬迁方面，明确贫困户危房改造建房贷款全额贴息，易地扶贫搬迁按照人均住房建设面积不超过 25 平方米，最低户均面积 25 平方米的标准，实行"交钥匙工程"。在金融扶持方面，明确对符合产业扶贫条件的贫困户提供"10 万元以内、三年期限、无担保、免抵押、全贴息"贷款。鼓励和引导金融机构创新"担保基金+扶贫互助社+银行""产业扶贫担保贷款"等融资方式。支持贫困地区设立扶贫贷款风险补偿基金。支持贫困地区设立政府出资的融资担保机构,重点开展扶贫担保业务。积极发展扶贫小额贷款保证保险,对贫困户保费予以补助。支持贫困地区开展特色农产品价格保险,有条件的地方给予一定保费补贴。在财政投入方面,明确要求落实"省、市(州)、插花地区县(市)分别按当年地方财政收入增量的15%增列专项扶贫预算;各级财政当年清理回收可统筹使用的存量资金中50%以上用于精准扶贫"的规定。落实资源整合机制,夯实扶贫投入县级整合平台。落实贫困村产业发展基金、贫困户发展乡村旅游基金、贫困地区"双创"基金、社会救助扶贫基金。

精准扶贫通过非常规性治理方式,整合可以整合的所有资源,出台一系列超出常规式治理机制范畴的特殊政策措施,促进了农村公共服务的质与量的双提升,客观上促进了农村公共服务体系的整体提升。但精准扶贫并非是农村公共服务体系的持续性发展动力,更加不可能提供推动农村公共服务体系变革的有效动力。农村公共服务体系依托于精准扶贫来实现提升与发展,显然不是长久之计。

第三节　湖北省农村公共服务体系的可持续性发展动力之思

完善的农村公共服务体系,良性的农村公共服务体系运转体制与机制,不是精准扶贫所要实现的目标任务,而是其完成任务、达成目标所依赖的有效路径与重要手段。在精准扶贫中,可以将农村公共服务体系所包含的各项服务的实现情况作为精准扶贫考核的重要参考指标,这无疑是实际需求。但倘若将精准扶贫视为建立与健全农村公共服务体系的有效路径与重要手段,忽视已有农村公共服务体系的发展与变革规律,过于强调精准扶贫对农村公共服务体系的作用将陷入"本末倒置"的误区。

尽管,由于"时空"的趋同与叠加、任务与目标的高度一致性与融合性、主体与客体的高度一致与重合、路径与实践策略选择的紧密勾连和高度契合,精准扶贫与农村公共服务体系之间多重的应然与实然关联,使得精准扶贫促进了农村公共服务体系的整体提升,有效缓和了农村公共服务体系的异化与悬浮之危。但倘若冷静地思考便不难发现,精准扶贫并非为建立与健全农村公共服务体系而存在,也并非是农村公共服务体系的可持续性发展动力之源,其本身不具有为农村公共服务体系提供可持续性发展动力的使命。与此同时,当前,在精准扶贫过程中所暴露出的一些不可回避的治理性困境与难题,客观上造成了新的农村公共服务体系矛盾与问题,并有可能助推农村公共服务体系矛盾的爆发。

非常规性治理与常规式治理机制之间不可避免地存在博弈与冲突。精准扶贫所遵循的非常规性治理逻辑,以及围绕这一逻辑所探寻的路径,所构建的体制机制,所形成的一整套政策与制度,同以官僚体系为主导,以科层化运行为核心的现行农村公共服务体系以及以市场化、社会化为目标的农村公共服务体系变革之间存在紧张。精准扶贫所依靠的是整体动员以及与之相匹配的机制、资源、制度配备,实行的是非常规化、非制度化的供给,注重的是特殊时期、特殊任务的特殊办理,突出在较短的一定时期内,集中力量实现立竿见影的效果。正如前文所言,自精准扶贫实施以来,在中央与地方"动员—响应"的相互配合之中,非常规性治理确实带来了农村公共服务体系的跃升,但所依赖的主要是扶贫、输血式的照顾与捐赠。以官僚体系为主导,以科层化运行为核心的现行农村公共服务体系所必须遵循的是常规化、规范化、制度化与可持续化的体制与机制,突出稳定与长效的治理特性。这种常规式治理机制是在实践的发展中所逐渐形成的,依赖于日积月累的惯习,并且形成了与之相适应且相对稳定的组织、人事结构,以及一整套与之相匹配的制度、法规。

精准扶贫在具体的行动过程中,要求因人、因村施策,注重扶贫的精准,注重具体扶贫过程中的个性化和差异性,而农村公共服务体系强调服务的公共性本质,注重农村公共服务的普惠性、普遍性与整体性,这就产生了个性化与差异性同普遍性与统一性之间的矛盾。在实施精准扶贫的过程中,湖北省要求坚持"两个70%"政策,即财政扶贫资金中的70%要用于产业开发,且产业开发项目资金的70%必须直接使用到贫困户。也就是说,扶贫财政资金主要用于产业开发,且都按人、按户分散给贫困人口使用。而相比起产业开发，当前许多农村地区对公共沟、渠等生产基础设施的需求更加迫切，这些属于农村公共服务的基础设施建设项目迫切需要大量的财政资金投入，且必须以村、镇为单位集中财力，集中建设。精准扶贫所遵循的以产业开发扶持为主，直接到户、到人的治理策略，使得直接到户资金无法集中用于农村公共服务基础设施建设，无法发挥出资金的集约效应，而相应的农村公共服务基础设施又缺乏充足的地方财政资金予以支持，只能放缓或者搁浅。

精准扶贫所主导的非常规性治理机制可能存在"门槛效应"，客观上导致了相对不公平与不平等，造成了新的农村公共服务体系供需矛盾，尤其是贫困人口与非贫困人口之间的群体矛盾。这种"门槛效益"源于两种较强的行为偏好。一是农村公共服务的供给内容有偏重，重在生活救助、居住环境、交通环境改善等与农民生活密切相关的各项公共服务，而与农业生产直接相关的基础设施建设、农业现代化建设，如动植物检疫、病虫害测报、农机安全生产审查、生产资料市场监督、农产品质量检测等各项农村公共服务则相对有所偏废，而这些服务恰恰是当前农村公共服务体系所亟待建立和健全的内容。二是对农村公共服务的供给客体有偏重。在农村道路、饮水等非竞争性与非排他性较强的纯公共服务上，精准扶贫实现了农村场域内公共服务的均等化、平等化供给，不具有较强的行为偏好。但是涉及如救助、医疗、教育等准公共产品特性较强，以政策惠顾享受为主的农村公共服务，则有明确的供给客体偏重，设置了"门槛"，对非认同群体的排斥性很强。精准扶贫明确了纳入贫困人口、贫困户和贫困村的标准，并明确相关的政策惠顾必须符合贫困人口、贫困户和贫困村标准的人、户和村才能享有，而未纳入标准范畴内的所谓非贫困人口、贫困户和贫困村则难以享受到与精准扶贫相关的政策惠顾。事实上这些非贫困人口、贫困户和贫困村同样具有强烈的服务需求，也迫切需要与精准扶贫相当的政策惠顾，尤其是那些次级贫困人口、贫困户和贫困村范畴，或者处于贫困标准临界线附近的贫困人口、贫困户和贫困村。

农村公共服务体系的非常规性供给机制，不同于多元化、市场化与社会化的变革发展趋势，给农村公共服务体系的变革造成一定束缚。农村公共服务体系亟待多元化变革，这种多元化既要求农村公共服务供给主体的多元化、市场化与社会化，又要求农村公共服务供给方式的多元化、市场化与社会化；从而适应农村公共服务体系需求的多元化、市场化与社会化需求（参见前面各章的有关论述）。然而，在精准扶贫主导的农村公共服务体系非常规性供给过程中，政府这一"责任"主体作用的突出，对政府这一单一"行为"主体的过度依赖，限制了市场与社会主体的参与，导致市场与社会主体的力量在精准扶贫和农村公共服务体系供给中难以实现应有的发挥，市场与社会主体对精准扶贫和农村公共服务供给的重要作用难以体现，且束缚了市场与社会主体自身的发展。与此同时，这种非常规性治理机制通过"条块"体系渠道，基于行政化的特殊分配手段，主导了对包括贫困人口在内的农民的农村公共服务体系供给，这在很大程度上阻碍了农村公共服务体系的市场化与社会化供给，也束缚了农村社会化服务体系的社会化与社会化供给。

在精准扶贫的主导下，非常规性治理可能刺激出"超前"行为或者"过度"行为。由于非常规性治理机制的特殊性，使其能够有效突破现有常规式治理机制的官僚组织体系束缚、政策制度束缚，并且能够迅速地整合现有常规式治理机制所分散掌握的各种人、财、物资源，从而集中力量与精力完成目标任务。但在短期内快速地整合各种人、财、物资源，集中力量和精力完成颇有挑战的目标任务，本身就具有一定的"超前性"，往往超出了现有的常规式治理机制的"责任"范畴与"行为"范畴，也超出了现有官僚组织体系的能力。按照县、乡两级基层政府的现有人力、财力与物力，完成精准扶贫所要求的各项目标任务是不小的挑战。尽管国家在财政上给予了专项资金扶持，在人与物上也给予了相关的扶持政策，但财政资金配套的压力、行政工作人员考核的压力，让县、乡两级基层政府深感"力所不及"。无奈之下，一些地方的县、乡两级基层政府只能在人力、财力、物力不足的情况下"寅吃卯粮"。

这种"超前性"的治理行动，极有可能会诱发"短视性"治理行动。在特殊性的压力作用之下，一些地方的县、乡两级基层政府只能克服困难、咬紧牙关完成各项目标任务，以应付短期内的各项考核，因而往往是通过"拆东墙补西墙""五＋二""白＋黑"的方式，推进各项农村公共服务项目建设。一般情况下，在非常规性治理机制作用下，在规定的时间内都能够完成规定的目标任务。但是，有一些目标任务往往会面临相同的命运，那即是一旦项目完成，通过验收考核，便不再关注项目的后期发展问题，而是迅速转移精力与注意力到更为棘手和紧迫的目标任务上。这就导致一些项目建设具有较强的"短视性"行为特征，通常缺乏后期的管理与维护。当前一些贫困地区的"村村通"公路以及其他基础设施所面临的破败失修、缺乏管理与维护问题就是很好的例证。

公共服务的非竞争性与非排他性本质，决定了农村公共服务体系难以克服"搭便车"的行为，也很难杜绝"寻租"行为，而在精准扶贫过程中，一些地方存在"搭便车"行为或者"寻租"行为扩大的风险。这其中最为突出的表现即是"精英俘获"现象。所谓的"精英俘获"，即是农村中的少数人，依靠其自身的经济、政治或者社会地位优势，通过"搭便车"或者"寻租"的行为将本应该惠及大众，或者惠及他人的资源为己所有，或者为己所在的群体所有，从而破坏了公平性，损害了他人的利益。在精准扶贫中，所涉及的农村公共服务建设皆是以"项目制"的形式，通过"条块"体系，将财政资金、优惠政策与制度分配到各个乡村、人和具体的项目上，这种分配往往有一定的标准，基本建立在公平、公正的基础之上。但是，在实际的操作过程之中，有些标准具有一定的模糊性，有些标准难以明确定性，这就为少数"精英"的"搭便车"或者"寻租"行为提供了便利。例如在涉及各项基础设施建设、各种奖补资金等农村公共服务建设项目的申报中，有一些乡村，有一些农民中的"精英"，本不在享受范围之内，但是却钻了政策的空子，通过弄虚作假的违法违规方式，获取了项目，享受到了政策与制度惠顾。同时，在精准扶贫中，有一些政策门槛或者标准本意是为了发挥出政策与制度的最大效用，但却让一些"精英"乘虚而入，钻了空子。例如在产业扶贫项目上，政策与制度偏向于经济基础较好、容易出效益的村、人和产业项目上，其本意是通过这种"门槛"的设置，让那些有条件、有发展的村、人和产业项目得到很好的扶持，从而实现快速发展，进而带动其他村、人和产业项目的发展。然而在现实中却导致"扶富不扶贫"现象的滋生。究其原因也在于部分"精英"通过"搭便车"或者"寻租"行为，将政策与制度优惠据为己有，侵占了他们的合法利益。

非常规性治理机制，有可能带来"双重性"依赖。一是以各级政府为主的治理主体对这种非常规性治理机制的依赖；二是以广大农民为主的治理客体对这种非常规性治理机制的依赖。非常规性治理机制的产生逻辑是基于现有的常规式治理机制难以发挥出有效作用，难以促使目标任务的按期按质完成，而非常规性治理机制之所以能够发挥出立竿见影的效果，又在于这种治理机制超出了常规式治理机制的官僚组织体系束缚和政策制度束缚，具有很强的特殊性，因而相较于常规式治理机制，这种非常规性治理机制往往更加具有权威性和约束力，在短期内也能够更加有效地应对常规式治理机制所存在的各种治理失效行为，也就表现出更高的效率。这就会产生对治理主体和治理客体的误导，使其容易产生对非常规性治理机制的依赖。当治理主体和治理客体都更加相信非常规性治理机制的力量和作用，那么对常规式治理机制将是一种危机。在精准扶贫中，农村公共服务主要是通过非常规性治理机制来实现，而各级政府过多地借助于非常规性治理所对应的实现路径来供给农村公共服务，将有可能形成路径依赖。与此同时，对于广大的农民而言，一直以来所依赖的常规式治理机制并没有给自己带来立竿见影的实惠，而非常规性治理机制的出现，让这种立竿见影的实惠成为现实，促使了广大农民对精准扶贫这种非常规性治理机制的信任和依赖，也加剧了对常规式治理机制的不信任，形成不利于常规式治理机制发展的"负向激励"。

"负向激励"还会有另外一种表现，将不利于非常规性治理机制，也将不利于治理主体和治理客体自身的发展。非常规性治理机制也好，常规式治理机制也好，其在农村公共服务供给上的初衷，都应当是以通过健全的公共服务来改善贫困人口和广大农民的生产、生活条件，从而激励贫困人口和广大的农民谋求自我发展、脱贫致富为宗旨。然而，在非常规性治理机制作用下，精准扶贫为广大的贫困人口提供了可谓是"衣食住行、生老病死"全方位的无偿照顾，这就使得一部分存在懒散思想的贫困人口产生了较为严重的"等、靠、要"思想，而不寻求通过自身的努力来改变贫困落后的面貌，也不愿意承担任何细小的发展风险。而目前尚缺乏有效制约贫困人口"等、靠、要"思想，克服"负向激励"的政策与措施。

此外，缺乏制度化、法制化与体系化的治理提升路径。非常规性治理机制是一种替代性治理机制或者纠错性治理机制，实行的是非常规化、非制度化的供给，为适应和应对这种临时性的治理行动而产生的各种非常规化、非制度化的政策、制度与措施，往往是抽离于现实的常规式治理机制所形成的政策、制度法规体系而独立存在的，因而不具备体系化，而难以具有延续性，这就为后续政策、制度的延续带来了严峻挑战。而当非常规性治理机制的各项目标任务得以实现和完成之时，这种治理行为以及与之相伴随的非常规化、非制度化的政策、制度与措施往往会终止或者迅速削弱，这本身就是非常规性治理机制的宿命。从现实的实际而言，当前精准扶贫所产生的一系列有关农村公共服务的政策、制度和措施在精准扶贫结束之后的延续上，将成为巨大难题，这也将给农村公共服务体系的后续发展带来巨大影响。

精准扶贫主导下的非常规性治理机制与以常规式治理机制为核心的农村公共服务体系之间存在不可避免的博弈与冲突，但由于现有农村公共服务体系存在常规式治理的失效，迫切需要进行变革，而精准扶贫这一非常规性治理机制由于与农村公共服务体系具有多重应然与实然的紧密关联，因而发挥出了一定的替代性治理机制或者纠错性治理机制的作用。然而，正如前文所言，必须要强调的是，非常规性治理机制终究不具有可持续性，当非常规性治理目标任务得以实现之时，依靠非常规性治理机制而存在的治理行动便迫切需要新的、更有效的常规化治理机制来替代，进而实现非常规性治理向常规治理的平稳过渡，实现治理的持续性与稳定性。

因而，必须科学而客观地看待精准扶贫的历史存在价值——实现百年奋斗目标，夺取全面建成小康社会决胜时期的重要国家战略与举措。准确地认识精准扶贫与农村公共服务体系之间的关系，既要客观看到精准扶贫给农村公共服务体系跃升所带来的积极作用，又必须清醒地认识到，农村公共服务体系可以有效依靠精准扶贫所发挥出的积极作用，在特定的时期可以将其视为重要的手段，但不能因此而将其视为完成农村公共服务体系建立健全目标的唯一选择和最终选择，完全依靠于精准扶贫也不可能实现农村公共服务体系的建立健全目标。农村公共服务体系的建立健全最终需要继续沿着农村治理与农村公共服务体系变革的历史发展轨迹，真正实现农村公共服务体系变革的"第二次跨越"；需要在新的历史发展时期，快速推进农村公共服务体系以市场化与社会化为目标的重构，从而完成健全的体系形塑，并最终促进农村公共服务体系过渡到农村社会化服务体系。

第四节　本章小结

　　税费改革之后，正当农村公共服务体系陷入在无法突破的多重困境之中，面临亟待变革的关键时期，中国共产党领导全国人民开启了全国上下总动员的精准扶贫。以更大决心、更大力度、更精准思路，更具针对性、超常规举措，更直接作用、更可持续效果为指导思想的精准扶贫的初衷使命，是为确保在中国第一个百年奋斗目标节点到来之际，如期完成全面建成小康社会、建成富强民主文明和谐的社会主义现代化国家，实现中华民族的伟大复兴。而并非以农村公共服务体系的变革与发展为核心目标的精准扶贫，却在取得扶贫攻坚巨大成效的同时，为农村社会治理变革与农村公共服务体系跃升注入了强有力的动力。这其中最核心的治理逻辑即是非常规性治理机制的存在逻辑。

　　精准扶贫与农村公共服务体系之间有着紧密的应然与实然关联。正如非常规性治理机制的经典理论所言，其天生与以官僚体制主导下的常规式治理机制之间存在紧张，常规机制突出其稳定性、可预测性和高效率，其动机天然具有抑制非常规性治理的目标，而非常规性治理恰恰相反，其存在的基础即是打破常规，突破常规治理已有的组织与体制束缚、突破既有既得利益的牵绊。理论上非常规性治理与官僚体制主导下的常规治理相互冲突、互相削弱。然而在国家的现实治理体系中，非常规性治理与官僚体制主导下的常规治理常常又互相诱发、互为依存。非常规性治理启动、发生于官僚体制主导下的常规治理失效之时，很大程度上被视为应对常规治理机制失败而存在的一种替代性治理机制或者纠错机制。因而，精准扶贫主导的非常规性治理机制既客观上促进了农村公共服务体系的跃升，又客观上存在一些不可避免的困境与难题，有可能会影响农村公共服务体系的变革与发展进程。

　　精准扶贫与农村公共服务体系之间的应然与实然关联，突出表现在"时空"的趋同与叠加、任务与目标的高度一致性与融合性、主体与客体的高度一致与重合、路径与实践策略选择的紧密勾连和高度契合四个方面。在多重的应然与实然关联中，依靠政治与行政动员的方式，精准扶贫带动了农村路、水、电等农村公共服务基础设施以及教育、医疗、卫生、社会保障等各项农村公共服务的质与量的双提升，客观上促进了农村公共服务体系的整体提升，从而缓和了农村公共服务体系的异化与悬浮之危，也缓和了农村公共服务体系的供需矛盾。可以说，贫困户脱贫的过程和贫困村出列的过程就是以贫困人口为主体的农民享受到较为完善的农村公共服务体系；以贫困村为主体的农村的公共服务体系得以健全的过程。

但以非常规性治理机制为核心的精准扶贫，并非为建立与健全农村公共服务体系而存在，也并非是农村公共服务体系的可持续性发展动力之源，其本身不具有为农村公共服务体系提供可持续性发展动力的使命。与此同时，非常规性治理过程中存在多重治理困境与难题，突出体现在个性化与差异性同普遍性与统一性的矛盾；"门槛效应"及背后的不公平与不平等；阻碍多元化、市场化与社会化的双重束缚；"双重性"依赖及背后的"负向激励"；制度化、法制化与体系化的系统性难题五个方面。

因而，在推动农村公共服务体系变革，建立健全农村公共服务体系的过程中，要及时调整和承接非常规性治理机制，及时地用新的、更有效的常规性治理机制来接替非常规性治理机制，进而实现非常规性治理向常规治理的平稳过渡，实现治理的持续性与稳定性。在农村治理变革与农村公共服务体系变迁的历史过程中，必须科学而客观地看待精准扶贫之于农村公共服务体系的历史存在价值，使其回归初衷使命。在农村公共服务体系的建立与健全过程中，必须正本清源，继续沿着农村治理与农村公共服务体系变革的历史发展轨迹，遵循其基本的历史发展规律，真正为实现农村公共服务体系变革的"第二次跨越"而不懈探索，为实现快速推进农村公共服务体系以市场化与社会化为目标的重构，实现农村公共服务体系向农村社会化服务体系过渡而砥砺前行。

未来，将是治理理念引领的时代，变革将是最鲜艳的底色，正如习近平同志在党的十九大报告中所言，历史只会眷顾坚定者、奋进者、搏击者，而不会等待犹豫者、懈怠者、畏难者！①

---

① 习近平：《决胜全面建成小康社会 夺取新时代中国特色社会主义伟大胜利》，《新华日报》2017 年 10 月 19 日第 3 版。

第 七 章

治理引领下的湖北省农村
公共服务体系未来

　　理论研究的真正价值不仅仅在于反映、回应真实的现实问题，更重要的是能够为现实问题的解决提供可行的借鉴或参照。本书针对改革开放四十年来农村治理与农村公共服务体系的变革与发展所展开的系统回顾与分析，最终目的不仅仅在于关照农村治理与农村公共服务体系的变革与发展历史，也不仅仅在于反映出当前农村治理与农村公共服务体系最现实的问题，更重要的是立于当下、面向未来，在有效回应真实问题的基础上，能够为湖北省乃至全国的农村治理与农村公共服务体系的变革与发展提供可行的思路与路径，解决当前较为迫切的现实问题，同时也希望能够为湖北省乃至全国的农村治理与农村公共服务体系的变革与发展，指明未来发展的方向。

　　改革开放四十年来，农村公共服务体系经历了三个大的历史变革时期，从税费时代的摇曳而行，到后税费时代的倒逼而动，再到精准扶贫主导下的整体提升，总体上农村公共服务体系的变革与发展所取得的进步显著，所取得的成就不容置疑。但改革开放四十年来，农村公共服务体系在每个历史变革时期所存在的困境与矛盾也客观存在，总体上，农村公共服务体系变革与发展的程度，变革与发展所呈现出的水平，仍然不能满足现实的"三农"发展需求是不争的事实。当前，依托于精准扶贫这种非常规性治理的方式能够为农村公共服务体系的跃升带来立竿见影的效果，但这种方式终究无法解决可持续性的发展动力难题，也就无法解决农村公共服务体系变革与发展的根本性问题。因而，农村公共服务体系的变革与发展，应当在不失时机地借助于精准扶贫这一有利背景的基础上，遵循农村公共服务体系的自我发展规律，依赖其自有的变革与发展方式，回归到变革与创新的根本道路上，继续完成其未完成的"第二次跨越"。

改革开放四十年来，农村治理与农村公共服务体系始终相依相生，在历史的演变过程中，农村治理变革是农村公共服务体系得以变革与发展的客观背景、现实根源，而在历史的进一步演变过程中，农村公共服务体系的变革与发展一度成为农村治理再变革的主要推力。未来将是治理理念引领的时代，变革将是最鲜艳的底色，农村公共服务体系在继续变革与创新的道路上，又将与农村治理变革发生怎样的关系，"二元双向性互构"将向何处延伸与拓展，以及这其中蕴含着哪些农村治理变革之道和农村公共服务体系的变革与发展之道，是值得深入探讨的理论与现实问题。

第一节　发达国家与地区的经验探讨

中国有着独特的现实国情，"三农"有着自我的历史发展过程与发展趋势，中国在改革开放四十年的发展过程中，逐渐演变、形成了具有中国特色的"三农"发展经验。当前"三农"所存在的一系列问题有着自身的历史原因，受制于客观现实国情的制约，这一系列"三农"问题的产生并非偶然的历史产物，也并非当下的过渡性结果，而是在历史的逐渐演变与发展过程中，由历史原因与现实因素交织成的复杂事物。因此，"三农"发展必须遵循现实国情，遵循"三农"的历史发展规律。"三农"问题的破解必须探寻具有中国特色的破解之道，遵循其存在与消亡的历史规律，不可能毕其功于一役。最终，"三农"的发展与"三农"问题的破解必须依赖于"中国道路""中国经验""中国智慧"以及"中国道路""中国经验""中国智慧"所衍生而来，具有中国特色的社会主义制度、社会主义理论①。

---

① 笔者在博士学位论文中对相关问题进行了系统的研究，为避免重复，在此只"抛砖引玉"。下文同样如此。毛铖：《变迁与互构：农村社会化服务体系重构与农村治理现代化变革研究——政府、市场与社会分析视角》，博士学位论文，华中师范大学，2016 年，第183—229 页。

当然，破解"三农"问题，"三农"发展，也绝不能故步自封、沽名钓誉，而必须善于运用国际视野，善于借鉴国际经验。正如邓小平所言，必须大胆吸收和借鉴人类社会创造的一切文明成果，吸收和借鉴包括资本主义发达国家的一切反映现代社会化生产规律的现代经营方式、管理方法①。吸收与借鉴的最终目的并不在于照搬照抄，也不在于从中是否能够匹配到直接适用的现成经验，而在于在对照与比较中产生启发、开拓思维，从中启迪"中国道路""中国经验""中国智慧"的产生与形成。同时，也在对照与比较中找到差距、不足，找到努力的方向。

放眼当今世界，如果说农业最为发达的国家和地区，那么美国和中国的台湾地区绝对是其中的佼佼者。前者无疑是世界头号农业强国，而后者也堪称亚洲最值得学习的典范。毋庸置疑，美国和中国台湾地区农业所取得的成就有其自身的历史与现实原因，是多原因综合的结果，有不少学者对相关问题进行了研究，并给出了多种多样的结论。但这其中有一个重要的原因得到公认并备受关注，那即是美国和中国台湾地区的农业皆拥有并依赖于强大的农村社会化服务体系。

美国以不到全球 3‰ 的农业劳动力，出产了全世界绝大部分的农产品。黄豆、柑橘等农产品占据国际市场份额超过一半以上，肉制品、乳制品及谷物类农产品也占有 1/3 乃至更多的国际市场份额②。而这很大程度上皆要归功于高度健全和发达的农村社会化服务体系③。美国高度健全和发展的农村社会化服务体系、不仅保障了美国的农业科学技术水平，推动了农业的专业化分工，提高了生产效率，确立了以市场为导向的农业再生产机制，同时也加强了农业在美国国民经济中的基础地位。据统计，以农村社会化服务体系为主体的产业群占美国国内生产总值的 1/6

---

① 《邓小平文选》第 3 卷，人民出版社 1995 年版，第 373 页。

② 高志敏、彭梦春：《发达国家农业社会化服务模式及中国新型农业社会化服务体系的发展思路》，《世界农业》2012 年第 12 期。

③ 农村社会化服务体系属于中国本土话语体系。在美、德、法、日等发达国家，并没有这一说法，而只有农村公共服务体系、农村服务体系或者农业服务体系之说。从内容而言，我们通常所指的农村社会化服务体系与其他国家所指代的农村服务体系或农业服务体系内容相类似。参见第一章导论中的文献综述部分内容。

以上，其所占农村产业增加值的比值早在 1988 年就已经占到 89% 以上①。1960 年，美国的纯农业劳动力为 700 万人，而农村社会化服务体系从业人员为 1600 万人；到 1986 年，美国的纯农业劳动力为 200 万人，而农村社会化服务体系从业人员已经达到 1820 万人②。今天的美国，纯农业劳动力约占总人口的 2%，而农村社会化服务体系从业人员约占总人口的 15%③。

美国的农村社会化服务体系坚持市场化的运行导向，坚持以农民的需求为中心，由教育—科研—推广子系统、农工商综合体供给子系统、订单式服务供给子系统、农民合作经济组织供给子系统、合作农业信贷子系统五个部分组成。其中教育—科研—推广子系统是基础，农工商综合体供给子系统和订单式服务供给子系统是主导，农民合作经济组织供给子系统和合作农业信贷子系统是辅助。农业教育—科研—推广子系统由农业教育系统、农业科研系统与农业推广系统三部分构成，政府与农学院系统是这一子系统的主导力量，而后者无疑占据着更加主导的地位。农业教育系统起源于 19 世纪 60 年代初期各州所建立的赠地学院（农学院）④。19 世纪 80 年代末期，美国依托于这些赠地学院（农学院）建立起了州农业试验站系统，并在县一级设计了派出机构。最终联邦农业部下设各局所构建的联邦农业科研系统与州农业试验站系统及派出机构共同构成了美国的农业教育—科研—推广子系统，承担着农业的教育、科研与技术推广。

农工商综合体供给子系统和订单式服务供给子系统，属于完全的市场化行为，由以经营各类涉农服务业务的私营企业按照市场化的运行机制来承担运行。农工商综合体与我们通常所说的"公司＋农场"模式相

---

① 李春海：《新型农业社会化服务体系框架及其运行机理》，《改革》2011 年第 10 期。樊亢、戎殿新：《美国农业社会化服务体系——兼论农业合作社》，经济日报出版社 1994 年版，第 50 页。

② 樊亢、戎殿新：《美国农业社会化服务体系——兼论农业合作社》，经济日报出版社 1994 年版，第 158 页。

③ 郭常莲：《美国农业社会化服务体系及对我们的启示》，《山西农经》2005 年第 5 期。

④ 如今，这些赠地学院（农学院）基本演变成美国高等教育中的农学院或者其他综合与专业性的大学、学院。尽管演变而来的大学、学院不再以农学教育为主，但其赠地大学身份和其所承担的农业教育使命始终没有变。

类似,而所谓订单式服务供给系统与我们通常所说的"公司＋农户"模式相类似①。农工商综合体供给子系统和订单式服务供给子系统围绕着农业生产的各个环节,形成了一个庞大的产业集群,经营的范围伸展到任何一个有利可图的农业生产与农业服务角落,为农业生活提供产前、产中与产后的各项服务。

农民合作经济组织供给子系统和合作农业信贷子系统,由农民、农场主和政府来合作主导。前者通常针对具体的服务需求而成立专门的服务型合作社或者其他类型合作社,诸如灌溉合作社、火灾保险合作社、农村住房合作社、农村健康合作社、讲价合作社等,主要面向内部社员,提供专门的农业服务。后者主要为农民和农场主社员提供各种信贷服务②。

美国的农村社会化服务体系不仅健全而强大,最为关键的是其得以有效运行并发挥重要作用的体制与机制,看似相互分离的五个部分,实则在市场机制的自发牵引和政府的政策引导、行政推动作用下,实现了有效的对接与交融。这其中政府、市场与社会主体三者间合作、监督与竞争并存的协同合作关系不容忽视,正是政府、市场与社会主体三者所构成的基础—主导—辅助的多元协同主体关系结构,才保障了美国的农村社会化服务体系的持续与稳定运转③。

美国政府和农民合作经济组织在农村社会化服务体系中的作用是值得强调的。尽管美国的农村社会化服务体系高度市场化与社会化,但在建立与发展的初期尚且不论,即使是高度发达与完善的今天,美国政府所发挥的作用也仍然在很大程度上左右农村社会化服务体系的正常运转与健康发展。美国农村社会化服务体系中发挥着重要作用,且地位越来

---

① 胡家浩、张俊飚:《中美农业社会化服务体系的比较》,《科技与经济》2008 年第 4 期。

② 资金来源基本依靠联邦土地银行、联邦中间信贷银行、生产信贷协会和合作社银行四大信贷系统,而四大信贷系统的建立皆依赖于联邦政府的财政资金贷款支持。早在 2009 年,合作农业信贷子系统的信贷量占全国农业信贷总量的比值就超过了 40%（商业银行信贷的比值也仅为 40% 左右）,且呈大幅增长趋势。李春海、沈丽萍:《农业社会化服务体系的主要模式、特点和启示》,《改革与战略》2011 年第 12 期。

③ 从政府、市场与社会主体三者的作用和地位而言,政府以及以农学院综合体为代表的社会主体为基础;以经营各类涉农服务业务的私营企业为代表的市场主体为主导;而由农民、农场主所组建的农民合作经济组织则为辅助。

越凸显的农民合作经济组织的发展与壮大，很大程度上也依赖于政府的强力扶持与多元化保障。但必须肯定的是，美国政府在其农村社会化服务体系中的角色和作用，既非大包大揽的服务供给主体，也非直接进行市场强制干预的"强权管理者"，而是突出其基础性主体的角色以及与之相对应的服务、监督、协调作用。主要包括健全的法律法规保障、持续不断增长的财政扶持、"项目化"的系统性扶持、有效的市场监管与协调①。与此同时，农民合作经济组织在代表农民、农场主利益与政府、市场主体开展合作或博弈，以及承担监督和抵制垄断资本的作用越来越受到农民、农场主和政府的重视，因而农民合作经济组织在美国农村社会化服务体系中的地位变得越来越突出。

论及中国台湾地区的农业，最受关注的当属发达的农会组织。可以说，没有农会，就没有台湾的现代化②。然而，探寻农会组织的奥秘，实际上台湾的农会组织是一个以农村社会化服务体系为核心，健全而庞大的为农服务组织体系，农村社会化服务体系构成了台湾农会组织的关键与精髓。

台湾农会起源于20世纪初，现如今深深影响着台湾的农业与农村发展，也深刻地影响着台湾地区农民的日常生活。对于台湾地区的农民而言，农会牵连着他们生产、生活的一切，脱离了农会，将寸步难行。台湾地区农会拥有省级农会、县（市）农会、乡镇农会和村级农事小组四级组织架构，农会实行会员制，目前所拥有的农会会员数量已经占台湾地区所有农户的99%。台湾地区农会拥有巨额的资产，不仅有自己的中央农业银行，且每个乡镇一级组织都有自己的办公大厦、信用部、运销公司、超市、培训中心。台湾地区农会不仅占据了台湾地区农资、农产品销售的绝对市场份额，也占据了全台农产品出口份额的50%以上。单就农业贷款而言，目前台湾地区农会的农业贷款额占到整个台湾地区涉

---

① "项目化"的系统性扶持表现为各种系统性极强的"扶持计划"，如农村建房计划、家政和家庭生活计划、农村电力计划、农村教育计划、计算机计划、税务管理和房地产规划计划、食品与营养教育计划、青年服务计划以及各种农业研究与推广计划等。这些"扶持计划"皆是通过与中国相类似的"项目化"运行方式来实施，所不同的是中国依赖的是"条块"政府系统，而美国依赖的是农学院系统以及其他市场与社会主体。

② 陈希煌：《台湾省农会》，2011年4月（http://www.taiwan.cn）。

农贷款比例的 40%—50%①。

  台湾农会在整个台湾地区能够有如此大的影响力，如此高的地位，并且在一百多年的发展与变迁之中长盛不衰，究其根源，首先，在于健全的农村社会化服务体系。这样一个农有、农治、农受益的农民合作经济组织，与当前中国中、西部地区所普遍存在的农民合作经济组织有着显著的区别，台湾地区的农会不以农业生产为主，甚至根本不直接从事农业生产，而是以供给农民生产、生活所需的各种社会化服务为主②。为农民、农业、农村提供健全的社会化服务是台湾农会的存在价值和首要职能所在。包括农业推广服务、供销经营服务、信贷金融服务、保险服务、信息网络服务、协调农民纠纷、发展农村文化福利事业、改善农村环境等在内的 21 项职能被写进了台湾的《农会法》③。其次，台湾地区农会充当着系统性、体系化的农民自组织体和农民市场化、社会化的多功能中介组织体角色。一方面它拥有省、县（市）、乡镇、村组四级健全的组织体系；另一方面它是一个由农民自我管理的组织，四级组织体系之间并没有直接的隶属关系，但也并非各级、各个农会自我独立运转，而是突出纵向上系统性和横向上体系化的整体性运转。同时，它在有效连接农民与政府、市场、社会过程中，满足了农民的市场化与社会化需求，并促进了农民的市场化与社会化转型。

  台湾农会在发展过程中，有一个极其重要的因素发挥了不可替代的作用，且这一因素与美国农村社会化服务体系高度相似，那即是持续而强有力的政府扶持。从官办、绅办到农民自我治理的 110 多年变迁历程中，政府这一重要角色从未缺失，政府的作用和影响始终不容忽视。政府的作用突出表现在财政与项目支持、特许与税收优惠政策扶持、法律法规体系保障以及必要的监督与考核约束四大方面。每年数亿元的财政

  ① 王珍：《台湾农会信用部改革之研究》，载张忠根等《加入 WTO 的两岸农业：投资、贸易与合作》，中国农业出版社 2003 年版，第 385 页。

  ② 目前中国中、西部地区所普遍存在的农民合作社大多属于综合性农民合作经济组织，但绝大多数农民合作社以农业生产为主，服务为辅，综合性主要体现在其农、林、牧、渔等生产的综合性上。

  ③ 详细内容中国学者在有关研究成果中进行过介绍，本书不再赘述。参见刘钦泉《台湾的"农会"发展与组织》，《西北农林科技大学学报》（社会科学版）2011 年第 6 期。

与项目支持，各种特许经营业务扶持与税收"减免"政策，与农会的管理运行密切相关的一揽子法律法规以及严格、科学而规范的各级监督考核办法，极大地保障和促进了台湾农会的可持续发展。

第二节 迈入以多元变革为主导的
农村社会化服务体系

继续农村公共服务体系的变革与创新，完成其未完成的"第二次跨越"，就必须实现农村公共服务体系的市场化与社会化再变革性重构，进而在此基础上促使农村公共服务体系真正融入农村社会化服务体系当中。这一过程并非农村社会化服务体系替代农村公共服务体系的过程，而是农村公共服务体系与农村社会化服务体系融为一体的过程，是一场再变革性重构中的升华与发展演进。当然，这里所指代的农村社会化服务体系并非是当前人们通常所认知、界定的农村社会化服务体系，那种所谓的农村社会化服务体系尚且是一个有名无实的称谓，并不具有农村社会化服务体系的真正内涵。因而，从某种程度上而言，农村公共服务体系的再变革性重构过程，也是农村社会化服务体系从有名无实到实至名归的再变革性重构过程；农村公共服务体系迈入农村社会化服务体系的升华与发展过程，也是农村社会化服务体系主动融合、自我升华与发展的演进过程。

农村公共服务体系的再变革性重构，农村公共服务体系融入农村社会化服务体系，并非全盘否定农村公共服务体系的既有一切，从零开始的激进过程，也非盲目求变、一味求新的冲动行径，而是充分基于现有基础，理性扬弃与借鉴既有成果，在与时俱进之中实现调整、融合、完善、发展的过程与行动策略。调整、融合、完善、发展构成了再变革性重构的双重目标，所谓调整、融合、完善目标突出的是理性扬弃与有效借鉴，所谓发展目标则是在扬弃与借鉴基础上对新现实、新需求与新变化的有效回应。这就应当确立再变革性重构的原则基点，树立正确的方向标。首先必须坚持因地制宜原则，既要充分吸取和借鉴国际经验，又必须实现可供借鉴的国际经验与中国现实国情的有效结合，从而避免经验的"水土不服"。既要注重理论性的设计与构想，又必须根据不同地区的基层实际，实现理论的可落地性，避免理论与实践的脱节。

坚持渐进主义原则，实现"破除"与"立新"的无缝对接。对现有的农村治理体制以及农村公共服务体系改革创新机制障碍的破除，必须实现替代性或者演进性体制机制的及时跟进和"补位"，避免再变革性重构过程中的错位、失位或缺位。正确处理继承与改革、扬弃与创新的关系。"存在即合理。"农村公共服务体系的再变革性重构必须理性扬弃"以钱养事"改革创新，既不是对"以钱养事"改革创新的全盘否定，也不是基于农村社会化服务体系基础上的另辟蹊径。

其次坚持"责任"与"行为"二分主义原则、生存性服务供给体系与发展性服务供给体系二分主义原则这一主线。基于"责任"与"行为"二分主义原则，厘清政府、市场与社会主体在农村社会化服务体系中所应当承担的"责任"，明确政府、市场与社会主体在农村社会化服务体系中所应当扮演的"行为"角色，这将直接决定政府、市场与社会主体在农村社会化服务体系中的责任与义务的有效承担、作用的有效发挥。基于生存性服务供给体系与发展性服务供给体系二分主义原则，明确农村公共服务体系融入农村社会化服务体系之后的服务角色、地位（参见第二章中的农村公共服务体系部分内容）。

确立原则基点，树立正确的方向标，只是完成了再变革性重构基础的第一步，突破县域治理体制与农村公共服务体系改革创新机制的双重束缚也是重要一步。首先，必须以县（市）级为突破口，通过县域治理体制整合而消除辐辏式财政管理体制、"条块分割"治理体制、"项目制"管理体制和自上而下的监督考核体制所产生的体制性排斥与张力。通过中央授意、省级授权、市级让渡，县（市）级执行、乡镇配合，赋予县域治理体制整合合法性，增强整合的有效性，真正实现县域体制内的组织与人事权整合、涉农服务财政资金、资源的集中与整合，从而突破"条条""块块"的掣肘。其次，必须以农村公共服务体系再变革性重构的场域变革为中心，将以乡镇为域的再变革性重构调整为以县域为中心的再变革性重构，从而突破"以钱养事"改革创新所导致的体制性冲突，规避"以钱养事"改革创新所导致的机制性改革悖论。

实现农村公共服务体系的再变革性重构，推动农村公共服务体系融入农村社会化服务体系，需要从五个方面着手：目标架构——构建以农民需求为中心的网络化服务系统；机制架构——实现以市场化的运行机制为主导；主体架构——构建多元协同而有序的政府、市场、社会参与机制；枢纽架构——实现以农民合作经济组织为依托的农民组织化重塑；监督体系架构——打造多元化的互动监督体系。

首先是"两心与一点"的目标架构。"两心与一点"即一个中心、一个核心与一个重点。所谓一个中心，即以农民的服务需求为中心，突出以农民的服务需求为起点，以有效回应农民的服务需求、满足农民的服务需求为使命，以农民对各项农村社会化服务的需求度、需求优先序为根本依据来有针对性、有突出地供给服务。所谓一个核心，即以政府、市场与社会的多元合作和协同参与为核心。明确政府、市场与社会主体在"责任"主体与"行为"主体之中的权责、义务以及关系定位。所谓一个重点，即以农民的组织化合作和参与为重点。

其次是生存性服务供给体系与发展性服务供给体系并存的市场化运行机制架构。生存性服务供给体系所对应的是以"市场化的招投标供给机制"为主的市场化运行机制，而发展性服务供给体系应对的则是以"市场化的以奖代酬供给机制"为主的市场化运行机制。两种市场化的运行机制皆有其各自运动的规律与特点，各自有其相对独立的运行循环轨道。

再次是以政府、市场与社会的多元协同参与为核心的主体架构。基于"责任"与"行为"二分主义原则，明确政府为农村公共服务体系也即生存性服务供给体系的主导性"责任"主体，而非"行为"主体，明确将市场与社会主体纳入农村社会化服务体系之中，使其扮演主导性的"行为"主体角色。同时，进一步厘清政府、市场与社会主体在农村社会化服务体系当中的关系，实现政府在农村社会化服务体系之中"责任"与"行为"的一强一弱转变——政府农村社会化服务体系"责任"的加强与"行为"权的收缩。强化市场与社会主体的参与，明确政府、市场与社会主体平等、协同与互助的网络化协作关系。

复次是以农民合作经济组织为依托的农民组织化枢纽架构。一方面，实现农民的内生型组织化，以"利益缔结—责权匹配"为核心的农民合作经济组织重塑，变现有农民合作经济组织松散型的组织结构为紧密型产权共有组织结构，重构以股权联合为核心的农民合作经济组织产权共有体制与机制①。同时，以"系统化与体系化"为核心的农民组织化再整合，实现农民合作经济组织联合。另一方面，实现农民与农民合作经济组织的外生型组织化，强化农村社会化服务体系的服务组织系统塑造能力。

最后是构建起多元化的互动监督体系。实现纵向上政府自上而下的监督、农民合作经济组织自下而上的监督，横向上市场与社会主体由左至右、由右至左的相互监督。进而实现横纵监督体系的有效结合与充分融合。

基于以上五个方面，实现农村公共服务体系的再变革性重构之后，融入农村公共服务体系的农村社会化服务体系，将会是生存性服务供给体系运行与发展性服务供给体系并存的双规组合运行体系，而农村公共服务体系将会以生存性服务供给体系这一全新的形态而存在，将会成为农村社会化服务体系最为核心的组成部分，持续而有效地发挥着应有的作用。生存性服务供给体系将以提供满足农民的基本生存需求所需要的各项服务为核心，包括维持农业生产所需的基本服务、保障农民生活所需的基本服务和农村基本建设所需的基本服务。竞争性与排他性较弱，持续性、稳定性、普适性、公共性较强，是农村社会化服务体系的生存性服务供给的基本特征。"责任""行为"二分主义原则以及政府、市场与社会主体关系重塑，在生存性服务供给体系中突出表现为政府、市场与社会主体的权责分工与职能厘清。在重构过程中，政府的"行为"主体权责被合理剔除，取而代之的是突出政府的"责任"主体地位；而市场与社会主体则被明确为主导性的"行为"主体。就体系的运行路径而言，生存性服务供给体系包含两条运行路径，自下而上的服务需求征集路径与自上而下的服务供给路径。就体系运行轨道而言，两条运行路径并轨于同一运行轨迹，即"农民的服务需求征集→服务需求甄别→政府

---

① 利益缔结—责权匹配：因果关联词。缔结，意为建立或签订。利益缔结，意为利益主体依据相关法律法规，建立和签订的合作意向与联合协议。这种合作与联合具有法律效应，因而利益主体享有相应权利的同时，必须履行相应的法律义务，即为责权匹配。参见《现代汉语词典》，商务印书馆 2005 年版，第 302 页。毛铖：《利益缔结与统分结合：立体式复合型现代农业经营体系构建——统分两极化向统分结合的理性与回归性演变》，《湖北社会科学》2015 年第6 期。

规划立项→项目量化招标→市场公开竞标→合同制管理→社会化考核评估"的市场化循环运行轨道，沿着先自下而上，而后自上而下的运行方向差而有序、循环往复地有效运行。

而发展性服务供给体系建基于生存性服务供给体系之上，是对生存性服务供给体系的补充与提升。发展性服务供给体系以满足农民日益增长的对美好生活需求的各项具有增值性的服务为核心，包括提高农业生产水平所需的各项服务，提高农民生活幸福感，满足个性发展所需的各项服务，以及提高农村建设所需的各项服务。差异性、发展性、经营或公益性是发展性服务供给体系的基本特征。就政府、市场与社会主体的权责地位而言，随着生存性服务供给向发展性服务供给递升，政府的"有限责任"边界逐渐接近临界值。"责任"主体的权责理应随着临界值的接近而逐渐减弱，市场与社会主体理应逐渐接替政府成为农村社会化服务体系的供给"责任"主体，政府所逐渐减弱的供给"责任"则由市场与社会主体所增补。主导性的"行为"主体无疑仍然由市场与社会主体充当。就体系的运行路径而言，发展性服务供给体系也有两条运行路径，但这两条运行路径与生存性服务供给体系存在一定差异，突出表现在市场与社会主体服务需求征集路径运行轨迹的不同。在体系的运行过程中，发展性服务供给体系遵循"市场化的以奖代酬供给机制"，"市场与社会主体自主供给→服务需求征集与甄别→政府确立规划奖励项目→项目量化验收评比→确立入围奖励项目→以奖代酬"的循环运作流程，有序并循环往复地有效运行。其服务需求征集与服务供给路径的运行方向不同于生存性服务供给体系，并非先自下而上，而后自上而下，而是自上而下与自下而上地同步运行。

多元化的保障体系与机制，也是实现农村公共服务体系的再变革性重构，推动农村公共服务体系融入农村社会化服务体系的重要保障与依靠。这突出表现在以权益保障法律法规体系、行为规范法律法规体系为核心的法律法规配套保障体系；以强有力的支持政策体系、持续性的财政扶持体系为核心的持续性扶持体系；以服务需求征集系统、信息传播与公布信息系统、供给主体资源信息系统、征信信息系统、项目申报与评审服务系统为主要构成的多元化网络信息系统，以及以改革创新人才孵化、制度孵化、实践孵化为核心的可持续性改革创新孵化机制四个方面。

第三节 "二元双向性互构"关系的未来走向

　　农村公共服务体系的再变革性重构，农村公共服务体系融入农村社会化服务体系，将有效突破农村公共服务体系的多重现实困境，也将会实现农村公共服务体系与农村社会化服务体系的共同升华与发展演进。最终，农村公共服务体系将与农村社会化服务体系融而合一，以一个健全而全新的农村社会化服务体系形态存在。而这一再变革性重构的完成，也将有效推动农村治理与农村公共服务体系之间"二元双向性互构"关系的升华与发展。完成升华与发展，将农村公共服务体系融为一体的农村社会化服务体系，将成为农村治理现代化变革的有效依托，这既是农村治理现代化变革的时代需求，也是农村公共服务体系再变革性重构的时代要求，更是农村社会化服务体系的重要价值所在。

　　首先，农村社会化服务体系将成为农村治理现代化变革的有效突破口。农村治理现代化变革需要把握渐进主义原则，需要从局部出发，寻找一个有效的突破口，从而从局部到整体，从渐进量变、质变，到整体质变。破除以政府行政化管控为中心的现有政治与行政体制阻碍；突破以政府为主体，以行政化供给为主的单一服务供给体制机制，都可以视为农村治理现代化变革的体制机制突破口。然而前者是一种强硬的"正向突破"，不仅风险大，且困难重重、举步维艰，而后者是一种渐进主义的"侧向突破"，将能够实现"弯道超越"的目的。

　　依托农村社会化服务体系，以服务供给体制机制变革为农村治理现代化变革的突破口，这种"侧向突破"的选择既是历史的选择，也是现实的客观需求。农村治理现代化变革的现实需求从本质上就对农村社会化服务体系提出了要求，寄予了厚望。后税费时代——农村治理的再变革时代，要求农村治理必须实现以服务为中心，以社会多元协同参与为导向的现代化变革。而无论是以服务为中心的治理变革，还是服务型政府建设，所指涉的服务都不再仅仅是公共服务，而是包含公共服务在内的农村社会化服务。

　　其次，农村社会化服务体系将成为农村治理现代化变革的有效实现路径。从农村社会化服务体系本身而言，政府、市场与社会参与的多元协同与互动合作，政府—市场—社会平行网络结构关系构建是农村治理现代化的关键，这种关键性的地位和作用既见之于农村治理现代化的过程，也见之于农村治理现代化目标的实现。而农村社会化服务体系恰恰为这种关键性地位和作用的实现，为治理现代化变革目标的实现，提供了有效的路径。农村社会化服务体系将为政府、市场与社会参与的多元协同与互动合作提供有效的保障与支撑——这是政府、市场与社会实现合作所不可或缺的三要素，分别为相一致的共同目标、利益的相关与相连、和谐共存的内外部环境。

农村社会化服务体系满足了农村治理现代化变革过程中实现政府、市场与社会多元协同与互动合作的相一致共同目标这一要素。农村治理现代化变革的主要任务在于应对农村现代化过程中的公共问题，有效供给农村社会化服务，其中有效供给农村社会化服务处在重要的核心位置。而以"两心与一点"为核心的农村社会化服务体系目标架构即是突出以农村社会化服务供给为中心。因此，农村社会化服务体系与农村治理现代化变革有着重合、一致的共同目标。

农村社会化服务体系满足了农村治理现代化变革过程中实现政府、市场与社会多元协同与互动合作的利益相关与相连这一要素。政府、市场与社会主体的多元协同与互动合作，深含利益问题于其中，与利益问题密切相关，与利益问题不可分离。对于政府主体而言，以维护行政权力的合法性、有效性，进而维护政治、政权的稳定为主的政治利益是其核心利益所在，以维护社会的基本稳定为主的社会利益，以及相应产生的经济利益则分别为次要利益与派生利益；对于市场主体而言，追求经济利益最大化是其市场行为的核心利益，政治利益与社会利益分别是次要利益与派生利益；对于社会主体而言，社会利益自然是其关注的主要利益，其次则是关系到其自身能否正常生存与发展的经济利益，最后是关系到其存在与发展合法性的政治利益[①]。农村社会化服务体系将政府、市场与社会的政治利益、经济利益、社会利益融为一体。在新的体制与

---

① 毛铖：《变迁与互构：农村社会化服务体系重构与农村治理现代化变革研究——政府、市场与社会分析视角》，博士学位论文，华中师范大学，2016年，第183—229页。

机制架构，新的制度设计中，"责任"与"行为"二分主义原则，厘清了政府、市场与社会主体的责权边界，客观上理顺了政府、市场与社会主体三者在农村社会化服务体系中的关系，形成了良性的主体互动关系结构，也实现了政治利益、经济利益、社会利益这些政府、市场与社会主体之间相关利益的有效相连。多元化保障体系与机制构建、多元化的互动监督体系架构，有效解决了利益的博弈与冲突，实现了利益的帕累托优化调和。

农村社会化服务体系满足了农村治理现代化变革过程中实现政府、市场与社会多元协同与互动合作的和谐共存的内外部环境这一要素。和谐共存的内外部环境既包括以内外部通信、交通工具等物质性基础条件为主的"硬环境"，也包括以保障合作开展、利益合理分享的内外部政策、制度、运行体制、运行机制等虚拟性约束条件为主的"软环境"。以目标架构、机制架构、主体架构、枢纽架构、监督体系架构五个方面为主导的再变革性重构，为农村治理现代化变革提供了包括政策、制度、体制、机制等在内，以虚拟性约束条件为主的"软环境"。多元化的保障体系与机制的构建则是对"软环境"的进一步改造与升级。而以网络信息系统构建为主的信息化建设，以及其他诸如办公场所、道路交通等物质性条件的建设则为农村治理现代化变革提供了可供利用的有利"硬环境"。

最后，农村社会化服务体系将成为农村治理现代化变革的重要平台与纽带。这其中蕴含的逻辑机制在于，农村社会化服务体系将成为承载治理现代化变革的类组织化、系统化的平台。类组织化、系统化的平台拥有强有力的中心磁场，形成一股由外延向中心聚集的内聚牵引磁力，牵引着政府、市场、社会主体与农民向平台集中，行动、互动于平台之中；牵引着政府、市场、社会主体向治理的中心目标内聚，协同、合作于平台之中。农村社会化服务体系的紧连性纽带作用，也将在治理现代化变革过程中锻造成为强有力的勾连"链条"，实现治理主体与客体之间的双重勾连。既紧紧勾连着政府、市场与社会多元治理主体，也紧紧勾连着政府、市场、社会治理主体与农民治理客体。变政府、市场、社会主体之间分离、隔阂的关系结构为合作、紧连的关系结构；变政府、市场、社会主体与农民之间单向性的治理关系结构为双向、互动性的关系结构。与此同时，农村社会化服务体系将成为农民内生与外生组织化的"接合器"，有效推动农民内生型组织化与外生型组织化的同步实现，从而实现农民在农村治理现代化变革中的组织化参与和合作。

　　农村社会化服务体系除了能够成为农村治理现代化变革的有效突破口、有效实现路径以及重要的平台与纽带之外，还将为农村治理现代化变革提供三重基础保障。一是市场、社会主体与农民对农村治理现代化变革的认同基础，农村社会化服务体系将实现政府、市场与社会主体关系的调和，保障和规约政府、市场与社会主体基于共同的目标、相连的利益而和谐共处，从而得到了政府、市场与社会主体之间的相互认同。农村社会化服务体系以农民的服务需求为出发点，保障了农民的根本权益与利益，将极大地赢得农民的认同。二是政府、市场与社会主体多元协同与互动合作的合作基础。农村社会化服务体系理顺了政府、市场与社会主体之间的互动关系，厘清了政府、市场与社会主体之间的职责与权利，同时构建起了政府、市场与社会主体之间多元协同与互动合作的体制与机制。三是有效供给以需求为导向的农村社会化服务的目标基础。从某种意义上而言，农村治理现代化与农村社会化服务体系二者之间本身有着趋同的目标和相同的使命。以需求为导向的农村社会化服务的有效供给，是农村治理现代化变革的重要目标，其突出服务功能和服务的市场化、社会化属性的核心理念，恰恰与农村社会化服务体系所追求的目标价值相重合。

第四节　政府主动而为的自我变革行动

　　无论是农村公共服务体系的再变革性重构，还是农村公共服务体系与农村社会化服务体系的融而合一；无论是农村治理与农村公共服务体系之间"二元双向性互构"关系的升华与发展，还是以农村社会化服务体系为依托实现农村治理现代化变革，都需要政府主动而为，都需要政府在这场变革中开启自我变革的治理行动。

　　第一，观念与理念的除旧与革新。从农村公共服务体系的再变革性重构，到融农村公共服务体系于农村社会化服务体系当中；从农村治理变革推动农村公共服务体系变迁，到以农村社会化服务体系为依托实现农村治理现代化变革，是一种富有大胆的创新性思维与理念，这对于政府所遵循的传统观念与理念而言是一种挑战与冲击。政府应当突破"画地为牢"的传统观念与理念束缚，既不能将农村公共服务体系的建立与健全依然局限在农村公共服务体系本身的"修修补补"之上，而应当敏锐地探寻到从农村公共服务体系到农村社会化服务体系的发展趋势与方向，也不能阈于"就治理而论治理，就农村治理现代化而论农村治理现代化"的困顿之中，总是倾心于政治与行政化的选择来破解有关农村治理、农村治理现代化的复杂理论研究问题和复杂系统工程，而应当采取以农村社会化服务体系为依托的渐进主义策略，采取更为有效的"侧向突破"路径。

因此，从国家到地方，从中央到县、乡各个层面，应当给予农村社会化服务体系更多的重视。在现有重视和强调的基础上，进一步提升农村社会化服务体系在破解"三农"问题上的突出作用和关键性地位。将农村社会化服务体系的建立与健全，上升到支撑中国农村治理现代化变革的重要位置，将其纳入农村治理现代化变革的政策与法规范畴，纳入指导性文件之中。党的十九大明确指出在乡村振兴中健全农业社会化服务体系就是一个强而有力的信号①。将对农村社会化服务体系的"官样文本"性重视和支持转变为实践行动，形成从国家到地方，从中央到县、乡共同重视建立健全农村社会化服务体系的氛围。真正从政策、财政等各个方面给予应有的配套支持，形成从国家到地方，从中央到县、乡共同支持建立健全农村社会化服务体系的局面。及时开展有关依托农村社会化服务体系，以农村社会化服务体系为支撑，实现农村治理现代化变革的理论探讨与实践探索工程，将以农村社会化服务体系为支撑实现农村治理现代化变革上升为国家性的战略目标，将理论真正付诸实践。

---

① 农业社会化服务体系并不能完全等同于农村社会化服务体系，尽管一字之差，但其中所包含的内容有所不同，所涵盖的范围也有一定差异。参见第二章中的农村公共服务体系部分内容。习近平:《决胜全面建成小康社会 夺取新时代中国特色社会主义伟大胜利》,《新华日报》2017 年 10 月 19 日第 3 版。

第二，主动与顺势回应和转变行动。无论是农村公共服务体系的再变革性重构，还是农村公共服务体系与农村社会化服务体系的融而合一，都要求政府必须率先作为。政府能否主动回应这场变革，能否主动作为，将直接决定着变革进程的快与慢、停与行，也将直接决定着变革最终能否达到预期效果，实现预期目标。政府能否率先厘清自己的权责，正确认识并重新定位自己在这场变革中的角色，有效承担起相应的治理权责与义务，将直接左右着政府、市场与社会主体在这场变革中的关系，决定着政府、市场与社会主体三者之间多元协同与互动合作的基础。政府、市场与社会主体之间多元协同与互动合作的良性关系格局能否构建，很大程度上取决于政府是否能够首先做出转变。

这场变革要求政府首先必须转变自身的角色与职能，调适自身与市场、社会主体在多元协同与互动合作中的关系。政府依然是农村社会化服务体系中生存性服务供给体系的"责任"主体，是农村治理现代化变革的"责任"主体，政府必须转变"一家独大"的"唯一"主体身份，而通过"简政放权"适当地让渡权责于市场、社会主体。政府"责任"主体作用的发挥应当通过在多元治理主体之间的博弈、寻求合作、维持信任等互动行为中，发挥有效协调与沟通的角色作用来实现，而不是控制和垄断治理权力，依赖于强制性权力与权威。这场变革也要求政府必须重新定位自身的治理职能，明确并突出治理的社会化服务职能，突出有效供给以需求为导向的农村社会化服务为核心。这就要求政府必须在服务型政府建设的道路上加快步伐，采取更为积极有效的举措，将政府的农村治理职能调整到以农村社会化服务为中心上。同时，政府有责任在与市场、社会主体多元协同与互动合作关系格局的构建上做更多的努力。"在大政府小社会"的现实国情下，政府、市场与社会主体多元协同与互动合作关系格局的构建，关键仍然取决于政府。

第三，以农村公共服务体系再变革性重构为契机，在行政体系中掀起一场以公共服务供给侧结构性改革为中心的农村服务供给体制变革。扬弃以政府单一供给为主导的公共服务供给体制，构建政府、市场与社会主体的多元协同与互动合作关系，向农村公共服务体系变革的"第二次跨越"迈出坚实一步，向农村社会化服务体系迈出实质性步伐。

第四，率先推进与农村治理现代化变革不相适应的政治与行政体制改革，扫清变革的障碍。农村治理现代化变革首先需要回应政治与行政体制突破问题，变革的最终成效也取决于政治与行政体制的突破成效。基于农村治理现代化变革的进程，审时度势、因地制宜地推动政治与行政体制改革。破除与农村治理现代化不相适应的政治体制、行政管理体制，实现政治、行政管理体制与作为农村治理现代化重要参与主体的政府的主体角色、不断转变的职能，以及政府、市场与社会主体多元协同与互动合作的关系格局相适应。政治与行政体制改革应当突出在组织人事选拔、领导干部监督考评、中央与地方权力配置、民主参与、选举与决策、市场与社会主体参政议政以及各项政治与行政法律、法规制度等方面。

第五，以治理制度现代化为核心实现农村治理体系的现代化。突出表现在党领导下管理国家的制度体系，包括经济、政治、文化、社会、生态文明和党的建设等各领域的体制机制、法律法规安排，也就是一整套紧密相连、相互协调的国家制度①。在以农村社会化服务体系为基本向度和依托，实现农村治理现代化变革过程中，应当充分总结有关农村治理技术与机制的创新成果，通过科学化、法制化的遴选机制，层级递升至国家层面，及时将其立法化、制度化。与此同时，针对农村治理现代化变革的现实需求，及时制定和完善相对应的法律法规制度，建立健全农村社会化服务体系与农村治理现代化变革的保障制度体系。

第六，引领多元治理主体能力的现代化建设。政府、市场与社会主体治理能力的现代化突出表现在三个方面：掌握和运用、执行和遵循治理体系与治理制度能力的现代化；实现政府、市场与社会主体多元协同与互动合作，有效协调"看得见的手"与"看不见的手""行政性之手""经营性之手"与"公益性之手"能力的现代化；实现农村社会化服务体系与农村治理现代化变革"互构"能力的现代化。治理能力现代化的实现途径一是取决于政府、市场与社会主体在农村治理现代化变革参与过

---

① 习近平：《切实把思想统一到党的十八届三中全会精神上来》，《人民日报》2014年1月1日第1版。

程中的自我成长、发展与壮大；二是取决于政府主导的有计划性、有针对性的多元主体治理能力保障提升行动。后者要求政府通过与掌握和运用、执行和遵循治理体系与治理制度的能力；有效协调"看得见的手"与"看不见的手"，"行政性之手""经营性之手"与"公益性之手"的能力；农村社会化服务体系与农村治理现代化变革"互构"的能力相关的提升行动，从而提升政府、市场与社会主体的农村治理素养，培养政府、市场与社会主体成为职业政治家、职业文官、职业法官、职业律师，逐步实现农村治理的专业化和职业化。

变革与创新本是一个挑战的过程。挑战既有的权威，挑战约定俗成的认知，挑战与之不相匹配的一切"符号"；挑战既有的惯习，挑战既得利益裹挟的复杂现实，挑战与之不相适应的一切"行动"。变革与创新注定是一个不断迎接挑战的过程，因而也必然会招来强烈的冲击和阻挠。变革与创新是一个动态的过程，是一个不断挑战，又不断接受挑战的动态过程。任何的变革与创新都有其时代的印记、时代的局限与时代的宿命，变革与创新从来就无法尽善尽美，总会有其缺陷，也不可能达到一劳永逸的理想状态，总需要不断地予以健全与完善。变革与创新有一个从实践到理论，再由理论到实践的嬗变过程，每一步都意味着挑战，都将面临挑战。

农村公共服务体系的再变革性重构，农村公共服务体系与农村社会化服务体系的融而合一，以农村社会化服务体系为依托、支撑，实现农村治理现代化变革，注定是一个改革与创新的动态过程，也是一个颇有难度的动态探索过程。无论是与之相关的理论改革与创新，还是与之相关的实践改革与创新，都将是巨大的挑战，也将会面临众多的挑战。这就需要在改革与创新的实践中，在挑战与迎接挑战的过程中不断思索，不断探索。首先，治理理论无论是见之于中国本土化的话语体系，还是见之于西方的话语体系，从诞生之初，到元治理、善治、治理现代化的发展，其对理论界的挑战从未停止，而其面临的理论质疑与挑战也从未停歇。治理的"失灵"、治理的"不平等陷阱"、"民主名义上的不民主威胁"、治理的可行性与有效性质疑、政府、市场与社会难以实现的整合愿望，以及治理的中国适应性难题在不断地挑战理论界，也在不断地被质疑与挑战①。

其次，从理论到实践的跨越将会是更加严峻的考验，这个过程是一个由闭门造车到"火炼真金"的过程，是一个检验期望、假设、预设，剔除浪漫主义色彩回归现实的过程。遭遇现实困境，承担真实风险将成为理所当然，因而这其中潜在的困境与挑战不言而喻。在现有农村公共服务体系上实现再变革性重构，进而实现农村公共服务体系与农村社会化服务体系的融而合一；以农村社会化服务体系为依托、支撑，推进农村治理现代化的变革。将这两种与"两步走"的理论改革与创新探索付诸实践，都将遭遇诸多困境，面临多重挑战。来自"条块分割"治理体制、辐辏式财政管理体制、"项目制"管理体制和自上而下的监督考核体制的阻碍；动员市场与社会主体，动员广大农民有效应对和参与这场变革所将会遭遇的巨大难题，都将是可以想象得到的巨大困境与挑战。

但变革与创新从来就是坚定者、奋进者、搏击者坚定不移、一往无前的壮举。而只有这样的人，这样的壮举才能被历史眷顾！拿出勇气与魄力，秉持坚定的信念，在变革中探索，在探索中升华，就能够在农村公共服务体系的再变革性重构上寻得可能，找到路径，并不断地予以推进和完善；就能够在以农村社会化服务体系为依托、支撑，实现农村治理现代化变革的道路上寻得"良方"，找到"依赖"，从而实现理论与实践的双重突破。困境与质疑，阻碍与挑战都不足为惧，那只不过是迫使理论与实践探索不断向前、不断完善与进步的动力罢了。

---

① 托克维尔、加布里埃尔·阿尔蒙德、宾厄尔·鲍威尔、俞可平、杨雪冬、张静、王瑞华、刘军宁等学者曾就有关问题进行过阐述。参见［法］托克维尔《论美国的民主》上卷，董果良译，商务印书馆 2002 年版；［美］加布里埃尔·阿尔蒙德、宾厄尔·鲍威尔《比较政治学：体系、过程和政策》，曹沛霖等译，上海译文出版社 1987 年版；俞可平《治理与善治》，社会科学文献出版社 2000 年版；杨雪冬《论治理的制度基础》，《天津社会科学》2002 年第 4 期；张静《现代公共规则与乡村社会》，上海书店 2006 年版；张静《基层政权——乡村制度诸问题》，上海世纪出版集团 2007 年版；王瑞华《合作网络治理理论的困境与启示》，《西南政法大学学报》2005 年第 4 期；刘军宁《市场社会与公共秩序》，生活·读书·新知三联书店 1996 年版；参见毛铖《变迁与互构：农村社会化服务体系重构与农村治理现代化变革研究——政府、市场与社会分析视角》，博士学位论文，华中师范大学，2016 年。

第五节 本章小结

改革开放四十年来，农村公共服务体系经历多个发展变革阶段，总体上取得了显著的进步与发展。但当前农村公共服务体系所面临的困境与矛盾仍然不容小觑，农村公共服务体系难以满足"三农"发展日益增长的多元化需求这一客观现实尚未扭转，即使在精准扶贫这种非常规性治理的主导下。农村公共服务体系迫切需要遵循自我的发展规律，依赖其自有的变革与发展方式，回归到变革与创新的根本道路上，继续完成其未完成的"第二次跨越"。

因而，实现农村公共服务体系的市场化与社会化再变革性重构，进而在此基础上，促使农村公共服务体系真正融入农村社会化服务体系当中势在必行。农村公共服务体系的再变革性重构过程，也是农村社会化服务体系从有名无实到实至名归的再变革性重构过程；农村公共服务体系迈入农村社会化服务体系的升华与发展过程，也是农村社会化服务体系主动融合、自我升华与发展的演进过程。

美国和中国台湾地区农业对农村社会化服务体系的强烈依赖给了我们相关的启示，但"三农"的发展与"三农"问题的破解，必须依赖于"中国道路""中国经验""中国智慧"以及"中国道路""中国经验""中国智慧"所衍生而来，具有中国特色的社会主义制度、社会主义理论①。在农村公共服务体系的再变革性重构实践中，必须坚持因地制宜原则，既要充分吸取和借鉴国际经验，又必须实现可供借鉴的国际经验与中国现实国情的有效结合，从而避免经验的"水土不服"；必须坚持渐进主义原则，实现"破除"与"立新"的无缝对接；必须坚持"责任"与"行为"二分主义原则、生存性服务供给体系与发展性服务供给体系二分主义原则这一主线。

---

① 笔者在博士学位论文中对相关问题进行了深入而系统的研究，下文同样如此。为避免重复，在此只是"抛砖引玉"。毛铖：《变迁与互构：农村社会化服务体系重构与农村治理现代化变革研究——政府、市场与社会分析视角》，博士学位论文，华中师范大学，2016 年，第 183—229 页。

实现农村公共服务体系的再变革性重构，实现农村公共服务体系融入农村社会化服务体系，需要从五个方面着手。一是确立以农民需求为中心，以"两心与一点"为核心的网络化服务系统目标；二是以市场化的运行机制为主导，构建起生存性服务供给体系与发展性服务供给体系并存的市场化运行机制；三是以政府、市场与社会的多元协同参与为核心，构建起多元协同而有序的政府、市场、社会参与格局；四是以农民合作经济组织为依托的农民组织化重塑为重点，构建起农民组织化的枢纽；五是打造多元化的互动监督体系。

农村公共服务体系再变革性重构的完成，农村公共服务体系与农村社会化服务体系的融而合一，将有效推动农村治理与农村公共服务体系之间"二元双向性互构"关系的升华与发展，这将为农村治理现代化变革找到可供依赖的有效实现路径。将农村公共服务体系融为一体的农村社会化服务体系，将成为农村治理现代化变革的有效依托与支撑，这既是农村治理现代化变革的时代需求，也是农村公共服务体系再变革性重构的时代要求，更是农村社会化服务体系的重要价值所在。农村社会化服务体系将成为农村治理现代化变革的有效突破口、有效实现路径以及重要的现实平台与纽带。

这一过程的实现需要政府的主动作为，需要政府积极主动地在这场变革中开启自我变革的治理行动。一是要除旧与革新观念和理念；二是要主动与顺势地开启回应和转变行动；三是要以农村公共服务体系再变革性重构为契机，掀起一场以公共服务供给侧结构性改革为中心的农村服务供给体制变革；四是要率先推进与农村治理现代化变革不相适应的政治与行政体制改革，扫清变革的障碍；五是要以治理制度现代化为核心实现农村治理体系的现代化；六是要引领多元治理主体能力的现代化建设。

农村公共服务体系的再变革性重构，农村公共服务体系与农村社会化服务体系的融而合一，以农村社会化服务体系为依托、支撑，实现农村治理现代化变革，注定是一个改革与创新的动态过程，也是一个颇有难度的动态探索过程。无论是与之相关的理论改革与创新，还是与之相关的实践改革与创新，都将是巨大的挑战，也将会面临众多的挑战。但道路尽管是艰难和曲折的，前途却注定是光明无限的。

"沉舟侧畔千帆过，病树前头万木春。"① "芳林新叶催陈叶，流水前波让后波。"② 变革与创新从来不易，从来就需要 "踏石留印、抓铁有痕" 的勇气与魄力，需要在变革中不断地探索，需要用一波又一波的变革与创新去应对一个又一个的困境与挑战。

历史从来就是变革与创新的漫长演化过程，历史也从来就是勇敢者的故事，唯有乘风破浪、一往无前，方能开启崭新的历史篇章。

---

① 刘禹锡：《酬乐天扬州初逢席上见赠》。
② 刘禹锡：《乐天见示伤微之敦诗晦叔三君子皆有深分因成是诗以寄》。

第 八 章

总　结

　　1978 年，在几乎为零的起点上，中华儿女披露朝夕、勠力奋发，打开了中国改革开放的宏幅篇章，而今已迈过了四十年的光辉历程。四十年风风雨雨一路走来，"中国道路""中国经验""中国智慧"不平坦、不平凡，不得不让世界而惊叹。四十年的斐然成就，不仅仅是一串串变化的数字和一幅幅美丽的图景，也难以用简短和枯燥的数据去阐释，难以用单一和压缩的图景去彰显；四十年的斐然成就，让中华儿女沐浴到了改革开放的阳光雨露，改革开放的红利也极大地并将一如既往地滋润着中华儿女的幸福生活。

　　改革开放的四十年也是"三农"兴衰并存的四十年。总结改革开放四十年来的发展与成就，"三农"一隅不可偏废，应当浓墨重彩。自古以来，这个以农兴国的东方巨龙，历经数千年悠久历史，舞出了一部浩瀚的农业发展史卷。"谁赢得了农民，谁就会赢得了中国。"① "新时期中国的改革是从农村开始的。没有农民的小康，就没有全国的小康。"② "没有农村的小康，特别是没有贫困地区的小康，就没有全面建成小康社会。"③ 四十年来，"三农"到底经历了什么？正在经历什么？又即将经历什么？1978 年 11 月，一份"生死文书"拉开了"家庭联产承包经营"改革的大幕，谁都未曾预料到这场改革竟然敲开了中国改革开放的大门。然而

---

① ［美］洛易斯·惠勒·斯诺：《斯诺眼中的中国》，王恩光等译，中国学术出版社 1982年版，第 47 页。

② 《邓小平文选》第 3 卷，人民出版社 1993 年版，第 70—100 页。

③ 习近平：《把群众安危冷暖时刻放在心上 把党和政府温暖送到千家万户》，《人民日报》2012 年 12 月 31 日第 1 版。

四十年弹指一挥间，2016 年 11 月，浙江缙云县十八位村干部联名向全国农村干部群众发起了一份"强化土地集体所有权，走集体经济道路"的公开倡议书。这不得不让人深切反思，到底是"天下分久必合，合久必分"，还是"三十年河东，三十年河西"？

四十年来，"三农"的发展成就斐然，7 亿多农村贫困人口摆脱贫困，贫困人口比例由 1990 年的 73.5% 下降到 2016 年的 4% 以下，中国对全球减贫的贡献率超过 70%[①]。然而，四十年来，"三农"的困境却也没有得到彻底解决。今时今日的人很难用单纯现实性的眼光或者评判标准去看待历史性的事件，也很难用单纯历史性的眼光或者评判标准去看待当时的事件，即使是亲历者。因而，本书所关切的并非历史发展对与错的问题，而是这其中真正值得去深入思考和研究的学术问题和实践问题。

"三农"问题症结在哪？根源在哪？诀窍在哪？有学者认为是土地所有制[②]；有学者认为是农业的现代化[③]；有学者认为是城镇化[④]；有学者认为是农民的文化与教育[⑤]；有学者认为是农民的民主自治，[⑥] 还有学者

---

① 张铁：《分享摆脱贫困的"中国经验"》，《人民日报》2015 年 10 月 25 日第 5 版。

② 张五常、党国英、温铁军、贺雪峰、华生曾就相关问题作过讨论和商榷。张五常：《佃农理论》，中信出版社 2010 年版。党国英：《农村土地改革攻坚》，水利水电出版社 2005 年版，第 230 页。温铁军：《中国新农村建设报告》，福建人民出版社 2010 年版，第 199 页。贺雪峰：《地权的逻辑——中国土地制度向何处去》，中国政法大学出版社 2011 年版，第 2—304 页。华生：《城市化转型与土地陷阱》，东方出版社 2013 年版，第 79 页。

③ 西奥多·W. 舒尔茨曾主张这一判断，但温铁军等学者似乎并不赞同这一判断，并给出了不同的解释。[美] 西奥多·W. 舒尔茨：《改造传统农业》，梁小民译，商务印书馆 1987 年版。温铁军：《中国新农村建设报告》，福建人民出版社 2010 年版，第 55 页。

④ 李成贵是这一观点的主要代表者，然而李培林却有着别样的感叹。李成贵：《城镇化是解决三农问题的根本途径》，2009 年 12 月（http://finance.qq.com/a/20091208/000500.htm）。李培林：《村落的终结》，商务印书馆 2004 年版，第 5 页。

⑤ 以晏阳初为代表的平民教育理论与以梁漱溟为代表的乡村建设运动皆是以此问题为基础，晏阳初主张以文艺、生计、卫生、公民四大教育医治农民身上存在的"愚、穷、弱、私"四个基本问题。以文艺教育治"愚"，以生计教育治"穷"，以卫生教育治"弱"，以公民教育治"私"。梁漱溟认为"欧洲近代民主政治之路"和"俄国共产党发明之路"皆为不通，中国农民的唯一出路在于复兴中华文明。张英洪：《农民公民权与国家——1949—2009 年的湘西农村》，中央编译出版社 2013 年版，第 28 页。《梁漱溟全集》第 5 卷，山东人民出版社 1990 年版，第 11—261 页。

⑥ 徐勇等学者认为村民自治是"三农"问题破解的关键环节，主张村民自治下沉。徐勇：《培育自治：居民自治有效实现形式探索》，《东南学术》2014 年第 5 期。

认为是农民的权利问题①。似乎各有分说，却让我们更加糊涂，更难辨真伪。"在一个错综复杂的矛盾系统中，一定存在一种主要的、起支配作用的矛盾，这个主要矛盾的存在和变化，决定和制约整个事物的发展变化。"② 人的问题是最根本的问题，而农民是"三农"之"人"。"人"所最直接、最紧迫的需求，是否就是主要矛盾？这也许是另一种分说，但也许就是去伪存真！

四十年来，农村公共服务体系经历了怎样的历史变迁，其在历史的变迁过程中，怎样受影响并影响着农村治理的变迁、农村经营体制的变革、农业经济的发展，为何历经四十年，这一主要矛盾仍未得到根本解决？这重重疑问、追问与反问，反衬出当前继续进行农村公共服务体系研究的重要意义与价值。农村公共服务体系是一个历史性的问题，也是一个现实性的问题，更是一个持续向前发展的问题。需要用历史的眼光去寻绎起源；需要用现实的视角去探寻根源；更需要用发展的思维去探讨对策。

湖北省有关农村公共服务体系的改革探索早已经成为全国的蓝本。而湖北省农村公共服务体系四十年来的改革变迁史，无疑是中国农村公共服务体系改革开放四十年变迁史的缩影。以湖北省为主要调查研究对象，既是基于一个典型农业大省之于一个农业大国的普性缩影，也是基于因地制宜研究的考量。既是对宏观与中、微观的共同关照，也是将理论研究与实践指导有效结合。

第一节　研究预设与铺垫:一种新的阐释

越简单的概念越难以界定，越简单的概念越难以统一认识，越简单的概念越容易理解偏差。对农村公共服务体系的界定、认识和理解，迫

---

① 秦晖认为"三农"问题实际上都是农民问题，主要是农民的人身和财产权问题的不同表现。尽管改革开放四十年来在解决这一问题上取得较大进展，但该做未做的事还不少。张英洪认为农民的公民权问题是解决"三农"问题的核心问题。秦晖：《"乡村衰败"到底是什么造成的?》，2017 年 7 月（http://www.chinareform.net/index）。张英洪：《农民公民权与国家——1949—2009 年的湘西农村》，中央编译出版社 2013 年版，第 28 页。

② 《毛泽东选集》第 1 卷，人民出版社 1991 年版，第 322 页。

切需要新的分析方法。基于"三因素"区分论与"三因素"分析框架，笔者认为，农村公共服务体系是在特定的历史发展时期内，以消除城乡服务供给差异，实现城乡一体化为目标；以全面满足所有农民的生存性服务需求为中心；以政府为"责任"主体，以政府、市场与社会主体共同构成"行为"主体，通过体系化与系统化的体制与机制，系统性地为农民无偿供给具有非竞争与非排他特性，包括物质与非物质类型的服务或公共物品。

农村公共服务体系理应划分为农业生产、农民生活与农村建设所需要的农村基础设施；基础性的支持政策与法律法规；农业生产、农民生活、农村治安环境的监督与管理；农业生产、农民生活与农村建设所需的直接性服务几大部分。应当坚持基础性原则、公平性原则、需求导向性原则、普惠性原则、无偿性原则、全面性原则、系统性原则等七大原则。

基于本书所构建的"主体责任与绩效—需求层次与优先序二维关系模型"，应当坚持农村公共服务体系的"责任—行为"二分原则，合理界定农村公共服务体系的"责任"主体与"行为"主体，前者是政府，后者是政府、市场与社会主体共同构成的多元主体。而究竟是中央政府，还是县、乡两级基层政府，这取决于两条可供选择的路径，一是改革现有的行政管理体制；二是改革现有的分税财政体制。

突破现有理论分析框架的桎梏，建构一个新的理论分析框架，是本书最为重要的理论支撑。基于吉姆·麦圭根的国家、市场、公民社会话语；卡尔·波兰尼的政府与市场，乔尔·S. 米格代尔的国家与社会理论分析框架，本书尝试性地用政府代替国家，用社会代替公民社会，建构了符合本书研究旨趣，并能一脉贯穿的理论分析框架：政府、市场与社会分析框架。政府、市场与社会分析框架，重在三者之间的关系，突出政府、市场与社会参与主体在农村公共服务体系变迁与变革中的角色定位，权责厘清以及相互之间良性的关系与作用。基于新的理论分析框架，本书铺设了两条研究脉络，一曰暗线——潜在的理论脉络——政府、市场与社会；二曰明线——凸显的实践脉络——农村治理变革与农村公共服务体系之间的互动关系。

本书即是基于这样一个概念、这样一个分析框架和这样两条研究脉络，而展开对湖北省农村公共服务体系改革开放四十年的发展历程的叙述。

第二节 改革开放前的演化历程

农村公共服务体系孕育于改革开放之前数千年的历史长河之中，现如今农村公共服务体系所展现出的变迁脉络与轨迹、所遭遇到的困境，都理应在历史的回溯与反思之中寻找根源，而现如今农村公共服务体系得以重构与发展的策略与路径，也必须在发展与变迁的历史中寻找启发。

改革开放前，湖北省的农村公共服务体系变迁经历了"自发自为—空窗过渡期—全能型管控"三个阶段，展现出了不同的存在形态，呈现出了不同的发展规律和变迁规律。这其中农村治理变革的牵引作用不容忽视。农村公共服务体系孕育、形塑、发展于农村治理变革之中。政府、市场与社会三者之间的关系演变也生发于这一孕育、形塑、发展的过程之中。

首先是自发自为阶段。在控制与汲取的乡村社会治理逻辑牵引下，历朝历代的公共服务都极其有限，服务能力极其弱小，也极少延伸至农村社会。"不求政府，但求于己，听天由命"是农民的基本生存法则，农民依靠个体力量所无法获取的教育、医疗、卫生以及资金借贷、生产帮扶等服务需求，只能寄希望于乡绅和宗法共同体来实现最低层次的满足。不仅服务的层次较低、水平较低，服务的广度与深度也都严重不足。市场与社会主体在一定程度上弥补了政府公共服务的不足，也对乡绅与宗法组织的为农服务给予了一定的补充。但不可否认的是，市场与社会主体的服务都极为有限，又多表现出较强的自发性、偶发性与被动性。

其次是"空窗过渡期"阶段。合作化时期，以乡绅和宗法为依托的农村之治结构彻底被瓦解，现代农村治理结构开始形塑。伴随着这一变革，以乡绅、宗法共同体为中心的农民自我服务供给体系被消解，以控制和汲取为目的的国家公共服务体系正在准备进入。这种带有摸索与过渡性质的变革过程，使得农村服务进入"空窗过渡期"。农民既失去了以乡绅为中心的公共服务供给和以宗法共同体为中心的自我服务供给保障，也缺乏新的乡村社会治理"叙述框架"的有效依靠。市场与社会主体在这一阶段几乎是在夹缝中艰难生存，并未发挥出有效的作用。

最后是全能型管控阶段。国家权力的强力下渗，高度统合的农村治理结构的强制性植入，高度计划性的生产与分配体制的全面贯彻与严格执行，以及对农业生产与农民生活方方面面的全能型管控，形塑出了一个缺乏生机的农村社会治理结构与形态，并催生了由政府一元化主导的农村公共服务体系。而被植入"计划性芯片"的市场与被植入"动员性芯片"的社会，被强有力的国家权力所同构。一个囊括农业生产服务机构与体系、农民生活服务机构与体系、农村建设服务机构与体系的网络，大而密地铺盖在农民生产、生活的各个角度，促进了水利建设、灌溉等农业基础建设的发展，也使得中国的教育、医疗、卫生与社会保障服务体系基本得以健全，农民的生产与生活有了大幅改善。然而，大而密的铺盖却掩盖了相对平均主义和统一性背后的等级不平等、城乡不平等以及地区不平等，也极大地禁锢了市场和社会——今天被视为最主要的参与主体与力量的发展，从而制约了农村公共服务体系的变迁进程。

一场摧枯拉朽般的暴风骤雨正在悄然来临，它同时带着历史的偶然与必然色彩，以迅雷不及掩耳之势席卷了整个中国大地，强势性地改变了与农村社会治理、农村公共服务体系有关的一切。

第三节 改革开放后（税费时代）的变革与轮转

1978 年，家庭联产承包经营借助于自下而上、由外而内的诱致性制度变迁路径，以一种强劲的倒逼之势，敲开了中国改革开放的大门，迎进了一个崭新的时代。

由集体到分门独户，由"大一统"的组织单元到千家万户的原子化个体，家庭联产承包经营的实行，极大地压缩了国家权力强制整合乡村的有效运行空间，式微了国家权力的乡村社会整合。农民一家一户的分散化生产、生活，挣脱了"人民公社"时期延伸到每家每户、每个农民的国家权力触角的束缚，极大地压缩了国家权力对乡村社会生产、生活的控制与干预、动员与命令的行使空间，肢解了"人民公社"所彰显的农村治理权威，使"人民公社"所赖以生存的管理运行方式失去效力。与此同时，农民生产、生活的社会化、市场化，促使货币中介、公约了农村治理的资源汲取功能,从而倒逼着农村治理功能的变革与重构。

在家庭联产承包经营强有力的倒逼作用下,在国家权力自上而下的积极回应下,农村治理与农村公共服务体系自上而下、由内而外与自下而上、由外而内结合的"二元互动"制度变迁路径得以生发并有效发挥作用①。农村治理的倒逼性变革,治理内涵与功能的变化,以及与治理变革相伴而生的财政体制、行政运行机制,最终导致农村公共服务体系异化危机,产生了农村服务供给变革的倒逼性推力。农村公共服务体系的异化危机和应对给农村治理提出了新的变革要求,客观上又产生了一种反向的农村治理变革倒逼推力,倒逼农村治理的进一步变革。在双向倒逼与回应作用下,农村治理与农村公共服务体系之间最终形成"二元双向互动性"的关系结构。这无疑是属于这个时代的新鲜创举。

为有效应对农村治理变革与农村公共服务体系变迁,在国家权力主导的撤社建乡和乡镇行政管理体制改革浪潮中,印有特殊时代烙印的农村公共服务体系失去了其生长的土壤与空间,也失去了其存在的意义和价值,旋即被重新整合进了新的乡政村治"叙事框架"中,人们给其冠之以十分形象的称谓——"七站八所"。而这种变迁与整合,并非只是组织名称的变换,也不仅仅是行政归属的调整,是从使命到意义,从运行机制到权力构架的全新塑造。"人民公社"时期的农村公共服务体系所对应的农村基础建设、农业科技、教育、医疗、卫生、社会保障、文体娱乐、规划发展、生态环保等农民生产、生活所不可或缺的农村公共服务,相应地分别划转给"七站八所",成为其组织存在的主要权责与义务。

"美好的愿景终究不抵现实的敲打。"被寄予厚望的乡镇"七站八所"在其产生与发展的初期并没有走上预想的轨道,而是陷入"条块"分割的脱轨危机之中。随之而来的农村公共服务供给力度的增与减、供给水

---

① 制度变迁理论认为,制度变迁是新制度产生,旧制度被否定、扬弃的发展过程。在制度变迁理论大师道格拉斯·C. 诺思看来,制度变迁有两条主要途径:强制性制度变迁与诱致性制度变迁,也有人将其称为供给导向型制度变迁与需求导向型制度变迁。强制性制度变迁与诱致性制度变迁并非二元对立,而往往存在二元互动关系。强制性与诱致性往往相互影响,共同作用于制度变迁。[美]道格拉斯·C. 诺思:《经济史中的结构与变迁》,陈郁等译,上海人民出版社1994 年版。[美]道格拉斯·C. 诺思:《制度、制度变迁与经济绩效》,杭行译,格林出版社2008 年版。

平的升与降仅仅只是"量变"层面的考量，最终所演化成的农村公共服务体系异化、悬浮危机才是无法逃避的"质变"恶果。以"条块"分割治理格局优化为目的的乡镇行政管理体制改革，没有实现乡镇"七站八所"的"条块"共治，反而陷入"条块"分割结构性冲突之中，形成难以调和的"条块"分割矛盾，乡镇行政体制改革也陷入"精简—膨胀—再精简—再膨胀"的怪圈中。机构膨胀、冗员严重、政事不分、政企不分，权力部门化、部门利益化愈演愈烈，随之而来的辐辏式财税体制无意中加重了"条块"分割矛盾，同时也消解了旨在缓解"条块"分割治理困境的农村税费改革的倒逼作用。最终，家庭联产承包经营倒逼而来的农村治理变革，在顺势回应过程中导致了农村公共服务的异化，使得农村公共服务出现"悬浮"危机。

不可否认，这一时期农村公共服务体系所涵盖的有些类服务仍在逆势增长，如水利、农业机械化、农业技术推广、农业生产化肥使用等，但农村教育、医疗、卫生等服务的缩减程度显著，且这一时期的农村公共服务体系与现实的"三农"发展需求有着显著差距，供需矛盾较大。

家庭联产承包经营制度的确立，推动了农村市场的再觉醒，活跃了农村商品经济，也刺激了各种志愿性、公益性的社会非政府组织、非营利组织的发展，为农村公共服务体系的市场与社会力量生长提供了易生土壤。但孕育需要一个等待的过程，市场主体的选择性参与，小而散、弱而无力，社会主体的有限参与，杯水车薪，使得市场与社会主体都还无法有效承担起转接农村公共服务体系使命的重任。

一场摧枯拉朽般的暴风骤雨，以迅雷不及掩耳之势席卷了整个中国大地，强势性地改变了与农村社会治理、农村公共服务体系有关的一切。而另一场终结了千年之夙愿的变革风潮和一个历经整个时期的改革创新大考又是怎样的一番风起云涌，又将给予农村社会治理、农村公共服务体系有关的一切带来什么样的悲与喜？

第四节 后税费时代的创新探索与困境

农村税费改革以及随之而来的农村税费取消，宣告着 2000 多年的历史之终结，然而任何事物的存在都有其必然性与偶然性，也有其两面性。

对于农村治理与农村公共服务体系而言,从农村税费改革到后税费时代,新的机遇来临,而严峻的挑战也随之而来。以"三个取消、两个调整和一个改革"为主线的农村税费改革与乡镇综合配套改革、县、乡财税体制改革,使得县、乡财政几乎是"吹糠见底",本已是"吃饭财政",进一步恶化成"要饭财政"。农村治理出现新的危机,农村公共服务体系的异化危机进一步加剧。

为有效抓住新的机遇,应对新的挑战,从而破解农村治理困境与农村公共服务体系异化危机,湖北省率先在全国开始了带有先导性与开创性的乡镇综合配套改革与农村公共服务体制创新,尤其"以钱养事"改革创新,取得了显著成效,并迅速在全国掀起了一股热潮。然而,起源于基层的改革与创新少有能逃脱"昙花一现"的宿命。在经历了辉煌与繁荣之后,农村公共服务体系社会化转向变革与创新便进入一个长达十年的摇摆与停滞期,陷入无法突破的多重困境之中,导致农村公共服务体系的供需脱节,矛盾日益激化。"第二次跨越"时至今日也未完成其使命,农村公共服务体系自然也未完成其向农村社会化服务体系过渡的升华。

两重关系结构的异化与矛盾的激化,导致改革创新之后的农村公共服务体系"效难发挥";双重错位与排斥,导致改革创新之后的农村公共服务体系"力难汇聚";僵化的制度与消沉的改革创新,导致改革创新之后的农村公共服务体系"发展难续",多重困境背后的根源来自两方面,一是尚未实现同步变革的旧有农村治理体制所带来的"体制之困";二是农村公共服务体系社会化转向改革与创新在发展过程中出现的"机制之惑"。

农村公共服务体系社会化转向改革与创新是止步还是继续前行,能否实现"两次跨越",是后税费时代农村治理现代化变革与建立健全农村公共服务体系能否实现的关键,更是"三农"能否持续健康发展所不可回避的时代命题。

后税费时代,随着力量的不断生长与强大、参与积极性与主动性的不断增强,市场与社会主体已然具备了有效承接农村公共服务体系的能力和条件,进入农村公共服务体系的广度和深度也今非昔比。市场与社会主体逐渐赢得了农民的信任,政府作为"行为"主体从农村公共服务体系中相应退场成为必然，逐渐从农村公共服务体系的供给"行为"主体，转变为"责任"主体，政府、市场与社会主体在农村公共服务体系中的多元协商、互动参与关系结构已然形成，农村公共服务体系的社会化以及由农村公共服务体系过渡到农村社会化服务体系的进程正在加快。因此，以治理现代化为目标的农村治理再变革，以市场化与社会化为目标的农村公共服务体系重构显得既突出又紧迫。

历史充满偶然，也充满必然。总有许多人们所认为即将爆发的危机并没有按时爆发，也总有人们所坚信不会到来的灾难突如其来地降临，大到一国的兴盛与灭亡，小到一个家庭的起起落落。历史也总在告诫人们，危机终归是危机，不可回避，爆发时间的推移并不意味着危机的消除。一场轰轰烈烈的运动，正在悄然地推移着农村治理危机与农村公共服务体异化危机爆发的时间。

第五节　新时代精准扶贫主导下的跃升逻辑

税费改革之后，正当农村公共服务体系陷入多重困境之中，面临亟待变革的关键时期，中国共产党领导全国人民开启了全国上下总动员的精准扶贫。并非以农村公共服务体系的变革与发展为核心目标的精准扶贫，为农村社会治理变革与农村公共服务体系跃升注入了强有力的推力。这其中最核心的治理逻辑即是非常规性治理机制的存在逻辑。

精准扶贫，依赖于非常规性治理机制，实行的是非常规化、非制度化的供给，注重的是特殊时期、特殊任务的特殊办理。因而，以非常规性治理机制为核心的精准扶贫在与以常规式治理机制为核心的农村公共服务体系的应然与实然关联中，既存在博弈，也存在依存。换句话而言，精准扶贫主导的非常规性治理机制，客观上促进了农村公共服务体系的跃升，但同时这种非常规性治理机制所存在的治理困境与难题，也为农村公共服务体系的变革与发展带来了困境与挑战。

一方面，"时空"的趋同与叠加、任务与目标的高度一致性与融合性、主体与客体的高度一致与重合、路径与实践策略选择的紧密勾连和高度契合，客观上使得精准扶贫带动了农村路、水、电等农村公共服务基础设施，以及教育、医疗、卫生、社会保障等各项农村公共服务，质与量的双提升，促进了农村公共服务体系的整体提升，从而缓和了农村公共服务体系的异化与悬浮之危，也缓和了农村公共服务体系的供需矛盾。另一方面，精准扶贫无法成为农村公共服务体系可持续性发展的动力之源，其本身也不具有为农村公共服务体系提供可持续性发展动力的使命。且这种非常规性治理本身存在一些治理困境与难题，突出体现在个性化与差异性同普遍性与统一性的矛盾；"门槛效应"及背后的不公平与不平等；阻碍多元化、市场化与社会化的双重束缚；"双重性"依赖及背后的"负向激励"；制度化、法制化与体系化的系统性难题五个方面。

因而，正如非常规性治理机制最终必须要新的、更有效的常规化治理机制来替代，进而实现非常规性治理向常规治理的平稳过渡，实现治理的持续性与稳定性。在农村治理变革与农村公共服务体系变迁的历史过程中，必须科学而客观地看待精准扶贫之于农村公共服务体系的历史存在价值，使其回归初衷使命。必须遵循农村公共服务体系基本的历史发展规律，真正为实现农村公共服务体系的"第二次跨越"而不懈探索。

未来，将是治理理念引领的时代，变革将是最鲜艳的底色，正如习近平同志在党的十九大报告中所言，历史只会眷顾坚定者、奋进者、搏击者，而不会等待犹豫者、懈怠者、畏难者！[①]

第六节　未来治理引领下的变革与发展

改革开放四十年来，农村公共服务体系经历多个发展变革阶段，总体上取得了显著的进步与发展。但当前农村公共服务体系所面临的困境与矛盾仍然不容小觑，农村公共服务体系难以满足"三农"发展日益增长的多元化需求这一客观现实尚未扭转，即使在精准扶贫这种非常规性治理的引领下。农村公共服务体系迫切需要遵循自我的发展规律，依赖其自有的变革与发展方式，回归到变革与创新的根本道路上。实现农村公共服务体系的市场化、社会化再变革性重构势在必行。农村公共服务体系的再变革性重构过程，也是农村社会化服务体系从有名无实到实至

---

① 习近平：《决胜全面建成小康社会 夺取新时代中国特色社会主义伟大胜利》，《新华日报》2017 年 10 月 19 日第 3 版。

名归的再变革性重构过程；农村公共服务体系迈入农村社会化服务体系的升华与发展过程，也是农村社会化服务体系主动融合，自我升华与发展的演进过程。

美国和中国台湾地区的"三农"对农村社会化服务体系的强烈依赖，给了我们相关的启示，但"三农"的发展与"三农"问题的破解必须依赖于"中国道路""中国经验""中国智慧"以及"中国道路""中国经验""中国智慧"所衍生而来，具有中国特色的社会主义制度、社会主义理论①。农村公共服务体系的再变革性重构，必须坚持渐进主义原则，实现"破旧"与"立新"的无缝对接；必须坚持"责任"与"行为"二分主义原则、生存性服务供给体系与发展性服务供给体系二分主义原则这一主线。需要从五个方面着手。一是确立以农民需求为中心，以"两心与一点"为核心的网络化服务系统目标；二是以市场化的运行机制为主导，构建起生存性服务供给体系与发展性服务供给体系并存的市场化运行机制；三是以政府、市场与社会的多元协同参与为核心，构建起多元协同而有序的政府、市场、社会参与格局；四是以农民合作经济组织为依托的农民组织化重塑为重点，构建起农民组织化的枢纽；五是打造多元化的互动监督体系。

农村公共服务体系的再变革性重构，将有效推动农村治理与农村公共服务体系之间"二元双向性互构"关系的升华与发展，这将为农村治理现代化变革找到可供依赖的有效实现路径。变革之后的农村公共服务体系将与农村社会化服务体系融为一体，将成为农村治理现代化变革的有效依托与支撑，突出表现在有效突破口、有效实现路径以及重要的实现平台与纽带三个方面。这既是农村治理现代化变革的时代需求，也是农村公共服务体系再变革性重构的时代要求，更是农村社会化服务体系的重要价值所在。

而这一过程的实现需要政府的主动作为，需要政府积极主动地在这

---

① 笔者在博士学位论文中对相关问题进行了深入而系统的研究，下文同样如此。为避免重复，在此只是"抛砖引玉"。毛铖：《变迁与互构：农村社会化服务体系重构与农村治理现代化变革研究——政府、市场与社会分析视角》，博士学位论文，华中师范大学，2016 年，第 183—229 页。

场变革中开启自我变革的治理行动。一是要除旧、革新观念和理念;二是要主动、顺势开启回应和转变行动;三是要推进农村公共服务的供给侧结构性改革;四是要快速推进政治与行政体制改革;五是要推进农村治理体系的现代化;六是要引领多元治理主体能力的现代化建设。

　　毫无疑问,农村公共服务体系的再变革性重构,以农村社会化服务体系为依托、支撑,实现农村治理现代化变革,注定是一个改革与创新的动态过程,也是一个颇有难度的动态探索过程。无论是理论改革与创新,还是实践探索与创造,都将是巨大的挑战,也将会面临众多的挑战。但变革与创新从来不易,从来就需要"踏石留印、抓铁有痕"的勇气与魄力,需要用一波又一波的变革与创新,去应对一个又一个的困境与挑战。历史从来就是变革与创新的漫长演化过程,历史也从来就是勇敢者的故事,唯有乘风破浪、一往无前,方能开启崭新的历史篇章。

参考文献

一　英文文献

M. Foucault, *The Archaeology of Knowledge*, London：Tavistock Publications, 1972.

M. Foucault, *L'ordre du Discours*, Paris：Public Law Health Governance, 1971.

Samuel P. Huntington, *Political order in Changing Socities*, New Haven ：Yale University Press, 1968.

Aron Wildavsky, "If Planning is Everything, Maybe it's Nothing", *Policy sciences*, 1973.

Peter B. Evans, *Embedded Autonomy States and Industrial Transformation*, Princeton：Princeton University Press, 1995.

Robert D. Putnam, *Making Democracy Work：Civic Traditions in Modern Italy*, Princeton：Princeton University Press, 1993.

Max Weber, *The Religion of China：Confucianism and Taoism*, Glence Illinois：The Free Press, 1951.

J. B. Johnsonnad and R. A. Joslyn, *Poiltical Science Research Methods*, Washington DC：Congressional Quarterlypress, 1986.

R. A. Benrsteninad and J. A. Dye, *An Inturduction to Political Science Methods*, (3rd ed.), Englend NJ：Prentce Hall, 1992.

A. Einstein and L. Infeld, *The Evolution of Physics*, London：Cambridge University Press, 1938.

Ada W. Finifter, *Political Science：State of the Discipline*, Washington DC：American Political Science Association, 1993.

A. V. Chayanov, *On Theory of Peasan Economy*, Homewood: American Economic Association, 1966.

López Ramón, "Should Governments Stop Subsidies to Private Goods? Evidence from Rural Latin America", *Journal of Public Economics*, Jun. 2007, Vol. 91, Issue 5/6.

Paul W. Barkley, "Public Goods in Rural Areas: Problems, Policies, and Population", *American Journal of Agricultural Economics*, Dec. 74, Vol. 56, Issue5.

López Ramón, "Under Investing in Public Goods: Evidence, Causes, and Consequences for Agricultural Development, Equity, and the Environment", *Agricultural Economics*, May 2005 Supplement1, Vol. 32.

Robert J. Johnston and Stephen K. Swallow, "Spatial Factors and Stated Preference Values For Public Goods: Considerations for Rural Land Use", *Land Economics*, Nov. 2002, Vol. 78, Issue4.

Duncan, David H. , Kyle, Garreth, "Public Investment does not Crowd out Private Supply of Environmental Goods on Private Land", *Journal of Environmental Management*, Apr. 2014, Vol. 136.

Carly Lassig, Catherine Ann Doherty, Keith, Moore, "The Private Problem with Public Service: Rural Teachers in Educational Markets", *Journal of Educational Administration and History*, 2015, Vol. 47, Issue 2.

Kristin S. Stair, "Identifying Concerns of Preservice and In-Service Teachers in Agricultural Education", *Journal of Agricultural Education*, Vol. 53, Issue2.

Jane M. Williams and Suzanne M. Martin, *Rural Special Education Quarterly*, Winter. 2010, Vol. 29, Issue4.

Peter Warr and Jayant Menon, "Building Trust in Kenyan Rural Public Health Facilities", *Journal of Personal Finance and Economics*, 2010, Vol. 3, Issue 6.

Heflinger Craig, "Patterns of Child Mental Health Service Delivery in a Public System: Rural Children and the Role of Rural Residence", *Journal of Behavioral Health Services & Research*, Jul. 2015, Vol. 42, Issue3.

二　英文译作

《马克思恩格斯选集》第 1 卷，人民出版社 1972 年版。

《马克思恩格斯选集》第 2 卷，人民出版社 1972 年版。

《马克思恩格斯选集》第 3 卷，人民出版社 1972 年版。

《马克思恩格斯选集》第 4 卷，人民出版社 1972 年版。

［德］恩格斯：《论封建制度的瓦解和民族国家的产生》，人民出版社 1965 年版。

《列宁全集》第 21 卷，人民出版社 1992 年版。

［德］盖奥尔格·西美尔：《社会学：关于社会化形式的研究》，林荣远 译，华夏出版社 2002 年版。

［美］洛易斯·惠勒·斯诺：《斯诺眼中的中国》，王恩光等译，中国学术 出版社 1982 年版。

［美］西奥多·W. 舒尔茨：《改造传统农业》，梁小民译，商务印书馆 1987 年版。

［美］詹姆斯·C. 斯科特：《农民的道义经济学——东南亚的生存与反 叛》，程立显等译，译林出版社 2013 年版。

［美］詹姆斯·布坎南、理查德·阿贝尔·马斯格雷夫：《公共财政与公 共选择》，类承曜译，中国财政经济出版社 2000 年版。

［美］文森特·奥斯特罗姆等：《美国地方政府》，井敏等译，北京大学出 版社 2004 年版。

［美］盖伊·彼得斯：《政府未来的治理模式》，吴爱明等译，中国人民大 学出版社 2001 年版。

［美］乔尔·S. 米格代尔：《强社会与弱国家：第三世界的国家社会关系 及国家能力》，张东长等译，江苏人民出版社 2009 年版。

［美］黄宗智：《中国研究的范式问题探讨》，社会科学文献出版社 2003 年版。

［美］施坚雅：《中国农村的市场和社会结构》，史建云、徐秀丽译，中国 社会科学出版社 1998 年版。

［美］杜赞奇:《文化、权力与国家——1900—1942 年的华北农村》，王福 明译，江苏人民出版社 1994 年版。

［美］费正清:《费正清论中国》,薛绚译,台北正中书局 1995 年版。

［美］吉尔伯特·罗兹曼:《中国的现代化》,比较现代化课题组译,上海
　　人民出版社 1989 年版。

［美］德·希·珀金斯:《中国农业的发展（1368—1968）》,宋海文等
　　译,上海译文出版社 1984 年版。

［美］孔飞力:《剑桥中华民国史》第 2 部,上海人民出版社 1992 年版。

［美］李侃如:《治理中国——从革命到改革》,胡国成等译,中国社会科
　　学出版社 2014 年版。

［美］道格拉斯·C. 诺斯:《经济史中的结构和变迁》,陈郁、罗华平译,
　　上海三联书店 1991 年版。

［美］道格拉斯·C. 诺斯:《制度、制度变迁与经济绩效》,刘守英译,
　　上海三联书店 1994 年版。

［美］W. 理查德·斯格特:《组织理论:理性、自然和开发系统》,黄洋
　　译,华夏出版社 2002 年版。

［英］诺曼·费尔克拉夫:《话语与社会变迁》,殷晓蓉译,华夏出版社
　　2003 年版。

［英］卡尔·波兰尼:《大转型:我们时代的政治与经济起源》,冯刚等
　　译,浙江人民出版社 2007 年版。

［英］克里斯托弗·胡德:《国家的艺术》,彭勃等译,上海人民出版社
　　2004 年版。

三　国内文献

孙中山:《三民主义》,岳麓书社 2000 年版。

《毛泽东选集》第 1 卷,人民出版社 1991 年版。

《毛泽东选集》第 2 卷,人民出版社 1991 年版。

《毛泽东选集》第 3 卷,人民出版社 1991 年版。

《毛泽东选集》第 4 卷,人民出版社 1991 年版。

《邓小平文选》第 1 卷,人民出版社 1993 年版。

《邓小平文选》第 2 卷,人民出版社 1993 年版。

《邓小平文选》第 3 卷,人民出版社 1993 年版。

《邓小平思想年谱》,中央文献出版社 1998 年版。

《邓小平年谱（1975—1997）》，中央文献出版社 2004 年版。

习近平：《十八大以来重要文献选编（中）》，中央文献出版社 2016 年版。

《习近平关于社会主义经济建设论述摘编》，中央文献出版社 2017 年版。

习近平：《中国农村市场化研究》，博士学位论文，清华大学，2001 年。

马端临：《文献通考》第 12 卷，浙江古籍出版社 1988 年版。

柳诒徵：《中国文化史》，中国大百科全书出版社 1988 年版。

司马迁：《史记·商君列传》，中华书局 2007 年版。

陈锡文：《中国农村制度变迁 60 年》，人民出版社 2009 年版。

曹锦清：《黄河边的中国：一个学者对乡村社会的观察与思考》，上海文艺出版社 2003 年版。

陈潭：《治理的秩序——乡土中国的政治生态与实践逻辑》，人民出版社 2012 年版。

《费孝通文集》第 5 卷，群言出版社 1999 年版。

《梁漱溟全集》第 5 卷，山东人民出版社 1990 年版。

党国英：《农村改革攻坚》，中国水利水电出版社 2005 年版。

温铁军：《中国新农村建设报告》，福建人民出版社 2010 年版。

贺雪峰：《新乡土中国：转型期乡村社会调查笔记》，广西师范大学出版社 2003 年版。

贺雪峰：《地权的逻辑——中国土地制度向何处去》，中国政法大学出版社 2011 年版。

李培林：《村落的终结》，商务印书馆 2004 年版。

张英洪：《农民公民权与国家——1949—2009 年的湘西农村》，中央编译出版社 2013 年版。

华生：《城市化转型与土地陷阱》，东方出版社 2013 年版。

秦晖：《传统十论——本土社会的制度文化与其变革》，复旦大学出版社 2003 年版。

秦晖、金雁：《田园诗与狂想曲——关中模式与前近代社会的再认识》，语言出版社 2010 年版。

姚顺东：《政府行为与农业发展（1927—1937）》，社会科学文献出版社 2013 年版。

陆学艺：《家庭联产承包经营研究》，上海人民出版社 1986 年版。

杜润生：《中国农村改革决策纪事》，中央文献出版社 1999 年版。

张厚安：《中国农村基层政权》，四川人民出版社 1992 年版。

张厚安等：《中国农村村级治理：22 个村的调查与比较》，华中师范大学出版社 2000 年版。

张五常：《佃农理论》，中信出版社 2010 年版。

周雪光：《中国国家治理的制度逻辑——一个组织学研究》，生活·读书·新知三联书店 2017 年版。

孙立平：《转型与断裂——改革以来中国社会结构的变迁》，清华大学出版社 2004 年版。

宋亚平：《出路：一个区委书记的县政考察笔记》，中国社会科学出版社 2010 年版。

宋亚平：《咸安政改——那场轰动全国备受争议的改革自述》，湖北人民出版社 2009 年版。

俞可平：《农业农民问题与新农村建设》，社会科学文献出版社 2006 年版。

项继权：《集体经济背景下的乡村治理——南街、向高和方家泉村村治实证研究》，华中师范大学出版社 2002 年版。

吴宗国：《中国古代官僚政治制度研究》，北京大学出版社 2004 年版。

陈钧：《湖北农业开发史》，中国文史出版社 1992 年版。

王圣诵：《中国乡村自治问题研究》，人民出版社 2009 年版。

谢龙等：《马克思主义哲学与当代现实》，人民出版社 1991 年版。

徐勇：《中国农村村民自治》，华中师范大学出版社 1997 年版。

张仲礼：《中国绅士：关于其在 19 世纪中国社会中的作用的研究》，上海社会科学出版社 1991 年版。

袁祖亮：《中国古代人口史专题研究》，中州古籍出版社 1994 年版。

陈长蘅：《中国人口论》，上海书店 1926 年版。

陈吉元等：《中国农村社会经济变迁（1949—1989）》，山西经济出版社 1993 年版。

苏星：《中国农业的社会主义道路》，人民出版社 1976 年版。

罗平汉：《农业合作化运动史》，福建人民出版社 2004 年版。

叶阳兵：《中国农业合作化运动研究》，知识产权出版社 2006 年版。

郑起东：《转型期的华北农村社会》，上海书店 2004 年版。

马社香：《中国农业合作化运动口述史》，中央文献出版社 2012 年版。

丁长清、慈鸿飞：《中国农业现代化之路》，商务印书馆 2000 年版。

邓大才：《小农政治：社会化小农与农村治理》，中国社会科学出版社
　　2013 年版。

林万龙：《中国农村社区公共产品供给制度变迁研究》，中国财政经济出
　　版社 2003 年版。

谭同学：《楚镇的站所——乡镇机构生长的政治生态分析》，中国社会科
　　学出版社 2006 年版。

吴毅：《村治变革中的权威与秩序——20 世纪川东双村的表达》，中国社
　　会科学出版社 2002 年版。

吴理财：《从管治到服务：乡镇政府职能转变研究》，中国社会科学出版
　　社 2009 年版。

吴理财：《改革与重建——中国乡镇制度研究》，高等教育出版社 2010
　　年版。

赵秀玲：《中国乡里制度》，社会科学文献出版社 1998 年版。

赵秀玲：《村民自治通论》，中国社会科学出版社 2004 年版。

范毅：《走向财政民主：化解乡村债务长效机制研究》，法律出版社 2013
　　年版。

何晓杰：《"后农业税时代"的中国农村治理》，人民日报出版社 2014
　　年版。

李昌平：《再向总理说实话》，中国财富出版社 2012 年版。

汪玉凯：《中国行政体制改革 20 年》，中州古籍出版社 1998 年版。

王艳成：《城镇化进程中乡镇政府职能研究》，人民出版社 2012 年版。

韩小威：《中国农村基本公共服务供给的制度模式探析》，中国社会科学
　　出版社 2012 年版。

世界银行：《中国：社会主义经济的发展（主报告）》，中国财政经济出版
　　社 1982 年版。

四　档案与统计资料

《宝庆四明志》第 13 卷、第 15 卷、第 17 卷、第 19 卷。

《鄞县志》第 2 卷。

《镇海县志》第 4 卷。

《慈溪县志》第 3 卷。

《奉化县志》第 3 卷。

《金堂县志》第 1 卷。

《盐山县志》。

《中国统计年鉴（1997）》。

《中国劳动统计年鉴（2003—2004）》。

《中国农村统计年鉴（1996—1999）》。

《"中共中央关于构建社会主义和谐社会若干重大问题的决定"辅导读本》。

《中国卫生和计划生育统计年鉴（2014—2015）》。

《农业集体化重要文件汇编》（下）。

《中华人民共和国经济档案资料选编（1949—1952）（农村经济卷）》。

《湖北省统计年鉴（2003—2017）》。

《湖北省农村经济（1949—1989）》。

《湖北农村统计年鉴（1990—2016）》。

《湖北省志（民政）》。

《湖北省志·农业（上）》。

《湖北省自然灾害历史资料（1957）》。

《湖北省第一次农业普查主要指标汇总结果公报（1997）》。

《2017 年湖北省精准扶贫工作手册》。

《湖北省农村经济经营管理局农村土地流转统计年报》。

《湖北省农村经济经营管理局农业规模化经营统计年报（2015—2016）》。

《湖北省农村经济经营管理局农村土地流转统计年报（2015—2016）》。

《湖北省农村经济经营管理局农村经营管理情况年终报表（2016）》。

《湖北省农村经济经营管理局调研总结材料（2017）》。

《中国农业合作化（江苏卷）》。

《陕西省农业合作重要文献选编（上）》。

湖北省档案馆馆藏资料《中共湖北省农村工作委员会 1952 年对湖北省黄冈、大冶、荆州、孝感等地区 20 个典型村的调查》。

湖北省档案馆馆藏资料《湖北省孝感试验卫生院 1950 年城关区卫生状况调查报告（1954 年)》。

湖北省档案馆馆藏资料《建始七矿乡经济调查情况综合报告（1954 年)》。

湖北省档案馆馆藏资料《湖北省农村小型水力发电站去冬今春工作总结（1956—1957 年)》。

湖北省档案馆馆藏资料《关于农村民办中学的调查（1962 年)》。

湖北省档案馆馆藏资料《湖北省 1962 年农村社会救济工作情况》。

湖北省档案馆馆藏资料《湖北省武汉市、黄石市卫生事业机构、床位、人员数情况统计报表（1965 年)》。

湖北省档案馆馆藏资料《20 世纪 70 年代湖北省的农业气象发展情况》。

湖北省档案馆馆藏资料《湖北省革命委员会关于 1969 年全省农村有线广播网建设计划的通知》。

湖北省档案馆馆藏资料《湖北省革命委员会关于印发农村人民公社合作医疗试行办法（1972 年)》。

湖北省档案馆馆藏资料《关于我省农村区、公社卫生院、所医疗器械装备情况和 1976 年的装备建议（1975 年)》。

湖北省档案馆馆藏资料《关于我省 1980 年农村合作医疗、赤脚医生情况》。

湖北省档案馆馆藏资料《湖北省农村基层卫生工作的情况和今后的意见（1983 年)》。

湖北省档案馆馆藏资料《我省当前农村基层卫生工作情况和问题（1986 年)》。

湖北省档案馆馆藏资料《湖北省卫生厅关于全省农村改水情况和意见的报告（1988 年)》。

湖北省档案馆馆藏资料《政府快报：省政府领导要去从根本上解决农村教育不景气问题（19895 年)》。

湖北省档案馆馆藏资料《湖北省 2001 年农村中小学学生入学情况的报告湖北农村改革 30 年大事记》。

咸安区委、区政府《关于乡镇办机构设置职能配置职能转移和编制核定的实施意见（2004 年)》。

湖北省咸宁市咸安区《咸安年鉴（2016 年卷)》。

《咸宁年鉴（2016 年卷)》。

后　记

　　这是我人生第一部正式出版的专著，也是我走出兜兜转转二十四载的象牙塔，从此踏上漫长而艰辛的职业生涯直到"油尽灯枯"，所敲下的第一块奠基石。在多年以后的某一天，它将代表着我人生的某一个阶段、某一个角色和某一种舍与得，它也必将承载着我那一个阶段、那一个角色、那一种舍与得所难以忘却的人生记忆，管他是波澜壮阔还是平淡无奇呢！

　　从六岁踏入小学大门到三十岁博士毕业走出大学校门，除了呱呱坠地后五年那些已经被岁月磨得平滑的残存记忆和二十五岁硕士毕业之际不得已而浅尝辄止的两年求职生活之外，我人生的第一个三十年几乎在波澜不惊的校园中得以耗尽，尽管是从一个破烂不堪的乡村小学，几经波折，一路辗转到繁华都市的知名高校，尽管大学的十年时光里一度三移母校。

　　我在波澜不惊的校园中度过了人生的第一个三十年，但波澜不惊却不是我人生第一个三十年的底色。波澜不惊是校园和校园里那些纯真少男少女们的生活底色，而属于我和与我相似的人的底色大多是胆战心惊，几度劫难的。我人生的第一个三十年，是求学之路的"漫漫长路远冷冷幽梦清"，也是对无尽未知世界的"万水千山独行找我登天路径"。我曾无数次在寂静的深夜思绪万千，也曾无数次在霓虹闪烁的都市大街上踌躇满志，为的都是在这已经终结的第一个三十年里"让我实现一生的抱负"。然而多年以后，待三十岁的我带着辛酸与汗水浇筑的博士光环，从一个"崎岖里"的纯真少年，转变成为一个"琼宇间"游荡的屌丝，生活中的现实与社会中的残酷刹那间给了我冰冷一击。转过身来，停住脚步，我"抬头来向青天深处笑一声"，人生如梦亦如幻，白云已苍狗。生活本不该这样，但生活确确如此！

三十年弹指一挥间，三十年恍恍惚惚已作罢。三十年里再多的悲与欢、喜与乐都将幻作曼妙的记忆，收进我人生的忆册当中。无论在当时看来是多么艰难与不可逾越的困境，终将成为已经发生过的往事，或许还将成为再次被岁月磨得平滑的残存记忆。恍如当时，都当"一樽还酹江月"，何况是今时今事！

于是，我想以此书作结，以此书奠基。了却我人生的第一个三十年，开启我人生的第二个三十年。三十年后的今天，我依然是那个梦想"摘下满天星"的"崎岖少年"，我依然怀揣着梦想，不怕伶仃，纵然万水千山。

"缘"也，"命"也，注定此生于"三农"。生于"三农"，我的肉体和灵魂都被烙上了深深的"三农印"。人生的第一个三十年来，我一路"突围"、一路"长征"，寒窗苦读、历经坎坷，我曾将奋斗目标定义为"逃离"那与生俱来的"三农背景"，褪去那与生俱来的"三农底色"，烫平那早已挥之不去的"三农烙印"。然而，无论我在奋斗的道路上走得多远，我身上的"三农灵魂"都终将我拉了回来，使我两脚始终又立在城市与乡村两头。三十载春秋，终有一线一头牵连着我，一头牵连着"三农"，而牵连着我的那一头，不仅仅是我仍在乡村的亲人与先祖，也不仅仅是浓浓的"乡愁"，还有我的学术生涯，我这短暂一生的"立德""立功"与"立言"。我伫立在人生的第一个三十年与第二个三十年的转角，回望来时的路，这也许是"缘"，也许就是"命"。于是，我以一种幡然醒悟的姿态，将我与"三农"姻缘相牵的学术生涯归结为难忘初心。

我将学术研究的重点放在县域政府治理、农村治理现代化变革与农村社会化服务体系研究，这其中饱含我对"三农"的寄托，对"三农"的认知、判断以及对"三农"的美好期望。对"三农"的研究将寄托着我所有的学术追求，承载着我的"立德""立功"与"立言"。我期待着有生之年"三农"将不再是个"问题"。我料想县、乡政府治理、农村治理现代化变革与农村社会化服务体系也许就是重中之重、关键之关键吧?！我也期待着我能为这美好向往的实现做出点滴的贡献。也许我倾心于县、乡政府治理、农村治理现代化变革与农村社会化服务体系的研究，多年以后，可能铸就那轻描淡写的一撇，而这已足矣。

　　此本专著即是我多年来有关县域政府治理、农村治理现代化变革与农村社会化服务体系研究的成果之一，也是我多年来有关农村治理现代化变革与农村社会化服务体系研究姊妹篇中的妹篇。事实上，这部妹篇是我完成的第二部专著，尽管她将最先公开出版。但巧合中恰恰有其必然，从姊妹篇之间的逻辑关系而言，这部妹篇所观照的是基础、前提与铺垫，另一部姊篇所关切的是进路、深化与总结，因而妹篇先于姊篇出版恰合逻辑，切合我意。尽管姊篇与妹篇的学术水平和价值都难说很高，误识、笔误与缺失也皆难避免，但这期许与努力的姿态和方向必然是对的，我也终究为之付出了辛勤与汗水，至于可能存在的多少误与失，我都将坦然识之、欣然受之。

　　这本专著最终得以出版和问世，恰因、恰逢改革开放四十周年，这是正处在伟大变革时代的祖国所值得庆贺与总结的一个重要节日，对于"三农"而言也具有非凡的意义。无论应当不应当、妥与不妥，就以此书献礼改革开放四十周年。

　　专著的撰写、修改与出版得到了很多人的关心和帮助，这些关心和帮助在我看来都是那么的弥足珍贵、难能可贵，并远远超越了我完成这本专著所拥有的获得感、成就感。我必须得由衷地表达我最深深的感激之情。感谢我最尊敬的两位恩师，他们让我无时无刻不感受到"一日为师终身为父"的分量。感谢我的博士生导师宋亚平教授。尽管老师公务缠身、分身乏术，但在专著的立项、撰写、修改以及后期的出版过程中，他仍然给予了悉心的指导和帮助。我钦佩他耳顺之年依然锲而不舍、孜孜不倦的治学态度和精神，而他对"三农"的那份执着与情怀将一如既往地激励着我努力奋进，无疑也将影响我一生的学术追求。

　　感谢我的硕士生导师任晓林教授，还有胡俊生教授、姚怀山教授、李宝怀教授等。虽远隔千山万水，但每当我陷入低谷与迷茫的时候，老师总是能给予我前进的指引。老师无时不在的鼓舞与挂念也总是能为我增添前进的动力，激励我整衣荷戟。

　　感谢复旦大学竺乾威教授、美国伊利诺伊州立大学林曾教授、中南财经政法大学丁士军教授、华中师范大学吴理财教授、华中农业大学冯中朝教授、华中农业大学陶建平教授为专著的修改所提出的宝贵建议。

感谢湖北省社会科学院农村经济研究所的邹进泰研究员、彭玮研究员、王金华研究员、赵丽佳研究员、卢青研究员为专著的写作所给予的便利和帮助。感谢中国社会科学出版社王斌编审、赵丽编审为专著的出版所做出的巨大贡献。

　　最后,最重要的当要感谢父母、妹妹、妹夫,特别是我远在伦敦大学求学的女朋友及其父母。亲人永远是最坚强的后盾,哪怕一言不发、一举不动。人间四月天,爱在离别前。若非缘中定,未敢把情言。这本专著对我和女朋友爱情的见证意义绝对不亚于她对我学生生涯的作结意义和职业生涯的奠基意义。这份最真挚、最纯真的情感,多么精妙的言语都不足以表露,多少万字的积淀都不足以海纳。

2018 年 10 月 14 日于武汉东湖之滨